IMAGINÁVEL

Jane McGonigal

IMAGINÁVEL

Como prever o futuro e se sentir pronto para tudo — mesmo para coisas que parecem impossíveis hoje

TRADUÇÃO DE ULISSES TEIXEIRA

Rocco

Título original
IMAGINABLE
How to See the Future Coming and Feel Ready for Anything –
Even Things That Seem Impossible Today

Direitos para a língua portuguesa reservados
com exclusividade para o Brasil à
EDITORA ROCCO LTDA.
Rua Evaristo da Veiga, 65 – 11º andar
Passeio Corporate – Torre 1
20031-040 – Rio de Janeiro – RJ
Tel.: (21) 3525-2000 – Fax: (21) 3525-2001
rocco@rocco.com.br
www.rocco.com.br

Printed in Brazil/Impresso no Brasil

CIP-BRASIL. CATALOGAÇÃO NA PUBLICAÇÃO
SINDICATO NACIONAL DOS EDITORES DE LIVROS, RJ

M127i

McGonigal, Jane
Imaginável : como prever o futuro e se sentir pronto para tudo : mesmo para coisas que parecem impossíveis hoje / Jane McGonigal ; tradução Ulisses Teixeira. - 1. ed. - Rio de Janeiro : Rocco, 2023.

Tradução de: Imaginable how to see the future coming and feel ready for anything – even things that seem impossible today
ISBN 978-65-5532-344-3
ISBN 978-65-5595-192-9 (recurso eletrônico)

1. Psicologia social. 2. Previsão - Aspectos psicológicos. 3. Adaptabilidade (Psicologia). 4. Mudança (Psicologia). I. Teixeira, Ulisses. II. Título.

23-83145 CDD: 302
CDU: 159.9.019.4

Gabriela Faray Ferreira Lopes - Bibliotecária - CRB-7/6643

O texto deste livro obedece às normas do
Acordo Ortográfico da Língua Portuguesa.

Para Kelly McGonigal, que vive seis minutos no futuro

SUMÁRIO

JOGOS, CENÁRIOS E SIMULAÇÕES

Buscando algum futuro com o qual brincar?

INTRODUÇÃO

Bem-vindos à era de eventos inimagináveis e mudanças impensáveis

O estado do planeta é de surpresa coletiva.

Se levarmos em consideração apenas os anos de 2020 e 2021, houve mais de 2,5 milhões de notícias e artigos jornalísticos em língua inglesa com a palavra "inimaginável".

E mais de 3 milhões de notícias com a palavra "impensável".[1]

Todos nós vivemos a realidade dessas notícias juntos.

Notícias sobre os impactos antes inimagináveis de uma pandemia: sistemas de saúde entrando em colapso, centenas de milhões de empregos "não essenciais" desaparecendo do dia para a noite, a média da expectativa de vida diminuindo alguns anos em escala global.

Notícias sobre mudanças antes impensáveis que fizemos para sobreviver à pandemia: fechamento de fronteiras, lockdown obrigatório, suspensão de aulas, uso de máscaras, trabalho remoto, tudo remoto.

Notícias sobre eventos climáticos sem precedentes e o preço que cobram das cidades e dos nossos corpos: recordes de temperatura, enchentes, tempestades fortíssimas, incêndios florestais contínuos, poluição tóxica no ar.

Notícias sobre coisas estranhas que nunca tínhamos visto antes: um prédio residencial erodido pelas mudanças climáticas desabando no meio da noite. Uma multidão invadindo o Capitólio dos Estados Unidos numa tentativa de subverter o resultado de uma eleição presidencial. Uma campanha de desinformação surpreendentemente eficaz que convenceu 20 por cento dos americanos de que o governo estava colocando microchips em vacinas, fazendo essa parcela da população rejeitar um medicamento gratuito capaz de salvar vidas.

Em 2022, a invasão da Ucrânia pela Rússia causou mais um choque global. Agora contamos histórias sobre uma nova crise de refugiados em uma escala inconcebível, incluindo o maior número de crianças afetadas desde a Segunda Guerra Mundial. Encaramos ameaças que especialistas em geopolítica teriam descrito, apenas semanas antes, como inimagináveis, quando a Rússia declarou seu direito a usar armas nucleares. Vivemos as consequências do que economistas descreveram como o maior choque que o mercado sofreu em décadas, conforme outros governos decretavam sanções historicamente extremas contra a Rússia.

A onipresença das palavras "impensável" e "inimaginável" nas notícias nos diz algo importante sobre a situação global. A realidade está nos pegando desprevenidos. Temos que nos esforçar para compreender os eventos que abalaram as nossas suposições e desafiaram as nossas crenças.

E não é apenas o fato de termos sido surpreendidos. Há luto nessas palavras. Usamos "inimaginável" como outra forma de dizer "devastador" — como em dor inimaginável ou perda inimaginável, coisas que desafiam até mesmo o maior esforço possível de empatia. Usamos "impensável" como sinônimo de "injusto", "cruel" ou "inaceitável" — como em omissão impensável ou desconsideração impensável pelos outros. Essas duas palavras, usadas com tanta frequência hoje em dia, não revelam apenas choque, mas também trauma.

Como planejar o futuro numa era de surpresas aparentemente infinitas? Como se sentir em paz ou em segurança hoje em dia, quando é preciso estar preparado para o próximo evento "inimaginável" ou mudança "impensável"? Como ter esperança em relação ao amanhã quando parece impossível prever qual será o estado do planeta na semana que vem, que dirá daqui a um ano?

No entanto, talvez seja necessário começar com perguntas mais fundamentais. Os eventos mais chocantes do passado recente eram de fato inimagináveis antes de acontecerem? Suas consequências eram mesmo impensáveis antes de termos que conviver com elas?

Vou começar contando uma história.

No início de janeiro de 2020, quando a pandemia começou a aparecer no radar das pessoas, recebi diversos e-mails e mensagens de texto que diziam algo mais ou menos assim: "Jane, você não fez uma simulação de uma pandemia respiratória? Qual é a sua opinião sobre os acontecimentos atuais? Que providências devemos tomar?" As mensagens vinham não apenas de amigos e parentes, mas de altos executivos das maiores empresas de tecnologia do Vale do Silício, agências do governo e fundações internacionais. E todos estavam certos: eu tinha, sim, feito a simulação de uma pandemia.

Sou designer de jogos e me especializei em criar simulações para ajudar as pessoas a imaginar os maiores desafios globais que podem nos aguardar no futuro. Em 2008, liderei a Superstruct, uma simulação de previsão do futuro com duração de seis semanas. A simulação foi feita pelo grupo Ten-Year Forecast no Institute for the Future em Palo Alto, Califórnia. Nosso objetivo era prever o alcance completo do efeito dominó de ameaças globais — como pandemias — nos campos econômico, político, social e emocional. Estabelecemos que o jogo se passaria onze anos no futuro, no outono de 2019. Durante a simulação, quase 10 mil pessoas de todo o mundo passaram por cinco ameaças simuladas diferentes, incluindo um surto planetário de um vírus fictício chamado ReDS, sigla em inglês para síndrome do estresse respiratório.

Não havia cálculos matemáticos na nossa simulação. Em vez disso, simplesmente pedimos para as pessoas preverem como se sentiriam e o que fariam durante esse surto de disseminação rápida. Como mudariam os seus hábitos diários? Que interações sociais evitariam? Poderiam trabalhar de casa? *Teriam* como trabalhar de casa? Optariam por uma quarentena autoimposta — e, em caso positivo, quando, por que e por quanto tempo? Numa quarentena estabelecida pelo governo, que tipo de problemas poderiam enfrentar? De que tipo de apoio e recursos precisariam? Como tentariam ajudar os outros? O forte da nossa simulação não eram os algoritmos, e sim a inteligência social e emocional. Os participantes compartilharam milhares de histórias sobre o que pessoalmente fariam durante uma pandemia respiratória, e nós coletamos todas elas e as analisamos on-line.

Quando o novo coronavírus começou a chamar a atenção do planeta no início de 2020, pensei que as descobertas mais importantes a serem compartilhadas com o mundo sobre a nossa gigantesca simulação seriam as previsões feitas pelas pessoas. Por exemplo, uma das principais perguntas da pesquisa era: sob quais circunstâncias a população seria resistente a uma quarentena voluntária e a um distanciamento social? Os dados mostravam que os maiores riscos de contágio provavelmente aconteceriam em cerimônias religiosas, seguidos de casamentos e funerais. Era bem provável que as pessoas continuassem a participar desses eventos, sem se importar com os riscos aparentes. E vimos com clareza que, se fossem jovens e solteiras, as pessoas ainda iam querer frequentar boates e festas, mesmo que tais reuniões fossem ilegais.

Com base nessas descobertas, no início de fevereiro de 2020, apresentei um seminário público pela internet com a minha colega do Institute for the Future, Vanessa Mason, chamado "Pergunte a um futurista". Demos os melhores conselhos que poderíamos em relação àquela nova pandemia que se iniciava e mal tinha nome ainda. Por exemplo: "Os dados sugerem que, se você é líder de uma congregação religiosa ou de qualquer tipo de comunidade, deve criar agora um espaço virtual para cultos religiosos." E: "Se estiver planejando um casamento, conferência profissional ou evento de networking, é melhor cancelar agora, porque as pessoas vão colocar a própria saúde em risco para participar desses eventos, mesmo durante uma pandemia." As manchetes que surgiram nos meses seguintes claramente provaram que os insights que tivemos durante a simulação foram ao mesmo tempo úteis e práticos. Na pandemia verdadeira, as pessoas fizeram o que os nossos jogadores previram que fariam na simulação: organizaram grandes festas de casamento apesar das regras que as proibiam, frequentaram boates apesar dos pedidos urgentes para permanecerem em casa, participaram de serviços religiosos presenciais apesar de terem testado positivo para a covid-19, foram a funerais apesar de apresentarem sintomas e terem recebido ordens de se isolar. E todos esses cenários se tornaram eventos de contágio em massa comuns no mundo real.[2]

No webinar de fevereiro de 2020 e nos conselhos que dei para as pessoas que entraram em contato comigo, também compartilhei a informação de que muitos indivíduos se sentiriam desconfortáveis com o uso de máscaras. Na Superstruct, pedimos para as pessoas usarem máscaras no dia a dia e em ambientes sociais diferentes. Nosso objetivo era que elas se acostumassem a isso, para que fosse mais fácil adotar o hábito novamente durante uma pandemia real. Porém, tendo como base o relato dos participantes, sabíamos que as barreiras sociais para superar a resistência do uso de máscaras e fazer o comportamento parecer "normal" eram altas. E, é claro, vimos esse problema assumir uma escala muito maior durante a pandemia da covid-19, sobretudo nos Estados Unidos.

Antecipamos também que o fechamento das escolas representaria um grande problema para mães que trabalhavam, porque as pessoas nessa situação que participaram do nosso jogo comentaram como seria impossível conciliar seu emprego com a necessidade de educar os filhos em casa, se a situação chegasse a esse ponto. Hoje, vemos que, como resultado da covid-19, milhões de mães precisaram deixar voluntariamente a força de trabalho para cuidar dos filhos quando as escolas fecharam as portas.[3]

Outro detalhe da pesquisa compartilhado no webinar foi a dificuldade que as pessoas teriam para seguir as regras de saúde pública e ficar em casa em isolamento se não recebessem apoio econômico significativo. Falamos sobre a importância de providenciar o pagamento de auxílios, e, hoje, ao considerarmos a resposta mundial à covid-19, vemos com clareza que, em locais onde o governo assegurou pagamentos recorrentes e proteção salarial, a população seguiu com mais rigor as regras, e a disseminação do vírus foi menor.[4]

Tenho orgulho de como essas previsões se demonstraram exatas. Mas agora, vendo como foi lenta a resposta da sociedade àquela ameaça crescente e como tantos dos líderes mundiais estavam presos a maneiras ultrapassadas de pensar e agir, não acredito mais que a principal função de uma simulação social em larga escala como a Superstruct seja prever de forma precisa o que a população fará. Em vez disso, a principal função de uma simulação do futuro é preparar as nossas mentes e expandir a imaginação coletiva, para nos tornarmos mais flexíveis, adaptáveis, ágeis e resilientes quando o "impensável" acontecer.

E, tendo a Superstruct como base, há evidências de que simulações do futuro podem causar esse efeito positivo. Em janeiro de 2020, comecei a receber e-mails e mensagens no Facebook dos participantes da pandemia simulada, dizendo coisas como: "Não estou perdendo a cabeça, porque já consegui administrar o pânico e a ansiedade quando imaginamos essa situação dez anos atrás." E "Usem máscaras!", "É hora de começar o distanciamento social!" e "Já estou me preparando" semanas antes de a população geral fora da China tomar consciência de que mudanças sérias nos nossos hábitos e planos se tornariam necessárias. Os participantes da simulação me falaram, às suas próprias maneiras, que a pré-sensação de futuro os ajudou a pré-processar a ansiedade, a incerteza esmagadora e o sentimento de impotência. Dessa forma, eles puderam se adaptar mais rápido e agir de forma mais resiliente quando o futuro enfim chegou.

As mensagens dos participantes da simulação me lembram hoje do que vimos acontecendo depois, quando a pandemia da covid-19 atingiu Hong Kong, Taiwan e Singapura. Especialistas notaram que, nos locais em que houve grandes surtos da primeira síndrome respiratória aguda grave (SARS) em 2003, governos e empresários perderam menos tempo debatendo se deveriam ou não tomar atitudes drásticas para prevenir a propagação do novo vírus. Agiram mais rápido porque sabiam, por experiência própria, como a situação poderia ficar ruim. E cidadãos de países que passaram pelo surto mortal de SARS em 2003 estavam mais propensos a adotar as diretrizes de saúde pública, como uso de máscaras e distanciamento social, do que os seus semelhantes ocidentais.[5] Tudo isso levou a uma contenção mais significativa da doença. Um fenômeno semelhante ocorreu na África Ocidental, onde a experiência local com o surto de ebola de 2014 levou os países a adotarem medidas bem mais rigorosas contra a covid-19 do que as vistas na Europa e na América, e em menos tempo. Havia também uma aderência maior ao uso de máscaras. Essa resposta ágil causada pelo conhecimento advindo de pandemias anteriores foi citada como a razão principal pela qual a maioria das nações africanas se saiu bem melhor do que os seus equivalentes ocidentais durante as primeiras ondas da pandemia, apesar de terem bem menos recursos.[6]

O que vejo na reação à covid-19 entre os participantes da minha simulação é quase como a resistência de ter passado por uma pandemia verdadeira. Suas mentes estavam preparadas para agir e se adaptar mais rápido. Menos surpresa, mais resiliência. E não foi apenas porque mais de uma década antes eles tinham se imaginado numa pandemia. Para muitos, a simulação foi o pontapé inicial do hábito de se atentar às notícias de uma pandemia no mundo real. Conforme um participante me escreveu: "Tenho acompanhado de perto o que está acontecendo em Wuhan. Não seria exagero dizer que, desde a Superstruct, o meu radar apita sempre que vejo reportagens sobre pandemias. Simplesmente o hábito de ficar alerta a isso permaneceu na minha cabeça." Observei inúmeras vezes esse fascinante e comum "efeito colateral" pós-simulação do futuro. Uma imersão profunda num futuro possível cria hábitos mentais duradouros, sobretudo no tocante a buscar, no mundo real, evidências de que a possibilidade simulada está se tornando mais provável.

Porém, uma coisa é tirar a sorte grande e fazer uma única simulação precisa. Mas, se quero convencê-lo a ler o restante deste livro e a tornar a futurologia parte regular da sua vida, é melhor lhe contar outra história.

Em 2010, liderei outro jogo de simulação em larga escala, dessa vez para o Banco Mundial. Seu nome era EVOKE e se passava dali uma década, no ano 2020. Quase 20 mil jogadores se prontificaram a prever que tipo de apoio poderiam dar a outras pessoas durante a eclosão de uma possível crise global, incluindo uma pandemia acompanhada por desastres naturais causados pelas mudanças climáticas. O EVOKE durou dez semanas, e, a cada uma delas, uma nova atribulação era acrescentada à mistura cada vez mais complexa.

Os jogadores foram imersos num futuro que lidava com uma pandemia respiratória mundial chamada "gripe do rio Pérola", que eclodira na China... *e* um surto de desinformação e teorias da conspiração sobre a pandemia que foram espalhadas pelas mídias sociais... *e* incêndios florestais recorde por toda a costa Oeste dos Estados Unidos, resultado das mudanças climáticas... *e* o chocante colapso da rede de energia elétrica, causado pelo desgaste da infraestrutura e por desastres naturais extremos. As informações falsas e teorias da conspiração (na nossa simulação, espalhadas por um grupo chamado "Cidadão X") dificultavam que a população compreendesse o que estava de fato acontecendo e o que era necessário fazer para permanecer em segurança. Ao mesmo tempo, incêndios e apagões forçavam muitas pessoas a abandonarem seus lares num momento em que permanecer a salvo significava justamente ficar em casa.

Os enredos que escrevemos com uma década de antecedência acabaram se tornando quase exatamente o que vimos nas manchetes durante

2020 e início de 2021. Primeiro, a propagação global da covid-19 no início de 2020, seguida pelos incêndios na costa Oeste dos Estados Unidos — que duraram meses e obrigaram milhões de pessoas a abandonarem as suas casas e se realocarem — durante o verão daquele mesmo ano. Então, a ascensão do movimento conspiratório QAnon nas redes sociais, que criou uma "infodemia" de informações falsas sobre a covid-19 ser uma farsa e sobre vacinas que implantariam um microchip nos braços das pessoas. Depois, o "impensável" colapso da rede elétrica no Texas, que deixou 3 milhões de norte-americanos sem luz ou água por conta do frio "inimaginável", muito mais extremo do que a infraestrutura antiga era capaz de suportar. Seria difícil encontrar uma previsão no EVOKE que não tenha se mostrado correta, a maioria das quais ocorrendo no exato ano previsto.

Isso explica por que, no meio do ano de 2020, recebi uma ligação de Robert Hawkins, executivo sênior do Banco Mundial, que supervisionava as áreas de divulgação educacional e de estratégia tecnológica do EVOKE. Ele falou: "Veja quantas previsões exatas do EVOKE estão acontecendo agora! É inacreditável. Como conseguiu acertar tanta coisa?"

E essa é uma pergunta que pretendo responder com este livro.

Na **Parte I: Liberte a sua mente**, vou ensinar a você alguns hábitos mentais praticados por futuristas profissionais, além de alguns jogos sociais que usamos, para manter a mente aberta para possibilidades "impensáveis" e "inimagináveis". Você poderá usar esses hábitos e jogos para treinar o *seu* cérebro a pensar como um futurista.

Pensar como um futurista significa pensar de forma mais criativa. Não ficar mais preso a velhos padrões ou limitado ao que já foi verdade. E, mais do que se preparar para o que há por vir, os hábitos e jogos que envolvem pensamentos de futuros podem melhorar suas atitudes hoje. Pesquisas demonstraram que esses exercícios aumentam a esperança e a motivação no futuro e reduzem sintomas de depressão e ansiedade. Por isso, se você, como milhões de outras pessoas, precisa de um pouco de cura emocional após a pandemia ou outros sustos do passado recente, acredito que essas técnicas vão ajudar. Pense nelas como uma espécie de desenvolvimento pós-traumático para o nosso planeta pós-pandêmico.

Como quero que tenha confiança nessas técnicas, vou compartilhar a ciência que prova que o pensamento de futuros fortalece as vias neurais e cria uma esperança realista, aumenta a criatividade e oferece uma resposta mais resiliente ao estresse. E, embora não possa lhe oferecer uma imagem por ressonância magnética para mostrar como o *seu* cérebro é ativado pelo pensamento de futuros, posso ensinar os mesmos métodos de avaliação que os pesquisadores usam em estudos científicos para documentar os benefícios desse hábito. Você será capaz de medir o próprio progresso para ter certeza de que o crescimento pessoal é verdadeiro.

Na **Parte II: Pense o impensável**, vou mostrar como usar as técnicas do Institute for the Future — utilizadas para desenvolver as previsões bastante precisas da Superstruct e do EVOKE — para que você também possa ver o que vem pela frente. Essas técnicas são úteis para identificar logo qualquer tipo de mudança, de forma que você possa agir mais rápido, se adaptar em pouco tempo e não ser pego desprevenido por eventos surpreendentes.

Por fim, na **Parte III: Imagine o inimaginável**, vamos criar um jogo inédito para que você possa ter, em primeira mão, a experiência do poder de uma simulação social. Vou guiá-lo por três cenários futuros diferentes, passando-se no ano 2033. Você mergulhará num mundo onde coisas que damos como certas hoje mudam basicamente do dia para a noite, e novos movimentos sociais, tecnologias e políticas públicas transformam cada aspecto das nossas vidas de maneiras profundas e inesperadas. Para participar das simulações, basta ler este livro e manter um diário sobre a sua viagem no tempo mental para o ano 2033 por dez dias. Como você, pessoalmente, reagiria a esses cenários? O que pensaria, sentiria, faria? Como ajudaria as pessoas? Se quiser compartilhar algumas das suas histórias do futuro com outros e ver o que eles têm em mente, haverá um lugar na internet para isso.

Essas simulações vão testar as habilidades e os hábitos que você aprendeu nas duas primeiras partes de *Imaginável*. Garanto que os cenários que vai encontrar lhe parecerão tão "distantes" e inconcebíveis quanto a Superstruct e o EVOKE pareceram para os participantes em 2008 e 2010. No entanto, quando chegar a essa parte do livro, você *estará* pronto para imaginá-los.

Então, será a sua vez de criar o futuro. Explicarei o meu processo de criação e darei todas as informações necessárias para você conceber e executar uma simulação social própria, sobre qualquer tópico futuro que quiser.

Ao longo de todo o livro, compartilharei muitas previsões para a próxima década de mudanças impensáveis, que vão desde o futuro do aprendizado e do trabalho até o futuro da comida e do dinheiro; do futuro das mídias sociais e do sistema de saúde ao futuro das ações climáticas e do governo — tudo isso para que possamos ter uma ideia melhor dos riscos, das oportunidades e dos dilemas vindouros.

Essas previsões de dez anos vão ajudá-lo a se tornar mais resiliente a abalos futuros. Com elas, será mais fácil aceitar o fato de que não há como "voltar ao normal". Elas também vão dar algumas ideias sobre como podemos aproveitar esse período histórico de ruptura e reinvenção para melhorar a sua vida, a sua vizinhança e o mundo. A próxima década provavelmente será a melhor oportunidade que a maioria de nós terá durante a vida para transformar de forma profunda o funcionamento da sociedade — e todos temos um papel a cumprir na criação de mudanças positivas de longo prazo.

EXISTEM MUITOS LIVROS SOBRE como pensar o futuro. O que torna *Imaginável* diferente? Bem, sou futurista profissional e designer de jogos. Não é uma combinação de carreiras comum — até onde sei, sou a única no planeta. Mas é uma combinação que faz bastante sentido. Como designer de jogos e como futurista, vejo que o meu trabalho é transportar as pessoas para mundos imaginários, que não existem — seja porque são virtuais ou porque são mundos futuros que ainda não se concretizaram e que talvez nunca venham a se concretizar. Meu objetivo é assegurar que, ao *saírem* desses locais imaginários, as pessoas se sintam mais criativas, otimistas e confiantes na própria habilidade de transformar esses mundos, para agir e tomar decisões que mudam aquela realidade.

É fácil se sentir poderoso e criativo durante um jogo. Cada movimento, cada ação — seja em jogos de cartas, esportes, jogos de tabuleiro ou videogames — tem um impacto claro no estado do jogo. Porém, quando pensamos no futuro, a maioria das pessoas não costuma sentir o mesmo tipo de autonomia. Não ficamos tão confiantes a respeito de nossa capacidade de agir ou tomar decisões que verdadeiramente determinarão o que vai acontecer a seguir, sobretudo quando se trata dos futuros maiores que todos compartilhamos: o futuro da sociedade, do planeta.

Dessa forma, tento aproximar essas duas abordagens ao inventar mundos imaginários — seja criando jogos ou escrevendo previsões. Passei os últimos quinze anos como diretora de pesquisas e desenvolvimento de jogos do Institute for the Future. O Institute for the Future é a mais antiga organização que trata de previsões futuras no mundo, fundada em 1968, e foi pioneira em vários dos métodos que hoje são práticas-padrão de futuristas profissionais. No instituto, minha função é inventar jogos que ensinem hábitos e habilidades de pensamento de futuros aos jogadores, os mesmos usados pelos nossos pesquisadores. Eu me especializei em criar simulações sociais de larga escala com milhares de participantes, como as que acabei de descrever. Elas vão além de ampliar a imaginação individual: aumentam a inteligência coletiva na prática, ao revelar efeitos dominó e fenômenos que, de outra forma, teriam sido difíceis de prever. Como falamos no instituto: "É melhor ser surpreendido por uma simulação do que pego desprevenido pela realidade." Inclusive, uma das maneiras que usamos para avaliar o sucesso de uma simulação é o quanto os peritos da área são surpreendidos pelos seus resultados.

Nesses últimos quinze anos no instituto, desenvolvi previsões, treinamentos e simulações sob medida para diversos especialistas e líderes — incluindo clientes como Google, IBM, Cisco, Intel, Disney, GSK, a Fundação Rockefeller, o Departamento de Defesa dos Estados Unidos, a Academia Nacional de Ciências e o Fórum Econômico Mundial. Mas o meu trabalho favorito é levar o pensamento de futuros para o público, seja através de simulações ou de aulas. Adoro ver as pessoas perdendo a ansiedade e a insegurança em relação ao amanhã e se sentindo confiantes, esperançosas e energizadas. Foi por isso que criei o workshop "Como pensar como um futurista" para o programa de educação continuada da Universidade de Stanford, que se tornou uma das matérias mais populares dos últimos cinco anos — inclusive, alunos vêm de todas as partes do mundo só para fazer esse curso. Foi por isso também que inventei o programa de certificação de Pensamentos de Futuros do Institute for the Future na plataforma on-line de ensino Coursera, onde as minhas aulas têm hoje mais de 30 mil participantes. E foi por isso que, na ocasião do seu lançamento — o primeiro programa de pensamento de futuros gratuito e público oferecido em escala tão grande —, cunhei a frase: "Prever é um direito humano."

Minha missão é transmitir ao máximo possível de pessoas as habilidades não apenas para mudar um jogo, mas para mudar o nosso futuro.

Estou animada para fazer essa jornada com você. Antes de começarmos, deixe-me compartilhar mais uma coisa — a minha máxima favorita na área de pensamentos de futuros profissional:

> Estou lidando com o futuro... é mais importante ser criativo e perspicaz do que estar cem por cento "certo".[7]

Esse sábio conselho vem de Alvin Toffler, autor do livro de 1970 *O choque do futuro*, o pontapé inicial para o pensamento de futuros profissional como o conhecemos hoje. Toffler propôs a ideia de que, de vez em quando, a sociedade passa por um longo período de mudanças profundas que antes eram tão impensáveis que as pessoas sofrem uma espécie de "choque do futuro". Ficamos desorientados. Nossas estratégias para ser feliz, saudável e bem-sucedido não funcionam mais. Suposições antigas se tornam insustentáveis. E é muito difícil compreender o que exatamente está acontecendo e por quê. A sensação é de um trauma coletivo, o equivalente psicológico a ser atropelado por um trem. O período turbulento do final dos anos 1960, quando Toffler escreveu esse texto seminal, foi uma época de choque do futuro para muitos. Os anos 2020, ainda mais.

Pode parecer que a melhor maneira de evitar esse trauma seja nos antecipando ao próximo choque com as previsões mais precisas possíveis. E, sim, imaginar o que está por vir para não ser pego de surpresa *ajuda*. Contudo, há uma verdade mais profunda no pensamento de futuros que vai além de simplesmente tentar estar certo.

Estar "certo" significa fazer a melhor previsão possível e então esperar pelo que quer que lhe pareça provável de acontecer de verdade. Mas e se o futuro mais "provável" não for algo que você deseje? E se for uma catástrofe? E se for injusto? Você preferiria estar certo ou preferiria errar — e mudar o mais provável para algo melhor?

Sim, queremos pensar no futuro de maneiras que são plausíveis e possíveis, de forma que as nossas previsões sejam úteis. Porém, se tivermos sorte, antecipar corretamente os riscos e desafios do futuro vai nos ajudar a resolver problemas de forma criativa *hoje*. Podemos usar a nossa capacidade de previsão não apenas para nos prepararmos para o amanhã, mas para imaginar novas oportunidades para a humanidade nesse instante, para inovar e melhorar a nossa vida agora.

Deixe-me dar dois exemplos que vêm da experiência própria.

Sempre participo das simulações sociais que crio, para poder contribuir com os meus insights pessoais e ter os mesmos benefícios dos outros participantes. Na Superstruct, em 2008, estava tentando pensar no que faria para ajudar as pessoas durante uma pandemia. Como poderia usar as minhas habilidades e a minha experiência para fazer a diferença?

Tentei imaginar com que maneira única uma designer de jogos poderia ajudar durante uma pandemia. Passou pela minha cabeça que o estereótipo negativo dos gamers como indivíduos que gostam de ficar no porão de casa só jogando videogames seria, na verdade, um comportamento positivo numa situação como essa. Afinal, o que especialistas em saúde pública diriam para todo mundo se um vírus mortal estivesse se propagando? "Fiquem em casa, sem ter contato com ninguém!"

Assim, comecei a descrever um jogo hipotético que imaginei o meu futuro eu criando, uma espécie de clube de dança virtual em que seria possível conhecer e sacudir o esqueleto na frente da webcam com outras pessoas, facilitando a quarentena *e* mantendo a conexão social. Acrescentei essa ideia ao banco de dados da simulação, local em que os jogadores podiam buscar ideias que quisessem desenvolver. Logo, fui contatada por uma pesquisadora do Centro de Controle de Doenças dos Estados Unidos (CDC, na sigla em inglês), que também participava da Superstruct e ficou intrigada com a minha ideia do jogo de dança. Ela me falou que, em pandemias reais, surtos frequentemente têm ligação com boates, e sugeriu que epidemiologistas poderiam trabalhar ao lado de desenvolvedores de games durante uma pandemia real para promover jogos que ajudassem as pessoas a ficar em casa quando a contaminação viral na comunidade estivesse alta. Ao longo da Superstruct, fizemos um brainstorm para descobrir como oficiais de saúde pública e desenvolvedores de jogos poderiam colaborar no futuro, e como médicos poderiam prescrever jogos para pacientes a fim de mantê-los dentro de casa. Foi uma conversa fascinante, mas, na época, eu não fazia ideia de que aquilo me inspiraria a embarcar num projeto que mudaria a minha vida um ano depois.

Nove meses após o fim da simulação, sofri uma concussão que virou a minha vida de cabeça para baixo. Meus sintomas — que incluíam confusão mental, dores de cabeça excruciantes, vertigem e problemas de memória — não queriam passar, não importava o quanto eu descansasse. Tive ataques de pânico, depressão profunda e até pensamentos suicidas por meses. No fundo do poço, decidi tentar criar um jogo que ajudaria na minha cura. Usei todo o meu conhecimento sobre o poder dos jogos para aumentar a motivação, o otimismo, a atenção, a criatividade e a colaboração, bolando quests e desafios que talvez colocassem o meu cérebro num estado mais otimista e capaz. Funcionou. Esse jogo, chamado *SuperBetter*, se tornou o tema de um TED talk com mais de 7 milhões de visualizações, um livro best-seller com o mesmo título e um aplicativo que já ajudou mais de um milhão de pessoas a enfrentarem desafios de saúde. Mas a única razão pela qual tive a confiança de contar a qualquer um sobre esse jogo bastante pessoal que fiz para mim mesma foi, além de criar um aplicativo para que outras pessoas tentassem usá-lo, a experiência anterior que tive ao compartilhar ideias com a pesquisadora do CDC. Seu entusiasmo sobre a minha ideia de uma colaboração entre profissionais da saúde e desenvolvedores de jogos, assim como sua disposição de considerar a estranha ideia de que um médico poderia receitar um videogame, plantou uma semente. Essa semente me fez ver que eu poderia ser levada a sério, que valia a pena tentar.

A simulação me ofereceu uma prévia do tipo de contribuição real que eu poderia fazer ao mundo — não só numa pandemia, como acabou acontecendo, mas em crises de saúde em geral. Então, quando a oportunidade surgiu, eu estava pronta para aproveitá-la. Esse é o presente que quero que o pensamento de futuros dê a você: uma chance de pensar de maneira criativa e confiante *neste momento* sobre coisas que poderia fazer, soluções que poderia inventar, comunidades que poderia ajudar.

Tive outro momento "eureca" ainda maior enquanto mergulhava num futuro pandêmico imaginado, e dessa vez foi algo ainda mais pessoal. A primeira coisa que pedíamos aos participantes da Superstruct era criar um perfil futuro na nossa rede social. O perfil pedia informações comuns — a idade, o lugar em que vive, com quem mora, com que trabalha e de que comunidades a pessoa fazia parte. O desafio era responder como o seu eu *futuro*, dez anos à frente. Conforme eu preenchia o meu perfil, escrevi algo que me surpreendeu. Falei que morava com o meu marido, Kiyash — com quem já era casada no momento — e a minha filha de sete anos, Pepper. Conseguia vê-la de forma vívida na minha mente — uma garota animada e brincalhona que era o centro das nossas aventuras no ano 2019.

Porém, àquela altura, em 2008, quando a simulação aconteceu, meu marido e eu não tínhamos filhos. Estávamos casados há três anos, mas não havia pressa alguma de iniciar uma família. Nunca tive um grande desejo de me tornar mãe, e com certeza não tínhamos feito planos para uma gravidez. Ainda assim, essa filha imaginada na simulação parecia tão real para mim. Parecia importante para a vida que queria ter. Conseguia vê-la de forma claríssima na minha mente, essa pessoa que nem tinha nascido, mas que parecia fundamental para o restante da minha vida. Ao preencher esse perfil simples, descobri algo profundamente verdadeiro que não sabia sobre mim mesma. Para a minha surpresa, queria muito ser mãe.

No final, foi bem importante ter notado aquilo naquele momento. Levaria anos e vários tratamentos de fertilidade, além da ajuda extraordinária de outras pessoas, para que eu e o meu marido pudéssemos começar a nossa família. Sete anos depois de imaginar uma possível filha, enfim me tornei mãe de gêmeas, e foi a melhor coisa que já me aconteceu. Não sei se teríamos conseguido criar a nossa família dessa maneira se não tivéssemos tanto tempo — tanto tempo para tornar real uma esperança no futuro.

É óbvio que nenhum desses insights pessoais evitou a pandemia da covid-19. Eles nem me impediram de pegar o coronavírus — embora, como boa futurista, eu tenha "me adiantado" e ficado doente no início de 2020, antes de qualquer pessoa suspeitar de que o vírus houvesse chegado aos Estados Unidos. Ao comparar a minha experiência com a de terceiros, tenho certeza de que me senti menos ansiosa que a maioria durante a nossa longa pandemia, pois me sentia preparada. E, sem dúvida, o que imaginei durante a Superstruct mudou a minha vida e o meu futuro para melhor. O jogo me permitiu prever o que eu de fato queria. E me deu a confiança para tentar ajudar outras pessoas de uma maneira que nunca imaginei ser capaz.

Quando pensamos como o futuro pode ser diferente, é importante entender como podemos ser diferentes também.

É por isso que este livro se chama *Imaginável*. Sim, quero que você seja capaz de considerar os riscos "impensáveis" para os quais precisamos nos preparar e a dor "inimaginável" que temos intenção de evitar — para que seja possível prevenir ou ao menos atenuar seus danos. No entanto, também quero que se imagine fazendo algo novo e empolgante pelos próximos dez anos da sua vida e além. Quero que consiga se imaginar enfrentando de peito aberto o momento histórico do mundo pós-pandemia e enfrentando a crise climática, ajudando os outros de uma maneira que trará mais significado ao sofrimento que todos enfrentamos. Quero que seja capaz de se imaginar fazendo e criando coisas incríveis que pareceriam "impensáveis" e "inimagináveis" antes de ter as ferramentas de pensamento de futuros para lhe dar inspiração.

A realidade é que sempre existirão forças futuras além do nosso controle individual. Este livro não pretende ensinar como se tornar um super-herói que vai salvar o mundo de um desastre iminente. O pensamento de futuros não é um superpoder, e você não precisa consertar tudo ou salvar todo mundo. No entanto, o pensamento de futuros é, sim, uma ferramenta incrivelmente útil e prática para preparar a sua mente para se adaptar mais rápido a novos desafios, cultivar a esperança e a resiliência, reduzir a ansiedade e a depressão e inspirá-lo a tomar agora as atitudes que levarão você a alcançar a felicidade e o sucesso no futuro.

Se todos nós expandirmos a nossa imaginação coletiva, vamos nos recuperar do choque do início de 2020 mais rápido, mas não porque estaremos "certos" sobre o que acontecerá a seguir. Vamos nos curar e nos recuperar mais rápido porque não ficaremos parados, esperando a próxima década acontecer. Em vez disso, estaremos criando o futuro juntos.

No início do surto global da covid-19, o autor e ativista Arundhati Roy escreveu: "Historicamente, pandemias forçaram a humanidade a romper com o passado e imaginar um mundo completamente novo. Esta não é diferente. É um portal, uma passagem entre um mundo e o próximo."[8] Espero que este livro possa servir como um portal para você: do nosso mundo atual, que precisa se curar de uma longa pandemia, de desavenças sociais extremas e de uma crise climática cada vez mais grave, para um mundo em que você vai descobrir novas razões para ter esperança e se sentir pronto para tudo — mesmo para coisas que parecem impossíveis de imaginar hoje.

* * *

Antes de começar a treinar a sua imaginação, quero lhe fazer três perguntas que vão nos dar uma noção da base da sua "mentalidade futura":

Pergunta nº 1: Quando você pensa sobre os próximos dez anos, acha que as coisas, no geral, *vão permanecer as mesmas e continuar normalmente*? Ou espera que a maioria de nós repense e reinvente drasticamente a maneira como fazemos as coisas? Avalie o seu prognóstico numa escala de 1 a 10, sendo 1 quase tudo vai permanecer igual, e 10 quase tudo vai ser muito diferente.

Pergunta nº 2: Quando pensa nas mudanças pelas quais o mundo e a sua vida vão passar nos próximos dez anos, fica *mais preocupado* ou *mais otimista*? Avalie o seu prognóstico numa escala de 1 a 10, sendo 1 extremamente preocupado, e 10 extremamente otimista.

Pergunta nº 3: *Quanto controle ou influência* você sente ter *pessoalmente* nas mudanças pelas quais o mundo e a sua vida vão passar nos próximos dez anos? Avalie o seu prognóstico numa escala de 1 a 10, sendo 1 quase nenhum controle ou influência, e 10 controle e influência praticamente totais.

Essas três perguntas vão lhe dar uma boa ideia do tipo de treinamento de imaginação que faremos neste livro. Na verdade, cada uma das três partes de *Imaginável* foi especificamente criada para aumentar a sua pontuação em cada uma dessas perguntas em um ponto pelo menos.

Em primeiro lugar, vamos focar na oportunidade de reconsiderar e reinventar. Por que fazer isso? Bem, é fácil se preparar para futuros que são parecidos com a atualidade. São as coisas muito diferentes que nos pegam de surpresa. Assim, é importante passar algum tempo se preparando para futuros que parecerão estranhos e pouco familiares. O foco nessas atitudes também oferece oportunidades melhores para ajudar a decidir *como* o futuro será diferente. Depois da pandemia da covid-19, todos nós agora sabemos que, até o fim dos nossos dias, quase tudo pode mudar praticamente do dia para a noite — seja para melhor ou para pior. Sabemos que é completamente possível fazer mudanças radicais na forma como vivemos, trabalhamos, aprendemos e cuidamos uns dos outros, e que essas mudanças podem ser feitas de forma rápida. Isso nos dá um poder coletivo de imaginação sem precedentes na história humana. Precisamos usar este momento de maneira estratégica e criativa.

Em segundo lugar, quero ajudá-lo a criar uma mentalidade mais equilibrada entre esperança e preocupação com o futuro. No Institute for the Future, chamamos isso de usar a sua *imaginação positiva* e a sua *imaginação sombria*.

A imaginação positiva propõe a pergunta: o que pode acontecer de bom? Ela aumenta a confiança de que o futuro será melhor.

A imaginação sombria propõe a pergunta: o que pode acontecer de ruim? Ela aumenta a prontidão para encarar os desafios do amanhã.

Quaisquer que sejam os seus sentimentos instintivos sobre o futuro neste momento, você se beneficiará com o desenvolvimento de ao menos um pouquinho do sentimento contrário. Dessa forma, vou ensinar técnicas de imaginação que vão ajudá-lo a ver os *dois* lados do futuro: os riscos com os quais faz sentido se preocupar e as oportunidades que são motivo de otimismo.

Saiba apenas que a sua posição atual está correta, não importa qual seja. Se estiver superpreocupado, superotimista ou em algum ponto entre esses dois extremos, prepare-se para expandir a sua imaginação na direção oposta, para que possa manter as esperanças e preocupações em mente ao mesmo tempo.

Ao desenvolver a sua imaginação positiva e sombria, talvez se surpreenda ao perceber que ver os riscos com mais clareza e definir de forma mais concreta as suas preocupações pode, na verdade, ajudá-lo a se sentir mais otimista. Conforme sua capacidade de antecipar os desafios globais aumenta, mais otimismo você sentirá em geral. Há uma boa razão para esse paradoxo: você está aumentando a sua consciência não apenas sobre o que pode dar errado, mas também sobre os planos ousados e as soluções inovadoras que já estão sendo vislumbradas e implementadas. E, lá no fundo, sabe que, ao imaginar de forma séria uma crise futura, está estabelecendo bases mais firmes para ajudar a si mesmo e aos outros, em vez de negar que algo assim pode acontecer.

Por fim, vamos nos concentrar em aumentar a sua confiança na influência de seus atos em determinar como o futuro será. Este livro não ensina apenas a antecipar o amanhã. Também pretende pensar em ações para criar o futuro que você quer: mais feliz, mais saudável, mais seguro, mais justo, mais sustentável, mais bonito, mais igualitário. Assim, vou lhe mostrar técnicas de previsão a serem usadas para descobrir quais contribuições apenas *você* pode fazer para tornar o futuro melhor e como colocá-las em ação hoje. Então vou ensinar a comunicar suas ideias sobre as mudanças vindouras de forma que outras pessoas ouçam e se sintam inspiradas a agir ao seu lado. Se há algo capaz de aumentar sua habilidade de influenciar o futuro é isso: as sementes de imaginação plantadas nas mentes de dezenas, centenas ou milhares de outras pessoas, que podem ajudar você a colocar em prática as mudanças que pretende fazer, quaisquer que sejam.

Se juntar todas essas minimentalidades — foco na oportunidade de reconsiderar e reinventar, o uso tanto da imaginação positiva quanto da sombria, a busca por formas práticas de aumentar a sua habilidade de moldar o futuro —, você receberá o que acredito ser a maior lição do treinamento da imaginação. É o que chamo de *otimismo urgente*.

O otimismo urgente é um sentimento de equilíbrio. Significa reconhecer que, sim, há muitos desafios e riscos à frente, e ao mesmo tempo manter uma esperança realista de que é possível contribuir para a solução desses problemas. Otimismo urgente significa que você não vai mais passar a noite acordado, se preocupando com o que porventura acontecerá. Em vez disso, vai pular da cama energizado para tomar alguma providência. Otimismo urgente é saber que você tem autonomia e habilidade para usar os seus talentos únicos, as suas perícias e a sua experiência de vida a fim de criar o mundo em que quer viver.

Anote a sua resposta para as três perguntas anteriores. (Escreva os números na margem das páginas ou mande um e-mail para si mesmo para poder encontrar depois.) Você verá essas perguntas de novo conforme avançamos pelas três fases do seu treinamento de imaginação. No final do livro, vou pedir para responder a elas mais uma vez, para que possa comparar os resultados e ver como as suas habilidades aumentaram e como a sua forma de pensar mudou. Minha maior esperança é que, ao ler este livro, sua pontuação de otimismo urgente geral aumente ao menos em um ponto, ou talvez em dois, três ou mais. Na verdade, não se trata apenas de esperança, e sim de confiança, baseada nas minhas próprias experiências e nos resultados de pesquisas científicas. Quando administro o curso "Como pensar como um futurista" no programa de educação continuada da Universidade de Stanford, faço as mesmas perguntas no início e no final das aulas — e as pontuações sempre aumentam. Também tive a oportunidade de fazer as mesmas perguntas a quase 50 mil alunos de todo o mundo no curso de pensamento de futuros no Coursera. E posso afirmar que os estudantes que completam o programa on-line no Institute for the Future realmente se antecipam a mudanças drásticas, sentem-se mais otimistas e têm uma sensação maior de controle sobre o seu futuro.

Talvez ainda mais convincente seja o fato de que pesquisadores do Banco Mundial fizeram um estudo randomizado controlado do EVOKE com 3 mil universitários, usando um novo cenário futuro, passado no ano 2026. No estudo, metade dos estudantes (o grupo de controle) fez um curso convencional sobre inovações sociais e desafios globais. A outra metade participou, recebendo créditos acadêmicos, de uma simulação social de dezesseis semanas tipo EVOKE, imaginando o que poderiam fazer para ajudar durante uma crise futura envolvendo tráfico de pessoas e refugiados de guerra. Em comparação aos alunos do curso normal, os jogadores da simulação tipo EVOKE se tornaram mais otimistas em relação à solução dos desafios globais. E, no final da simulação, demonstravam mais confiança de que poderiam usar as próprias vozes e ações para criar um futuro melhor e mais pacífico.[9]

Os participantes do EVOKE também aperfeiçoaram, de maneira mensurável, um conjunto específico de técnicas de imaginação, que foram testadas no início e no final do período de dezesseis semanas e avaliadas pelos colegas durante o estudo. Quando comparados ao grupo de controle, eles demonstraram um aumento estatisticamente significativo na habilidade de "encarar coisas familiares sob pontos de vista diferentes", "ter ideias novas e originais, correr riscos e tentar algo diferente", "imaginar maneiras criativas de resolver conflitos ou problemas" e "iniciar soluções que visam o futuro". Parece bom, não? Quem não gostaria de ser melhor nessas coisas? E, mais importante, o resultado de ganho de habilidade e o poder recém-descoberto de influenciar o futuro foi parecido em todos, independentemente de gênero, etnia, idade e campo acadêmico de estudo. Isso sugere que o treinamento de pensamento de futuros e a participação em simulações sociais podem empoderar indivíduos de origens diferentes a se tornarem agentes da mudança mais otimistas. E isso inclui você!

Vire a página, e vamos fazer a nossa primeira viagem ao futuro juntos.

PARTE I

LIBERTE A SUA MENTE

Ter esperança significa não saber com certeza como será o futuro, permanecer sensível em relação às possibilidades e se dedicar a mudar até o fundo do seu coração.

— Rebecca Solnit, historiadora e ativista

A única maneira de compreender a mudança é mergulhar nela, se mover com ela e se juntar à dança.

— Alan Watts, filósofo

Crescer é doloroso. Mudar é doloroso. Mas nada é tão doloroso quanto permanecer num lugar em que você não se encaixa mais.

— Mandy Hale, autora

Quando você pensa sobre os próximos dez anos, acha que as coisas, no geral, vão permanecer as mesmas e continuar normalmente?

Ou espera que a maioria de nós vai repensar e reinventar drasticamente a maneira como fazemos as coisas?

Avalie o seu prognóstico numa escala de 1 a 10.

Sendo 1 quase tudo vai permanecer igual, e 10 quase tudo vai ser muito diferente.

1

Faça uma viagem de dez anos

Você não está louco. Só está pronto para mudar.

— Nnedi Okorafor, autora

Talvez já tenha ouvido o ditado "O futuro começa agora". Por mais chamativa que a frase seja, em essência, ela não é verdadeira. O futuro não começa agora, ou amanhã, ou no mês que vem — pelo menos, não se você quiser aproveitar ao máximo a viagem no tempo mental. Leva muito mais tempo para que os benefícios completos do futuro apareçam. Mas o momento *exato* em que o futuro começa depende de quem você é e de como são as circunstâncias da sua vida. Permita-me falar sobre um jogo simples que inventei. Se me acompanhar, terá uma boa ideia de quando o futuro começa para você.

Sempre que dou uma aula ou um workshop sobre pensamento de futuros, começo com um jogo rápido chamado "Quando o futuro começa?". Pergunto para todo mundo: "Se o futuro é um momento em que a sua vida será em grande ou maior parte diferente de como é hoje, daqui a quanto tempo ele vai começar?" Peço para que as respostas sejam dadas em dias, semanas, meses ou anos.

Não é uma pergunta capciosa e não há resposta certa. Na verdade, costumo receber dezenas de respostas diferentes, todas válidas: um ano, cinco anos, dez anos, vinte anos. (Se quiser jogar, vá em frente e pense na sua resposta agora.) Peço para que os alunos mostrem o que responderam para os outros e então os organizo em fila — ou, mais especificamente, numa linha temporal. A pessoa que respondeu o número mais alto fica no último lugar. O restante se organiza do menor para o maior tempo.

Nesse momento, fica claro que há uma variedade enorme de respostas. Então, peço às pessoas no início e no fim da fila para explicar as suas respostas, e para algumas no meio também. Com frequência, as respostas são profundamente pessoais. "Daqui a seis meses", falou uma mulher na minha aula de educação continuada de Stanford. Ela revelou que o marido tinha falecido de forma repentina havia pouco. Para ela, tudo mudou do dia para a noite, de uma maneira bem literal. A mulher estava bastante incerta sobre sua capacidade de esperar que qualquer coisa pudesse se manter igual por muito tempo. Na minha experiência, isso é bem comum: a pessoa que responde à pergunta "Quando o futuro começa?" com a menor quantidade de tempo é alguém que passou por uma perda ou choque considerável recentemente.

Por outro lado: "Três meses", respondeu certa vez um jovem num workshop que dei num colégio, mas pela razão oposta. Em três meses, ele ia se formar na escola. Aquele ponto de virada parecia o início de algo totalmente novo. Estudos mostram que isso também é comum: nos tornamos mais abertos à possibilidade de mudança quando estamos perto de alcançar um objetivo de longo prazo.[1] Ansiamos pelo fim de uma jornada e aguardamos o início de outra.

"Quinhentos e vinte e um dias", respondeu outra aluna, de maneira bem específica. Ela tinha feito umas contas rápidas e, em exatamente 521 dias, faria trinta anos. Efemérides também costumam causar na gente o anseio de uma grande mudança, não apenas nas nossas vidas, mas no mundo ao redor.[2] Pensar que o planeta inteiro vai mudar quando isso acontece conosco pode parecer um pouco de egocentrismo! Ainda assim, é útil ter alguns momentos marcados em intervalos determinados nas nossas vidas em que podemos abraçar mudanças drásticas.

Quando mais o futuro começa? "Na terça-feira, 3 de novembro de 2020", respondeu alguém em 2017. "O dia da próxima eleição presidencial dos

Estados Unidos", explicou a pessoa, claramente torcendo para que a próxima eleição tivesse resultados diferentes. Nem todo mundo tem em mente um ponto de virada tão preciso para o futuro. Mas muita gente considera uma mudança drástica como uma espécie de processo programado com exatidão, de forma que a esperança de algo novo e diferente está sempre no horizonte. Pense nisso: eleições, ou, para os fãs de esporte, a escalação antes de um campeonato; ou até a nova cor do ano da Pantone, conforme um estudante muito artístico sugeriu certa vez.

No entanto, com a mesma frequência, as pessoas dirão que não têm uma boa explicação para aquilo que escreveram. "O futuro começa em dez anos, simplesmente porque parece uma data muito distante", alguém poderia argumentar. E essa é uma verdade profunda. *O futuro é qualquer ponto no tempo que pareça distante o suficiente para as coisas mudarem de fato.* É uma verdade completamente subjetiva. O futuro começa quando você se sente pronto para uma mudança drástica: uma mudança grande, uma mudança assustadora, uma mudança pedida em preces, uma mudança louca.

É por isso que adoro jogar "Quando o futuro começa?". A resposta de uma pessoa me diz algo importante sobre o estado da sua mente. Um tempo curto — de menos de cinco anos — significa que ela está muito sensível à mudança, ou aberto a mudanças, ou no meio de uma mudança naquele momento. Uma resposta excepcionalmente longa — como quarenta, cinquenta ou até cem anos — sugere algumas coisas diferentes. A pessoa pode estar se sentindo presa ou frustrada com o ritmo de transformação na sociedade ou na própria vida, de modo que não consegue imaginar de forma realista qualquer mudança drástica próxima, talvez nem mesmo durante sua vida inteira. Ou pode ser uma pessoa bem paciente, com muita coragem e determinação, fazendo planos para dali a um bom tempo. Ou quem sabe a pessoa não veja necessidade de uma mudança grande e fique feliz se as coisas permanecerem as mesmas pelo máximo de tempo possível. É preciso debater um pouco para determinar qual situação é mais relevante, mas, na minha experiência, a conversa iniciada com "Quando o futuro começa?" é uma que vale a pena ter.

* * *

Dito isso, com todas as suas fascinantes possibilidades, dez anos é de longe a resposta mais comum à pergunta "Quando o futuro começa?". Nas experiências que vivi com mais de 10 mil alunos, quase todos concordam: uma década é tempo suficiente para a sociedade e a sua própria vida se transformarem de forma drástica.

O que faz esse número ser tão mágico para a mente?

A maioria das pessoas internalizou o poder dos dez anos para criar mudanças através de uma combinação de experiências pessoais e de convenções sociais. Pensamos nas nossas vidas como uma série de períodos de dez anos: nossos vinte anos, nossos trinta anos, nossos quarenta anos e por aí vai. Usamos essas efemérides para refletir sobre nossos desejos para a próxima década de nossa vida. E falamos de décadas como unidades de tempo nas quais a sociedade muda: pense em como os anos 1920 foram diferentes dos 1910, os 1960 dos 1950, ou como os anos 2020 já são bem distintos dos anos 2010. Qualquer um que viveu por mais de uma década ou estudou história já tem um modelo mental que deixa claro como as coisas podem mudar em dez anos.

Ao analisarmos a história recente, dez anos realmente parece ser um número mágico. É possível encontrar inúmeros exemplos de novas ideias e ações que criaram uma realidade social antes inimaginável no espaço de tempo de mais ou menos uma década. Isso é verdadeiro sobretudo quando se trata de movimentos sociais atingindo vitórias históricas e novas tecnologias tendo impacto global. Levando em consideração apenas alguns exemplos, levou, em média:

- dez anos para o movimento de direitos civis contra a segregação racial nos Estados Unidos ir do primeiro boicote aos assentos de ônibus segregados à aprovação federal da Lei dos Direitos Civis (1955-1964);
- dez anos das primeiras sanções econômicas contra o sistema de apartheid da África do Sul até a condução de uma nova constituição que emancipava sul-africanos negros e outros grupos raciais (1985-1996);
- dez anos entre o — à época controverso — casamento entre pessoas do mesmo gênero ser legalizado pela primeira vez em um país (a Holanda) e, de acordo com pesquisas globais, ser apoiado pela maioria das pessoas na maior parte dos países (2001-2010);

- dez anos entre a legalização da maconha para todos os usos no estado americano do Colorado e a descriminalização em quarenta e quatro dos cinquenta estados (2012-2021).

E levou:

- dez anos para o número de usuários da internet passar de apenas 16 milhões, a maioria cientistas e pesquisadores acadêmicos — indivíduos que achavam que a principal função da rede mundial de computadores seria simplesmente compartilhar dados científicos —, para um bilhão de pessoas conectadas (1991-2001);
- dez anos desde o lançamento do primeiro iPhone até que a maior parte das pessoas do planeta tivesse um smartphone, criando uma nova era de comunicação sempre acessível (2007-2017);
- dez anos para o Facebook ir de um usuário para um bilhão de usuários por dia, a caminho de se tornar o primeiro produto usado por mais de um em três humanos do mundo (2004-2015);
- dez anos para que o Bitcoin deixasse de ser uma ideia hipotética discutida num artigo científico e alcançasse uma capitalização de mercado de quase um trilhão de dólares, maior do que os três maiores bancos dos Estados Unidos somados (2008-2019);
- dez anos da fundação do Airbnb e do Uber até 36 por cento da força de trabalho americana estar envolvida em alguma forma de "gig work" (ou trabalho pontual) (2008-2018);
- dez anos para o Zoom ir da primeira sessão de teste e se tornar um importante bote salva-vidas para a humanidade durante a pandemia de covid-19, tornando-se a ferramenta fundamental para aulas, reuniões de trabalho e contato com amigos e familiares (2011-2020).

Em outras palavras: coisas que são pequenos experimentos hoje podem se tornar onipresentes e capazes de mudar o mundo daqui a dez anos. E a mudança social que parece improvável ou inimaginável... Bem, em dez anos, também pode acontecer.

É claro que nem todas as metas de mudança podem ser alcançadas numa década — vários movimentos sociais levam bem mais tempo. E o progresso simplesmente não para depois desse período. O propósito de pensar dez anos à frente não é identificar tudo que vai mudar — mas há bastante evidência de que quase tudo *pode* mudar nesse intervalo. E, por essa razão, dez anos nos ajudam a libertar a mente. Dez anos nos ajudam a considerar possibilidades que, de outra forma, seriam ignoradas. Dez anos até nos permitem relaxar um pouco quando tentamos imaginar como se organizar para rupturas drásticas ou reavaliar radicalmente o que é normal — porque uma década nos dá tempo para nos prepararmos. E é por isso que, quando mando pessoas em viagens no tempo mentais para o futuro, quase sempre o destino fica dez anos à frente. Os futuristas querem que as pessoas acabem num lugar em que acreditem que tudo possa ser diferente — mesmo coisas que pareçam impossíveis de mudar hoje.

QUANDO CONSIDERAMOS UM PERÍODO de dez anos, não ficamos apenas mais propensos a acreditar que uma mudança drástica pode acontecer no mundo. Também nos tornamos mais otimistas e esperançosos sobre o que *podemos* mudar através do nosso próprio esforço. Isso está relacionado a um fenômeno psicológico chamado *vastidão temporal*. É a sensação relaxante e empoderadora de que temos tempo suficiente para fazer o que realmente importa — refletir sobre as nossas opções, organizar um plano e agir de forma mais confiante para moldar o futuro da forma que queremos. É quase impossível criar a sensação de vastidão temporal quando se pensa em um período de dias ou semanas. Mas, quando pensamos dez anos à frente... Ah, é bastante tempo! Num período de dez anos, não há sensação de pressa. Temos várias oportunidades para desenvolver novos talentos, coletar recursos, recrutar aliados, aprender com os erros, nos recuperar de reveses e fazer tudo o que for preciso para conseguir o melhor resultado possível. Essa sensação de abundância nos torna mais abertos a correr riscos e, consequentemente, mais criativos. Temos todo o tempo necessário para brincar com ideias novas, tentar coisas inéditas e fazer experimentos até compreendermos o que funciona ou não.

É interessante notar que o cérebro responde à abundância de *espaço* da mesma forma que à abundância de tempo. Estudos também comprovam que pensamos de maneira mais criativa e estabelecemos objetivos maiores, "máximos", para nós mesmos quando estamos em lugares com pé-direito mais alto ou em espaços externos e abertos.[3] Com objetivos máximos, nos concentramos no limite superior: qual é o melhor e mais impressionante resultado que podemos imaginar? Assim, gosto de pensar no período de dez anos como uma espécie de catedral ou o Grande Cânion para a mente. Ele eleva o pé-direito da nossa imaginação.

Por outro lado, a sensação de ser pobre em tempo é como ficar preso num cômodo minúsculo, deprimente e sem janelas. Nós nos diminuímos e imaginamos menos. Adotamos objetivos "mínimos", o que significa que fazemos apenas o suficiente para evitar um resultado ruim. Conforme uma equipe de psicólogos especialistas declarou: "Um objetivo máximo reflete o melhor que uma pessoa poderia esperar, enquanto um objetivo mínimo revela as necessidades básicas ou o mínimo que alguém poderia tolerar com conforto."[4]

Você acha que está acordando todos os dias focado em objetivos máximos ou mínimos? Sente-se rico ou pobre em tempo? Estabelecer objetivos para si próprio (ou para a sua família, para a sua vizinhança e para a sua comunidade) com prazos curtos demais, assim como estar muito ocupado, costuma criar uma sensação de corrida contra o tempo. Mas isso nem sempre é algo que podemos controlar. Dessa forma, em vez de reduzir drasticamente o seu cronograma, é bem mais fácil controlar o ponto no futuro que você está imaginando quando pensa nas mudanças que gostaria de fazer.

Talvez você não esteja acostumado a estabelecer objetivos para um período de dez anos. Em geral, costumamos pensar em mudanças pessoais de ano em ano, sobretudo com resoluções de Ano-novo. No entanto, uma resolução de um ano não vai ajudá-lo a pensar de maneira máxima, e você não vai ter aquela sensação de vastidão temporal se estiver tentando atingir um grande objetivo em apenas um ano. Então, no próximo Réveillon, por que não testar uma nova tradição? Faça uma *resolução de dez anos*. O que você (ou a sua família, a sua vizinhança e a sua comunidade) poderia alcançar se tivesse dez anos para colocar aquilo em prática? Qual seria o impacto de longo prazo de um novo hábito se ele fosse praticado por dez anos? Deixe a sua mente brincar com algumas possibilidades mais amplas. Talvez essa ideia não lhe pareça atraente a princípio. Quando se trata de fazer resoluções, você não quer mudar daqui a dez anos, quer mudar o mais rápido possível! Então, pode continuar fazendo resoluções para períodos menores *e*, enquanto está com a mão na massa, tente estender a sua imaginação para uma década no futuro também.

Se quiser ter uma ideia da vastidão temporal neste momento, pode tentar essa dica: escolha uma tarefa pequenina, como terminar este livro — e dê a si mesmo dez anos para completá-la. Você pode pensar que ter tanto tempo à disposição vai torná-lo mais propenso à procrastinação e que nunca vai conseguir chegar ao final. Porém, por mais paradoxal que pareça, é mais provável procrastinar quando há a sensação de estar correndo contra o tempo.[5] Quando acha que tem menos tempo para resolver as coisas, você faz menos. E quando pensa que tem muito tempo, faz mais. Estudos mostram que isso acontece não importa quanto tempo "livre" uma pessoa tiver. O que importa é como o seu cérebro percebe a abundância de tempo. Então, tente. Dê a si mesmo suntuosos dez anos para completar seus objetivos. Quando se sentir rico em tempo e, assim, com controle maior sobre seus prazos, vai acabar surpreso com a velocidade e a satisfação com que completará objetivos que, do contrário, deixaria de lado.

Quero que tente mesmo fazer isso: vá em frente e estabeleça um prazo para terminar este livro, ou outro objetivo simples, no seu calendário pessoal, dez anos a partir de hoje. Os calendários do Google e da Apple permitem que você agende coisas uma década no futuro. Na verdade, esses aplicativos permitem que algo seja agendado para daqui a cem anos, se quiser imaginar algo que pode acontecer daqui a um século. Recomendo bastante como experimento mental!

Já que está com o seu calendário mental ou digital aberto, vamos tentar fazer uma viagem no tempo mental. Imagine-se daqui a dez anos, acordando incrivelmente animado com… alguma coisa. Você tem um evento especial no seu calendário. O que é?

Para ajudá-lo a conceber esse futuro de forma mais clara, avance dez anos no seu calendário digital. Agora, preencha os espaços vazios. O que planeja fazer daqui a uma década? Com quem vai estar? O que vai vestir? Do que vai precisar? Por que essa atividade é importante ou interessante para você? E como se sente agora que o momento enfim chegou? Tente responder a todas essas perguntas e imaginar o dia à frente da forma mais vívida possível. Não se esqueça de considerar sobre como a sua pessoa e as circunstâncias da sua vida podem ser diferentes quando comparadas às de hoje, e como essas diferenças podem mudar o que você quer ou o que consegue fazer.

Como em qualquer viagem no tempo mental para o futuro distante, pode levar alguns minutos para o seu cérebro começar a preencher os espaços vazios. Às vezes, é melhor plantar a semente da imaginação na sua mente agora e voltar depois. Apenas mantenha o calendário aberto e continue brincando com as possibilidades. O desafio proposto é colocar algo interessante — talvez até um evento transformador — no seu calendário do mundo real daqui a dez anos. Você terá toda uma década para decidir se quer que aquilo aconteça ou não.

A FIM DE LHE trazer inspiração, deixe-me contar sobre uma comunidade que de fato abraçou o intervalo de dez anos para fazer mudanças drásticas. Na região rural de Osing, na Alemanha, algo incrível acontece a cada década. Em todo ano que termina com o número quatro (por exemplo, 2024), a comunidade se reúne para fazer a "Osingverlosung", uma loteria na qual todos os 213 lotes de terras cultiváveis são redistribuídos de forma aleatória.

Se você mora em Osing, qualquer propriedade que tenha possuído e administrado durante os últimos dez anos é agora responsabilidade de outra pessoa pela próxima década. E você começa com um novo terreno. Direitos de pesca, caça e coleta de frutas também são sorteados. Essa tradicional loteria de dez anos começou séculos atrás e continua até a atualidade sem interrupções. Hoje, a transferência é celebrada com música, um banquete e um festival comemorativo.

Você consegue imaginar a si mesmo se comprometendo com esse tipo de mudança drástica a cada década? Consegue pensar em ter que trocar recursos pessoais com um vizinho a cada dez anos — talvez sua coleção de livros, ou suas roupas, ou sua casa? Como se sentiria ao, de dez em dez anos, entregar tudo que tem para a comunidade e começar de novo no terreno de outra pessoa? É capaz de ser ver celebrando, contente, essa distribuição aleatória, como fazem os residentes de Osing, em vez de temê-la ou se ressentir com ela? É difícil, não é? Mas não é nenhuma fantasia; existem pessoas que participam disso de forma voluntária e satisfeita. Então, por que uma loteria como essa é inimaginável para a maioria das pessoas?

Para descobrir a resposta, faça uma lista com todos os obstáculos e barreiras em que consegue pensar. Por quais razões um sorteio assim nunca funcionaria no lugar em que vive? Por que as pessoas se recusariam a participar? E então pense: o quanto você está disposto a questionar a sua certeza em relação a esses obstáculos? Tem alguma coisa na lista que acha que *pode* mudar ou ser superado? Consegue visualizar qualquer crise urgente, ou movimento social, ou avanço tecnológico, ou mudança nas crenças populares que poderia transformar essa coisa inimaginável em algo imaginável?

É esse tipo de exercício de imaginação que vamos fazer neste livro. A loteria de Osing, mas na nossa cidade, é o primeiro dos muitos futuros "impossíveis" que analisaremos.

PARA SER JUSTA, ALGUMAS pessoas vão lhe dizer que precisam de muito mais do que uma década para criar e se preparar para mudanças drásticas. Às vezes, ao jogar "Quando o futuro começa?", noto outro grupo grande de respostas, que ficam em torno de vinte a trinta anos. Esse grupo tende a ter um modelo mental bastante específico no tocante a como as coisas mudam. Pensam no mundo em termos de *mudança geracional*, que dita que a maior parte das transformações resulta do crescimento dos jovens, que fazem as coisas de forma diferente que as gerações anteriores.

Essa é uma maneira razoável de encarar o processo de mudança, mas tem ao menos três desvantagens. Em primeiro lugar, esse é um período de espera terrivelmente longo se você deseja mudanças urgentes. Em segundo, coloca tudo na mão de um grupo demográfico: a geração mais recente de adultos. E se você não fizer parte desse grupo? Em terceiro, fica mais difícil para a imaginação preencher os espaços vazios do futuro quando existem pouquíssimas informações sobre como ele pode ser — ao se considerar trinta anos à frente, é mais provável que se faça adivinhações aleatórias do que predições úteis. Quando treino pessoas com essa visão geracional da mudança, não tento convencê-las a abandonar esse modelo mental — mas as encorajo a praticar o pensamento de futuros num período de dez anos, para ajudá-las a dar início aos seus próprios futuros o quanto antes.

Infelizmente, imaginar dez anos no futuro não é um hábito que a maioria consegue adotar com facilidade. Alguns anos atrás, como parte da minha pesquisa no Institute for the Future, conduzi o primeiro grande estudo sobre o assunto dos Estados Unidos.[6] Nele, 2.818 pessoas refletiram sobre a frequência com que imaginavam o que poderiam fazer em períodos diferentes no futuro: um mês, um ano, três anos e assim vai, até chegar a trinta anos. (Os participantes tinham dezoito anos ou mais, e o estudo conta com uma margem de erro de ±2 pontos percentuais.) Eu esperava que a maioria pensaria no futuro distante com menos frequência do que eu, uma futurista profissional. Mas fiquei surpresa ao ver *quão menos*. Trinta e sete por cento dos participantes afirmaram que nunca imaginavam o mundo ou sua vida dali a dez anos. Outros 15 por cento disseram que pensam nisso no máximo uma vez por ano. Some esses grupos e você tem uma maioria de pessoas que está abrindo mão do poder de pensar as suas vidas dali a dez anos.

Futuros mais próximos são imaginados com maior frequência pela maioria das pessoas: 56 por cento delas afirmam que pensam em coisas que podem fazer daqui a um ano todo dia ou quase todo dia. Então, o problema não é que o pensamento de futuros não surja de forma natural. É que a maior parte das pessoas não pensa num período suficientemente extenso.

Deixe-me tentar te convencer, com mais uma descoberta científica, por que *você* deveria pensar dez anos no futuro quase todo dia.

Ao fazer uma viagem no tempo mental para daqui a uma década, seu cérebro começa a pensar com um ponto de vista diferente. Isso não é uma metáfora — é fato. Cientistas descrevem esse procedimento como mudar a perspectiva da sua imaginação de *primeira pessoa* para *terceira pessoa.*

Na perspectiva em primeira pessoa, você imagina o mundo do seu ponto de vista, de dentro do próprio corpo. É assim que, em geral, passamos pela vida, vendo a nós mesmos como o centro da realidade. Na perspectiva em terceira pessoa, você se imagina de um ponto de vista externo, quase como uma experiência fora do corpo. Fica flutuando acima ou à parte da ação, não preso a ela. Quando pensa em primeira pessoa, está totalmente imerso nos próprios pensamentos e sentimentos. Quando pensa em terceira pessoa, escapa do próprio ego e tem uma perspectiva mais objetiva e ampla.

Praticamente todo mundo pensa em primeira pessoa quando imagina o passado recente, o presente ou o futuro próximo. Da mesma forma, quase todo mundo muda para a terceira pessoa quando considera o passado ou o futuro distantes, em geral definido na literatura científica como dez anos de distância de hoje, independentemente da direção tomada. Essa mudança na perspectiva mental é o motivo pelo qual você consegue, depois de tempo suficiente, olhar para momentos bastante emotivos da sua vida e ver as coisas sob um ponto de vista mais claro, mais desprendido. Seu cérebro está literalmente processando essas experiências sob um ponto de vista mais perspicaz. É por isso que fazer viagens no tempo mentais para dez anos no futuro pode ajudar você a se sentir mais livre emocionalmente. Por um instante, você se dá uma folga no modo normal de pensar e sentir, e flutua acima de tudo, como um satélite no espaço.

Pesquisadores da psicologia encontraram uma maneira esperta de demonstrar esse fenômeno de mudança de perspectiva. Nos estudos, eles usam uma coisa chamada "traçar a letra". Você pode tentar fazer isso com um parceiro para ter o seu momento "eureca" sobre o que está acontecendo no seu cérebro. Segue um exemplo de como esse experimento funciona.

Num estudo, pediram para que os participantes fechassem os olhos e se imaginassem caminhando numa praia ou *amanhã*, ou *dez anos no futuro*. Depois de vinte segundos, mas ainda com a caminhada na praia em mente, os participantes foram instruídos a desenhar a letra *C* na testa (sem tocar na pele), usando o indicador da mão dominante. Essa ação deveria ser feita da forma mais rápida e inconsciente possível.

Os pesquisadores observaram um padrão fascinante. Quase todo mundo que se imaginava caminhando na praia *amanhã* traçava a letra *C* de forma que parecia correta do seu próprio ponto de vista, mas invertida para o pesquisador sentado à frente. Porém, 70 por cento dos participantes que se imaginavam caminhando na praia *dez anos no futuro* traçava o *C* ao contrário, de modo que parecia correto para o pesquisador e errado para si mesmo. Em outras palavras, as pessoas que pensavam no presente ainda viam o mundo com uma perspectiva em primeira pessoa, de dentro da própria cabeça. Mas as pessoas que pensavam no futuro distante entraram numa perspectiva distante, em terceira pessoa. Adotaram uma atitude mais empática, como evidenciado pelo desenho do *C* feito para outra pessoa ver corretamente. É como se, quando fazemos a viagem de dez anos, observássemos a cena de fora do nosso corpo.[7]

Você pode tentar fazer isso com um amigo, se quiser, e testar o fenômeno por si mesmo. Apenas mantenha em mente que você precisa estar sentado ou em pé na frente da outra pessoa e no mesmo espaço físico para que o efeito funcione (não é possível fazê-lo pelo telefone). E não vai funcionar para todos: algo em torno de 20 a 30 por cento das pessoas sempre vai traçar a letra da mesma maneira, mesmo mudando entre o modo agente ou observador. Ainda assim, o experimento de traçar a letra é uma confirmação importante de que o distanciamento no tempo nos ajuda no distanciamento de nós mesmos. Ao nos afastarmos do momento presente, nossas perspectivas também se tornam mais amplas.

Como o experimento de traçar a letra sugere, o grande benefício de mudar da primeira para a terceira pessoa é um enorme aumento da empatia. Na linguagem científica, "reduzimos os nossos preconceitos egocêntricos" e nos tornamos "menos identificados com o ego" — o que significa que saímos da nossa cabeça e começamos a ver as coisas como outra pessoa. Ficamos mais aptos a considerar que outros podem ter desejos, necessidades, valores ou ideias diferentes da gente.[8]

Nossa mente também se torna mais aberta — algo bastante importante quando se trata de pensar nas diferentes possibilidades de futuro ou nas mudanças pelas quais nós mesmos podemos passar. Estudos mostram que, quando pensamos em termos mais amplos de tempo e perspectiva, é bem mais provável que aceitemos novas informações que contrariem nossas crenças atuais.[9] É uma espécie de superpoder mental.

Na maioria das vezes, quando somos expostos a informações que desafiam as nossas crenças, nós as recusamos. O cérebro humano tem diversos mecanismos de defesa, incluindo dar menos atenção a "dados de desconfirmação" e esquecê-los mais rápido, se é que chegamos a notá-los. Se você já disse "Não quero ouvir falar disso" para alguém que estava tentando convencê-lo de algo, sabe exatamente do que estou falando! Seu cérebro de fato não quer ouvir aquilo — ele filtra e rejeita a mensagem que causa desconforto, ou "dissonância cognitiva".

De acordo com os cientistas da cognição, há boas razões para a existência desses mecanismos de defesa. Nossos cérebros não querem gastar energia reavaliando nossos modelos mentais sempre que recebemos uma informação nova. Precisamos economizar energia para todos os outros pensamentos, planos e resoluções de problemas necessários, e nunca agiríamos se não tivéssemos algum grau de confiança na nossa habilidade de compreensão do mundo. Na verdade, sem crenças relativamente estáveis, um significativo estresse psicológico é provável: sentimos um enfraquecimento da própria identidade ou que simplesmente não somos capazes de entender o mundo ao nosso redor. Isso pode levar à ansiedade e até ao desespero. Então, claro, nossos cérebros querem evitar entrar numa espiral de sofrimento toda vez que encaramos uma informação que pode nos fazer repensar nossos conhecimentos. Porém, se sempre rejeitarmos informações desafiadoras, nunca vamos aprender ou crescer. E com certeza não vamos nos adaptar com rapidez a momentos de ruptura ou a eventos surpreendentes.[10]

Quando nos afastamos um pouco do nosso próprio ponto de vista, ficamos menos propensos a nos prender a antigos pensamentos que não nos servem mais. Quando fazemos uma viagem no tempo mental para dez anos no futuro, estamos escolhendo abrir as nossas mentes, ao menos por um tempo, e ver o que acontece. É como abrir uma janela para deixar o ar fresco entrar — um período de uma década abre a nossa mente para deixar novas ideias entrarem. Essa abertura para informações surpreendentes ou desconfortáveis é um presente. Ela nos ajuda a superar pontos cegos e imaginar coisas que outras pessoas se recusam a considerar.

POUCO MAIS DE DEZ anos atrás, fui convidada ao escritório de um grande fabricante de automóveis para dar uma palestra à equipe de inovação sobre o uso da tecnologia dos videogames nos carros do futuro. Durante um passeio pelo centro de pesquisa, tive uma discussão acalorada com alguns executivos sêniores em relação à possibilidade de veículos autônomos (ou sem motorista) um dia se tornarem uma alternativa popular a carros normais.

"De forma alguma", disse um deles.

"Nem encaramos isso como uma possibilidade de verdade", falou outro.

Perguntei por que tinham tanta confiança nessa opinião.

"Carros são a maior expressão de liberdade individual", respondeu um dos executivos. "Quando entra num carro, é você que decide para onde quer ir, é você que está no controle. As pessoas nunca vão abrir mão dessa sensação de liberdade e controle ao deixar o carro dirigir por elas."

Outro executivo mencionou o poder psicológico e cultural da carteira de motorista.

"Tirar a carteira de motorista é um rito de passagem tão importante por um motivo. É o momento em que um jovem enfim se sente no controle da própria vida. Isso jamais vai mudar."

Questionei se eles supunham que a possibilidade de reduzir as mortes no trânsito seria um motivador mais forte do que se sentir no controle da própria vida. E se os carros autônomos fossem mais seguros do que os normais? E se pudéssemos evitar parte de quase 1,5 milhão de mortes no trânsito que acontecem anualmente no mundo inteiro? Não, todos eles concordaram. O ganho de segurança nunca superaria a sensação de liberdade e controle individual. Compartilhei algumas outras razões pelas quais imaginava que carros autônomos se tornariam comuns, mas não consegui convencer ninguém. Os executivos estavam presos às suas suposições.

Eu era convidada, então não queria brigar com eles, por isso só falei: "Espero que possamos falar sobre esse assunto de novo daqui a dez anos." E aí, assim que tive um instante de privacidade, peguei o caderninho que sempre levo comigo e escrevi tudo que conseguia me lembrar daquela discussão. Queria registrar a conversa, porque fiquei fascinada pela certeza dos executivos em rejeitar esse futuro possível. Não vi as opiniões deles como a posição oficial da companhia — e depois fiquei sabendo que já havia pessoas lá dentro defendendo carros autônomos de forma mais séria. No entanto, a conversa que tivemos era para mim um exemplo claro de como uma ideia pode ser categorizada como "impensável" e como, assim que ela é colocada dessa maneira, é difícil fazer os outros mudarem de opinião, mesmo se tratando de uma equipe responsável por inovações.

Antes de começar o meu treinamento como futurista, eu provavelmente era tão teimosa quanto eles sobre as minhas visões de mundo. Mas no Institute for the Future logo descobri a importância de não deixar a mente se prender a certos pontos de vista. Em reuniões, meus novos colegas com frequência repetiam um certo mantra, que posteriormente descobri ter sido cunhado por um antigo presidente do instituto. Sempre que uma discussão mais inflamada surgia, eles paravam, respiravam fundo e diziam: "Opiniões fortes, mantidas sem furor." E então analisavam melhor as suas suposições.

Levei um tempo para entender o que aquele mantra significava. Por um lado, é importante ter pontos de vista firmes, sobretudo quando estamos tentando expandir a nossa imaginação. Se o objetivo é se preparar para eventos impensáveis e criar uma mudança nunca antes imaginada, então, por definição, temos que estar dispostos a propor ideias muito provocativas e desafiantes. Por outro lado, só porque podemos imaginar que algo *possa* ser verdade no futuro não significa que temos que acreditar que *será* verdade, com certeza absoluta. Temos que nos manter abertos a deixar suposições e crenças desaparecerem quando não nos servirem mais, especialmente se novas informações surgirem que nos façam repensar a posição original.

"Opiniões fortes, mantidas sem furor." Gosto muito desse mantra. É uma expressão de humildade e de disposição para aprender. Ele nos lembra de que, não importa o que pensamos saber com certeza, o futuro ainda pode nos surpreender. Assim, uso o mantra sempre que me sinto envolvida demais com um resultado em particular — não apenas sobre o futuro, mas em qualquer desavença que tenho. (Sim, uso o mantra até mesmo para dar uma pausa nas brigas com o meu marido!) É um lembrete para mim mesma e uma promessa para a pessoa com quem estou discutindo de que manterei a mente aberta e flexível.

Aprendi bastante sobre pensamento de futuros desde aquela conversa com a equipe de inovação, mais de dez anos atrás. O que teria feito de diferente se soubesse naquela época o que sei hoje? Com certeza teria convidado os executivos a fazerem uma viagem no tempo mental rápida comigo, para que pudessem se imaginar pela primeira vez num veículo completamente autônomo.

"Visualizem essa imagem da forma mais vívida e realista que puderem", diria eu. "De que cor é o veículo? Para onde está indo? O assento é confortável? Há alguém acompanhando você nessa viagem?" Eu daria a eles um segundo para ter uma pré-sensação desse futuro e, então, perguntaria: "Com apenas uma palavra, como descreveriam a emoção dessa primeira viagem?" Tenho certeza de que a mente deles se expandiria, ainda mais se tivessem a chance de compartilhar os relatos da sua viagem no tempo mental uns com os outros.

Desde então, desafiei milhares de estudantes com esse exato exercício de imaginação, como forma de "esquentar" a turma. (Embora, nos últimos anos, conforme a tecnologia de carros autônomos de fato surgia no mercado, tive que fazer uma pequena modificação: "Se você já teve a experiência de andar num carro completamente autônomo, qual foi a principal emoção que sentiu?") Convido todos a compartilharem a reação emocional numa única palavra num grande quadro na frente da sala ou, se for uma aula on-line, no chat. Essa é a minha parte favorita, quando a turma inteira assimila uma gama inevitavelmente ampla de sentimentos. As pessoas imaginam que se sentiriam animadas, nervosas, impressionadas, aterrorizadas, curiosas, enjoadas, gratas, entusiasmadas, confusas, atentas, sonolentas, livres. As palavras compartilhadas abrangem o leque completo de emoções positivas e negativas, sem nenhum consenso.

Com esse tipo de informação sobre os futuros imaginados de outras pessoas, fica bem mais difícil manter qualquer opinião firme sobre carros autônomos. Isso é especialmente verdade se tentarmos entender — ou melhor ainda, debater — por que exatamente alguém se sentiria nervoso ao andar num carro autônomo enquanto nós nos sentiríamos animados, por que alguém se sentiria livre enquanto nós nos sentiríamos enjoados, por que algumas pessoas querem esse futuro, e outras não.

Ou seja, quando imaginamos o futuro juntos, abrimos ainda mais a nossa mente. É assim que percebemos como as pessoas têm sensações diferentes sobre o mesmo futuro possível. Podemos assimilar os detalhes da imaginação dos outros para nossas próprias reflexões. Quando fazemos a viagem de dez anos para o futuro com companhia, é bem mais fácil continuar se adaptando e evoluir nossas crenças.

Falando nisso… Doze anos depois, a empresa automotiva que visitei está agora fabricando carros autônomos. Eles definitivamente abriram a cabeça em relação a essa ideia! Ainda assim, não importa qual tecnologia se tornará padrão, é provável que os executivos (assim como nós) vão precisar repensar ainda mais a próxima década, pois desafios maiores surgem no horizonte. O futuro, sobretudo hoje em dia, está resistindo às nossas suposições firmemente mantidas sobre a importância dos carros na vida moderna. Eis outra pista para você pensar como o amanhã pode ser diferente:

Durante a pandemia de 2020, cidades do mundo inteiro fizeram experimentos ao proibir automóveis em grandes áreas. As ruas ficaram abertas para pedestres, ciclistas e mesas de restaurantes, para que as pessoas pudessem passar mais tempo socializando e fazendo exercícios a uma distância segura. Esses experimentos provaram ser bastante populares e é provável que tenham impactos duradouros no que as pessoas pensam sobre carros. Quando a YouGov, empresa internacional de análise de dados e pesquisa de mercado, conduziu um estudo em vinte e uma cidades em diversos países, como França, Alemanha, Itália, Espanha, Reino Unido e Bélgica, descobriu que 78 por cento dos entrevistados queriam manter as restrições para veículos postas em prática durante a pandemia, a fim de reduzir a poluição atmosférica e limitar o papel dos carros na vida urbana.

Enquanto isso, cada vez mais jovens estão optando por não tirar a carteira de motorista. Nos Estados Unidos atuais, 40 por cento das pessoas de dezoito anos optou por ainda não tirar a carteira. As maiores razões citadas numa pesquisa conduzida pelo University of Michigan Transportation Research Institute: "ocupados demais ou sem tempo para obter a carteira de motorista" (37 por cento), "comprar e manter um carro é muito caro" (32 por cento), "consegue pegar carona com outros" (31 por cento), "prefere caminhar ou andar de bicicleta" (22 por cento), "prefere usar transporte público" (17 por cento), "preocupado com os impactos dos automóveis no meio ambiente" (9 por cento).[11] E, em outro estudo conduzido pela AAA Foundation for Traffic Safety, quase metade dos adolescentes que escolheu não tirar carteira disse que dirigir era uma atividade arriscada que os deixava nervosos.[12] Que conclusão tiro dessas informações? Que, hoje em dia, a liberdade tem um significado bem mais amplo para os jovens no que diz respeito a carros — não apenas mobilidade pessoal ou controle sobre uma máquina, mas também a liberdade de não ter dívidas, liberdade de não se sentir culpado pelos impactos ambientais, liberdade em relação à ansiedade de participar de atividades arriscadas.

Para mim, esses indícios, além do avanço da tecnologia de carros autônomos, sugerem que provavelmente já passamos do "auge da direção" na história humana, ao menos durante um futuro próximo. Isso vai mudar drasticamente os lugares em que vivemos, as nossas vizinhanças, a forma como trabalhamos, como aprendemos, como compramos, de que tipo de infraestrutura precisamos e como os jovens ganham independência e marcam os seus ritos de passagem. Há tantas coisas que podemos começar a repensar e reinventar se nos permitirmos considerar essa mudança.

Conforme você imagina a sua vida e o mundo dez anos à frente, pode valer a pena criar, de vez em quando, uma cena com um número consideravelmente menor de carros e de humanos dirigindo. O que seria diferente nesse futuro? Você poderia morar onde mora hoje? Como a sua vizinhança seria transformada? Da próxima vez que fizer uma viagem de dez anos, veja quais ideias criativas lhe surgem sobre mudanças pessoais e sociais num mundo pós-carro. Esta é só uma das diversas mudanças sociais de larga escala que vamos imaginar juntos neste livro.

Há uma ressalva importante a se fazer a respeito dessas previsões de dez anos. Para algumas pessoas, e por boas razões, um período de dez anos é tempo longo demais. Na minha pesquisa nacional de pensamento de futuros, descobri que os participantes mais velhos, indivíduos nos seus oitenta e noventa anos, eram os menos propícios a pensar tão longe. A razão citada com mais frequência: "Não acho que vou estar aqui em dez anos." Mesmo para futuristas profissionais, é necessário admitir que idade avançada, doenças ou situações perigosas podem tornar o ato de imaginar a próxima década inútil ou estressante. Se as circunstâncias da sua vida fazem o período de dez anos parecer um pouco longo demais, então imagine o futuro que pareça mais distante daquele que, em geral, você pensa. Deixe o futuro começar no ponto em que sinta aquele alcance, aquela extensão, aquela abertura da mente levemente desconfortável, onde quer que acredite que a mudança drástica é possível.

TREINANDO A IMAGINAÇÃO

REGRA Nº 1: Faça uma viagem de dez anos.

Quando pensar no futuro, foque a sua imaginação dez anos à frente. Um período de uma década vai abrir espaço na sua imaginação e lhe dar a sensação mágica de "vastidão temporal". Vai ajudá-lo a abrir a sua mente, assimilar novas informações, reduzir os pontos cegos, aumentar a sua empatia, estabelecer objetivos mais otimistas e ver em escala bem maior. Se você sente a sua mente presa ou apressada, dê a si mesmo um prazo de dez anos, faça uma resolução de dez anos, crie um evento no seu calendário para dez anos no futuro ou converse com outras pessoas sobre como o mundo pode ser diferente daqui a dez anos. Isso vai mudar a forma como você pensa e se sente hoje.

2

Aprenda a viajar no tempo

É uma espécie triste de memória aquela que só anda para trás.

— Lewis Carroll, autor

PELOS PRÓXIMOS TRINTA SEGUNDOS, QUERO QUE SE IMAGINE ACORDANDO amanhã de manhã. Tente imaginar a cena na sua cabeça ou descreva-a para si mesmo da forma mais clara possível.

Essas perguntas podem ajudá-lo a conceber melhor a cena: em que quarto ou espaço você está? O que o desperta — um alarme, a luz do sol, alguém o chamando ou mexendo no seu ombro? Está claro lá fora ou ainda é madrugada? Tem alguém com você? De que lado da cama está? (Isso se estiver numa cama — ou está em outro lugar?) Que roupa está usando? Como está se sentindo? E qual é a primeira coisa que faz agora que está acordado? Continue imaginando o seu amanhã até ter uma resposta clara para todas essas perguntas.

Bom trabalho. Essa viagem no tempo mental rápida que acabou de fazer é um exemplo de um futuro *altamente imaginável*. É provável que tenha sido bem fácil para você visualizar essa cena com uma boa quantidade de detalhes vívidos.

O que torna esse futuro tão imaginável? Bem, não há muito espaço para incerteza entre o agora e o amanhã de manhã. Você deve ter uma boa ideia de onde vai acordar. É improvável que seu ambiente físico seja completamente diferente do que o de hoje. É difícil que os seus hábitos e as circunstâncias da sua vida mudem drasticamente de um dia para o outro. Em outras palavras, é razoável esperar que a manhã de amanhã seja ao menos um pouco semelhante à maioria das manhãs da sua vida recente. Isso não significa que você pode predizer esse futuro com toda a certeza, mas tem toda a informação necessária para estimar na sua mente, de forma clara, ao menos uma possibilidade plausível.

Agora, vamos tentar algo um pouco mais desafiador. Pelos próximos trinta segundos, quero que se imagine acordando *daqui a um ano.*

Mais uma vez, tente pensar nesse futuro da forma mais clara possível. Sinta-se livre para mudar quantos detalhes quiser, sejam muitos ou poucos, em relação à primeira cena que imaginou.

Daqui a um ano, você está acordando em um lugar completamente novo? Ou algo mudou na sua cama ou no seu quarto? Tem alguém diferente ao seu lado? Você mudou fisicamente de alguma forma?

Gostaria de se imaginar acordando com um humor diferente do que acha que vai acordar amanhã? O que pode deixá-lo com esse novo humor?

Você tem outro hábito matinal daqui a um ano, algo que faz assim que acorda, mas que ainda não faz hoje? Qual pode ser esse novo hábito?

Continue visualizando a sua manhã daqui a um ano até ter as respostas para essas perguntas — mesmo as que pareçam mais difíceis de prever. Esse exercício ajudou você a expandir um pouco a sua imaginação? Perceba se as ideias lhe ocorreram de maneira fácil e automática, ou se foi difícil criar os detalhes. Perceba quão inclinado estava a descrever um momento semelhante ao hoje ou quão livremente começou a inventar mudanças. Perceba se o seu corpo e o seu cérebro ficaram relaxados ou ativados com o trabalho. Faça uma lista rápida das suas ações e então vamos tentar outro ato de imaginação.

Dessa vez, quero que se imagine acordando *daqui a dez anos.*

Demore o tempo que for necessário para criar uma imagem vívida e plausível — de você mesmo, do espaço que ocupa e de quem pode estar ao seu lado.

Onde você está daqui a dez anos? Que coisas estão ao seu redor? O que vê, escuta, cheira e sente? Qual é a primeira coisa que pensa ao acordar? Que planos tem para hoje? Como o seu corpo mudou nesse intervalo?

Tente não transformar essa cena futura numa fantasia completa. Permaneça concentrado no que pensa ser de fato realista e possível para você.

Se estiver com dificuldade neste desafio, um truque que você pode tentar é anotar a descrição do que imagina, em vez de tentar manter todos os detalhes na mente. Para algumas pessoas, é mais fácil pensar no futuro com palavras do que com imagens mentais.

Continue pensando nesse momento dez anos no futuro até conseguir reunir a maior quantidade de detalhes possível.

O que viu nesse futuro distante? Acha que as coisas vão permanecer mais ou menos as mesmas? Ou encheu o seu futuro com alternativas às características atuais? Não há resposta certa ou errada. Apenas perceba.

Você pensou numa manhã em que estava animado para acordar? Ou explorou possibilidades que poderiam ser dolorosas de encarar? Ambas são formas úteis de imaginação — seu lado positivo e sombrio. Apenas note qual foi a direção em que seguiu primeiro.

Mais importante, sentiu alguma diferença no seu cérebro e corpo conforme estendia a sua imaginação a dez anos no futuro? Para a maioria das pessoas, a sensação que essa atividade traz é tentar segurar algo que não está realmente ali.

Algumas pessoas sentem isso na mente, outras no corpo e algumas em ambos. Você pode ter notado que os seus olhos começaram a se mover de forma involuntária, como se estivessem buscando pistas. Isso é bem comum quando tentamos imaginar o futuro, pois nos ajuda a "ver" o que não está lá. Ou talvez tenha notado os seus dedos se agitando ou as suas mãos se movendo e encostando nas coisas ao redor, de forma inconsciente, como se procurassem informações. O toque é a primeira coisa que aprendemos no mundo, e, em momentos de incerteza, com frequência voltamos a tentar "sentir" o nosso entorno.[1] Mesmo que não tenha reagido com o corpo, provavelmente sentiu algum esforço mental. Quanto mais você estende a sua imaginação para o futuro, mais o seu cérebro trabalha. E dez anos é um desfio bastante complicado comparado a um, dois ou cinco anos.

Por quê? Para início de conversa, você nunca foi dez anos mais velho do que é hoje. O cérebro nunca teve essa experiência, então não sabe o que esperar. E há tantas coisas que podem mudar em dez anos — seu corpo, seus relacionamentos, as circunstâncias da sua vida, seu ambiente físico. De maneira intuitiva, o cérebro percebe essa incerteza, essa incognoscibilidade. Ele não tem as informações necessárias para simular de maneira perfeita o que vai acontecer. Assim, em vez de projetar com confiança um futuro possível, o cérebro abre uma *página em branco* para você considerar inúmeras possibilidades. A essa altura, é preciso começar a fazer escolhas intencionais sobre o que *quer* imaginar no seu futuro. É preciso preencher as lacunas.

Preencher as lacunas requer considerável esforço mental. Mas é justamente por causa desse esforço, dessa dificuldade, que esse tipo de exercício de imaginação é tão poderoso. Em vez de simplesmente lembrar do que já sabe, o cérebro precisa inventar uma nova possibilidade. Ele busca experiências do passado, medos e esperanças atuais, além da sua intuição sobre o que pode mudar nos anos vindouros para trazer ao mundo algo que ainda não existe. Você pode até ter sentido esse "alongamento mental" enquanto tentava se imaginar acordando daqui a dez anos, o cérebro formando novos caminhos neurais, criando uma memória novinha em folha de algo que ainda não viveu.

Depois de fazer essa nova memória, algo incrível acontece: o que antes era inimaginável para o seu cérebro agora é *imaginável.* Da próxima vez que tentar pensar nesse futuro possível, uma imagem mental vívida ou descrição detalhada surgirá de imediato na sua mente. Você pode usar essa nova "memória do futuro" para planejar e se preparar para o amanhã de forma bem mais eficiente. Pode revisitar a memória sempre que quiser e examinar como ela faz você se sentir. As emoções que traz são positivas ou negativas? Essas pré-sensações podem te ajudar a considerar se deveria mudar o que está fazendo hoje para tornar esse possível futuro mais ou menos provável. E, como inventou essa memória, pode mudá-la sempre que quiser. É possível alterar os detalhes conforme esperanças e medos mudem ou conforme surjam novas informações sobre o seu futuro.

Os cientistas chamam essa forma de imaginação de *pensamento de futuros episódico*, ou PFE. É a habilidade mental de se transportar adiante no tempo e experimentar previamente um evento futuro. O PFE costuma ser descrito como uma espécie de "viagem no tempo mental", porque o seu cérebro está se esforçando para ajudar você a ver e sentir o futuro de forma tão vívida e clara que é como se já estivesse lá. Mas o PFE não consiste apenas em imaginar o futuro; ele também estimula o futuro na sua cabeça. É a diferença entre saber que provavelmente vai chover amanhã — uma espécie de "fato" ou pensamento abstrato sobre o futuro — e *se imaginar vividamente na chuva*, tentando ter uma pré-sensação dos pingos na sua pele e usando tudo que sabe sobre as possibilidades do amanhã a fim de criar um cenário mais detalhado e realista. Com o PFE, é possível até visualizar onde exatamente você estará quando começar a chover, o que vai estar vestindo, quem estará com você, se vai se sentir incomodado ou feliz com a chuva, se vai correr para um abrigo ou se vai dançar na chuva, e por aí em diante.

Outra maneira de entender o PFE é pensar nele como uma reprise passando no seu cérebro de um documentário ou reality show em que você é o astro, só que o episódio acontece no futuro. Essa analogia captura as qualidades em geral altamente visuais e narrativas do PFE: você vê eventos possíveis do futuro se desenrolando na sua mente como se já tivessem sido capturados em vídeo.* Mais importante, isso ressalta o fato de que o PFE deve ser plausível e baseado na realidade. O PFE *não* é um devaneio no qual você sonha com uma vida completamente diferente ou acorda num mundo em que todos os seus problemas foram resolvidos por um passe de mágica. É uma maneira de conectar quem você é hoje com o que talvez sentirá ou fará no futuro. Esse futuro pode muito bem ser melhor do que o presente, mas

* Para muita gente, a imaginação é um processo bastante visual — mas não para todos. Você pode não ser um pensador visual ou talvez até mesmo não consiga criar imagens mentais —, ou seja, pode fazer parte dos 2 por cento da população com uma condição neurológica chamada afantasia, ou inabilidade de ver coisas com o "olho da mente". Se for o caso, pode ser útil trabalhar sobretudo com palavras e outras memórias sensoriais em vez de visualizações mentais para fazer os desafios e experimentos deste livro. Pesquisas mostram que a afantasia não prejudica a capacidade de criar ou prever, então é possível se beneficiar do treinamento da imaginação tanto quanto qualquer pessoa que usa esse tipo de visão mental. Da mesma forma, se você for deficiente visual, sobretudo se for cego desde o nascimento, sua imaginação tem uma qualidade diferente da imaginação das pessoas que conseguem ver, se baseando mais em formas, texturas, sons, odores etc. No entanto, estudos sugerem que, de todas as outras maneiras, estímulos mentais funcionam de forma semelhante para deficientes visuais ou indivíduos com visão. Assim, as técnicas e a pesquisa deste livro também devem se aplicar a você.

com certeza também terá seus desafios. Então, o PFE não é uma forma de escapar da realidade. É uma maneira de *brincar com a realidade*, de descobrir os riscos e as oportunidades que você talvez não tenha considerado antes.

Como o PFE nos permite antever diferentes futuros possíveis, é uma poderosa ferramenta motivacional para planejar e tomar decisões. Ele nos ajuda a decidir: esse é o mundo no qual quero acordar? Para que preciso me preparar? Será que devo mudar o que estou fazendo hoje para tornar esse futuro mais ou menos possível? É também um esforço que demanda muito das nossas habilidades cognitivas. É um trabalho árduo para o seu cérebro conjurar algo que ainda não existe, mas que é *plausível de acontecer*.

De acordo com estudos com imagens de ressonância magnética (que revela padrões na atividade cerebral), o PFE intensifica a atividade e aumenta a conectividade entre onze regiões diferentes do cérebro.[2] Compare isso a lembranças de um evento no passado ou devaneios sobre o que outra pessoa pode estar fazendo no momento. Essas formas de imaginação ativam apenas seis das mesmas onze regiões do cérebro que o PFE; você precisa de mais cinco regiões funcionando a todo vapor para poder fazer uma viagem do tempo mental.

Por que o PFE requer muito mais esforço mental do que um devaneio casual ou uma lembrança? Durante o PFE, você não está apenas se esforçando para simular na sua cabeça uma imagem que não está na sua frente; também está tentando *dar sentido a ela*.

Há três principais maneiras de dar sentido às coisas quando se está fazendo uma viagem mental ao futuro.

Na primeira, seu cérebro precisa fazer o que os cientistas cognitivos chamam de *construção de cena* — montar mentalmente o mundo do amanhã. Onde você está, o que vê, o que está acontecendo e quem mais está lá? Pense nisso como a montagem de um palco e a escolha de atores e objetos para uma peça teatral. Antes de imaginar o que vai fazer, sentir e dizer nesse futuro, precisa saber onde ele acontece, quem está com você e quais adereços o cercam.

A construção de cena também significa estabelecer fatos básicos do mundo, ou o que os cientistas chamam de *semântica*. Já assistiu a um trailer que começava com uma narração assim: "Num mundo em que...", "Numa terra onde...", "Numa época em..."? Bem, o mesmo tipo de narração acontece no seu cérebro no início de um PFE. A voz pode falar: "Num mundo bem parecido com o de hoje", se você não estiver tentando alongar muito a sua imaginação. Porém, conforme você começa a usar o PFE para imaginar a mudança na própria vida e na sociedade, a construção de cena talvez comece com descrições mais surpreendentes: "Num mundo onde o ensino superior é gratuito", ou "Numa terra em que carros são proibidos", ou "Numa época em que os meus filhos já cresceram e saíram de casa", ou "Numa época em que os meus filhos já cresceram e *voltaram* para casa". Brincar com a semântica — ou as regras — do futuro é uma das funções mais importantes e criativas do PFE. Quanto mais você brincar com as possibilidades, mais preparado estará para desafios e mais aberto a oportunidades.

Esse trabalho de construção de cena é todo hipotético, claro. O futuro ainda não aconteceu, então você pode ocupar o seu palco mental da forma que lhe parecer melhor e criar as regras que quiser. Então de onde vêm exatamente essas possibilidades? Como o seu cérebro decide o que imaginar?

Durante o PFE, o cérebro faz uma espécie de caça ao tesouro em busca de detalhes realistas e ideias plausíveis. Para isso, ele ativa o hipocampo, onde a memória e o aprendizado ficam armazenados, e começa a explorar todas as suas lembranças, além de quaisquer outros fatos e ideias que estejam guardados. Dependendo do tipo de futuro que tenta imaginar — um esperançoso ou temeroso, familiar ou estranho —, o hipocampo identifica a coisa mais relevante e então a recupera e a recombina numa nova cena. Isso significa que, *o que quer que veja no seu futuro, isso sempre virá de informações que o seu cérebro já percebeu e processou.* Qualquer um pode imaginar um futuro que seja mais ou menos semelhante ao dia de hoje. Mas o ideal é que, conforme sua capacidade de imaginar o inimaginável aumenta, você seja capaz de construir cenas focadas na mudança — incorporando não apenas ideias óbvias e coisas que foram importantes no passado, mas também ideias surpreendentes e coisas que podem ser importantes no futuro.

É por isso que o elemento mais importante do treinamento de imaginação que você vai fazer com este livro é começar a encher o seu cérebro com o que chamo de "pistas para o futuro", exemplos concretos de ideias novas e estranhas que podem moldar o amanhã. Procurar essas pistas significa encontrar e examinar evidências de mudanças que estão acontecendo agora.

Quando o seu hipocampo estiver alimentado com essas ideias, o cérebro terá informações melhores e as cenas que você construir serão bem mais interessantes. Este livro está repleto de pistas.

Então o seu hipocampo está pegando fogo, criando regras para o futuro e montando o palco. O que acontece a seguir no PFE?

Depois da construção da cena, o cérebro começa a fazer uma espécie de trabalho que cientistas cognitivos chamam de *detecção de oportunidade*. Na detecção de oportunidade, você busca por maneiras de satisfazer as suas necessidades e atingir os seus objetivos. Por exemplo: se imaginar que pode acordar daqui a dez anos com fome, o que o seu eu do futuro vai comer? Se você se imagina sozinho quando acorda, com quem o seu eu do futuro vai tentar entrar em contato? A detecção de oportunidade é como um ator aparecendo para ensaiar e perguntando: "Qual é a minha motivação?" Em outras palavras: o que eu faço nessa cena?

Para entender a sua motivação, o cérebro ativa o córtex pré-frontal ventromedial (vmPFC, na sigla em inglês), uma região bastante usada quando você estabelece objetivos e acompanha os seus progressos. Como o hipocampo, que pode recorrer a quaisquer memórias ou fatos que quiser, o vmPFC pode sugerir qualquer objetivo que você já teve ou considerou ter um dia. Há muito material bruto disponível. Então, como o vmPFC decide qual motivação sugerir?

Uma das coisas mais importantes sobre o Pensamento de Futuros Episódico é que o tipo de motivação que primeiro surge na sua mente provavelmente tem uma grande ligação com os seus valores mais profundos e as suas necessidades mais essenciais — sobretudo quando você pensa num futuro mais distante.[3] Durante o PFE, o cérebro não precisa considerar os detalhes práticos e as obrigações do presente. Talvez hoje você tenha uma lista de tarefas cheia de coisas que preferiria não fazer ou que não importam tanto a longo prazo. Mas, quando pensa na lista de tarefas que terá daqui a dez anos, começa com uma página em branco. Ela já não tem mais vinte itens, de forma que você pode se imaginar fazendo o que *de fato* quer fazer. Isso é bem divertido para o seu vmPFC. Assim, ele pode gerar objetivos que são cem por cento direcionados para você, baseado no que decidiu ser mais importante. Talvez seja sempre aprender algo novo, ou ajudar outras pessoas, ou se esforçar para tomar atitudes corajosas, ou cuidar da sua família, ou ser criativo e colocar novas ideias ou arte no mundo.

Quaisquer que sejam os seus objetivos futuros, você ainda precisa entender a melhor forma de alcançá-los. Nesse momento, um dos maiores ajudantes do vmPFC aparece: o putâmen, que também faz parte do sistema de motivação e recompensa. O putâmen ajuda a acompanhar quais ações e comportamentos específicos em geral levam a bons resultados. É a parte do seu cérebro que sabe de coisas como: "Eu me sinto melhor quando respiro ar fresco", "Minha mãe fica feliz quando respondo às mensagens dela na hora", "Quando tenho um dia ruim, cozinhar me acalma", "Se eu tentar correr uma meia-maratona sem treinar de novo, vou me arrepender bastante" ou "Se não falar alguma coisa agora, não vou parar de pensar nisso depois". O putâmen é como um lembrete de realidade na sua imaginação do futuro. Ele o ajuda a pensar de forma mais crítica e estratégica sobre quais providências que você se vê tomando e que vão de fato ajudá-lo a conseguir o que quer.

Como o putâmen é treinado a partir de experiências reais que você já teve, suas sugestões para ações futuras serão bastante influenciadas pelas estratégias que funcionaram no passado. É por isso que parte do seu treinamento de imaginação neste livro será experimentar novos comportamentos que podem se provar úteis no futuro. Eu os chamo de *microações*. Uma microação é algo que você nunca tentou antes, que faz hoje sem que isso exija mais do que cinco minutos. Quando experimenta essas novas ações pequeninas, expande o que o seu putâmen considera um comportamento útil e realista. Isso lhe dará mais ideias para explorar enquanto tenta se imaginar sendo inteligente, prestativo, corajoso, solícito, criativo ou o que mais quiser ser no futuro.

Por fim, conforme o cérebro trabalha para transportar você ao futuro, os sentimentos surgem. A ínsula e a amígdala, centros cerebrais de emoção, começam a funcionar para lhe dar uma amostra, ou pré-sensação, do que poderá sentir na cena imaginada: animação, decepção, esperança, medo, orgulho, inveja, tristeza, curiosidade, tédio, vergonha, alívio, amor, solidão, surpresa, confusão, tensão ou liberdade. Positivas ou negativas, essas emoções passam informações importantes. Elas nos ajudam a decidir: é nesse futuro que quero acordar? Devo tomar providências hoje para torná-lo mais ou menos provável?

É importante lembrar que esses sentimentos não são simulados. São reais. Estudos mostram que as emoções que surgem no PFE podem ser tão psicologicamente poderosas quanto as sentidas no presente.[4] Essa é uma das razões pelas quais muitos de nós preferem imaginar futuros com as melhores hipóteses e por que evitamos imaginar amanhãs assustadores — de mudanças climáticas até novas crises econômicas, a próxima pandemia ou a possibilidade de viver sem um ente querido. É natural se sentir dessa maneira. Mas há benefícios reais ao imaginar, de forma proposital e cuidadosa, futuros assustadores. É por isso que o treinamento de imaginação que você fará neste livro o ajudará a dominar as técnicas para reconhecer e transformar as emoções negativas que surgem conforme você faz o importante trabalho de se preparar para tudo — até para as situações nas quais prefere não pensar, muito menos viver.

Da construção de cena até a detecção de oportunidade e a pré-sensação de emoções — agora você sabe por que parece mesmo que está exercitando a mente quando tenta preencher as lacunas do futuro. Do hipocampo ao córtex pré-frontal ventromedial, do putâmen à ínsula e à amígdala, isso sem mencionar as outras partes de apoio que entram na brincadeira — onze regiões cerebrais diferentes cooperam e se comunicam para criar novos caminhos neurológicos. É um processo complexo, mas você pode resumi-lo em algo bem mais simples. Fazer um Pensamento de Futuros Episódico ou uma viagem no tempo mental ao futuro significa responder a essas quatro perguntas:

1. Onde exatamente estou no meu futuro — quem mais está aqui e o que há ao meu redor?
2. O que é verdade nessa versão da realidade que não é verdade hoje?
3. O que *realmente* quero nesse momento futuro e como vou consegui-lo?
4. Como me sinto agora que estou aqui?

A essa altura, você pode estar imaginando como sabemos tanto sobre o pensamento de futuros episódico e o cérebro. Nos últimos vinte anos, mais de 5 mil estudos científicos foram publicados sobre o assunto.[5] Por que os cientistas estudam isso? Por quatro razões principais.

Em primeiro lugar, o PFE está bastante ligado ao bem-estar mental.[6] Pessoas que praticam o PFE são mais propensas a sentirem otimismo, motivação e controle de suas vidas. Têm menos chances de ficarem ansiosas ou deprimidas. Pesquisadores acreditam que isso aconteça porque, *ao praticar o PFE, você aprende a controlar a sua imaginação.*

Cientistas que estudam o PFE descobriram que pessoas que sofrem de depressão têm tendência a imaginar o seu futuro com apenas detalhes vagos. Para elas, um futuro positivo é difícil de conceber, porque o cérebro deixa muitas lacunas mentais. Por essa razão, esses indivíduos não conseguem imaginar o prazer de forma vívida. Não se sentem motivados por possíveis eventos futuros. Não conseguem prever de forma convincente os seus amanhãs como sendo diferentes do presente. A imaginação fica engessada, deixando-os, quase literalmente, sem ansiar por nada.

Indivíduos com ansiedade tendem a ter o problema oposto. O cérebro deles fica preso, pensando em qualquer evento futuro negativo com detalhes bem vívidos. Eles simulam mentalmente, de maneiras bastante convincentes, todos os futuros assustadores, preenchendo todas as lacunas. Mas também pulam a parte do PFE em que o cérebro se concentra nos valores e nas motivações mais profundas e cria estratégias de como conseguir o que essas pessoas querem e precisam.

O PFE dá aos dois grupos um controle maior sobre o que veem na mente. Estudos mostram que pessoas com depressão podem usar o PFE para treinar a imaginação a fim de construir cenas ricas em detalhes e escolher preenchê-las com possibilidades positivas que pareçam plausíveis. Isso reduz bastante os sintomas de depressão. Ao mesmo tempo, pessoas com ansiedade podem treinar a sua imaginação para sempre se lembrar das motivações positivas — os valores mais importantes que as impulsionam e lhes dão coragem, mesmo com o risco de um resultado negativo. E podem usar o PFE para facilitar a lembrança de todas as providências que já estabeleceram de modo a controlar o resultado futuro. Isso reduz bastante os sintomas da ansiedade.[7]

Cientistas também estudam o PFE porque um declínio nas habilidades relacionadas a essa atividade pode ser causado por uma variedade de problemas de saúde que impactam na saúde cognitiva, incluindo demência causada pela idade, transtorno de estresse pós-traumático, concussão e névoa mental induzida por dores ou doenças crônicas. Um declínio nas habilidades de PFE pode fazer com que uma pessoa tenha dificuldade de se planejar, se preparar e se motivar de forma eficiente para o futuro. Isso pode levar a problemas com atividades cotidianas, como saber o que levar quando sair de casa, porque vai precisar de determinado objeto mais tarde, ou comprar um ingresso para um evento a que planeja comparecer. E, em casos extremos, sobretudo relacionados a danos cerebrais traumáticos, uma inabilidade de imaginar de forma vívida o futuro pode levar a pensamentos suicidas — pois o cérebro literalmente não consegue imaginar nenhum futuro, muito menos um positivo.

As evidências crescentes sobre a relação do PFE com o bem-estar psicológico e a saúde cognitiva levou pesquisadores a fazerem experiências com técnicas de treinamento para melhorar as habilidades relacionadas ao PFE, com sucesso significativo. Muitos dos jogos e hábitos de pensamento de futuros que você aprenderá ao longo deste livro são inspirados pelas mesmas técnicas usadas com pacientes clínicos para melhorar a saúde mental e restaurar as habilidades cognitivas.

Uma terceira razão que explica por que muitos pesquisadores se interessam pelo PFE é que ele parece ser uma ferramenta bem eficiente para mudanças comportamentais. Pesquisas mostram que as pessoas que aprendem a imaginar os seus futuros pessoais de maneira mais vívida e plausível tem maior propensão a fazer escolhas alimentares mais saudáveis, manter hábitos de exercício e meditação, economizar para objetivos de longo prazo, completar a sua educação, votar, comprar produtos sustentáveis ou mais ecológicos, abandonar vícios e manter as resoluções de longo prazo para mudar.[8] O que todos esses objetivos têm em comum é que pedem que façamos um esforço ou uma escolha hoje que terá um benefício *depois*. Precisamos ter a capacidade de prever uma recompensa distante, mesmo que seja muito longe no futuro. É aí que entra o PFE. Quanto mais tempo passamos imaginando o futuro, mais fácil fica fazer esse tipo de investimento de longo prazo, e ganhamos um aumento de motivação ao ter uma pré-sensação das nossas emoções positivas futuras.

O que é particularmente fascinante na literatura científica sobre o PFE é que *você não precisa imaginar hoje as consequências futuras de um comportamento em particular* para se sentir mais motivado para adotar esse comportamento. Em outras palavras, não é necessário especificamente imaginar-se em forma, ou terminando a faculdade, ou vivendo num mundo belo e com clima estável num futuro distante para ficar mais propenso a praticar exercícios, estudar com mais afinco ou comprar produtos sustentáveis hoje. Imaginar literalmente *qualquer coisa* que possa vivenciar no futuro distante, da maneira mais clara e realista possível, aumenta a sua motivação e probabilidade de fazer *qualquer coisa* que tenha um benefício de longo prazo. É um benefício expansivo real. Assim, enquanto você mergulha numa variedade de futuros possíveis com este livro, saiba que não está se preparando apenas para um deles em particular. Também está se preparando para fazer coisas hoje que têm chance de deixá-lo mais feliz e saudável em qualquer amanhã que acabe encontrando.

A quarta e última razão para conhecermos tanto sobre o que acontece no cérebro durante o PFE é que ele está ligado à criatividade, algo que muita gente quer aprimorar.[9] Nos estudos, quando indivíduos completam um desafio do PFE — bem parecidos com o que você fez no início deste capítulo, como "Imagine a si mesmo encontrando um amigo para um café da manhã daqui a um ano" ou "Imagine a si mesmo fazendo uma caminhada daqui a dez anos" —, eles subsequentemente se saem muito melhor em diversos testes de criatividade. Quanto mais distante o futuro imaginado, mais fortes são os efeitos: nas pesquisas, pensar um ano no futuro aumenta o desempenho criativo mais do que pensar no amanhã, e antever dez anos na frente, ainda mais.

A relação entre PFE e criatividade é tão forte que até quando pesquisadores não estão estudando o PFE, com frequência usam um desafio de PFE para fazer os participantes do estudo entrarem em um estado mental mais criativo. Assim, seja o seu ponto de partida a habilidade ou a criatividade, quando você pratica e fica melhor no PFE, pode esperar um aumento da criatividade geral também.

* * *

Com frequência, quando dou aulas ou falo sobre o PFE e as suas conexões com a saúde mental, a habilidade cognitiva, a mudança comportamental e a criatividade, um pai ou educador me pergunta: "Será que deveríamos ensinar isso nas escolas?" ou "Eu deveria estar praticando isso com os meus filhos? Com que idade podemos começar esse tipo de treinamento?" A resposta simples é sim, acredito que deveríamos ensinar PFE nas escolas, e desde bem cedo. Pesquisas mostram que crianças costumam desenvolver as habilidades cognitivas básicas necessárias para o PFE aos quatro ou cinco anos.[10] Adolescentes com certeza vão conseguir fazer os desafios de treinamento de imaginação presentes neste livro. Se estiver interessado em trabalhar com crianças mais novas para desenvolver a imaginação de futuro delas, estudos sugerem que uma simples pergunta — como "O que você está animado para fazer (amanhã, nesse fim de semana, no seu aniversário, nas próximas férias)?" — pode ajudar a construir habilidade do PFE, sobretudo se pedir para elas na mesma hora desenharem ou escreverem uma história sobre aquela "memória do futuro", ou até se você simplesmente fizer mais perguntas que encorajem a criança a compartilhar detalhes mais vívidos e específicos sobre o futuro imaginado.[11]

E, enquanto o meu trabalho se concentrou em envolver o público com simulações em larga escala de possíveis eventos futuros, meus colegas no Institute for the Future também fizeram intervenções bem mais específicas, incluindo colaborações de PFE com trabalhadores humanitários que providenciavam apoio psicológico para refugiados sírios, assistentes sociais que ajudavam ex-presidiários a reduzir os riscos de serem encarcerados de novo e ativistas que tentavam acabar com guerras civis em países como o Sudão. O que eles descobriram é que o pensamento de futuros episódico pode ser uma ferramenta poderosa para a esperança, mesmo nos contextos onde a mudança é difícil de imaginar e os futuros não são garantidos.

O pensamento de futuros episódico é a atividade central de se preparar para eventos "impensáveis" e se planejar para mudanças "inimagináveis" — então quero que se torne cada vez melhor nisso. Agora que sabe no que consiste o PFE, o restante deste livro será organizado de forma a ajudar você a melhorar as suas habilidades nessa técnica conforme explora para quais riscos futuros quer estar preparado e que mudanças positivas quer fazer na sociedade e na sua vida.

Quer saber o nível atual da sua habilidade de pensamento de futuros episódico? Cientistas desenvolveram ferramentas para medir o talento e a habilidade individuais no PFE. Incluí uma versão adaptada dessas ferramentas no final do capítulo e encorajo você a experimentá-las. É possível usar essas ideias para medir o seu progresso e o aumento das suas habilidades enquanto treina a sua imaginação. Qualquer que seja a sua pontuação na primeira vez que medir as suas habilidades do PFE, tenho certeza de que vão aumentar a cada capítulo do livro.

Quero que tente outro experimento de viagem no tempo comigo. A imaginação funciona como uma via de mão dupla em relação ao tempo. Então, vamos fazer uma viagem de dez anos na direção oposta.

Vamos para o passado e visitar o você de *dez anos atrás*.

O ato de lembrar quanta coisa já mudou na sua vida pode ajudar a imaginar mudanças drásticas no futuro. Quando estiver pronto, quero que visualize um dia, mais ou menos dez anos atrás.

Onde você estaria num dia típico? O que faria? Consegue pensar no que poderia estar vestindo? Quem está com você? O que o animava? O que o preocupava? Que objetivo de vida estava se esforçando para conquistar ou que problema tentava solucionar?

A princípio pode não ser fácil rememorar esses detalhes. Continue se esforçando. Como o pensamento de futuros episódico, a *memória episódica* também exige um alongamento da imaginação — simplesmente pelo fato de você estar recuperando lembranças e reativando padrões mentais que não usa há algum tempo.

Conforme constrói essa cena de dez anos atrás na sua imaginação, preste bastante atenção ao que era verdade na sua vida naquela época, mas que não é mais válido hoje. Como a sua vida mudou na última década? Há algo verdadeiro na sua vida que teria surpreendido o seu eu do passado? Veja se consegue identificar ao menos duas ou três mudanças surpreendentes de dez anos atrás.

No Institute for the Future, chamamos essa técnica de "olhar para trás para olhar para a frente". É outra ótima estratégia para libertar a sua mente. Conforme escreveu Rebecca Solnit, historiadora e ativista: "Quando você não vê o quanto as coisas mudaram, não vê que estão mudando ou que podem mudar." Quando precisar olhar para o futuro distante, tente perceber quão longe já chegou.

TREINANDO A IMAGINAÇÃO

REGRA Nº 2: Aprenda a viajar no tempo.

Simule, na sua mente, o que pode experimentar, sentir e fazer no futuro da forma mais vívida e realista que conseguir. Essa viagem no tempo mental, ou pensamento de futuros episódico, trabalha a sua imaginação e o ajuda a se preparar para mudanças, criando novas memórias de futuros possíveis.

Você pode alongar a sua imaginação ainda mais ao se fazer as seguintes perguntas:

Onde exatamente estou no meu futuro – quem está comigo e o que há ao meu redor? (*Construa a cena.*)

O que é verdade nessa versão da realidade que não é verdade hoje? (*Crie as regras.*)

O que *realmente* quero nesse momento futuro e como vou conseguir? (*Detecte oportunidades.*)

Como me sinto, agora que estou aqui? (*Pressinta o futuro.*)

Quando você praticar a viagem no tempo mental, preste atenção em especial a qualquer coisa que poderia, de forma plausível, ser diferente do que é hoje.

Como pontuar a sua habilidade de fazer viagens no tempo mentais

Cada vez que fizer uma viagem no tempo mental para o futuro, pode pontuar o poder da sua imaginação usando os seguintes inventários. (Um *inventário* é um questionário cientificamente validado, usado para medir pensamentos e sentimentos.) Eles medem quatro qualidades diferentes da sua imaginação: quão vívida e detalhada, quão envolvente e imersiva, quão emocionalmente provocativa e quão flexível e criativa. Uma pontuação maior representa mais talento e habilidade no pensamento de futuros episódico.[12]

Mesmo que acabe não fazendo esses inventários com tanta frequência, tente usá-los ao menos uma ou duas vezes. Isso vai aumentar a sua intuição sobre o que significa ser "bom" na viagem do tempo mental e vai ajudar você a desenvolver um senso interno de quando está trabalhando o suficiente a sua imaginação e quando é necessário forçá-la ainda mais.

Ferramenta nº 1: *Quão vívida e detalhada é a sua imaginação?*

Classifique a sua resposta para as perguntas a seguir numa escala de 1 a 7.

Em termos gerais, quão vívida é a cena futura que imaginou?
(1 = muito vaga, 7 = extremamente vívida.)

Com que clareza visualizou o local ou ambiente físico imaginado?
(1 = muito vagamente, 7 = de forma extremamente clara na minha mente.)

Com que clareza imaginou o seu corpo — e qualquer mudança possível nele ou na sua aparência — nesse futuro?
(1 = muito vagamente, 7 = de forma extremamente clara na minha mente.)

Com que clareza visualizou outras pessoas e objetos na cena?
(1 = muito vagamente, 7 = de forma extremamente clara na minha mente.)

Quantos outros detalhes sensoriais, como sons, cheiros ou sensações físicas, imaginou?
(1 = não imaginei quase nenhum detalhe, 7 = imaginei muitos detalhes.)

Uma pontuação mais alta indica uma habilidade maior em pensamento de futuros episódico.

Ferramenta nº 2: *Quão envolvente e imersiva é a sua imaginação?*

Classifique a sua resposta para as perguntas a seguir numa escala de 1 a 7.

O quanto você concorda com a seguinte frase? "Quando imagino uma cena futura, tenho uma sensação de pré-experimentação do evento."
(1 = discordo totalmente, 7 = concordo totalmente.)

O quanto concorda com a seguinte frase? "Estava completamente envolvido na cena que imaginei. Foi uma experiência muito imersiva."
(1 = discordo totalmente, 7 = concordo totalmente.)

Uma pontuação mais alta indica uma habilidade maior em pensamento de futuros episódico.

Ferramenta nº 3: *Quão emocionalmente provocativa é a sua imaginação?*

Classifique a sua resposta para as perguntas a seguir numa escala de 1 a 7.

Quão forte foi a reação emocional que você teve no presente ao imaginar a cena futura? As emoções podem ser positivas (animação, esperança, orgulho, diversão, curiosidade, alívio, contentamento, amor, admiração etc.), ou negativas (ansiedade, tristeza, vergonha, inveja, desapontamento, medo, solidão etc.), ou uma mistura de ambas. Em outras palavras, o quanto você teve uma "pré-sensação", na sua mente e no seu corpo de hoje, dos sentimentos que pode sentir nesse futuro?
(1 = quase não tive reação emocional, 7 = tive uma reação emocional extremamente poderosa.)

Uma pontuação mais alta indica uma habilidade maior em pensamento de futuros episódico.

Ferramenta nº 4: *Quão flexível e criativa é a sua imaginação?*

Classifique a sua resposta para as perguntas a seguir numa escala de 1 a 7.

Reimagine a mesma cena futura, mas, dessa vez, tente mudar o máximo de detalhes possíveis enquanto ainda a mantém plausível e realista. Por exemplo, em vez de acordar às 8h, se imagine acordando às 5h. Por que isso seria verdade e como esse detalhe muda o restante da cena e da história? A melhor maneira de usar esse parâmetro é *escrever* uma descrição da cena futura que já imaginou e *contar o número* de detalhes incluídos. Então, pode tentar mudar cada um desses detalhes para ver o quanto consegue reimaginar. Quão diferente da antiga você diria que é essa cena nova e reimaginada? (1 = quase completamente a mesma, 7 = a nova cena é quase completamente diferente.)

Quão realista e plausível você diria que é essa cena nova e reimaginada? Em outras palavras, quão crível ela é para você?
(1 = extremamente difícil de acreditar, 7 = extremamente fácil de acreditar.)

Uma pontuação mais alta indica uma habilidade maior em pensamento de futuros episódico.

3

Brinque com cenários futuros

Existem os melhores cenários possíveis e existem os piores cenários possíveis. Mas nenhum deles acontece no mundo real. O que acontece no mundo real é sempre o cenário meio-termo.

— Bruce Sterling, escritor de ficção científica

Dez anos no futuro é uma distância grande demais para percorrer sem um guia. Então, para a sua próxima viagem no tempo mental, vou mandá-lo com um recurso que pode ser utilizado para guiá-lo num futuro desconhecido — algo que futuristas profissionais chamam de *cenário futuro.*

Um cenário futuro é uma descrição detalhada de um futuro em particular em que você pode acordar um dia, um futuro no qual ao menos uma coisa é drasticamente diferente de hoje.

Ao encontrar um cenário futuro pela primeira vez, você vai descobrir: o que mudou exatamente? Como as coisas funcionam agora? Qual é o novo normal?

Seu objetivo é se imaginar acordando nesse estranho mundo novo e visualizá-lo, da forma mais vívida e realista possível, usando as suas habilidades do pensamento de futuro episódico. Quando imagina *a si mesmo* nesse cenário futuro, onde exatamente se vê — e quem mais está com você? O que realmente quer fazer nesse cenário? Como ele faz você se sentir?

Depois de expandir a sua imaginação para responder a essas perguntas, pedirei que faça uma escolha: "Agora que está nesse futuro, que decisão tomaria se...?" Esse ponto de decisão, ou momento de escolha, será diferente para cada cenário. Vai lhe dar a chance de considerar como poderia responder pessoalmente aos desafios e às oportunidades singulares desse possível futuro.

Toda simulação social que faço é um cenário futuro. Todos se beneficiam ao imaginar o mesmo futuro possível ao mesmo tempo, e aprender a brincar com os cenários é o nosso próximo desafio no treinamento de imaginação. Você pode pensar nos cenários dessa maneira: antes de fazer uma viagem, é melhor saber para onde está indo. Um cenário futuro dá um *destino específico* à sua imaginação.

QUANDO ESTIVER BRINCANDO COM um cenário futuro, tenha em mente duas regras importantes:

Regra nº 1: Suspenda a sua incredulidade. Não importa o quanto o cenário lhe pareça estranho, aceite que esse futuro é possível e que funciona conforme descrito. Não comece uma briga mental consigo mesmo, argumentando que isso nunca aconteceria ou nunca funcionaria desse jeito. Apenas aceite. Você pode pensar que as mudanças descritas no cenário são implausíveis ou pode odiar de cara a ideia e querer pular direto para a questão de por que aquilo nunca aconteceria. Pode se sentir dessa maneira *e* ainda assim expandir a sua mente e imaginar o que faria naquele cenário. A fim de treinar a sua mente para pensar o impensável, precisa apresentar possibilidades *a que seu cérebro vai apresentar resistência natural.* Você não quer que uma coisa seja inimaginável apenas porque se recusa a imaginá-la. Esteja disposto a pensar bem sobre ideias que, em geral, descartaria como impossíveis, impraticáveis ou até perigosas. Na verdade, se um cenário te deixa um pouco desconfortável, é um bom sinal de que está funcionando.

Regra nº 2: Veja o cenário futuro do seu ponto de vista único. Se acordar nesse novo mundo algum dia, você ainda será você. Um cenário não é um exercício de ficção, é uma oportunidade de exploração pessoal. Suponha que, no futuro, você terá muitos — se não todos — dos mesmos valores, traços de personalidade, talentos, pontos fortes e fraquezas que tem hoje. Seja honesto consigo mesmo sobre suas possíveis reações e sentimentos. Emoções positivas, emoções negativas, ações solidárias, ações egoístas — tudo é válido e digno de ser considerado. Não importa o quanto esse novo normal pareça diferente, continue sendo autêntico e realista em relação a si mesmo.

Agora que sabe como os cenários funcionam, vamos começar a brincar. É hora de fazer uma viagem de dez anos ao futuro. Mas não estamos indo para um dia qualquer — vamos para um novo feriado nacional chamado Dia do Agradecimento. Quando chegar lá, vai descobrir que tem uma decisão muito importante a tomar.

Cenário futuro nº 1: Dia do Agradecimento

2 de fevereiro, daqui a dez anos

Você acorda e é o dia 2 de fevereiro. Você sabe o que isso significa: é o Dia do Agradecimento. A cada ano, nesse feriado, você recebe 2 mil dólares do governo. Pode ficar com metade desse valor, mas tem 24 horas para repassar a outra metade.

Não é possível doar essa quantia para qualquer pessoa. Esse feriado foi criado para homenagear os trabalhadores essenciais e de linha de frente. Existe um cadastro nacional de beneficiários elegíveis para suas doações de agradecimento, que inclui profissionais da saúde, cuidadores, professores, bibliotecários públicos, empregados de parques, motoristas de ônibus e fazendeiros. Todo mundo no cadastro é alguém que trabalha servindo outras pessoas e cujo salário não reflete o verdadeiro valor da sua contribuição para a sociedade.

No dia 2 de fevereiro, você deve homenagear uma pessoa no cadastro que fez uma diferença positiva na sua vida — seja o seu professor favorito do colégio, uma enfermeira que cuidou do seu filho prematuro na unidade de terapia intensiva neonatal ou um zelador no parque da vizinhança. Você também pode agradecer a alguém que não conhece. A base de dados do Dia do Agradecimento vai encontrar um indivíduo para você de acordo com a sua solicitação — por exemplo, um colhedor de frutas que trabalha numa fazenda cujos produtos são vendidos na mercearia local. Todo ano, o cadastro é renovado para incluir novos trabalhadores que foram chamados para servir de forma extraordinária — sejam bombeiros voluntários durante um incêndio histórico ou funcionários em mercados durante uma pandemia.

O Dia do Agradecimento foi criado como um novo estímulo econômico para melhorar o bem-estar social e a segurança econômica. Mil dólares são pagos universalmente para todo cidadão acima dos dezesseis anos. Os outros mil dólares dão aos participantes a oportunidade de fazer uma boa ação poderosa, ajudando outra pessoa, com o objetivo de criar laços sociais mais fortes na comunidade de cada um. Você pode doar de forma anônima, mas a maior parte da população celebra o Dia do Agradecimento escrevendo uma carta de gratidão ou fazendo um vídeo dedicado ao indivíduo para qual estão mandando a doação. Várias cartas e vídeos são compartilhados na internet, e os mais emocionantes viralizam nas mídias sociais.

Outro objetivo do Dia do Agradecimento é tornar os trabalhos essenciais de baixo salário mais atraentes do ponto de vista financeiro sem obrigar por lei um salário-mínimo significativamente maior para trabalhadores da linha de frente. Embora as recompensas do Dia do Agradecimento sejam imprevisíveis, diversas pessoas se beneficiam com essa sorte inesperada anual.

Se você preferir não participar, pode escrever "Não, obrigado", e os 2 mil destinados a você (além de outros presentes que poderia receber) serão devolvidos para o governo.

MOMENTO DE ESCOLHA: Imagine acordar, daqui a dez anos, no Dia do Agradecimento. Vai agradecer ou dizer "Não, obrigado"? Se escolher participar, para quem vai mandar os seus dólares de agradecimento? E por quê?

Bem-vindo de volta ao presente. Agora que tomou a sua decisão, vamos continuar brincando com esse futuro possível. Veja a seguir algumas outras perguntas a considerar. Deixe a sua mente vagar pelas possibilidades:

- Qual foi a sua primeira reação ao Dia do Agradecimento? Você adorou a ideia? Detestou? Por quê?
- Se tivesse que resumir as suas futuras emoções no Dia do Agradecimento numa só palavra, qual seria?
- Você defenderia a inclusão de que tipo de profissional ou voluntário no cadastro? A quem mais quer agradecer nesse futuro?
- Essa política econômica lhe parece justa ou injusta? O que mudaria nela para torná-la mais justa?
- Com esse sistema em uso, você teria considerado uma mudança na sua carreira ou vida profissional? Acha que o Dia do Agradecimento poderia ter influenciado a escolha de trabalho de outras pessoas?
- Como acha que o Dia do Agradecimento poderia mudar o seu relacionamento com os outros — sobretudo com os indivíduos a quem agradece ou que lhe agradecem?
- Sua mente logo imaginou maneiras que as pessoas poderiam usar para tentar burlar ou explorar esse sistema? O que poderiam fazer para corromper a intenção original desse feriado? Essas brechas invalidariam o sistema ou seriam toleráveis, na sua opinião?
- Quem poderia se sentir mal no Dia do Agradecimento ou optaria por não participar? Pode pensar numa maneira em que o sistema funcionaria para essas pessoas?
- O que mais poderia ser feito com amigos e família durante o Dia do Agradecimento? Que rituais pessoais e tradições você adicionaria a esse feriado?

Uma das minhas coisas favoritas ao brincar com cenários futuros é que a reação das outras pessoas com frequência me surpreende.

"Eu me sentiria orgulhosa nesse futuro", disse uma moça sobre o Dia do Agradecimento, "porque seria a primeira vez na vida que eu poderia dar esse tipo de ajuda a outra pessoa."

"Eu ficaria em paz nesse futuro", falou outra pessoa, "porque poderia retribuir aos indivíduos que me ajudaram de maneiras que, às vezes, me fazem sentir culpada, como se eu não merecesse essa ajuda."

"Tenho certeza de que haveria diversos debates sobre quem deveria ser elegível a receber o dinheiro", considerou um amigo meu, ativista. "Então, eu ia querer defender grupos que pudessem se sentir excluídos. E ficaria animado em fazer esse trabalho."

Também ouvi de pessoas que poderiam ser elegíveis para os dólares de agradecimento nesse cenário futuro:

"Eu me sentiria excluído se ninguém me agradecesse. Ficaria preocupado de ser esquecido no Dia do Agradecimento."

"Eu ficaria com vergonha de tirar proveito disso. Não quero ter que pedir para as pessoas me escolherem em vez de outras pessoas no Dia do Agradecimento. Parece mendicância."

"Eu me sentiria nervoso. Seria mais fácil poder contar um salário mais alto em vez de esperar para ver o quanto nos agradecem. Mas também consigo pensar em muitas pessoas que gostaria de agradecer, e isso me deixa feliz. Eu amo e odeio essa ideia ao mesmo tempo."

Ter uma relação de amor e ódio com um cenário futuro é uma coisa boa. Significa que você está usando tanto a sua imaginação positiva quanto a sua imaginação sombria. Você está se perguntando: "Que coisas boas podem acontecer nesse cenário?" E: "Que coisas ruins podem acontecer nesse cenário?" Está considerando a questão por mais de um ângulo. E verá a situação por ainda mais ângulos dependendo da quantidade de pessoas com quem conversar. Um amigo com quem compartilhei esse cenário escreveu para mim:

"Meu primeiro pensamento foi que eu queria fazer um chá de agradecimento, como uma festa surpresa em que todo mundo dá os seus dólares de agradecimento para a mesma pessoa, para que pudéssemos transformar a vida dela de verdade. Mas, depois me ocorreu: por que não fazer um chá de agradecimento de verdade? Não para encher a pessoa com cheques de mil dólares, isso nunca vai acontecer, mas encher as pessoas com cartas de gratidão. Agora estou pensando em fazer isso de verdade!"

"Eu me sentiria ocupado nesse futuro", previu uma amiga empresária. "Porque estaria montando um novo negócio chamado GoThankMe.com.

Seria como o GoFundMe, mas ajudaria as pessoas a contar as suas histórias de agradecimento e colocar trabalhadores elegíveis em evidência. Ganharíamos uma pequena porcentagem de dólares de agradecimento como taxa de manutenção. Vinte milhões de adultos, cada um mandando mil dólares, se a gente recebesse 3 por cento disso, é potencialmente meio bilhão de dólares por ano de receita."

E outro amigo me escreveu: "O que esse cenário me fez pensar foi por que não pagamos as pessoas de forma mais justa. Tenho certeza de que, se acordasse no Dia do Agradecimento, ficaria animado para agradecer a alguém e curioso para descobrir a quem os meus amigos e parentes agradeceram. Mas, no momento, minha mente está trabalhando para descobrir como poderíamos resolver o problema de verdade: as pessoas que cuidam de nós recebem salários baixos demais."

Sempre que brincar com um cenário futuro, incentivo-o a convidar uma pessoa para acompanhá-lo. Assim, se houver alguém com quem gostaria de compartilhar o cenário do "Dia do Agradecimento", por favor, vá em frente! Conversem sobre a ideia e brinquem com a possibilidade juntos. O fato de termos companhia numa viagem no tempo mental ajuda a ver o mundo através dos olhos dessa pessoa. Isso pode lhe mostrar o que mais importa para o seu convidado. E, independentemente da reação da outra pessoa, ela vai trazer mais ideias e informações para o seu cérebro imaginar o futuro de um ponto de vista diferente. Se quer mesmo expandir a sua imaginação, vá em frente e poste esse cenário nas mídias sociais. Veja a reação da sua rede de amigos! Esse é o meu jeito favorito de coletar dados sobre o futuro.

Algo como o "Dia do Agradecimento" poderia acontecer de verdade? Um dia como esse *deveria* acontecer de verdade? Todos os cenários neste livro são baseados em mudanças que estão começando a se estabelecer hoje em dia. Então, vamos ver o que torna o cenário do "Dia do Agradecimento" plausível.

Governos têm feito experimentos com pagamentos recorrentes como forma de estímulo econômico. Muitos norte-americanos, brasileiros e pessoas de várias outras nacionalidades podem ter recebido auxílios financeiros do tipo, seja na forma de auxílio familiar ou emergencial durante a pandemia. Ou talvez você já tenha ouvido falar sobre o número crescente de programas-piloto de Renda Básica Universal, nos quais os cidadãos recebem um estipêndio mensal, sem exigência de condições, para ajudar nas suas necessidades básicas, valores com frequência em torno de quinhentos a mil dólares. Esses programas estão em ação agora mesmo em lugares como a zona rural da Coreia do Norte, Maricá, uma cidade do estado do Rio de Janeiro, até Stockton, na Califórnia. E, em 2021, Evaston, uma cidade de Illinois, se tornou a primeira dos Estados Unidos a pagar indenizações a residentes negros, que historicamente sofreram discriminação imobiliária e, portanto, não se beneficiaram do ponto de vista financeiro do aumento do valor dos imóveis. Seja na forma de auxílios, RBUs ou indenizações, hoje em dia há uma abertura maior para políticas econômicas antes impensáveis que poderiam levar a qualquer número de novos e surpreendentes tipos de estímulos — como o mencionado no cenário do "Dia do Agradecimento", que é pago pelo governo, mas distribuído por indivíduos.

Há também uma frustração crescente com a disparidade entre o que chamamos de "trabalho essencial" e quanto esses trabalhadores essenciais são pagos. As pessoas que fazem a maior parte dos trabalhos importantes, o tipo de função que não podia parar durante a pandemia da covid-19, não estão, de forma alguma, sendo compensadas devidamente com salários mais altos. Poderíamos imaginar uma abordagem mais tradicional para resolver o problema; por exemplo, o governo federal ou estadual poderia determinar que os ganhos até certa faixa seriam isentos de impostos para a maioria dos trabalhadores essenciais com rendas abaixo de um limite. Ou as esferas municipais, estaduais ou federais poderiam estabelecer salários-mínimos significativamente maiores para os trabalhadores de linha de frente. (E, para ser sincera, essas soluções podem ser melhores do que o cenário que você acabou de analisar.) Mas, apesar de radical, o Dia do Agradecimento é uma possibilidade interessante por outra razão. Diminuir parte da disparidade salarial com pagamentos feitos pelo governo, mas distribuídos por indivíduos, pode ajudar a lidar com outra condição implícita da nossa sociedade: a frágil confiança social e polarização política.

De acordo com o Pew Research Center, 80 por cento dos americanos acredita que há uma incompatibilidade fundamental entre os nossos valores básicos e o que outros americanos acreditam — uma diferença em geral definida por diretrizes de partidos políticos.[1] Essa polarização, inflamada por jornalismo partidário, mídias sociais e diferenças culturais profundamente enraizadas, significa que muitos de nós começaram a encarar mais gente com suspeita e raiva, e a se aproximar de cada vez menos pessoas com um senso de identidade e compaixão compartilhadas. Talvez um dia nacional de gratidão e transferências monetárias universais pudessem ajudar a desconstruir algumas dessas divisões?

Podemos pensar no Dia do Agradecimento como uma espécie de processo de reconciliação, feito para lembrar às pessoas, independentemente de suas visões políticas, os nossos valores em comum e os benefícios que os trabalhadores essenciais e de linha de frente proporcionam a todos nós. Pode ser que isso não leve a uma união social significativa, mas o que estamos explorando aqui são razões *pelas quais essa política poderia ser criada em primeiro lugar*, por que ela poderia acontecer no futuro. E uma coisa que é verdade hoje é que *think tanks* políticos tanto da ala conservadora quanto da progressista começaram a defender abordagens experimentais para diminuir a polarização política.[2] Dessa forma, algo como o Dia do Agradecimento poderia fazer parte de um plano futuro de reconciliação.

Por fim, considere o seguinte: em pesquisas, uma razão comum dada por cidadãos que se opõem a pagamentos de renda universal pelo governo é que "o dinheiro pode ir para pessoas que não precisam ou não são merecedoras de verdade". Numa grande pesquisa feita pela Reuters, por exemplo, 52 por cento dos entrevistados disse que o governo não está fazendo o suficiente para reduzir a insegurança econômica do povo — porém, entre o grupo que é a favor de *mais* ajuda governamental, 40 por cento afirmou que a maioria das pessoas que já recebe ajuda financeira não a merece.[3] Essa ambivalência é criada por uma variedade de fatores, que vão desde a ignorância sobre o leque completo de razões pelo qual uma pessoa poderia sofrer com insegurança econômica até perspectivas racistas que supõem que grupos étnicos minoritários são menos beneméritos do que pessoas brancas. Para mim, como futurista, saber que quase metade das pessoas que apoia o auxílio governamental preferiria poder escolher a pessoa que "merece" — bem, isso é parte do que me faz imaginar que um cenário como o "Dia do Agradecimento" é plausível e seria popular. Ao mesmo tempo, fico pensando que tipos de julgamentos e preconceitos perigosos podem ser criados e exacerbados por um sistema como o Dia do Agradecimento.

Então, esse cenário é um futuro que gostaríamos de ter? Acho que é justo afirmar que há vantagens que tornam animador imaginar tal possibilidade, e desvantagens que tornam essa ideia preocupante. Por sorte, não precisamos debater os seus méritos com a mesma urgência de uma possível política em trâmite agora. Esse também é um benefício de fazer viagens para dez anos no futuro. Podemos ter opiniões fortes, mas mantidas sem furor, e permanecer abertos para reconsiderar — porque não é preciso tomar uma decisão importante e determinista hoje.

Ao mesmo tempo, levar esse feriado a sério o suficiente para imaginar como seria celebrá-lo, mesmo que por uns poucos segundos, planta uma semente de criatividade. Essa semente pode crescer e se transformar em ideias reais e viáveis — por exemplo, sobre formas de expressar a nossa gratidão individual de novas maneiras. Ou pode apontar a nossa atenção para um problema presente que merece mais atenção da nossa criatividade coletiva, como a insegurança econômica entre os trabalhadores essenciais. Não precisamos esperar uma década para aproveitar as ideias dadas por cenários de dez anos.

O "Dia do Agradecimento" não é uma previsão de como o futuro poderá ser ou um argumento de como *deveria* ser. É uma forma de explorar como o amanhã *poderia* ser, tendo como base coisas que já são verdadeiras hoje. Essa é uma diferença fundamental a que vamos retornar, várias vezes, durante este livro. Cenários futuros devem ser plausíveis, mas não precisam ser prováveis ou mesmo desejáveis para despertar o pensamento criativo e conversas importantes que devem acontecer hoje.

Agora que participou do seu primeiro cenário futuro, deixe-me explicar um pouco melhor por que os cenários são uma ferramenta tão eficiente para fortalecer a sua imaginação.

A maioria das pessoas acha bem mais fácil imaginar de forma vívida um futuro no qual fatos essenciais já estão estabelecidos. Um cenário faz exatamente isso. Quando brinca com um cenário, seu cérebro não precisa fazer a parte "semântica" da construção de cena, em que o hipocampo tenta responder à questão: "O que é verdade nesse futuro que não é verdade hoje?" Com frequência esse é o momento em que as pessoas ficam presas nas viagens do tempo mentais — elas não sabem como começar a imaginar um futuro *específico*. O cenário faz isso por você. Ele expõe a descrição básica de uma nova realidade, para que possa ir direto para a parte pessoal e pensar no que *você* faria e como se sentiria nesse futuro.

Esse ponto de decisão — ou momento de escolha — no final de um cenário ajuda a preencher outra lacuna mental indispensável do pensamento de futuros episódico: a detecção de oportunidade, na qual você busca oportunidades para agir de forma alinhada aos seus valores mais profundos e ajudar a atingir os seus objetivos mais importantes. O ponto de decisão de um cenário define a *primeira* oportunidade para agir. Ele garante que você não se veja sem ideia alguma. Em vez disso, é possível ir direto para a tomada de decisão.

Nem todos os futuristas profissionais incluem um ponto de decisão nos seus cenários. Faço isso por causa de algo que aprendi na indústria de videogames. Designers de jogos profissionais vão lhe dizer que, se deseja que alguém continue jogando, precisa dar à pessoa a oportunidade de ser bem-sucedida logo nos primeiros minutos. Um jogador que vagueia por um jogo novo sem um senso claro de propósito não vai se divertir tanto quanto alguém que tem um objetivo. E um jogador que não faz ideia de quais ações deve tomar não vai continuar num jogo por muito tempo. Descobri que o mesmo vale para o pensamento de futuros.

Se nos dão um propósito inequívoco nos primeiros minutos do processo de imaginar o futuro — *eis aqui uma escolha que você precisa fazer agora* —, ficamos mais envolvidos. E temos um instante rápido de autonomia quando percebemos que "essa foi uma decisão que gostei de tomar" ou "sim, me vejo agindo dessa maneira". Esse momento de autonomia muda a nossa relação com o futuro possível. O futuro começa a parecer um pouco mais familiar, como um local onde podemos encontrar o nosso caminho, descobrir algo novo, ajudar os outros e alcançar os nossos objetivos. Em outras palavras, o futuro começa a parecer mais um bom jogo.

É por isso que, quando crio cenários, testo-os da mesma forma que testaria um jogo. Peço para o maior número possível de pessoas experimentá-los, para me certificar de que os cenários fazem sentido e de que são atraentes. Pergunto: isso é algo divertido de se pensar? Está óbvio qual é o primeiro desafio, obstáculo ou escolha nesse futuro? Você conseguiu criar uma estratégia com a qual se sentiu bem?

Também observo para ver se as pessoas fazem muitas escolhas diferentes e criam várias estratégias diferentes. Uma diversidade de movimentos possíveis e estratégias é essencial para qualquer jogo; se todo participante joga da mesma maneira, o jogo logo fica entediante. (Pense no jogo da velha.) A mesma coisa vale para cenários futuros. Quanto mais divergentes forem as reações, mais podemos aprender uns com os outros sobre como o futuro poderia ou deveria ser.

Quando testo um cenário, também espero para ver se alguém tem uma reação surpreendente, uma que me pegue de calças curtas. Nos jogos, isso é chamado de "desenvolvimento não intencional" — quando os jogadores fazem algo realmente inesperado, como os fãs de *Minecraft* que começaram a recriar cidades antigas e fazer montanhas-russas, guitarras e até computadores quânticos funcionais dentro do mundo virtual. Como designer de jogos, você anseia por esses momentos, porque eles significam que está ajudando as pessoas a se expressarem e aumentarem a sua criatividade. Assim, quando coleto reações a cenários futuros, procuro por surpresas e então continuo ajustando os detalhes do cenário, da mesma maneira que refinaria as regras de um jogo, até que pudesse ver, de forma confiável, o despertar da atenção profunda e da criatividade que me diz que um cenário futuro está guiando as pessoas para um amanhã digno de ser imaginado.

Falando em refinamento: há mais uma coisa que quero que mantenha em mente enquanto brinca com os cenários deste livro. Se há alguma coisa na maneira como o mundo futuro é descrita que você deseje mudar para tornar aquele mundo mais plausível ou desejável, sinta-se livre para fazer isso. Por exemplo, se algum detalhe do cenário do "Dia do Agradecimento" o fez pensar que a política falharia ou levaria a danos inesperados, simplesmente reescreva-o de forma a tornar o futuro melhor. Cenários, como o futuro, nunca são "fixos"; reescrever um cenário futuro é um ensaio para a própria mudança de realidade.

* * *

Pronto para outra viagem de dez anos? Vamos brincar com outro cenário futuro juntos.

Cenário futuro nº 2: "Você viu se vai chover asteroide?"

Uma manhã de segunda-feira daqui a dez anos

Você acorda com notícias urgentes: o Escritório das Nações Unidas para Assuntos do Espaço Sideral publicou a sua última previsão de asteroides. A notícia não é boa. A probabilidade de um evento catastrófico aumentou para 5 por cento. No mês passado, era de apenas 1 por cento.

A data de impacto continua a mesma: 1º de maio, daqui a três anos. Ainda há muito tempo para se preparar... se é que você precisa se preparar. Existe 95 por cento de chance de nada de ruim acontecer.

Os cientistas têm *certeza* do seguinte: diversas agências espaciais detectaram um asteroide se aproximando da Terra. Seu tamanho exato não é conhecido. Pode ter entre 50 metros e 1 quilômetro. A boa notícia: na pior das hipóteses, tem apenas um décimo do tamanho do asteroide que extinguiu os dinossauros, 66 milhões de anos atrás. A humanidade vai sobreviver ao impacto.

A má notícia: mesmo se for o menor possível, ainda é o suficiente para varrer uma cidade inteira do mapa; um país inteiro, se for maior.

Ninguém sabe com certeza onde o asteroide vai cair, se isso realmente for acontecer. Mas, tendo como base as órbitas atuais, os cientistas identificaram um "anel de impacto" em potencial. Dependendo da rotação da Terra no momento do impacto, qualquer cidade ou país localizado nesse anel ficará vulnerável.

O lugar em que *você* mora está dentro do anel de impacto.

Cientistas e governos estão trabalhando juntos na criação de um plano para desviar o asteroide, usando lasers, naves especiais e talvez até uma bomba nuclear. Esse plano vai funcionar? Nada do tipo foi tentado antes. Alguns especialistas parecem confiantes, mas outros insistem que as comunidades no anel do impacto devem começar a se planejar para a evacuação em massa e o deslocamento caso a probabilidade de impacto aumente.

Você não consegue deixar de pensar no quanto deveria levar a sério essa previsão. É possível fazer a evacuação em massa e o deslocamento de uma cidade inteira, talvez até de todo um país, em menos de três anos? E se as pessoas só começarem a se mudar poucos meses, ou semanas, ou dias antes do impacto? Quais recursos deverão ser deixados para trás? E se a população se recusar a sair? *Você* deveria estar se preparando para ir embora? Para onde vai? Esses são os pensamentos que rondam a sua cabeça conforme absorve a mais recente previsão de chuva de asteroide e se prepara para o seu dia.

Imagine a si mesmo acordando com essas notícias daqui a dez anos. Visualize a cena da forma mais clara possível. Em que lugar está acordando e quem está com você? De que forma recebeu essa notícia? Foi uma notificação no seu telefone, um assunto que viralizou nas mídias sociais, um vídeo ao vivo ou um link enviado por um parente? Numa só palavra, como se sente? Lembre-se: quanto mais específicos forem os detalhes, mais eficiente será a sua viagem do tempo mental para o futuro.

Quando estiver com a cena clara na mente, é hora de tomar a sua primeira decisão nesse futuro.

MOMENTO DE ESCOLHA: Depois de ouvir as notícias, com quem quer conversar sobre o que essa previsão de queda de asteroide significa para você? Vai fazer uma reunião de família? Ou pedir uma reunião no trabalho? Tem um amigo de confiança ou guia espiritual cuja opinião vai buscar? Vai organizar uma assembleia na sua vizinhança ou no seu campus? Que pensamentos compartilharia? Quais opiniões discutiria?

Bem-vindo de volta ao presente. Agora que fez a sua escolha, vamos continuar brincando com esse futuro possível. Aqui vão algumas questões adicionais a serem consideradas. Deixe a sua mente vagar pelas possibilidades:

- Se essa situação de fato acontecesse, você pensaria na previsão de impacto do asteroide com frequência ou tentaria afastar o pensamento da cabeça e tentar levar uma vida normal?

- Acha que uma previsão como essa causaria pânico em massa ou as pessoas fariam pouco caso?
- Você dedicaria um esforço pessoal a aprender mais sobre a ciência da detecção e prevenção de impacto de asteroides ou deixaria o assunto nas mãos de especialistas?
- Que tipos de atitudes imaginaria a si mesmo ou outras pessoas tendo nas semanas e nos meses seguintes após a notícia?
- O quanto você acha que a probabilidade da previsão teria que aumentar para a maior parte das pessoas começar a se preparar para o impacto? Para 50 por cento? Oitenta por cento? Cem por cento?
- Há riscos em informar o público sobre um futuro impacto de asteroide?
- Qual você acha que poderia ser um resultado positivo de uma previsão como essa? Pode imaginar isso levando a algo bom — seja na sua vida ou na sociedade?

Eu encorajo você a pensar bastante nessas questões ou ter uma discussão breve com alguém sobre esse cenário antes de continuar a leitura.

UM CENÁRIO COMO "VOCÊ viu se vai chover asteroide?" poderia acontecer de verdade? Com certeza.

O Escritório das Nações Unidas para Assuntos do Espaço Sideral de fato existe, e, junto com a Agência Espacial Europeia e a Academia Internacional de Astronáutica, organiza um evento a cada dois anos chamado Conferência de Defesa Planetária. (Tive a sorte de comparecer à edição de 2021.) Especialistas de todo o globo se reúnem para discutir a ameaça apresentada à Terra por asteroides e cometas, e consideram quais ações podem ser tomadas para desviar um objeto ameaçador. Os participantes debatem a melhor forma de compartilhar informações e pesquisas sobre possíveis ameaças com o público. A parte mais interessante para mim é que a conferência inclui uma simulação social de um fim de semana, que usa um cenário similar ao que você acabou de imaginar. Os participantes trabalham juntos para analisar dados em evolução sobre um asteroide fictício e debater diversas recomendações sobre possíveis respostas do planeta.

Tudo que você acabou de ler no cenário anterior é baseado em como as agências espaciais acompanham, estudam, analisam e fornecem previsões para o público sobre ameaças de asteroides. Você pode dar uma olhada na previsão de queda de asteroides pelos próximos cem anos da NASA, se quiser; no momento em que escrevo isso, eles acompanham vinte e um objetos próximos à Terra que poderiam atingir o nosso planeta.[4] Por sorte, de acordo com a NASA, a probabilidade de um asteroide capaz de destruir uma cidade nos atingir é extremamente baixa: apenas 0,1 por cento por ano. Se um asteroide de fato colidir com a Terra, a chance de cair no oceano é de 70 por cento e de 25 por cento de cair numa área relativamente pouco povoada; a chance de uma cidade ser impactada é de apenas 5 por cento. As previsões de queda de asteroide que você vai escutar durante a sua vida quase com certeza não serão tão dramáticas quanto a que acabou de imaginar. Porém, considerando o quanto seria perturbador e o quanto a sua vida mudaria *se* a NASA soasse o alarme, não seria melhor ter passado algum tempo tendo uma pré-sensação da sua ansiedade e preparando a sua estratégia? No mínimo, é bom para treinar a imaginação.

Há outro cenário futuro semelhante a esse que *é* muito mais plausível — na verdade, é quase inevitável, de acordo com os cientistas climatólogos: a possibilidade de muitas cidades e nações terem que realocar suas populações nos próximos cinquenta anos por causa da cada vez mais grave crise climática. Se você mudar "asteroide" por "aumento do nível do mar", "incêndios florestais durante todo o ano" ou "temperaturas incompatíveis com a vida humana", pode aumentar a probabilidade desse cenário de uma chance em 20 mil para uma em duas. Ainda assim, mesmo com esse grau bem maior de certeza científica, a humanidade não está agindo rápido o suficiente para planejar uma migração em massa segura, pacífica e justa. Vamos retornar a esse assunto depois, porque há uma necessidade urgente de pensamentos criativos em relação a realocações climáticas em larga escala. As Nações Unidas estimam que entre 150 milhões e 1 bilhão de pessoas terão que enfrentar a questão de permanecer em casa e continuar tentando defender a terra das ameaças climáticas ou se tornar migrantes climáticos.[5] Cidades de baixa altitude como Miami, Nova Orleans, Copenhagen e Xangai podem desaparecer com o aumento do nível do mar. Partes grandes do norte da África, do Oriente Médio, do norte da América do Sul, do sul da Ásia e partes da Austrália podem ficar tão quentes a ponto de se tornarem "incompatíveis com a vida humana", de acordo com um estudo de 2020 feito por uma equipe de pesquisa internacional formada por arqueólogos, ecologistas e cientistas climáticos. Todos deveríamos começar a explorar a pré-sensação e pré-experimentar a migração em massa nas nossas próprias comunidades, a fim de começarmos os preparativos para um evento potencialmente bem maior do que a migração e a crise dos refugiados que já temos hoje.

Você deve ter notado que o cenário do asteroide parece mais o argumento de um filme de Hollywood do que uma previsão climática de longo prazo. Isso foi intencional, pois é outro benefício de brincar com cenários. Para convencer os nossos cérebros a fazer o trabalho árduo de imaginar futuros difíceis de serem imaginados, temos que sair do estado de tédio, distração ou indiferença e entrar numa mentalidade de grande interesse, curiosidade e atenção. O cenário do asteroide, ainda que bem menos provável do que uma migração em massa causada pelas mudanças climáticas, é o tipo de crise muito mais vívido para se imaginar. Há uma bola de fogo gigante vindo do espaço na nossa direção! E um asteroide se move a uma velocidade bem maior — mais de 6 mil quilômetros por hora! — do que o ritmo comparativamente mais lento do mar se elevando — a 0,3 centímetro por ano. É mais empolgante (ainda que aterrorizante) para a maioria das pessoas pensar nisso em comparação à "mundana" crise climática que tanta gente já aprendeu a ignorar. O asteroide parece algo a que deveríamos prestar atenção com mais urgência.

Vários dos cenários com os quais você vai brincar neste livro soarão bem mais drásticos do que os verdadeiros futuros para os quais pode precisar se preparar. Isso é proposital. Quando encaramos circunstâncias mais extremas, nossas respostas ficam mais criativas e nos tornamos mais dispostos a agir de forma diferente. O drama ajuda a aumentar a vontade de brincar do cérebro. No entanto, usar um cenário de asteroide como substituto para pensar a crise climática não consiste apenas em torná-lo mais dramático. Isso também cria uma distância psicológica do assunto real da mudança climática, que muitas pessoas ou desconsideram completamente (por não acharem que é um risco sério), ou se sentem emocionalmente esgotadas (porque acham que são incapazes de impedi-lo). A maioria dos indivíduos não se sente mentalmente engessado quando falamos de asteroides, mesmo que a única razão para isso seja o fato de não pensarem em defesa planetária por tempo suficiente para ter uma opinião tão forte sobre isso. Essas pessoas ainda não foram influenciadas ou ouviram lições suficientes sobre asteroides para sentir qualquer tipo de "fadiga de asteroide" da mesma maneira que acontece com a mudança climática. Uma crise envolvendo um asteroide parece fantástica e ao mesmo tempo distante o suficiente da nossa realidade para podermos imaginá-la em segurança sem a sensação de ansiedade e assoberbamento, e assim não ficarmos presos às nossas suposições preexistentes.

A ideia não é induzir as pessoas a pensar sobre algo que prefeririam não encarar — embora, se essa for a única maneira para fazer isso quando se trata de um verdadeiro desafio global urgente, então acho válido. Quando uso o cenário do asteroide em sala de aula, explico aos alunos *antes* de jogarmos que ele foi feito para nos ajudar a pensar sobre a nossa resposta à crise climática. Eles sabem que estão ganhando uma distância psicológica e, ainda assim, conseguem se beneficiar do jogo.

Cenários podem ser sobre futuros que nunca esperamos viver e, mesmo assim, serem incrivelmente úteis. Para mim, porém, o cenário do asteroide é sempre um acerto. Minha família está tendo a conversa sobre migração climática agora mesmo.

Vivemos numa área da Califórnia com um risco bastante alto de incêndios florestais. Todo ano, vivemos por períodos cada vez mais longos de traumas causados por essas catástrofes. De dois a três meses, isso significa avisos de evacuação praticamente constantes. Significa viver com todos os seus objetos de valor e recordações numa caixa ao lado da porta para que possamos levá-los conosco se tivermos que abandonar a casa às pressas. Significa cortes de luz que reduzem o risco de incêndio (o que é bom), mas nos deixam sem internet ou eletricidade por dias (o que é ruim). Significa um ar que é tão perigoso, tão cheio de fumaça tóxica e poluição, que temos que cobrir as frestas das janelas e os dutos de ar-condicionado com *silver tape*, e que não podemos passar nem um minuto do lado de fora sem que isso prejudique a nossa saúde.

Para ser franca, parece impossível viver assim. Mas, durante o restante do ano, amamos a nossa casa, a nossa vizinhança e a proximidade com a nossa família; então, por enquanto, *também* parece inimaginável sair de lá.

Estamos tentando imaginar isso ao abrir espaço na nossa mente para considerar a possibilidade bastante real de que a nossa casa e a nossa cidade se tornarão inabitáveis devido ao risco extremo de incêndios — e não apenas para a nossa família, mas para toda a comunidade. Alguns futuristas chegaram até a sugerir que os californianos com recursos vão se tornar um tipo de espécie migratória, mudando para outra parte do mundo por alguns meses todo ano a fim de evitar esse pesadelo recorrente.

Já tentei visualizar uma migração anual. Até agora não tivemos nenhuma ideia que pareça realista para a nossa família e não temos certeza de que conseguiríamos convencer o restante dos nossos parentes a migrar conosco. Vamos continuar imaginando. Talvez com trabalho e aulas remotas isso seja possível. Nesse ínterim, estamos defendendo coisas que tornarão possível a permanência nessa conexão entre a vida urbana com a vida mais distante dos grandes centros, como aumentar o acesso a estradas que conectem a cidade às áreas ao redor, para que mais pessoas possam fazer a evacuação, se necessário. Votamos em candidatos que querem adotar e financiar estratégias agressivas de contenção de incêndios, como incêndios controlados, que criam uma zona de segurança entre terras de alto risco e a casa das pessoas. Fazemos doações para órgãos como o Stanford Woods Institute for the Environment, que está desenvolvendo tecnologias que nos dão esperança para o futuro — como um gel em spray feito de materiais naturais que age como uma vacina anual contra incêndios em vegetação de alto risco.

Fazemos tudo isso porque, quanto mais vividamente imaginamos a pior situação possível, mais motivados ficamos para tentar preveni-la. Ao mesmo tempo, se tivermos mesmo que migrar algum dia — se tivermos *todos* que migrar daqui —, nossa família estará com a mentalidade preparada para tomar essa decisão difícil por tê-la imaginado agora, e vamos conseguir ajudar os outros que devem fazer a mesma escolha.

A PANDEMIA DA COVID-19 se desdobrou mais como um cenário de asteroide do que como a mudança climática. Ela motivou sacrifícios sociais e coordenação científica global mais velozes do que qualquer evento anterior da história humana. O ineditismo da crise e o fato de que a doença poderia atingir qualquer lugar do planeta criou um senso de urgência, uma disposição a tentar ações coletivas radicais. Não tínhamos tempo (ao menos não naquelas primeiras semanas e meses) para normalizar o dano e o sofrimento em potencial. Em vez disso, a humanidade reagiu à pandemia como a emergência que ela era.

Contudo, há outras ameaças globais evitáveis que matam muito mais gente todo ano do que o coronavírus e que são mais ou menos ignoradas pela gente. A poluição atmosférica causada pela queima de carvão, gasolina e diesel mata uma estimativa de 8,7 milhões de pessoas por ano, quatro vezes mais do que a covid-19 em 2020, sendo responsável por praticamente uma em cinco mortes no mundo.[6] Ao mesmo tempo, 1,5 milhão de indivíduos morrem por beber água contaminada todo ano, e o mesmo número é vítima fatal em acidentes de trânsito.[7] Onde está a resposta global urgente e coordenada? Essas ameaças têm se desdobrado por décadas, e muitos de nós normalizamos os seus impactos. Mal tentamos imaginar um mundo no qual a poluição e os veículos motorizados não matem milhões de pessoas a cada doze meses. Não ajuda o fato de 92 por cento das mortes relacionadas à poluição acontecerem em países de renda baixa e média, ou que o número de mortes no trânsito é três vezes mais alto em países de baixa renda.[8] Países mais ricos sentem que escaparam do "anel de impacto" dessas crises constantes. Talvez, se pudéssemos libertar as nossas mentes e ver essas crises com a urgência e a unicidade de uma pandemia, poderíamos descobrir que tantos problemas insolúveis têm, na verdade, uma solução, e rápida.

Você consegue imaginar o que poderíamos fazer se as pessoas — governos, cientistas, organizações de ensino, locais de trabalho — atacassem um desafio global diferente a cada ano com a urgência, a criatividade, a união e a disposição ao sacrifício da nossa resposta à covid-19? Vamos, ao menos, *tentar* imaginar isso.

Neste livro, você terá a chance de brincar com outros doze cenários futuros, alguns dos quais foram feitos para criar um pouco mais daquela "urgência do asteroide" ou da união em torno da covid-19 para muitas crises com as quais paramos de nos preocupar. Espero que eles o inspirem a repensar como poderíamos melhorar o mundo de forma veloz e drástica para todos na próxima década.

TREINANDO A IMAGINAÇÃO

REGRA Nº 3: Brinque com cenários.

Faça uma viagem no tempo mental para um futuro específico onde ao menos uma coisa é drasticamente diferente de hoje. Quando brincar com um cenário, suspenda a sua descrença e mantenha-se realista e honesto consigo mesmo. Aceite o drama de um cenário extremo para aumentar a sua criatividade e receptividade. Encontre uma forma indireta de imaginar os futuros em que prefere não pensar. Convide outras pessoas para brincar nesses cenários com você, para que possa expandir a sua imaginação e sentir o futuro sob o ponto de vista de terceiros.

4

A princípio, seja ridículo

De vez em quando, a mente de uma pessoa é expandida por uma nova ideia ou sensação, e nunca mais volta a ter as suas dimensões antigas.

— Oliver Wendell Holmes, poeta e médico

De onde vêm as ideias para os cenários futuros?

Se *você* quisesse descrever um mundo que ainda não existe, como começaria?

Uma coisa é ser capaz de imaginar um cenário inventado por um futurista profissional. Outro desafio de criação completamente diferente é inventar os seus próprios futuros "impensáveis". Quero revelar esse processo criativo para você. Ele começa com algo conhecido pelos futuristas como lei de Dator.*

* A lei de Dator foi batizada em homenagem a Jim Dator, um dos fundadores e uma das maiores figuras de liderança do pensamento de futuros, mais conhecido por ter criado o primeiro programa de Ph.D. de estudos de futuro do mundo, no departamento de ciências políticas da Universidade do Havaí, em Moana. Depois de quarenta anos ensinando estudos de futuro e fazendo pesquisas sobre o assunto, ele formalizou as suas "leis do futuro" em 2007 no ensaio autopublicado "O que o futuro é, e o que não é" (http://www.futures.hawaii.edu/publications/futures-studies/WhatFSis1995.pdf).

A lei de Dator é tão fundamental para o pensamento de futuros que, se você visitar o Institute for the Future, em Palo Alto, na Califórnia, vai encontrá-la pintada bem nas nossas janelas da frente:

"Qualquer afirmação útil sobre o futuro deve parecer a princípio ridícula."

Pense nisso por um minuto. *Qualquer afirmação útil sobre o futuro deve parecer a princípio ridícula.* O que isso significa exatamente?

Bem, é fácil se preparar para futuros que sejam parecidos com o presente, futuros que "fazem sentido", que pareçam normais e razoáveis. São as coisas estranhas que nos pegam de surpresa. São as possibilidades que nos fazem dizer "Isso é ridículo, nunca vai acontecer" ou "Não consigo nem imaginar essa situação"; essas são precisamente as que devemos levar a sério e considerar com cuidado. Porque esses serão os futuros que, se vierem a se concretizar, serão os mais chocantes, disruptivos e desafiadores.

Imagine se, no final de 2019, tivessem lhe pedido para considerar as seguintes ideias: num futuro próximo, quase todas as nações vão fechar as fronteiras. Um bilhão de crianças vai parar de frequentar a escola e terá que assistir às aulas em casa. Quatrocentos milhões de empregos serão considerados não essenciais e desaparecerão praticamente do dia para a noite. Será contra a lei dar um abraço na sua avó. (Onde moro, na Califórnia, isso foi real pela maior parte de 2020, devido às regras de distanciamento social.) Em 2019, essas ideias também não teriam parecido a princípio ridículas? Alguns meses depois, porém, eram a nossa realidade. Se você tivesse tido ao menos poucos meses a mais para imaginar como o lockdown de uma pandemia poderia afetar seu cotidiano antes de ela de fato começar, o que teria feito? Quem poderia ter ajudado?

Temos que preparar a nossa imaginação coletiva para exatamente esse tipo de possibilidades "inimagináveis" — para que, se elas acontecerem, não ficarmos congelados com a ansiedade ou presos a velhas formas de pensar e agir. A boa notícia é que a única coisa necessária é nos tornarmos mais dispostos *a assimilar informações que desafiam as nossas suposições sobre o que pode mudar ou não.* E é justamente isso que a lei de Dator nos encoraja a fazer.

Pode parecer um paradoxo, mas é precisamente *porque* um cenário futuro parece ridículo que ele pode ser útil. Qualquer cenário que você descarte de maneira instintiva como sendo impossível ou absurdo revela um potencial ponto cego na sua imaginação. Não estou dizendo que você deveria gastar todo o seu tempo se preparando para as possibilidades mais loucas que podem ou não ter chances reais de acontecer. O que torna um cenário futuro útil é que ele pareça *a princípio* surpreendente, improvável ou incompreensível. É *a princípio ridículo*, porém, quanto mais você pensa nele, mais plausível lhe parece. Essa é a segunda parte crucial da lei de Dator. Um cenário futuro útil é como uma pista que pode ser investigada depois. Você descobre que, se procurar nas notícias e na sua própria vizinhança, encontrará evidências para um cenário que muda o que já está acontecendo hoje, transformações que a maioria dos indivíduos teria facilidade de subestimar ou ignorar.

Criar ideias a princípio ridículas sobre o futuro significa manter os olhos bem abertos para conseguir coletar provas de possibilidades novas e surpreendentes. Significa manter o ouvido atento, a fim de notar os tremores da mudança antes de todos e poder avisar aos outros sobre o que está a caminho. Para isso, você também precisa encontrar uma maneira de enganar o seu cérebro para perceber coisas que, em geral, seriam desprezadas. Mas como adquirir essas habilidades?

No Institute for the Future, criei e testei inúmeras maneiras de ajudar as pessoas a melhorarem sua capacidade de ter ideias a princípio ridículas. E acontece que os dois métodos de treinamento mais eficientes são jogos de brainstorming que funcionam melhor em grupo. Aprender a usar esses jogos para gerar as suas próprias ideias a princípio ridículas é o primeiro passo na direção de desenvolver os seus cenários futuros. Quando entender as regras, pode chamar outros indivíduos para fazer um brainstorm do futuro com você.

Neste capítulo, vamos jogar "Provoque o futurista".

Eu serei a futurista. Você tenta me provocar.

Seu objetivo é fazer uma lista de coisas que não podem mudar, não vão mudar, nos próximos dez anos. O que você acha que é verdade sobre como o mundo funciona hoje e que *definitivamente* continuará sendo verdade daqui a ao menos uma década? Por exemplo: em dez anos... o governo ainda vai exigir que os cidadãos paguem impostos. Em dez anos... carros ainda vão ter rodas. Em dez anos... cachorros ainda serão os bichos de estimação mais populares. Em dez anos... a maioria das pessoas na Terra ainda vai ter e usar celulares. Antes de continuar a leitura, pare um instante e escreva ao menos um fato imutável. (Aconselho-o a escrever sua ideia, pois vou tentar provar que você está errado daqui a pouco!)

Dou aos meus alunos o mesmo desafio no primeiro dia do meu curso "Como pensar como um futurista". "Vão em frente", falo. "Qual é a coisa que vocês têm quase cem por cento de certeza de que vai continuar praticamente igual daqui a dez anos?" As duas respostas que recebo com mais frequência são: "Ainda serão necessários um homem e uma mulher para criar um bebê" e "Humanos ainda vão precisar de oxigênio para respirar". É justo!

Quaisquer que sejam as ideias dos alunos, levo-as para os meus colegas no instituto, e juntos tentamos provar que estão erradas. Procuramos pistas que indiquem que essas verdades aparentemente imutáveis podem já estar em transformação. E veja só, poucas semanas depois de jogar "Provoque o futurista" pela primeira vez, vi a seguinte manchete: "Exclusivo: primeiro bebê do mundo nascido com a nova técnica de 'três pais'."[1] Uma notícia da Inglaterra descreveu um tratamento de fertilidade experimental chamado "transferência pronuclear", que combina o material genético de *duas mulheres* e um homem para criar um bebê. É usado hoje sobretudo para evitar que pais passem doenças genéticas aos filhos, mas só é legalizado em poucos países. No entanto, já estão nascendo bebês com esse método, o que significa que o fato mais básico da reprodução humana — a combinação do material genético de apenas duas pessoas — já pode ser diferente.

Como futurista, não consigo deixar de considerar as repercussões dessa pista. O tratamento de fertilidade com "três pais" é raríssimo hoje em dia, mas podemos imaginar um futuro em que a *preferência-padrão* para fazer um bebê seja como um trio em vez de uma dupla? Não, não acho que seja um cenário plausível. Mas gosto muito de ver como isso faz a minha mente trabalhar. Sinto prazer ao tentar abraçar a ideia de uma família do futuro querer fazer um filho a partir de três pais. *Como* seria um mundo em que a família tradicional contaria com três adultos responsáveis? Como o trabalho, o cuidado com o bebê e os papéis parentais evoluiriam se todos criassem filhos em trio? Já há uma diversidade tamanha nas estruturas familiares, de responsáveis solteiros, pais não casados que dividem as funções a famílias mescladas. Mudar a estrutura *reprodutiva* para três pais, em que muitos bebês teriam duas mães biológicas e um pai biológico, adicionaria uma nova possibilidade a isso.

Se está sentindo o seu cérebro resistindo fervorosamente à possibilidade de bebês com três pais — se odeia essa ideia, se a acha ridícula ou tem preocupações éticas e morais queimando no seu peito enquanto a imagina —, ótimo! Você encontrou um cenário que vai ajudá-lo a praticar a absorção de informações que o deixam desconfortável. Essa é uma crucial habilidade de treinamento de imaginação.

Na segunda vez que tentei jogar "Provoque o futurista" com os meus alunos, outra pista surgiu: pesquisadores da Universidade de Cambridge estão tentando entender como criar bebês com o material genético de dois pais do mesmo sexo, anunciava uma reportagem.[2] Na época, isso foi mesmo uma novidade para mim. Embora nenhum bebê tenha nascido dessa maneira por enquanto, os cientistas parecem otimistas que, dentro de uma década, esse método, que usa células-tronco e edição genética, poderia permitir que *apenas* dois homens ou *apenas* duas mulheres criassem um embrião — sem a necessidade de material genético do outro sexo. Essa seria uma mudança e tanto para casais LGBTQ que querem começar uma família.

Quando joguei "Provoque o futurista" pela terceira vez, o seguinte havia acontecido: cientistas na China tinham criado com sucesso filhotes saudáveis de ratos do mesmo sexo, também usando células-tronco e edição genética.[3] Os filhotes tinham duas mães — nenhum rato macho contribuíra com material genético para a cria. Esse futuro "imutável" estava se transformando mais rápido do que eu esperava.

Quando joguei "Provoque o futurista" mais recentemente, muita coisa havia mudado: agora os cientistas falavam sobre criar vida do zero, usando ventres artificiais, sem óvulos, sem espermatozoides, sem a mínima necessidade genética de pais![4] Então, no início de 2021, pesquisadores no Weizmann Institute of Science, em Israel, revelaram que conseguiram remover embriões dos úteros de ratas cinco dias após a gestação, quase um quarto de uma gestação completa desse animal, e então fazê-los crescer por mais seis dias em úteros artificiais.[5] (Por motivos éticos, os cientistas interromperam a incubação antes de os embriões completarem a gestação.) Esse feito levanta questões profundas sobre se, quando e por que seres humanos poderiam decidir explorar um período menor de gestação natural para depois seguir com uma gestação artificial mais longa.

O conceito do útero artificial é alarmante para muitas pessoas, que o veem como uma violação da ordem natural da vida. Se essa é a sua reação, talvez você se sinta mais tranquilo com a posição pública da maioria dos pesquisadores que trabalha nessa tecnologia: ela está sendo criada apenas para ajudar bebês extremamente prematuros, e não como uma alternativa em larga escala para a gravidez tradicional. Porém, como vimos tantas vezes durante a história humana, com frequência uma tecnologia é usada de uma maneira que não era a intenção original dos seus criadores. E, embora em números bem menores, alguns pesquisadores discutem abertamente os possíveis benefícios de tirar das mulheres o peso físico, psicológico e econômico de uma gravidez de nove meses.[6]

Para aqueles dispostos a levar a sério essas ideias a princípio ridículas, essa questão abre uma importante conversa sobre se muitas ou algumas mulheres iam querer a opção de gerar um bebê externamente — e, em caso positivo, por quê. Ela também nos dá a chance, antes de a tecnologia funcionar em seres humanos, de prever possíveis danos que acompanhariam os benefícios. Por exemplo, mães consideradas de "alto risco" devido ao histórico de uso de drogas e abuso de álcool poderiam ser forçadas, contra os próprios desejos, a ter uma gestação externa para proteger o bebê? Seria pedido para que mulheres que estivessem considerando fazer um aborto dessem permissão para o governo gerar o embrião até o fim antes de colocar o bebê para a adoção? É bem melhor começar a discutir essas possíveis consequências agora, enquanto ainda temos ao menos uma década para influenciar a política e a legislação.

Conforme coletávamos essas pistas sobre o futuro da reprodução humana, meus alunos e eu ficamos cada vez mais curiosos sobre as motivações para esse tipo de pesquisa. Por que os humanos gostariam de criar vida do zero, sem óvulos e espermatozoides? Quais necessidades e desejos percebidos convenceram os cientistas a desenvolverem essas tecnologias? Descobrimos que muitos pesquisadores preveem um declínio significativo na fertilidade humana nas próximas décadas.

Epidemiologistas reprodutivos descobriram que, nos últimos cinquenta anos, a contagem total de espermatozoides nos homens do mundo inteiro diminuiu em mais de 50 por cento e que o DNA carregado pelo espermatozoide encontra-se cada vez mais danificado. Abortos espontâneos também aumentaram a cada ano nas duas décadas passadas.[7] Por quê? Disruptores hormonais químicos presentes nos plásticos, nos eletrônicos, nas embalagens de comida e em outros objetos do dia a dia alteraram os níveis naturais de testosterona e estrogênio nos nossos corpos. A exposição a qualquer tipo de poluição atmosférica, de emissões industriais a fumaça de incêndios florestais, também está ligada ao declínio da fertilidade.[8] Aparentemente, os mais afetados são os homens. Se isso continuar, daqui a uma década ou mais, as tecnologias de reprodução artificial podem deixar de ser apenas uma curiosidade, e se tornarem uma necessidade.

Essa ideia a princípio ridícula de que não será mais necessário um homem *ou* uma mulher para criar um bebê no futuro acaba sendo, na minha opinião, útil. Ela chama a nossa atenção para tendências que estão prejudicando a saúde humana — coisas sobre as quais podemos tomar alguma providência agora, como, por exemplo, a proibição de produtos químicos que alteram os nossos hormônios ou ao menos a eliminação delas dos nossos corpos e casas, e a adoção de medidas para diminuir a poluição tóxica do ar. Ela nos aponta para alternativas às formas de criação e estruturas familiares, que podem ser úteis de analisar por benefícios sociais, psicológicos e econômicos, mesmo além dos métodos de fertilidade. Ela nos dá a chance de acompanhar preocupações éticas sobre novas tecnologias antes de se espalharem e ficarem mais difíceis de controlar. E, como todas as ideias úteis sobre o futuro, ela pode trazer uma clareza para decisões que precisam ser tomadas hoje.

No fim de cada aula que dou, peço aos alunos para compartilharem comigo o seu maior momento "eureca". Teresa, que trabalha para o governo brasileiro, fez o meu curso pela internet em 2021, e as pistas que descobrimos para o futuro da fertilidade causou uma impressão profunda nela. Pedi a autorização de Teresa para compartilhar o seu momento "eureca" neste livro:

> Venho de uma família muito religiosa. Quando sofri o meu terceiro aborto, me falaram que aquele era o plano de Deus para mim. Eu não via dessa maneira. Meu marido e eu queríamos tentar fertilização *in vitro*, mas esse método não é aceito na nossa igreja. Assim, estávamos incertos e divididos sobre o que fazer.

> Fiz o curso de pensamento de futuros por causa do trabalho, mas talvez tenha sido tudo parte do plano de Deus. Ele me ajudou a imaginar a vida num futuro em que é normal receber ajuda para ter bebês. Imaginei que estava dez anos no futuro e que havia escolhido não utilizar a fertilização *in vitro* quando tive a chance. Como resultado, nunca tivemos filhos. Minha eu do futuro ficou com bastante raiva por ter sido convencida a não fazer algo que queria muito.
>
> Percebi que não queria acordar, olhar ao redor e pensar: "Caramba, agora é possível fazer todas essas coisas doidas e radicais para ter um filho, e eu nem tentei a fertilização *in vitro*." E simplesmente tive certeza de que o futuro não nos julgaria por isso, que o método seria mais compreendido e aceito no futuro. Então, seguimos em frente e vamos começar a nossa família com a fertilização *in vitro*. Não preciso esperar pela permissão do futuro, estou dando permissão a mim mesma agora.

Você pode não estar considerando ter um bebê no futuro, muito menos um bebê de três pais, um bebê "do zero" ou um bebê de gestação externa. Mas prestar atenção a esse tipo de pista é importante. Esse hábito mental de sempre desafiar suas crenças sobre o que pode ou não ser diferente e de buscar evidências de que literalmente qualquer coisa tem a capacidade de mudar — mesmo algo que foi verdade durante toda a história da evolução — lhe dá uma fundação poderosa para detectar qualquer tipo de mudança mais rápido, de forma a se adaptar antes e se preparar para ajudar os outros com mais eficiência.

Há outra regra importante no "Provoque o futurista". Quando faço esse jogo com os meus alunos, discutimos toda a evidência coletada, e então peço para que eles votem para ver se eu os convenci: esse fato "imutável" por mudar nos próximos dez anos ou não? Fico orgulhosa de dizer que quase nunca encontrei um fato realmente imutável. Consigo abrir a cabeça dos estudantes para a possibilidade de basicamente qualquer coisa se transformar nos próximos dez anos. E essa é uma habilidade que *você* vai desenvolver.

Então, vamos tentar de novo. O que mais não vai mudar nos próximos dez anos? Aqui vai uma sugestão de um aluno que quase me deixou empacada: "O sol nasce no leste e se põe no oeste todos os dias." Sim, é muito difícil de imaginar esse fato mudando! Mas fiz o que qualquer bom futurista faria quando não tenho a mínima ideia de como um futuro em particular pode ser: comecei digitando "o futuro do pôr do sol" no Google. Estava buscando reportagens recentes, pesquisas científicas e especialistas nas mídias sociais que tinham qualquer coisa a dizer sobre o assunto.

Logo descobri evidências de que, para alguns seres humanos, o pôr do sol talvez seja diferente no futuro. Algumas pessoas em breve podem viver num mundo em que a aurora e o poente *não* acontecem todos os dias — ao menos, não na definição padrão de "dia" na Terra. Pessoas vivendo em Marte teriam que esperar pouco mais de um dia (ao menos, um dia da Terra) para ver o nascer e o pôr do sol, porque o dia de Marte é um pouco mais longo que o da Terra. Voltei, animada, para a sala de aula com vídeos e fotografias do sol nascendo e se pondo em Marte, capturados pelo robô explorador da NASA. *Ta-dá!* Prova de que o futuro dos poentes pode ser diferente.

Espera aí, disseram eles. Quem exatamente vai assistir ao sol nascendo de outra maneira em Marte daqui a dez anos? É uma ideia a princípio ridícula — ou é simplesmente uma ideia ridícula?

Exploramos com mais afinco e descobrimos que há diversos empresários tentando desenvolver tecnologias para ajudar os humanos a colonizarem Marte assim que possível. Elon Musk e a sua empresa SpaceX são os mais conhecidos, mas há ao menos treze outras companhias trabalhando com a NASA para tornar um assentamento em Marte mais possível — incluindo Lockheed Martin, que está desenvolvendo robôs autônomos para cultivar e colher plantas para que as pessoas possam se alimentar no espaço.[9] Enquanto isso, os Estados Unidos, a China, o Japão, a Rússia, a Índia e os Emirados Árabes Unidos já têm programas de missões não tripuladas mirando o planeta vermelho, com o objetivo de mandar humanos na década de 2030. Musk previu em 2019: "É possível criar uma cidade autossuficiente em Marte até 2050, se começarmos em cinco anos."[10] E os EAU afirmaram que querem construir uma enorme cidade marciana de 600 mil habitantes até o ano 2117. É bem distante do que dez anos. Porém, se a primeira missão tripulada a Marte começar nos anos 2030, então há o potencial de ao menos *alguém* estar vivendo o futuro dos poentes em um futuro relativamente próximo.[11]

E Marte é com certeza um lugar em que tudo pode ser diferente — não apenas pores do sol. Para sobreviver no planeta vermelho, teríamos que reinventar a sociedade: como comer, como nos organizar, como votar, como viver. Musk e o fundador da Amazon, Jeff Bezos, declararam publicamente que estão ansiosos para repensar coisas como governos e leis em Marte, usando o novo planeta colonizado como uma chance de fazer experimentos e reformular a civilização. Não consigo pensar numa razão melhor para que mais de nós, não apenas empresários espaciais, comecemos a pensar seriamente sobre viver no planeta vizinho. Afinal, quem queremos que reimagine ou reinvente a civilização para as futuras gerações? Apenas alguns homens sortudos o bastante para poderem levar o assentamento em Marte a sério ou todos nós?

Pessoalmente, não tenho a intenção de ser colona em Marte e não sei se ficaria feliz se as minhas filhas decidissem se voluntariar para essa missão. (Para falar a verdade, já estou me preparando para ter essa conversa daqui a trinta anos e tentando me imaginar como uma mãe que apoia as escolhas dos filhos!) No entanto, gostaria *sim* de pensar que poderia auxiliar a moldar a próxima versão da sociedade com as minhas ideias, que pudesse ser uma das ancestrais que ajudaram a imaginar um futuro mais igualitário. Não vou ficar sem fazer nada só porque nunca pisarei em solo marciano. Pode parecer absurdo se preocupar com igualdade, segurança e oportunidade em outro planeta daqui a várias gerações no futuro quando há tantas injustiças acontecendo agora, afetando muito mais gente, bem aqui na Terra. Mas quem pode dizer que as ideias que tivermos para Marte não vão nos inspirar para tentar novas maneiras de agir no presente? No Institute for the Future, temos um laboratório criado especificamente para estudar o futuro da governança. E descobrimos, sem sombra de dúvida, que é mais fácil para as pessoas pensarem de forma criativa sobre a mudança quando elas se afastam das realidades "imutáveis" do sistema atual para imaginar, em vez disso, como criar uma constituição para um país fictício do futuro ou para outro planeta.[12]

No ano passado, apenas para ficar mais informada sobre o assunto, assisti a uma conferência on-line de quatro dias sobre "As instituições de liberdade extraterrestre". Astrofísicos, economistas e cientistas políticos se reuniram para debater quais maneiras de organização seriam melhores para preservar a nossa liberdade e ajudar a avançar os direitos humanos no espaço. A conferência foi gratuita e aberta ao público, mas não foi tão bem divulgada. Se você não estiver procurando regularmente por pistas para o futuro, pode não perceber quantas oportunidades como essa existem, de apenas comparecer e participar de conversas incríveis. Esse é o meu efeito colateral favorito de buscar evidências de que qualquer coisa pode ser diferente nos próximos dez anos: descobrir comunidades de mudança com as quais posso aprender e me envolver hoje.

Quem mais pode ter novas ideias sobre viver em Marte? Bem, na China, uma empresa chamada C-Space abriu uma simulação de colônia marciana no deserto de Gobi, um dos lugares na Terra mais parecidos com o Planeta Vermelho. Visitantes da instalação educacional têm a chance de mergulhar no ambiente e tentar resolver problemas que podem encontrar em Marte, como maneiras de estocar alimentos e gerar energia.[13] Fico fascinada ao ver que agora temos a primeira geração de jovens que realmente podem esperar ter a oportunidade de viver em outro planeta. Quais são os impactos sociais e psicológicos de acreditar que há uma vida para eles além da Terra?

Mesmo que nunca cheguemos a Marte, apenas o esforço para isso pode mudar o que significa ser humano. Pesquisadores já trabalham em formas de editar os nossos genes, a fim de tornar os humanos "aptos para Marte". No topo da sua lista de desejos estão genes que eliminam odor corporal (algo muito importante para o confinamento de longo prazo em espaçonaves apertadas!), protegem células dos perigos da radiação e ajudam pessoas a sobreviver com uma quantidade radicalmente menor de comida e níveis de oxigênio.[14] Se os cientistas criarem esses humanos aptos para Marte com engenharia genética, consegue imaginar a transformação na nossa economia e no nosso estilo da vida na Terra se alguns de nós não precisassem mais se alimentar ou respirar regularmente? Quer dizer, além de ir para Marte, o que *você* faria se não tivesse que comer todo dia ou pudesse passar por longos períodos sem respirar? Tudo isso significa que o futuro é um lugar em que tudo pode ser diferente. Mesmo a frequência com que o sol nasce, mesmo se humanos vão continuar dependendo de acesso contínuo a oxigênio para respirar.

Ideias sobre o futuro podem ser úteis porque ajudam a nos prepararmos para um desafio antes de ele acontecer, ou porque nos dão tempo para nos prevenirmos para uma crise, ou porque abrem a nossa mente e nos inspiram a fazer as mudanças nas nossas vidas e vizinhanças no presente. Outra maneira que as ideias — sobretudo aquelas que são a princípio ridículas — podem ser úteis é estimulando a criatividade e a inovação. Elas nos ajudam a pensar em coisas que nunca consideramos antes — que *ninguém* considerou antes. E talvez seja principalmente por isso que gosto de falar sobre o futuro de Marte. Já vi essa conversa despertar bastante criatividade em pessoas que, de outra forma, se sentem presas nos seus estudos, nas suas carreiras ou nas suas práticas artísticas.

Kaja Antlej é um bom exemplo. Ela é uma jovem professora de design industrial e de engenharia na Deakin University, na Austrália. Sua especialidade é usar novas tecnologias, como realidade virtual e impressão 3-D de alimentos, com o objetivo de criar experiências interativas para visitantes de museus. Depois de brincar com as ideias sobre Marte na nossa aula, ela percebeu que essas habilidades poderiam ser aplicadas à invenção do futuro das viagens e colonizações espaciais. "Hoje em dia, crio experiências interativas para museus, mas vejo a mim mesma fazendo a mesma coisa para o espaço como o próximo passo da minha carreira", disse ela a mim recentemente. "Meu interesse é saber como plataformas que exploram a curiosidade e a criatividade podem amparar as necessidades emocionais, mentais e identitárias dos astronautas e viajantes especiais em missões de longa duração." Que noção inovadora! Eu mesma nunca tinha imaginado isso antes — começar a desenvolver mídias, jogos e formas de comunicação para resolver especificamente as necessidades sociais e psicológicas de indivíduos enfrentando o isolamento extremo e as limitações físicas das viagens espaciais. Isso me fez pensar em como ideias parecidas podem ser usadas para melhorar a saúde mental e o bem-estar emocional de pessoas que com dificuldade de movimento ou que estão confinadas em algum lugar, sejam pacientes crônicos que têm a tendência de passar mais tempo nas suas residências ou até nos seus quartos, pessoas que moram em casas de repouso, ou presidiários. Kaja pode muito bem estar inventando um campo totalmente inovador de design e arte. É assim que você se torna um pioneiro. E é algo que já vi acontecer várias vezes: é bem mais fácil imaginar inovações inéditas, conceber novos produtos, serviços, negócios e formas de arte quando você brinca com ideias a princípio ridículas — porque pouquíssimas pessoas estão pensando e se preparando para os futuros "inimagináveis". Assim, você tem as ideias primeiro.

Kaja não apenas pensou nessa possibilidade, ela tomou uma providência. "Já assisti a algumas conferências espaciais on-line e fiz o curso 'Programa de estudos espaciais do hemisfério Sul', que durou cinco semanas, na Universidade Espacial Internacional", contou ela. E Kaja está levando alguns alunos consigo nessa jornada criativa. "Agora, peço projetos para os meus alunos pensando no espaço — neste momento, eles estão criando um hotel espacial e hábitats na Lua e em Marte."

Adoro ouvir como uma rápida viagem no tempo mental conseguiu criar um novo caminho para o aprendizado e a inovação. Você nunca sabe quando uma pista sobre futuros diferentes vai se tornar uma pista sobre como o *seu* futuro pode ser diferente.

ESTÁ PREPARADO PARA DESAFIAR a sua imaginação outra vez? Vamos passar mais um pouco de tempo com essas ideias a princípio ridículas.

Imagine que daqui a dez anos, a humanidade passará por uma crise dramática de fertilidade que vai nos fazer considerar intervenções tecnológicas antes impensáveis. Há uma abundância de ficção distópica para nos ajudar numa crise como essa. De *O conto da aia*, de Margaret Atwood, até *Admirável mundo novo*, de Aldous Huxley, e o filme de sucesso *Filhos da esperança*, já pensamos muito na maioria dos pesadelos causados por uma crise de fertilidade em massa: escravização de jovens mulheres, engenharia social de toda uma sociedade formada por pessoas idênticas e "perfeitas", criação de estados policiais violentos. O que parece *estar mesmo* em falta são esforços para imaginar de maneira realista como seria uma resposta global ética e reflexiva para uma crise urgente de fertilidade.

Quero levar a sério o alarme soado pelos maiores epidemiologistas de reprodução, como Shanna Swan, professora de medicina ambiental e saúde pública na Icahn School of Medicine de Mount Sinai, em Nova York, que escreveu:

> O estado atual dos assuntos reprodutivos não pode continuar por muito tempo sem ameaçar a sobrevivência humana. (...) Algumas pessoas estão em negação sobre a realidade e a gravidade do problema, e outras a desconsideram, argumentando que a Terra está superpovoada. (...) De certa forma,

> o declínio na contagem de espermatozoides é semelhante ao aquecimento global quarenta anos atrás — divulgado, mas negado ou ignorado. (...) Agora, a crise climática foi aceita — ao menos pela maioria das pessoas — como uma ameaça real. Minha esperança é que o mesmo aconteça com a desordem reprodutiva que se assoma sobre nós. Cada vez mais os cientistas concordam com a ameaça; neste momento, precisamos que o público encare o problema com seriedade.[15]

O primeiro passo para levar uma ameaça futura a sério é imaginá-la com seriedade.

Se tivéssemos que resolver essa questão, e não apenas contar histórias distópicas sobre ela, quais ações seriam plausíveis de serem tomadas? Que soluções tecnológicas estaríamos dispostos a tentar? Quais intervenções sociais ficaríamos inclinados a aceitar?

Talvez nunca tenhamos que descobrir. Há um debate vigoroso e contínuo na comunidade científica sobre as consequências a longo prazo da queda da contagem e da qualidade dos espermatozoides, e se isso representa uma crise real. Alguns pesquisadores argumentam que não será um problema se a maioria dos homens acabar tendo um número "baixo" de espermatozoides, na base de dezenas de milhões, porque não é necessário tantos espermatozoides assim para produzir um filho.[16] Outros sugerem que, até onde sabemos, a contagem de espermatozoides cinquenta anos atrás, quando os cientistas começaram a acompanhar o número, era anormalmente *alta*, e talvez o número só esteja voltando ao nível normal de centenas e milhares de anos atrás.[17] Quanto energia mental deveríamos investir em imaginar uma crise de fertilidade global hipotética se os riscos podem se mostrar exagerados?

Futuristas profissionais têm um termo para cenários de baixa probabilidade, mas que teriam um enorme impacto na sociedade se de fato ocorressem. São chamados de eventos de *alto impacto, baixa probabilidade*, ou eventos AIBP. E sim, a maioria dos futuristas dirá que, por definição, é importante levar a sério eventos AIBP — como a queda de um asteroide na Terra —, porque a baixa probabilidade faz com que as pessoas os ignorem, ficando, assim, desastrosamente despreparadas para eles. Pense que, antes de 2020, um dos principais exemplos de um evento AIBP dado em glossários e textos sobre pensamento estratégico era uma pandemia.[18]

* * *

O CENÁRIO A SEGUIR não é uma previsão do que vai acontecer. Não é uma recomendação do que deveria acontecer. É um convite para imaginar de forma coletiva um evento de alto impacto, baixa probabilidade: se a crise de infertilidade atual se tornasse tão global e severa quanto a pandemia da covid-19, que opções radicais estaríamos dispostos a considerar?

Cenário futuro nº 3: A Emergência Global da Queda de Espermatozoides

Dez anos no futuro

Enfim está acontecendo. Depois de meses de cientistas pedindo ações urgentes, a Emergência Global da Queda de Espermatozoides começa hoje.

Homens com menos de sessenta anos em todo o mundo estão sendo encorajados a doar materiais genéticos. Não para criar bebês neste momento — mas provavelmente para criar bebês daqui a trinta, quarenta, cinquenta ou até cem anos no futuro.

Essa mudança no rumo dos acontecimentos é um pouco chocante. Sim, a contagem de espermatozoides vem diminuindo há décadas em todo o planeta. Contudo, disruptores hormonais químicos foram proibidos na maioria dos países há anos. Cientistas previram que a fertilidade logo voltaria a crescer. Mesmo assim, o número e a qualidade dos espermatozoides continuam em queda, e os abortos espontâneos estão aumentando. A taxa de natalidade é pelo menos 30 por cento mais baixa em quase todas as nações.

Dessa forma, epidemiologistas de reprodução soaram o alarme: a humanidade precisa coletar e congelar de forma urgente o máximo de espermatozoides que conseguir, de forma a se proteger no pior dos casos. Sem um banco de espermatozoides de emergência, dizem eles, podemos acabar com uma população que envelhecerá rapidamente num planeta quase sem crianças.

Até agora, mais de 50 milhões de homens se registraram para doar para a Emergência Global da Queda de Espermatozoides, de acordo com o Facebook, que auxilia na adesão dos doadores. No entanto, cientistas afirmam que ao menos 250 milhões de homens precisarão fazer doações para garantir suficientes espermatozoides de alta qualidade para proteger as futuras gerações.

Hoje, a sensação no ar é a de uma eleição importante. Trabalhadores estão recebendo folga para doar. Pessoas estão se voluntariando para dar caronas até os centros de doação. Atletas, atores, músicos e outras celebridades começaram a compartilhar selfies com adesivos como "Eu doei" e "Futuro pai" para aumentar a adesão da comunidade. Organizadores se comprometeram a trabalhar para assegurar uma cobertura igualitária e com suficiente variação genética. "É essencial que toda a diversidade genética da humanidade seja coletada", diz a mensagem divulgada para o público. No entanto, há preocupações crescentes sobre falta de representação de diversos grupos raciais que podem enfrentar barreiras estruturais para fazer a doação e que, devido à discriminação histórica e aos maus-tratos, podem estar menos dispostos a confiar no governo e na comunidade médica.

Os cientistas estão fazendo tudo que podem para aumentar a confiança no esforço de preservação de espermatozoides. Eles afirmaram que a reserva de gametas não será usada até que a taxa global de substituição da população chegue a menos de 0,5 criança nascida por mulher em idade fértil. Nesse ritmo, a população planetária cairia de 9 bilhões para 1,5 bilhão em apenas algumas gerações. Ainda assim, teorias da conspiração estão sendo espalhadas de forma desenfreada nas mídias sociais. "EMERGÊNCIA FALSA" consta nos trending topics, e vídeos com títulos como "Para que esse material genético vai ser realmente usado?" estão viralizando. Mesmo entre pessoas que aceitam a validade da crise, as letras miúdas do acordo de doação causam desconfiança. O acordo requer que o doador conceda os "direitos, de forma perpétua e irrevogável, para o Banco de Emergência Global de Espermatozoides usar ou replicar o seu material genético com o propósito de criar vida em qualquer lugar do mundo, sem limitações, para sempre". Tudo isso faz você pensar: essa é a última geração de pais biológicos?

Imagine-se vivendo nesse estranho momento da história da humanidade. A primeira Emergência Global da Queda de Espermatozoides está acontecendo. Como *você* responderia a essa crise? E onde procuraria informações confiáveis e conselhos?

MOMENTO DE ESCOLHA: Se você for apto, do ponto de vista biológico, para fazer a doação: você doaria o seu material genético para o Banco de Emergência Global de Espermatozoides? Por que ou por que não?

SE NÃO FOR APTO, DO PONTO DE VISTA BIOLÓGICO, PARA DOAR: o que diria aos seus amigos próximos e parentes que pedissem conselhos? Você os encorajaria ou desencorajaria a doar? Por quê?

SE ESTIVER EM DÚVIDA, QUAIS INFORMAÇÕES, E DE QUEM, BUSCARIA PARA TOMAR A SUA DECISÃO?

Bem-vindo de volta ao presente. Agora que tomou a sua decisão, vamos continuar brincando com esse futuro possível. Aqui vão algumas outras questões a serem consideradas. Deixe a sua mente vagar pelas possibilidades:

- Como uma crise de fertilidade daqui a dez anos afetaria você e os seus entes queridos?
- O que seria necessário para *você* confiar num grupo como esse para doar o seu material genético (espermatozoides, óvulos, DNA ou qualquer outra coisa)? Que tipo de medidas de segurança precisaria ter sobre possíveis usos do material?
- Quais preocupações morais e éticas teria nesse futuro? Consegue pensar numa maneira de resolvê-las?
- Se o esperma emergencial fosse necessário cinquenta anos no futuro, como deveria ser distribuído? As mulheres poderiam escolher os doadores, da forma que acontece hoje? Quanta informação receberiam sobre eles? Quem deveria criar essas regras — políticos, cientistas, médicos, um comitê de ética independente, um referendo global?
- Se diversas gerações de homens se tornassem incapazes de contribuir com os próprios espermatozoides para criar bebês, acha que a vida familiar ia mudar muito? Como seria o casamento e a criação de filhos num futuro em que há mães biológicas, mas não pais biológicos?
- Numa escala de 1 a 10, quão confortável se sente com esse cenário? (1 sendo extremamente desconfortável, 10 sendo extremamente confortável.)

Esse cenário poderia mesmo acontecer? Na verdade, cientistas já estão trabalhando para prevenir a perda de biodiversidade a longo prazo no nosso planeta ao criar abrigos subterrâneos onde material genético é preservado para o futuro. O projeto Frozen Ark [Arca Congelada], fundado em 2004 e batizado em referência à arca bíblica de Noé, é uma associação de caridade com base no Reino Unido que trabalha ao lado de zoologistas e conservacionistas do mundo inteiro para coletar e preservar o DNA de espécies animais sob risco de extinção, que hoje somam mais de 35 mil.[19] Esses lugares são conhecidos como *biobancos de animais em extinção.*

Em 2021, a prática de coletar material genético deu um passo à frente com a criação do Nature's SAFE (acrônimo em inglês para Salve Animais da Extinção), uma instalação em Shropshire, Inglaterra, dedicada a estocar material ovariano e testicular de animais ameaçados. Cientistas do Nature's SAFE já deixaram claro que o objetivo desse biobanco não é de apenas preservar a história completa do material genético de uma espécie. A intenção é de, um dia, descongelar esse material e usá-lo para estabelecer gestações, tornando possível a reprodução de uma espécie ameaçada ou extinta.

Não são apenas os materiais genéticos de animais que estão sendo depositados nos biobancos. O Millennium Seed Bank, também no Reino Unido e fundado em 2000, preserva para o futuro mais de 2,4 bilhões de sementes do todo o planeta. As sementes são estocadas em temperaturas abaixo de zero, em cofres subterrâneos capazes de resistir a inundações, bombardeios e radiação. Lá, já estão acumuladas mais de 10 por cento de todas as espécies vegetais do mundo, incluindo 12 que foram extintas globalmente desde que o banco as coletou. Se os seres humanos algum dia precisarem repopular a vida selvagem da Terra, talvez depois de um desastre climático extremo, o banco de sementes poderá fornecer o material genético. Enquanto isso, em 2021, a organização sem fins lucrativos Great Barrier Reef Legacy revelou que tem planos de criar o Biobanco de Corais Vivos, uma arca de corais que vai conter todas as oitocentas espécies de corais duros. Assim, os oceanos também poderão ser repopulados.[20]

Até então, biobancos são voltados apenas como proteção à extinção de animais e plantas. A biodiversidade humana será protegida de forma semelhante? Mesmo que a sociedade nunca precise lidar com uma crise de infertilidade em escala extrema como no cenário da "Emergência Global da Queda de Espermatozoides", parece sábio ao menos considerar um biobanco seguro e igualitário. Não queremos que a nossa imaginação coletiva dê um branco quando e se, por mais absurda que essa hipótese soe hoje, precisarmos tomar uma providência global e coordenada para assegurar a existência de material genético suficiente a fim de chegar ao próximo século.

Não posso dizer ao certo quais desafios podemos acabar enfrentando como resultado de um biobanco humano, seja incentivado por uma crise ou não. Mas tenho certeza de que estaremos melhor no futuro se trabalharmos a nossa imaginação com essas possibilidades agora. Ao considerarmos o quanto as coisas podem ficar estranhas, reduzimos o risco de sermos surpreendidos pelo futuro e aumentamos a nossa habilidade de moldá-lo.

No início de 2021, um participante da Superstruct, a simulação de pandemia feita em 2008, me mandou um e-mail bastante surpreendente: "As coisas que surgiram durante a pandemia no ano passado mais pareceram velhas lembranças familiares do que experiências novas", escreveu. "É estranho, mas me sinto menos traumatizado pelos fatos que estão enlouquecendo as pessoas."

Isso faz sentido: imaginar de forma vívida um futuro possível cria memórias de experiências que ainda não vivemos, de forma que a pandemia pareceu familiar a ele. E pesquisadores sugerem que "memórias do futuro" têm um benefício psicológico real se e quando o futuro traumático imaginado realmente acontece. Não é apenas o fato de não sermos pegos de surpresa. Também ganhamos um aumento significativo de autoconfiança por termos "acertado" o futuro. Essa confiança nos deixa mais dispostos a agir e ajudar os outros.

Isso acontece pelo seguinte motivo: o fato de termos *visto o futuro com antecedência* antes de ter acontecido cria uma resposta específica no cérebro. A primeira emoção que sentimos não é choque, é reconhecimento. Reconhecemos esse estranho mundo novo porque já passamos algum tempo nele antes, na nossa imaginação. O reconhecimento nos diz: *Você conhece essa situação. Pode lidar com ela.* É um antídoto poderoso contra sensações de desamparo e medo. Nosso conhecimento antecipado do que aconteceu nos deixa menos sobrecarregados, mais no controle e mais aptos a ajudar.

Angus Fletcher, um neurocientista que estudou os efeitos do ato de contar histórias no cérebro, descreveu da seguinte maneira: "Essa posição de conhecimento prévio estimula uma sensação poderosa de ironia cósmica na 'rede de perspectiva' do córtex pré-frontal do cérebro, nos dando uma experiência divina de observar de cima os [eventos]." Isso talvez o faça lembrar dos benefícios de se afastar para um período de dez anos e adotar uma perspectiva em terceira pessoa. O conhecimento prévio causa a mesma mudança de mentalidade, só que dessa vez acionada por uma sensação de *Já vi isso antes*. "Esse ponto de vista divino reduz a atividade nas zonas de emoção profunda do cérebro, agindo como um para-choque neural contra os eventos traumáticos diante de nós", escreveu Fletcher. E adicionou: "Essa sensação neural é profundamente terapêutica. (...) [Ela muda] os nossos sentimentos trágicos de incapacidade para uma sensação psicológica de capacidade."

Fletcher tem interesse na forma que livros, peças e filmes podem dar ao público a mesma sensação benéfica de conhecimento prévio. Ele recomenda as tragédias gregas, que costumam começar com um aviso ao público sobre todas as coisas terríveis que vão acontecer até o fim da peça, como forma mais confiável de estimular a sensação. E aponta para pesquisas da apresentação das tragédias gregas para veteranos de guerra como parte do seu tratamento para transtorno de estresse pós-traumático (TEPT); estudos mostram que veteranos revelam uma diminuição de sentimentos de ansiedade e desamparo quando experimentam uma sensação de conhecimento prévio em resposta à história. "Assim, mesmo que não sejamos mais capazes de evitar o inevitável do que Édipo, isso fortalece a nossa capacidade de controle quando o inevitável acontece", escreveu Fletcher, referindo-se a uma das tragédias gregas mais famosas, que se inicia com a profecia de um trauma futuro.[21]

O mesmo vale para brincar com cenários futuros chocantes, seja você a pessoa que os cria ou simplesmente a pessoa que é esperta o suficiente para levá-los a sério. A imaginação voluntária age como uma espécie de *terapia de pré-exposição* para futuros difíceis, mais ou menos como a terapia de exposição para ansiedade e TEPT. Esses tratamentos dessensibilizam a resposta cerebral ao choque e ao medo imaginando e relembrando sem parar o evento de gatilho emocional. Da mesma forma, estimular um futuro difícil na sua mente serve como um tipo de vacina contra choques futuros.

* * *

James Araci, oficial sênior de ciência e inovação do Consulado Geral da Inglaterra na Nova Zelândia, recentemente me contou uma história incrível. James fez o meu curso on-line "Habilidades em simulação", parte do programa de Pensamento de Futuros, em 2019. Uma das principais tarefas foi jogar novamente, de forma breve, a simulação Superstruct. Pedi para os alunos apresentarem a sua resposta para a pergunta: "Imagine um mundo que está lidando com uma pandemia respiratória perigosa, sem vacina ou cura. Como você poderia usar as suas habilidades únicas e os seus pontos fortes para ajudar?" Por mais estranho que pareça, isso significa que quase 7 mil dos meus alunos, inclusive James, estavam fazendo planos para ajudar outras pessoas durante um cenário como o da covid-19 semanas e meses antes de o primeiro caso da doença ser detectado.

"Jogar o jogo e pensar numa pandemia pré-covid me preparou para usar as minhas habilidades para lidar com a pandemia da covid", escreveu James quando entrei em contato com alguns alunos do curso para saber se eles tinham transformado as suas previsões em ações. Ele descreveu como estava pronto para agir quando a verdadeira pandemia começou, se voluntariando para administrar um projeto de respostas emergenciais na sua empresa. Ele trabalhou com o Ministério dos Negócios, da Inovação e do Trabalho para lançar um fundo de acelerador de inovações para ajudar negócios neozelandeses que tivessem ideias de enfrentamento da covid-19. Também ajudou a providenciar treinamento rápido para auxiliar organizações da Nova Zelândia que estavam lidando com trabalho e colaboração remotos, para que pudessem permanecer em lockdown sem demitir ou dispensar funcionários durante uma das quarentenas mais rigorosas do mundo.

"Já passei pelo mal-estar e pela incerteza causados por pensar em pandemias, então, quando a covid-19 começou a surgir, sabia quais habilidades eu tinha que poderiam ajudar. Isso me ajudou bastante a agir rápido", disse James. "Vi pessoas em estado de choque nos últimos dezoito meses. Mas, para mim, as simulações do futuro lembravam um pouco o treinamento de artes marciais — você está praticando habilidades e técnicas num local seguro para poder ser mais rápido e eficaz e permanecer calmo." O trabalho que James ajudou a gerenciar foi finalista do Projeto Mais Adaptável/Corajoso do Ano, prêmio dado pelo Project Management Institute New Zealand [Instituto de Gerenciamento de Projeto da Nova Zelândia], uma premiação prestigiosa na área. Adaptável e corajoso — não consigo pensar numa forma melhor de resumir os benefícios de estar disposto a ser a princípio ridículo quando imaginar e planejar o futuro.

Conforme passarmos pelos cenários deste livro, você vai se ver cada vez mais aberto a ideias a princípio ridículas e desenvolvendo um leque maior de conhecimento prévio, que pode agir como um para-choque neural e aumentar a sua confiança. Assim como simular uma pandemia mudou as reações de muitos participantes a uma pandemia verdadeira, ter uma memória desse estranho futuro da Emergência Global da Queda de Espermatozoides no seu cérebro vai afetar como *você* reagirá a uma crise mundial de fertilidade urgente — se um dia ela acontecer. Você ficará menos surpreso, o problema vai parecer mais familiar e é provável que vá procurar maneiras de ajudar. E, se nunca viver uma crise dessas, ainda assim a sua habilidade de absorver nova informação sobre desafios na reprodução humana terá aumentado. Quem sabe quais novas pistas descobrirá sobre esse futuro, agora que o seu cérebro está treinado para prestar atenção?

Aceitar informações que deixam você desconfortável não é algo que se faça apenas uma vez. Isso deve estar presente na sua vida como um hábito. E, quanto mais pistas para a mudança encontrar, mais aberta e menos surpresa ficará a sua mente.

Daqui a alguns capítulos, vamos revisitar o jogo de brainstorm "Provoque o futurista". Mas, da próxima vez, *você* vai ser o futurista. Vou lhe dar uma chance de desafiar as suas próprias suposições ao encontrar evidências de que qualquer que fosse o fato imutável que *você* pensou algumas páginas atrás já está começando a mudar.

Uma última questão sobre a lei de Dalton: pessoas diferentes têm noções diferentes sobre o que constitui uma ideia ou cenário futuro ridículo. Não há ideias *objetivamente ridículas* sobre o futuro. Uma ideia pode parecer ridícula apenas para você por desafiar as suas suposições mais profundas sobre como as coisas são, como precisam ser e como sempre serão.

Todos nós temos um conjunto próprio de suposições em nossa forma de encarar o mundo. Quanto mais uma ideia em relação ao futuro lhe parecer ridícula, mais ela lhe poderá ser útil — porque sugere o tipo de mudança que vai ser mais difícil para você, pessoalmente, prever. Jogar "Provoque o futurista" desenvolve o seu senso do que *você* descarta de forma indistinta como impossível. Assim, pode se comprometer a analisar com mais atenção as evidências para mudanças em potencial para o planeta que conhece hoje.

TREINANDO A IMAGINAÇÃO

REGRA Nº 4: A princípio, seja ridículo.

Brinque com as possibilidades apresentadas num brainstorm sobre como tudo pode ser diferente no futuro. Cogite qualquer possibilidade, não importa o quanto ela pareça absurda no início. Mantenha em mente que as possibilidades futuras que parecem impensáveis ou impossíveis hoje são aquelas às quais teremos mais dificuldade de nos adaptar, então precisamos de tempo para nos preparar.

Para treinar essa habilidade, jogue "Provoque o futurista": faça uma lista de coisas que você acha que não vão mudar nos próximos dez anos. Então, procure por evidências de que essas possibilidades improváveis podem acontecer ou já estão acontecendo hoje. Esse jogo vai melhorar a sua habilidade de absorver informações que desafiam as nossas suposições e vai expandir a sua mente para novas dimensões.

5

Vire o mundo de cabeça para baixo

Estou sempre tentando virar as coisas de cabeça para baixo para ver se elas ficam com uma aparência melhor.

— Tibor Kalman, designer gráfico

AGORA QUE A SUA MENTE ESTÁ AQUECIDA E ABERTA PARA POSSIBILIDADES a princípio ridículas, posso ensinar o meu outro jogo de brainstorm favorito para inspirar cenários futuros. Eu chamo de "Cem maneiras como qualquer coisa pode ser diferente no futuro". É assim que funciona: em primeiro lugar, você escolhe um assunto: trabalho, comida, aprendizado ou qualquer outro. Depois, cria uma lista de cem coisas que são verdadeiras sobre esse assunto hoje. Quanto mais simples e óbvios forem os fatos, melhor. Então, você reescreve cada fato, um por um, de forma que *daqui a dez anos, o oposto será verdadeiro* — não importa o quanto essas novas ideias soem a princípio ridículas. Por fim, você procura pistas ou evidências de que a mudança já está acontecendo agora, para provar que essas ideias são plausíveis e realistas.

Parece simples, mas é um jogo que abre muito a cabeça. Vamos fazer uma demonstração rápida com um dos meus assuntos favoritos: sapatos. Que ideias a princípio ridículas podemos imaginar para o futuro dos sapatos?

Agora que escolhemos o assunto, vamos começar a listar fatos!

- **FATO:** Sapatos não são gratuitos. As pessoas precisam pagar por eles.
- **FATO:** A maioria das pessoas tem mais de um par de sapatos, de tipos diferentes para ocasiões diferentes.
- **FATO:** As pessoas tiram os sapatos quando vão dormir, elas não dormem calçadas.

Já temos três fatos, agora só faltam 97!

Você perceberá que esses fatos sobre sapatos são *verdades gerais* para a maior parte das pessoas na maior parte dos países. Os fatos que passarem pela sua cabeça não precisam ser cem por cento verdadeiros para todas as pessoas de todos os lugares em todos os tempos. Eles podem mesmo ser aplicados apenas à sua escola, ao seu lugar de trabalho ou à sua família.

Não vamos listar cem fatos sobre sapatos neste momento — você já entendeu o que fazer. Por sinal, é bem difícil pensar em cem fatos sobre qualquer coisa sozinho. Eu tenho uma planilha com fatos sobre sapatos e só consigo pensar em uns vinte antes de ter que pedir ajuda! É por isso que é melhor jogar esse jogo em grupo — quanto mais gente, mais fatos. E se ainda assim não conseguir chegar a cem, não tem problema. Cem é o objetivo máximo, um lembrete para forçar a sua imaginação o máximo possível.

Agora vem a parte divertida. Pegamos os nossos fatos e os viramos de cabeça para baixo. Pense que essa etapa é como criar o seu próprio "mundo invertido" em que tudo que conhecemos de repente se torna diferente. Eis aqui versões invertidas dos nossos primeiros três fatos sobre sapatos:

1. Daqui a dez anos, sapatos serão gratuitos.
2. Daqui a dez anos, a maioria das pessoas só terá um par de sapatos.
3. Daqui a dez anos, muita gente vai dormir usando sapatos.

A coisa mais importante nessa parte do jogo é não se preocupar em fazer sentido. Mesmo se a versão "invertida" de um fato parecer impossível ou impensável, vá em frente. Essa é a nossa meta, afinal — gerar a maior quantidade possível de ideias a princípio ridículas. Então invertemos todos os fatos até termos uma lista de cem alternativas a como as coisas acontecem hoje.

Agora vem a parte desafiadora. Temos que escolher alguns dos fatos "invertidos" e tentar dar sentido a eles. Como exatamente funciona essa nova realidade? E por que essa mudança aconteceu? *Por que* sapatos são de graça agora? *Por que* as pessoas estão dormindo calçadas? Nessa etapa do jogo, tentamos transformar o que pode ser simplesmente uma "ideia ridícula" numa ideia *a princípio* ridícula, uma que começa a fazer cada vez mais sentido conforme a analisamos. E a melhor maneira de fazer isso é imitando o "Provoque o futurista". Precisamos encontrar tendências ou disrupções reais, que já estejam em curso, com o potencial plausível de levar aos novos futuros estranhos que estabelecemos.

Então, por que sapatos seriam gratuitos no futuro? Bem, se analisarmos o presente, vamos notar que já existe uma tendência para descontos e até serviços e produtos sendo oferecidos de graça em troca de dados fornecidos pelo cliente que empresas podem usar ou monetizar — pense em plataformas como o Facebook, ou em como a Fitbit concedeu smartwatches para cidadãos de Singapura usarem com o programa de saúde público.[1] E há uma porção de sapatos sendo desenvolvidos que têm sensores capazes de monitorar a localização, a atividade física, o peso, o jeito de andar, a aproximação social e até quem está perto de você. Então, talvez, no futuro, governos ou empresas de planos de saúde que querem ter esse tipo de dado distribuirão "sapatos inteligentes" de graça? Isso parece plausível para mim, sobretudo na era pós-pandêmica, em que estamos considerando diversas novas tecnologias de vigilância para controlar e prevenir surtos futuros.

Mas por que as pessoas do futuro só usariam um único par de sapatos? Bem, talvez na próxima década possamos ver uma queda brusca no consumo, possivelmente devida à realidade econômica (estamos caminhando em direção a uma crise econômica global pós-pandêmica?) ou talvez como parte de uma ação contra as mudanças climáticas. Em 2019, vimos uma tendência forte na Suécia chamada *flygskam*, ou "vergonha de voar", em que as pessoas eram criticadas ao fazerem viagens de avião desnecessárias devido à alta carga de carbono e ao grande impacto climático do transporte aéreo. Talvez na próxima década, essa questão possa ir além da pagada de carbono de viagens para a pegada de carbono do consumo de bens? Eu com certeza serei criticada se, no futuro, ter apenas um par de sapatos for um sinal de compromisso climático!

E, daqui a dez anos, por que as pessoas poderiam ir dormir de sapatos? Bem, eu de fato vivenciei um evento que pode ajudar nessa explicação. Durante os incêndios na Califórnia nesse ano, fui aconselhada por um especialista em evacuação e resgate da Cruz Vermelha Americana a ir dormir com os sapatos ao lado da cama ou usá-los durante o sono, pois as pessoas entram em pânico e perdem um tempo precioso procurando pelos calçados quando precisam escapar de um incêndio que se alastra depressa. Para os indivíduos do Oeste dos Estados Unidos e, sem sombra de dúvida, da Austrália nos últimos anos, os incêndios foram traumatizantes. Assim, pode ser que nas partes do mundo em que o clima extremo e o risco climático continuem aumentando, alguns de nós vivamos com transtorno de estresse pós-traumático? E, por precaução — como sintoma do TSPT climático —, dormiremos de sapatos? É um pequeno detalhe de um futuro possível, mas que dá início a conversas importantes sobre as consequências emocionais e psicológicas coletivas e de longo prazo das crises que enfrentamos hoje.

Sapatos gratuitos, críticas por usar calçados, dormir sem tirar os sapatos devido ao trauma... Qualquer uma dessas ideias a princípio ridículas poderia inspirar uma viagem no tempo mental. Numa só palavra, como você se sentiria nesse futuro? Quais são os riscos? E as oportunidades? O que poderia fazer para tornar esse mundo melhor? Esse é o desafio final do "Cem maneiras de qualquer coisa ser diferente no futuro". Passe algum tempo imaginando seriamente uma ou mais das possibilidades mais provocativas. Use as suas habilidades de pensamento de futuros episódico. Mergulhe no mundo invertido que acabou de inventar. Por exemplo:

Imagine que acabou de ganhar um par de sapatos inteligentes que mostra importantes informações de saúde para o seu médico, a sua cidade, o seu empregador, a sua escola ou o seu plano de saúde. Numa só palavra, como se sentiria? Usaria os sapatos?

Imagine que chamaram a sua atenção por usar diversos pares de sapato numa semana. Você foi publicamente criticado por ter sapatos demais. Como se sente? Qual é a sua reação?

Imagine que você recebeu uma notificação de emergência que o aconselhava a dormir de sapatos pelos próximos sete dias, caso fosse necessário deixar a sua casa às pressas durante um incêndio florestal ou evento climático. Como se sente? Você segue o conselho? Em caso positivo, com que sapatos você dorme?

Esse tipo de desafio de PFE rápido pós-jogo pode ajudar você a encontrar mais sentido nas suas ideias invertidas. Também é uma excelente oportunidade para continuar treinando a sua imaginação. Preencha as lacunas dessas ideias de futuro com o máximo de detalhes pessoais que conseguir. Cada vez que fizer uma viagem para um futuro invertido, vai fortalecer os caminhos neurais que tornam possível o pensamento eficaz sobre situações pelas quais nunca passou diretamente.

Quando os lockdowns da pandemia de 2020 tiveram início, comecei a receber um número anormalmente alto de pedidos para conduzir grupos no "Cem maneiras de qualquer coisa ser diferente no futuro". Joguei o "Cem maneiras" pensando sobre o futuro das bibliotecas, o futuro da moda, o futuro dos jardins públicos, o futuro dos videogames, o futuro do ensino superior, o futuro das indústrias e o futuro dos esportes profissionais. Aparentemente, havia muitas empresas e organizações que queriam deixar as suas suposições de lado e ter ideias novas sobre maneiras de alcançar os seus objetivos.

Tive uma conversa fascinante com o diretor artístico de uma grande companhia de balé, que me pediu ajuda com um brainstorm a respeito das mudanças em apresentações de balé durante e depois dos lockdowns da covid-19. Fizemos uma versão rápida do "Cem maneiras" para apresentar algumas ideias analisáveis e logo nos vimos pensando além das restrições de curto prazo de uma pandemia. Um dos fatos que invertemos foi: "Bailarinos profissionais têm uma carreira mais curta em comparação com outros profissionais, em geral se aposentando dos palcos entres os trinta e cinco e quarenta anos." Foi assim que reescrevemos o fato para que o oposto pudesse ser verdade: "No futuro, bailarinos profissionais se apresentarão até os setenta, oitenta e até noventa anos." Conversamos sobre o que aquilo poderia significar para o futuro da coreografia. Que tipos de movimentos de dança corpos mais velhos podem fazer? Exploramos o significado daquilo para aquela forma de arte. Que novos tipos de histórias contaríamos no balé se a apresentação fosse feita por dançarinos mais velhos? Tentamos dar sentido a esse fato invertido. Que mudança poderia ter acontecido para dançarinos bem mais velhos estarem no palco? Uma explicação possível capturou muito a minha imaginação. Debatemos a possibilidade de papéis famosos no balé, ou personagens, envelhecerem junto com os seus dançarinos, através de sequências e histórias seriadas, semelhante às séries de televisão e franquias cinematográficas. Assim como Carrie Fisher, por exemplo, interpretou a princesa Leia nos filmes de *Star Wars* por um período de mais de quarenta anos, a personagem fictícia envelhecendo junto com a atriz, e se uma dançaria pudesse se apresentar no papel de Aurora em *Bela Adormecida* ou como a Fada Açucarada de *O quebra-nozes* por toda a carreira? Quais histórias novas poderiam ser contadas sobre versões mais velhas dessas personagens, que nunca receberam a permissão de envelhecer no palco? Não sei se a companhia de balé vai seguir com essa ideia, mas fico animada por essa noção agora existir no mundo para que alguém possa pensar nela e talvez usá-la de muitas maneiras.

Também ajudei a preparar uma equipe de pesquisadores no Institute for the Future para conduzir um jogo de "Cem maneiras" com uma organização chamada One Fair Wage [Um salário justo], que busca melhorar a economia de restaurantes e do setor de serviços. A One Fair Wage estava particularmente curiosa em como as ideias invertidas poderiam ajudar a acabar com a prática de pagar salários submínimos a trabalhadores. Salários submínimos são uma espécie de brecha legal que permite que empregadores paguem salários abaixo do mínimo aos seus funcionários supondo que a diferença será alcançada com gorjetas dadas pelos clientes. Atualmente, essa prática resulta no fato de que um a cada seis funcionários de restaurantes vivem abaixo da linha da pobreza, de acordo com o Economic Policy Institute.[2]

A One Fair Wage viu a turbulência da pandemia como uma oportunidade para os donos de restaurante pensarem de forma mais radical sobre os seus modelos de negócios. Afinal, restaurantes já estavam mudando para serviços de entrega e retirada no local, criando novas experiências culinárias a céu aberto e, no fundo, reconsiderando o que restaurantes poderiam ser. A próxima suposição a ser derrubada poderia ser a de que restaurantes só conseguem ser lucrativos quando exploram mão de obra barata?

A One Fair Wage convidou um grupo de donos de restaurante para participar do workshop do "Cem maneiras", e os resultados foram publicados num relatório chamado *Mapa para reimaginar restaurantes*.[3] Ao desafiar fatos como "Restaurantes são estabelecimentos físicos em que as pessoas vão para comer" e "Clientes pagam pelas refeições", eles propuseram alguns novos modelos de negócios mais igualitários para o futuro, incluindo o meu favorito: "No futuro, restaurantes terão uma receita mais previsível e sustentável ao aceitar subsídios e contratos do governo para providenciar refeições gratuitas a pessoas que não têm o que comer." Em vez de os clientes pagarem pelas próprias refeições, terceiros cobririam os custos. Os restaurantes poderiam firmar contratos de longo prazo com organizações de caridade ou agências governamentais, usando as suas cozinhas por algumas poucas horas ou dias na semana para fazer e entregar refeições gratuitas ou de baixo custo para pessoas necessitadas. A receita cotidiana é imprevisível para a maioria dos restaurantes, que ficam com pouca folga financeira para pagar mais aos funcionários. Mas acordos de longo prazo e contratos longos dariam aos donos um novo modelo de ganhos fixos. E, se os clientes não estão pagando pelas próprias refeições, não há necessidade de gorjetas. A One Fair Wage chama essa ideia de "High Road Kitchens". O programa já foi adotado em mais de cem restaurantes pelos Estados Unidos; esses estabelecimentos devem se comprometer a pagar salários justos aos seus funcionários de forma a receberem novos acordos e contratos.

Cheguei à conclusão de que não existe um assunto de interesse global sério ou urgente demais que não seria beneficiado por brincar com ideias a princípio ridículas. Recentemente, li um artigo no *Bulletin of the Atomic Scientists* chamado "Transformando o nosso futuro nuclear com ideias ridículas".[4] A autora, Emma Belcher, sugere que, após setenta anos de tentativas falhas, o esforço mundial para o desarmamento nuclear requer uma reimaginação radical. Ela cita a lei de Dator e argumenta que a área precisa desafiar as suas duas maiores suposições com ideias a princípio ridículas. As pessoas supõem que o desarmamento nuclear será um processo lento, prolongado e gradual que levará décadas para ser alcançado. Mas e se o desarmamento nuclear pudesse acontecer rápido — tão rápido quanto os lockdowns da covid-19? Em segundo lugar, considera-se que o poder para decidir se e quando vamos nos livrar das bombas nucleares está nas mãos das nove nações que atualmente as têm: os Estados Unidos, o Reino Unido, a Rússia, a China e por aí vai. No entanto, e se outro agente poderoso — trabalhando por fora dos canais diplomáticos normais, sem relação com o governo desses países — encontrasse uma maneira de forçar a questão?

É possível imaginar um cenário tão surpreendente, se você estiver disposto a encontrar uma maneira de dar sentido a esses tipos de fatos invertidos. Uma aliança de controle marcial chamada N Square pediu para que o meu colega do Institute for the Future Jamais Cascio fizesse exatamente isso. Juntos, eles criaram cinco cenários em que descreviam êxitos de segurança nuclear surpreendentes e impensáveis. Eles publicaram essas ideias a princípio ridículas num exemplar do fictício *Jornal da Inovação de Segurança Nuclear* de setembro de 2045.[5] O cenário que acho mais impressionante é aquele no qual empresas privadas decidem que já estão cansadas dos fracassos do governo no assunto e então se juntam para liderar um rápido esforço de desarmamento nuclear.

Aqui vai exatamente o que esse cenário previa: daqui a mais ou menos uma década, algumas das maiores empresas de tecnologia teriam conseguido criar soluções para os desafios globais mais perigosos, como a mudança climática e pandemias incontroláveis. As soluções tecnológicas se tornaram a maneira definitiva de tirar proveito da geopolítica — porque todos os governos do planeta precisam delas. Assim, as companhias decidem fazer um acordo que os estados-nações não podem se dar ao luxo de recusar: qualquer país que queira ter acesso a tecnologias capazes de salvar a humanidade deve antes desmantelar o seu arsenal nuclear. Quer essa solução de geoengenharia que reverte com segurança os efeitos globais do aquecimento global? Primeiro, precisa se livrar das bombas. Quer uma vacina para esse vírus mortal e incontrolável? Desative as ogivas e vamos vendê-la para você.

Esse cenário foi criado em 2015. Com certeza era difícil de imaginar naquela época que haveria uma crise tão urgente e um desenvolvimento tecnológico por parte de empresas privadas tão miraculoso que, juntos, poderiam enfrentar agentes de estados nucleares. Mas agora que vivemos a pandemia da covid-19, a ideia parece *ligeiramente* menos ridícula. E se os criadores da inovadora vacina de RNA mensageiro tivessem todos concordado que só venderiam vacinas para países sem ogivas nucleares? Teria sido o suficiente para convencer os países a se desarmarem? E se a pandemia fosse mais mortal e mais difícil de controlar? Poderia ter funcionado então? Parece absurdo. Ridículo! Loucura! Mas o *que* seria necessário para impedir a insanidade da proliferação nuclear se não algo completamente inesperado?

Depois de revisitar esse cenário, descobri que o orçamento de 2021 dos Estados Unidos tem cem bilhões de dólares destinados para seiscentos novos mísseis nucleares. Descobri que o governo norte-americano vai gastar estimados 1,7 trilhão de dólares apenas para manter a sua infraestrutura nuclear nos próximos vinte e cinco anos.[6] E descobri que cientistas políticos supõem que a Índia e o Paquistão, ambos países com armas nucleares, vão passar por uma crise climática tão severa neste século que a região pode se tornar muito mais instável e entrar em risco de uma guerra nuclear. Quando penso no tipo de coisa que esse dinheiro poderia fazer e considero o risco de instabilidade geopolítica por causa das mudanças climáticas e o impacto psicológico de viver sob o constante risco da aniquilação nuclear, também tenho vontade de criar ideias a princípio ridículas.

ESTÁ PRONTO PARA JOGAR? Vamos falar de detalhes práticos. Já usei o "Cem maneiras" basicamente em qualquer lugar que se pode fazer um brainstorm — salas de aula, conferências, reuniões no Zoom, canais do Slack, planilhas do Google, grupos do Facebook, até ao colocar fatos em papéis adesivos no corredor de um dormitório e dar um mês aos seus residentes para invertê-los. Você pode reunir um monte de gente e começar uma versão rápida do jogo em menos de uma hora. Ou pode criar um espaço para o jogo se desenvolver, seja on-line ou no mundo real, durante alguns dias, semanas ou mais. Deixe as pessoas adicionarem fatos e futuros invertidos o quanto quiserem, e todos podem se encontrar de novo depois para tentar dar sentido a eles juntos. No final deste capítulo, você encontrará as perguntas de discussão que mais gosto de usar para analisar os resultados do "Cem maneiras".

Agora que sabe como o jogo funciona, pode jogar "Cem maneiras de qualquer coisa ser diferente no futuro" com equipes no trabalho, na escola, em conferências, em clubes — ou até em casa com a sua família.

Um dos meus alunos on-line, Jeremy, de Saint Louis, me escreveu no início de janeiro de 2020 para me dizer por que ele jogava "Cem maneiras" com a filha de quinze anos e como isso os ajudou a tomar uma importante decisão familiar. Veja a seguir o que ele disse:

> Minha filha é precavida, ansiosa, artística e criativa, e tem passado por um período difícil no colégio. Recentemente, a escola iniciou um programa em que você pode ser um estudante on-line em tempo integral. Você continua matriculado no colégio, pode frequentar os bailes e as partidas esportivas se quiser — mas todas as aulas são dadas pela internet. Ela estava tentando decidir se optava por isso ou não, mas, em geral, sentiu uma autonomia muito baixa e, intuitivamente, não achou que o futuro da escola parecia tão bom. Pedi para ela escrever cem coisas que são verdadeiras sobre o colégio hoje. Então, ela escolheu três desses fatos e os inverteu, para, por fim, combinar os três e contar uma nova história sobre o que ela queria de verdade da escola se tivesse mais poder de decisão. Foi uma ótima maneira de tirá-la do pensamento de não ter agência para tomar as próprias decisões e reduziu bastante a sua ansiedade. Também a ajudou a perceber que ela tem voz nesses assuntos e que muitas das suas suposições sobre a escola não são necessariamente verdadeiras. Ela acabou decidindo fazer a escola on-line! E também foi capaz de antecipar mudanças futuras, como encontrar novas maneiras de criar interações sociais significativas, pois iria se sentir mais isolada.

O que eu adoro na história de Jeremy é que ela demonstra dois dos maiores benefícios do "Cem maneiras" — a vitória rápida *e* o resultado a longo prazo. O jogo melhorou de imediato o humor da filha de Jeremy, diminuindo sua ansiedade e criando uma sensação de estar mais no controle do seu futuro. Essa é a vitória rápida. Porém, o mais surpreendente foi que toda a família de Jeremy ficou impressionada ao se sentir incrivelmente bem preparada para os fechamentos das escolas e dos ambientes de trabalho devido à covid-19, que atingiu o mundo poucos meses depois, tendo imaginado antes maneiras de se manter conectados enquanto estivessem distantes. Às vezes, leva dez anos para que futuros a princípio ridículos aconteçam — e, às vezes, leva apenas dez semanas.

Se quiser inverter alguns fatos sobre a própria vida, aqui está um desafio que você pode tentar. Faça uma lista de ao menos cinco coisas que são verdadeiras sobre a sua vida agora. Então, reescreva-as de forma que o oposto seja verdade ou proponha uma estranha nova alternativa. Qualquer que seja a alternativa que surja na sua mente, siga com ela. Por exemplo, na minha lista, escrevi: "Sou cidadã americana", "Tenho duas filhas", "Sou escritora", "Durmo à noite" e "Odeio viajar de avião", e então inverti os fatos para que se tornassem "Sou cidadã britânica", "Tenho três filhas", "Sou gerente de uma loja de rosquinhas", "Durmo durante o dia" e "Adoro viajar de avião".

O que quer que você crie, escolha um fato invertido e faça uma rápida viagem no tempo mental até o futuro para ver o quão vívida e realisticamente consegue imaginar essa mudança se tornando verdade. O que pode levar a essa mudança? (Isso é importante — não pule esse passo. Tente pensar numa explicação convincente, não importa o quanto ela pareça absurda a princípio!) Como se sente? Que ações faria nesse futuro invertido que não pode fazer hoje? Por que acha que essa alternativa em particular surgiu na sua mente?

O objetivo desse minijogo não é criar um plano para mudar a sua vida drasticamente. É apenas outra forma de treinar o seu cérebro para se tornar mais flexível. Pode ser bom ter uma nova perspectiva nas suposições sobre a sua própria vida que você esteja disposto a abandonar. Pode decidir que cada alternativa que aparecer na sua cabeça tem probabilidade zero de acontecer. Ou pode se sentir livre para se tornar o seu eu invertido hoje.

O que quer que imagine, basta levar essas possibilidades alternativas sobre a sua vida a sério o suficiente para simulá-las na sua mente e aprimorar a sua habilidade de assumir novas ideias. Você está ficando melhor em examinar ideias a princípio ridículas pela sua plausibilidade e seus benefícios em potencial. E talvez note, como eu, que separar alguns minutos para imaginar sem amarras que está acordando numa vida completamente diferente lhe dá uma sutil, mas perceptível, sensação de liberdade e criatividade hoje.

Hora de fazer outra viagem de dez anos para o futuro! O cenário a seguir é inspirado por uma rodada de "Cem maneiras de qualquer coisa ser diferente no futuro" que um aluno meu, que é médico e professor, jogou com os seus estudantes de medicina. Eles decidiram pegar um fato sobre a profissão médica hoje — "Médicos receitam remédios" — e invertê-lo para reimaginar o trabalho das formas mais diferentes que conseguiam. No futuro, o que mais médicos poderiam receitar além de medicamentos?

Receitas são uma alavanca poderosa para a mudança de duas maneiras. Em primeiro lugar, elas tornam a mudança mais acessível: um plano de saúde, em geral, cobre parte ou o custo total do que está sendo receitado. Em segundo, elas tornam a mudança mais provável: estudos mostram que pacientes ficam mais dispostos a obedecer ao conselho de um médico para uma mudança de comportamento, como praticar exercícios e meditar, se isso vier escrito numa receita formal.[7]

Então, o que mais os médicos podem receitar no futuro além de remédios? Aqui vão algumas das ideias que os estudantes de medicina tiveram, acompanhadas por pistas que encontrei para dar apoio às suas ideias.

Daqui a dez anos, médicos vão receitar abraços. Não levei muito tempo para encontrar uma pista desse futuro. Você se lembra do post das mídias sociais que viralizou em 2021, quando um médico escreveu na receita de uma senhora recentemente vacinada contra a covid-19: "Você tem permissão de abraçar a sua neta"? Imagine se, como parte de um planejamento de saúde mental, pudéssemos todos receber estipêndios de viagem para abraçar um amigo ou parente distante ao menos uma vez por ano.

Daqui a dez anos, médicos vão prescrever jogos. Em 2020, depois de sete anos de testes clínicos, a Food and Drug Administration dos Estados Unidos aprovou o seu primeiro videogame receitado, *EndeavorRx*, para crianças entre oito e doze anos com transtorno de déficit de atenção com hiperatividade. Pesquisadores descobriram que, com uma dose de vinte e cinco minutos por dia, cinco dias por semana, a atenção e o controle cognitivo melhoravam após quatro semanas. Imagine se, daqui a dez anos, você pudesse escolher entre centenas de videogames oficialmente "saudáveis" quando fosse ao médico.[8]

Daqui a dez anos, médicos vão prescrever animais de estimação. Pesquisas mostram que crianças que crescem com um cachorro em casa tem menos asma, alergias e diabetes. Os cães expõem as crianças a uma variedade de bactérias e microbiotas intestinais, que estimulam a saúde do sistema imunológico e o metabolismo para toda a vida. Esse é um benefício enorme! Mas ter um cachorro é caro, e nem toda família pode arcar com esses custos. Talvez os planos de saúde poderão cobrir os custos totais de ração e veterinário pelos primeiros anos da vida de uma criança?[9]

Daqui a dez anos, médicos vão receitar sapatos. Os médicos já receitam exercício, com apoio de iniciativas de saúde globais como Exercise Is Medicine. Mas pesquisas financiadas por institutos nacionais de saúde descobriram que uma barreira comum, porém ignorada, para a atividade física é não ter as roupas ou o calçado apropriados.[10] Assim, talvez no futuro qualquer médico que receitar exercícios também poderá receitar novos tênis de caminhada ou corrida? (Ah! Outra maneira de sapatos serem gratuitos no futuro!)

Abraços, jogos, animais de estimação e sapatos gratuitos como parte de uma abordagem de saúde que apoia a saúde social, emocional, mental *e* física — sim, com certeza é meio ridículo. Mas isso nos faz pensar se os sistemas de saúde poderiam (ou deveriam) um dia evoluir para uma estrutura mais dinâmica a fim de apoiar o nosso bem-estar completo.

Vamos imaginar essa ideia de forma um pouco mais séria. O próximo cenário é sobre receitas futuras e é um pouco diferente dos que jogamos até então. É um cenário com *localização específica.* Quando você traz um cenário para um ambiente específico, os detalhes do mundo real o ajudam a preencher as frestas da sua imaginação e vislumbrar aquele futuro de forma bem mais vívida. Pense nisso como uma forma de realidade aumentada para o seu cérebro, sem que seja necessário ter óculos ou equipamentos chiques. Ao imaginar uma maneira com que o seu futuro poderia ser diferente *no mesmo tipo de espaço físico em que o cenário se desenrola*, você será capaz de conceber e projetar o futuro no mundo real que o cerca.

Cenário futuro nº 4: Bolsa medicinal

Num mercado, numa barraca de frutas ou numa feira livre, daqui a dez anos

É a sua primeira compra com a sua nova "bolsa medicinal". Você mal pode esperar para enchê-la. A bolsa medicinal é uma sacola retornável com um código de barras único impresso no tecido, conectando a bolsa ao seu perfil do plano de saúde. Uma vez por semana, você pode enchê-la com os produtos que quiser, de graça. Qualquer fruta, qualquer vegetal — seja no mercado, na feira ou na barraquinha de frutas da rua. Pode pegar o que quiser.

Você podia ter optado por receber uma caixa de produtos de agricultura comunitária (CPAC) toda semana, mas escolheu a bolsa. A ideia de poder fazer a "limpa" no supermercado, indo para cima e para baixo nos corredores, pegando o que e o quanto quiser sem ter que se preocupar com o preço lhe agrada. Sua bolsa medicinal faz parte do novo programa do seu plano de saúde que estimula os clínicos gerais a receitar frutas e vegetais para o máximo de pessoas possível. O programa foi originalmente criado para indivíduos de alto risco, como pacientes com doenças cardíacas e diabetes, mas os benefícios foram tão drásticos em termos de ganho de saúde e queda de custos com o plano que ele acabou se expandindo para todos. Todo mundo numa casa ganha a própria bolsa — até as crianças.

Imagine-se nesse futuro. É um mundo em que comida saudável é gratuita — ao menos uma bolsa cheia por semana. Para ajudá-lo a imaginar esse futuro de forma mais vívida, quero que arquive esse cenário no seu cérebro até a próxima vez em que estiver cercado por produtos frescos — no mercado, na feira ou diante de uma venda de frutas. Conforme absorve esse ambiente, volte a explorar esse cenário na sua mente. Deixe esse futuro invertido em que médicos receitam frutas e vegetais de graça agir como um filtro de realidade aumentada que muda a sua maneira de experimentar o entorno no presente. Além de pensar nele, tente senti-lo também.

Quando estiver num lugar em que possa misturar esse cenário futuro com o mundo real, vá em frente e tome a sua primeira decisão nesse futuro:

MOMENTO DE ESCOLHA: Olhe ao redor e imagine que tudo seja gratuito. Com o que vai encher a sua bolsa? E, numa só palavra, como se sente nesse futuro?

Esse futuro poderia mesmo acontecer? Acho que tem uma probabilidade altíssima. A National Produce Prescription Collaborative [Cooperativa Nacional de Prescrição de Produtos Agrícolas] e a Food Is Medicine Coalition [Coalizão Comida É Remédio] são duas associações que trabalham para tornar esse futuro realidade nos Estados Unidos agora mesmo. Esses grupos, formados por cientistas de saúde pública, médicos e produtores agrícolas, argumentam que a melhor forma de prevenir doenças crônicas e melhorar a saúde da população é facilitar o acesso a produtos frescos de alta qualidade. Eles fazem parte de um movimento em crescimento, com apoio de grupos de pesquisa como o Center for Health Law and Policy Innovation [Centro de Direito da Saúde e Inovação Política], da escola de direito de Harvard, e fundações como a Rockefeller Foundation, que buscam "espalhar" a ideia de receitar frutas e vegetais.

O National Produce Prescription Collaborative define a prescrição de frutas e vegetais como "um tratamento médico ou serviço preventivo para pacientes aptos devido a riscos ou condições de saúde relacionados à dieta, insegurança alimentar ou outras dificuldades documentadas de acesso a comidas nutritivas e que sejam indicados por um médico ou plano de saúde. Os produtos das receitas são entregues pelo comércio de alimentos, o que permite que os pacientes tenham acesso a produtos agrícolas saudáveis, sem gorduras, açúcares ou sódio adicionais, a um custo baixo ou sem custo nenhum ao paciente".[11] Agora mesmo, centenas de milhares de americanos já têm acesso a esse programa. Um exemplo é o programa de prescrição de frutas e vegetais da Wholesome Wave's (FVRx, na sigla em inglês). O programa FVRx deposita fundos de uma média de cem dólares por mês em contas de famílias de baixa renda para comprar vegetais e frutas frescos. Pacientes com câncer também conseguem receitas através do FVRx. Estudos mostram que frutas e vegetais repõem os micronutrientes e os antioxidantes que tornam a quimioterapia mais eficaz. O programa FVRx prescreveu 1,8 milhão de porções gratuitas de frutas e vegetais em 2020. Esse tipo de programa está sendo encorajado nos Estados Unidos pela inclusão de 25 milhões de dólares na lei agrícola de 2018, que fornecerá apoio financeiro a projetos-pilotos de prescrição de produtos agrícolas pelo ano de 2023. E os National Institutes of Health [Institutos Nacionais de Saúde] lançaram recentemente um plano estratégico de dez anos, de olho no ano 2030, que inclui um foco específico em comida como remédio — outra pista de que o cenário "Bolsa medicinal" é plausível.

Esses programas funcionam de verdade? As evidências iniciais dizem que sim. Um estudo recente descobriu que, tendo como base os impactos atuais dos programas existentes, um programa de prescrição de frutas e vegetais que chegasse a um entre três americanos preveniria 1,93 milhão de derrames e enfartos, e 350 mil mortes, *e* reduziria em 40 bilhões os custos de saúde num período de dezoito anos. Demoraria apenas cinco anos, de acordo com estimativas de especialistas, para que o programa causasse uma economia de dinheiro maior do que os custos para implementá-lo.[12] Em outras palavras, vai ser muito mais caro *não* fazer um programa como esse do que fazê-lo.

Se esse cenário chama a sua atenção, você pode querer considerar o efeito dominó de um programa de frutas e vegetais gratuitos em larga escala. Se a demanda geral por produtos agrícolas aumentasse, como as fazendas se adaptariam? Que novos negócios para encher a "bolsa medicinal" das pessoas poderia começar a surgir, além de mercados tradicionais, feiras livres e barracas de vegetais? E se mais e mais cozinhas estivessem cheias de produtos frescos, o que mais mudaria na forma como cozinhamos e comemos? Consegue pensar em alguma desvantagem ou risco na prescrição de alimentos? Um cenário não é o destino final para a sua imaginação. É o ponto de partida. Quando uma coisa muda, muitas outras novas oportunidades aparecem.

Se receitar produtos agrícolas para todos for algo factível no futuro, o que mais além de remédios pode começar a ser tornar oficialmente "medicinal" no futuro? Talvez a noção de comer frutas e vegetais até cansar não o anime. Com o que você *preencheria* a sua futura bolsa medicinal? Hoje, coalizões como o Food Is Medicine e Exercise Is Medicine [Exercício é remédio] promovem essas ideias. O que mais você consegue imaginar como parte do movimento "[...] é remédio"?

O jogo "Bolsa medicinal" é um lembrete de que cenários futuros não precisam envolver uma crise ou algo extremamente disruptivo para serem úteis. Às vezes, é bom passar um tempo num mundo em que as coisas podem ser melhores, onde temos mais oportunidades e poder para ajudar a nós mesmos e a outros do que hoje. Traga os seus próprios fatos invertidos conforme peregrina pelo mundo e vai começar a ver e sentir possibilidades futuras alternativas onde quer que vá.

Cem maneiras de qualquer coisa ser diferente no futuro — perguntas para discussão

Depois de ter invertido alguns fatos e sugerido algumas ideias a princípio ridículas, analise por algum tempo o que você imaginou. A seguir, algumas perguntas para serem consideradas e discutidas com um grupo:

- Qual fato sobre o presente você acha o mais importante para desafiar daqui para a frente? Qual suposição está pronto para deixar para trás?
- Quais razões para a mudança foram mais convincentes ou surgiram com mais frequência conforme você buscava pistas para explicar os futuros invertidos?
- Em qual dos possíveis futuros invertidos você mais quer acordar? Por quê?
- Daqui a dez anos, você se orgulhará de quais ações tomadas hoje para tornar esse futuro *mais* plausível?
- Qual dos possíveis futuros invertidos você mais gostaria de evitar? Por quê?
- Daqui a dez anos, você se orgulhará de quais ações tomadas hoje para tornar esse futuro *menos* plausível?

TREINANDO A IMAGINAÇÃO

REGRA Nº 5: Vire o mundo de cabeça para baixo.

Se você sente a sua imaginação presa no presente, então reescreva os fatos atuais. Faça uma lista de cem coisas que são verdadeiras hoje, e então inverta-as para que o oposto seja verdade. Ofereça um futuro alternativo "a princípio ridículo" para cada exemplo.

Passe algum tempo mentalmente imerso nesses "mundos invertidos". Dê sentido a eles. Por que essa mudança aconteceu? Como essa nova realidade funciona? Continue buscando pistas – nas notícias, nas mídias sociais e na sua própria vida e vizinhança – que façam esses fatos invertidos parecerem mais plausíveis e realistas. Colocar o mundo de cabeça para baixo pode ajudá-lo a ver com mais clareza o que você quer mudar na sociedade e na sua vida.

PARTE II

PENSE O IMPENSÁVEL

O que quer que não tenha acontecido vai acontecer, e ninguém estará a salvo.

— J. B. S. Haldane, biólogo evolucionista

Um grupo de lagartas ou crisálidas pode não ver o voo no seu futuro, mas é inevitável. É o destino.

— Adrienne Maree Brown, ativista social

Quando pensa em como o mundo
e a sua vida vão mudar nos próximos dez anos,
sente-se mais preocupado ou mais otimista?

Avalie o seu prognóstico numa escala de 1 a 10.

1 sendo extremamente preocupado,
e 10 sendo extremamente otimista.

6

Busque pistas

Tenho o hábito de deixar minha imaginação correr solta. Ela sempre volta para mim, porém… encharcada de possibilidades.

— Valaida Fullwood, filantropa

Um escultor trabalha com argila; um escritor, com palavras; um programador, com um código; um compositor, com notas musicais; um chef, com ingredientes; um designer de moda, com tecido. Todas as formas de criatividade têm a sua matéria-prima.

Para futuristas, a matéria-prima são pistas. Nós as coletamos e as combinamos para criar cenários futuros a partir de *pistas de como o futuro pode ser diferente.*

Para encontrar pistas do futuro, você precisa desenvolver uma nova maneira de observar o mundo ao seu redor, uma forma de identificar coisas estranhas que os outros ignoram. Você precisa se concentrar constantemente em coisas que nunca encontrou antes, coisas que o fazem dizer: "Hã, isso é esquisito", "Hum… por que será que isso acontece?" e "Uau, essa coisa é estranha e quero entendê-la melhor".

Chamo essa forma de observar o mundo de *estranhavisão*. Em vez de ser atraído por pessoas, informações e ideias que combinem com as suas expectativas, você presta cada vez mais atenção a coisas que desafiam as suas suposições, que pareçam diferentes ou surpreendentes, de uma maneira que pode ser inquietante ou difícil de entender no início.

A estranhavisão é a precursora da previsão. Antes de poder ficar melhor em prever o que pode vir a acontecer ou o que pode ser necessário no futuro, é preciso encher o cérebro de pistas. E há um tipo de pista em particular que os futuristas são treinados para detectar e nas quais se baseiam para fazer o seu trabalho: *sinais de mudança.*

Uma sinalização de mudança é um exemplo concreto de como o mundo pode ser diferente um dia. Pode ser uma coisa pequena acontecendo em apenas uma cidadezinha, ou em apenas uma escola, ou em apenas uma empresa, ou na vida de apenas uma pessoa. Mas é real. Não é uma possibilidade hipotética. Está acontecendo agora, e prova que um tipo específico de mudança é possível. Conforme William Gibson, autor de ficção científica, declarou certa vez: "O futuro já chegou. Só não está igualmente distribuído." Uma sinalização de mudança chama a sua atenção para onde ideias, tecnologias e hábitos do futuro estão sendo experimentados, testados, semeados e inventados hoje.

É possível encontrar sinais de mudança nas notícias e nas mídias sociais, em publicações científicas e em TEDx talks, em entrevistas de podcast e em protestos. Eles aparecem onde quer que eventos surpreendentes são documentados. Você pode até encontrar um neste instante, basta digitar "futuro de [qualquer coisa]" no seu buscador preferido. (Vá em frente, pode tentar. Escolha algo divertido, como um hobby, um esporte ou o seu prato favorito. Acabei de procurar "futuro do bolo" e estou de queixo caído. Há um plano para fazer bolos "galácticos" de "cubos de gel comestíveis" para celebrar o nascimento do primeiro bebê em Marte, usando uma receita transmitida da Terra para uma impressora 3-D de comida.)[1] Enquanto procura por pistas, mantenha em mente que os sinais não são tendências gerais como "inteligência artificial" ou "o declínio de afiliação religiosa entre os jovens". São exemplos vívidos, detalhados e específicos de inovação, mudança ou invenção — como "Mindar", um monge andrógino de alumínio e 1,80 metro de altura que prega sermões budistas num templo de quatrocentos anos do Japão, a fim de fazer com que os jovens se interessem por essa doutrina religiosa. *Isso* é um sinal — tanto do futuro da inteligência artificial quanto da religião.

Você sabe que encontrou um sinal quando pode contar uma história sobre ele — um quem, um o quê, um quando, um onde e um porquê. E, na minha experiência, os sinais mais poderosos e que mais expandem a mente são aqueles que você encontra na sua vizinhança e na sua vida. Deixe-me contar sobre uma sinalização de mudança que encontrei cinco anos atrás num parque perto da minha casa — e por que ele ainda influencia a forma como eu penso e o que faço.

Era o início de uma manhã, e eu fazia uma trilha com o meu marido em Point Pinole Regional Shoreline, que segue pela área oriental da baía de San Francisco, quando notei um aviso na entrada que dizia "Área Sem Drones", com uma ilustração de um pequeno veículo aéreo não tripulado dentro do símbolo oficial de "proibido", um círculo vermelho com uma faixa diagonal.

"Isso é novo, não é?", perguntei ao meu marido. Ele concordou — com certeza não tínhamos visto aquele sinal antes. "Hum", falei. "Tem tanta gente assim usando drones que foi preciso criar uma regra oficial?"

Para a minha mente futurista, esse sinal, afixado a uma árvore, marcou um ponto de virada. Ele apontou uma mudança de um mundo em que drones eram uma novidade que apenas um pequeno número de aficionados em tecnologia usava para um mundo em que drones de repente são tão comuns que requerem uma sinalização no parque perto da minha casa. Ele acionou a minha estranhavisão e me deixou curiosa. Será que drones eram o novo normal? Eu deveria estar me preparando para um mundo cheio deles — talvez com tantos drones quanto carros e celulares hoje em dia?

Meu marido e eu começamos e interpretar a sinalização de mudança conforme caminhávamos. "Por que você acha que o parque proibiu drones?", perguntei. Fizemos um brainstorm de possíveis razões.

Drones podem fazer um barulho incômodo. Talvez a proibição foi pensada para prevenir a poluição sonora. Ou talvez tenha sido para prevenir a poluição visual — se você está num parque, quer ser capaz de olhar para cima e ver o céu azul, não um monte de máquinas voando de lá para cá. Ou talvez tenha sido por razões de privacidade? Vários drones têm câmeras. Ninguém sabe quem pode estar observando quando uma dessas máquinas voa acima das nossas cabeças. Já ouvi rumores de que algumas cidades dos Estados Unidos estavam começando a explorar o uso de drones para fazer policiamento remoto. Talvez o aviso de "Área Sem Drones" fosse, na verdade, uma proibição no uso de drones pela polícia. Uma placa que era mais uma promessa que uma proibição: *Bem-vindos a uma área livre de vigilância! A comunidade local proibiu o uso de drones de policiamento aqui.*

Quanto mais falávamos sobre o assunto, mais perguntas eu tinha: como garantir a proibição de drones? Quem monitoraria o espaço aéreo e rastrearia um operador remoto de drones quando alguém poderia pilotar uma dessas máquinas a mais de 10 quilômetros de distância? Se eu visse um drone, deveria avisar a alguém? A quem, exatamente? E, por sinal, o público teve a chance de discutir e ajudar a dar forma às regras e ao regulamento dos drones?

O filósofo Sam Keen afirmou: "Estar numa jornada não é nada mais, nada menos do que se tornar um questionador."[3] Investigar uma sinalização de mudança *é* como iniciar uma jornada. O propósito da jornada não é predizer como o futuro será, é fazer pergunta atrás de pergunta sobre como o futuro *pode* ser.

Uma sinalização pode ser "fraca" — você só consegue encontrar um exemplo dela —, ou pode ser "forte" — quanto mais você procura, mais exemplos de mudança encontra. Eu queria ver se encontrava mais exemplos dessa sinalização de mudança, então, mais tarde naquele dia, fiz uma busca na internet por imagens de "áreas sem drone". Descobri que avisos semelhantes tinham começado a aparecer por todo o planeta. Não era uma sinalização de mudança fraca, era forte.

Muitas das imagens que encontrei vinham da China, então perguntei a uma amiga que mora lá para me explicar o que sabia sobre aquilo. Descobri que havia algo acontecendo lá ainda mais estranho do que havia vivenciado nos Estados Unidos: pequeninos "drones de selfies" estavam começando a ficar populares. Aprendi que um drone de selfie é como ter o seu próprio fotógrafo aéreo particular. Ele sai voando dos seus dedos, faz um giro de 360 graus e captura fotografias panorâmicas dramáticas do céu, estrelando você, antes de voltar para a sua mão. Aparentemente, havia tantas pessoas usando drones de selfie em pontos turísticos populares da China que o céu estava ficando irritantemente cheio deles, e as autoridades os proibiram. Ou, ao menos, essa era a razão apresentada ao público para a proibição. Algumas pessoas imaginavam, sem verbalizar os seus sentimentos, se aquilo era, na verdade, um esforço do governo para limitar e controlar quem pode ver as coisas do céu.

Agora eu sabia que tinha encontrado uma sinalização de mudança forte. Mas o que exatamente estava mudando? As pessoas começaram a usar a tecnologia de uma nova maneira. E esses novos comportamentos estavam criando novos danos em potencial, como poluição visual e sonora, e novos riscos, como violação de privacidade, e novas possibilidades, como documentar a realidade com vídeos aéreos. Em resposta, as autoridades estavam criando novas regras e regulamentos. Todas essas mudanças sugeriam para mim que estávamos chegando a um ponto de virada — mas eu ainda não sabia ao certo em que direção seguiríamos.

Havia algo claro: estávamos entrando num período de incerteza e inquietação sobre quando aceitar e quando limitar drones em espaços públicos. É precisamente essa incerteza e inquietação que tornam os estágios iniciais da mudança tão interessantes.

Quando há incerteza, ainda há uma chance de ter algo a dizer no que vai acontecer a seguir.

Quando há inquietação, há uma oportunidade de descobrir o que tememos — e decidir se queremos dar ouvidos a esse desconforto ou superá-lo.

Desde aquele dia no parque, me tornei uma usuária de drones, para obter conhecimento em primeira mão e processar o meu próprio desconforto. Ainda estou seguindo as pistas para compreender melhor para onde essa tecnologia está indo e como ela pode mudar as nossas vidas.

Essa é a magia da estranhavisão: você desenvolve um radar bastante eficaz para encontrar novas evidências — para que as pistas continuem aparecendo, mesmo que você não esteja procurando por elas de forma consciente. Por exemplo, durante a pandemia, fiquei impressionada pelo poder das câmeras dos drones para transformar a forma como vemos o mundo. Gravações de drones de ruas assustadoramente vazias durante o lockdown se tornou uma janela para um mundo que não tínhamos mais a permissão de explorar. Isso nos deu uma espécie de escapatória visual; era libertador, mas também chocante. Uma coisa era ficar em casa e saber, do ponto de vista intelectual, que outras pessoas também estavam em casa. Era uma espécie diferente de momento "eureca" ver de verdade, do alto, o mundo com uma aparência de vazio completo.

Mas o que dá um novo poder visual às pessoas também proporciona um novo poder às autoridades. Outra sinalização de mudança: durante a pandemia, drones se tornaram mais proeminentes como ferramentas de vigilância. Dos Estados Unidos à Espanha, passando pela China e pelo Marrocos, departamentos de polícia e de saúde pública usaram drones para aplicar as ordens de permanecer em casa, dispersar grupos que não estavam obedecendo às regras de distanciamento e para lembrar as pessoas a usarem máscaras. Alguns drones tinham até funcionalidades biométricas, para detectar febre, tosses e outros sintomas da covid-19 à distância. Esses experimentos não levaram a uma infraestrutura de vigilância permanente por drones em nenhuma dessas cidades. Mas uma semente foi plantada, e ela pode crescer. Tendo usado a aplicação da lei através dos drones uma vez, as autoridades vão achar mais fácil tentar de novo, e em escalas maiores. Teremos que analisar os benefícios em potencial de criar acesso amplo a essa nova forma de poder visual contra os danos em potencial de uma invasão crescente de drones nas nossas vidas privadas e cotidianas.

Percebi que estava com essa tensão na cabeça em 20 de abril de 2021, o dia em que Derek Chauvin, policial de Minnesota, foi considerado culpado pelo assassinato de George Floyd, um homem negro desarmado. O crime, um catalisador de protestos que duraram um ano como parte do cada vez maior movimento Vidas Negras Importam, foi documentado em vídeo por Darnella Frazier, na época com dezessete anos. A coragem dela de apertar o botão para gravar e presenciar aquele momento mudou a história, levando ao primeiro movimento de responsabilidade significativa para a violência racial sistêmica nos Estados Unidos por parte da polícia. E o acesso dela a essa tecnologia de poder visual foi essencial para esse momento histórico. Um momento como esse poderia ter acontecido se câmeras ou celulares tivessem sido proibidos, logo no início do uso dessas tecnologias, por causa dos riscos de privacidade em potencial? No dia do veredito de culpado, um pesquisador que conheço se lembrou de um momento ocorrido anos atrás. "No início de 2007, estava numa conferência em que a ideia de um smartphone com uma câmera foi recebida com uma forte oposição por muitos", escreveu ele na internet. "Rapaz, como eles estavam errados, fato provado mais uma vez hoje."

Colocar celulares com câmeras em bilhões de mãos tornou possível para cidadãos gravarem a verdade e responsabilizar os poderosos — por injustiças, atrocidades e violações dos direitos humanos. Drones conseguem capturar imagens que celulares não podem, em lugares em que indivíduos podem se ver incapazes de gravar algo em segurança com uma câmera na mão — em áreas de conflito, em confrontos com a polícia em protestos, durante atos de genocídio e desastres naturais. Se drones com câmeras se tornarem tão comuns e populares quanto celulares com câmeras, imagine quantas Darnellas Fraziers podem haver no futuro, corajosamente sendo testemunhas e tornando impossível que o mundo ignore o que estiver sendo gravado.

Talvez em breve tomemos a decisão de resistir a "áreas sem drone" se quisermos proteger o nosso direito coletivo de ter acesso a vistas aéreas. Por mais que eu queira evitar a vigilância e por mais que queira continuar aproveitando a beleza natural do céu limpo e silencioso, um futuro no qual esse poder visual pertença apenas à polícia, ao governo e ao exército não é um mundo no qual quero acordar.

Encontrar por acaso uma sinalização de mudança pode ajudar a cultivar a sua curiosidade sobre importantes tecnologias, ideias e movimentos sociais novos. Também pode inspirá-lo a fazer algo diferente agora mesmo. Então, para onde as pistas dos drones levaram a mim e ao meu marido após notarmos o aviso de "Área Sem Drones" cinco anos atrás?

Comecei a fazer doações regulares para a Witness [Testemunha], uma organização que ajuda pessoas que usam vídeo e outras tecnologias para documentar injustiças e proteger os direitos humanos — porque consigo imaginar vividamente um futuro em que cidadãos usem imagens aéreas para criar uma mudança positiva nas próprias vizinhanças. Meu marido, escritor e cineasta, começou a incorporar gravações feitas por drones nos seus vídeos. Ele me disse que consegue produzir mais sensações de assombro, admiração e humildade nos seus trabalhos agora, "porque é muito fácil mostrar como os seres humanos são pequenos no grande esquema das coisas". Juntos, decidimos dar um drone com câmera para as nossas filhas, por algumas razões: para que se sintam confiantes em usar a tecnologia, para que possam passar mais tempo adotando uma perspectiva distante e, finalmente, para que desenvolvam opiniões sobre o futuro dos drones que sejam baseadas em experiências da vida real.

Por fim, adicionei 'infraestrutura de drones" e "vigilância através de drones" aos treinamentos éticos de tecnologia que ajudo a aplicar no Institute for the Future — para que os nossos alunos, de prefeitos a executivos do Vale do Silício, possam trocar ideias sobre os riscos e benefícios a longo prazo de transformar os nossos céus. Uma percepção importante que surgiu dessas discussões é a necessidade de uma perspectiva focada no trauma para desenvolver a infraestrutura de drones no desenvolvimento urbano. Milhões de pessoas do mundo inteiro têm sintomas de transtorno pós-traumático, seja por terem vivido sob a ameaça aterrorizante de ataques de drones militares ou por elas mesmos terem participado desses ataques. Criar um mundo cheio de drones não pode ser possível, não *deveria* ser possível, sem reconhecer o grande dano que eles já causaram como arma de guerra.

Quando *você* encontrar uma sinalização de mudança que de fato despertar a sua paixão, arregace as mangas e coloque a mão na massa. Como escreveu o filósofo Alan Watts: "A única maneira de compreender a mudança é mergulhar nela, se mover com ela e se juntar à dança."[4] Você ficará menos propenso a se chocar com o futuro ou a sentir que ficou para trás se fizer parte das mudanças que já estão acontecendo. Você pode decidir que quer diminuir a velocidade dessas mudanças e até revertê-las, ou pode querer acelerá-las. Ou talvez só aproveite a sensação de aumento de confiança de ter visto o que estava a caminho antes, de ter reconhecido e participado do futuro enquanto ele ainda tomava forma.

Sinalizações de mudanças são a matéria-prima dos futuristas. Mas como transmutamos essa matéria-prima numa história sobre um possível futuro? Eis aqui a maneira mais rápida de transformar uma sinalização num cenário: descreva um mundo no qual a sinalização de mudança não é mais estranha, passou a ser algo comum e completamente normal. Compartilhe essa descrição com outros. Pergunte o que *eles* fariam e como se sentiriam nessa nova realidade.

Vamos tentar fazer isso juntos, com mais algumas pistas e perguntas sobre drones.

Você já viu uma constelação de drones no céu? Se não, vai ver. Em Seoul, no meio da pandemia, mais de trezentos drones com luzes fizeram um voo sincronizado, criando constelações de luzes temporárias, visíveis a quilômetros de distância. Os drones formavam imagens que lembravam as pessoas de usarem máscaras e formavam slogans que promoviam as políticas de recuperação econômica do governo. Na Filadélfia e em Londres, constelações de drones mandaram mensagens de agradecimento aos trabalhadores de linha de frente e da saúde. E, em 2021, em Xangai, 1.500 drones criaram um enorme QR code no céu; espectadores podiam tirar uma foto do código, que levava ao site de um videogame popular — talvez o primeiro exemplo de propaganda pela constelação de drones.

Vendo essas três pistas, não posso deixar de imaginar: discursos de ódio, assédio e teorias da conspiração serão compartilhados através de "mídia celeste" no futuro, da mesma maneira que acontece nas mídias sociais hoje? Temos que começar a nos preparar agora para discussões sobre a liberdade de expressão e o que pode ser escrito ou não nas estrelas? Há alguma coisa boa que pode sair dessa nova forma de expressão?

Agora, vamos transmutar essas pistas e dúvidas num rápido experimento mental. Aqui vai o cenário:

Imagine que, daqui a dez anos, você faça parte de um "coletivo de constelação". Junto com mais 50 mil pessoas, você paga uma taxa mensal para dividir os custos de manter uma frota voadora de drones com luzes. Uma vez por mês, você ganha trinta segundos de "tempo no ar" para soletrar qualquer mensagem ou criar qualquer imagem que queira no céu.

Hoje, é a sua vez. O que faz com o seu tempo no ar? Que mensagem ou imagem vai colocar no céu? Em que horário faz isso e onde vai acontecer? Numa só palavra, como se sente quando os drones criam a sua constelação, exatamente da maneira que você a criou? (Se quiser avivar ainda mais a sua imaginação, tente fazer um rápido esboço da sua constelação.)

Vamos repetir — mais pistas, mais dúvidas e mais um cenário.

Você já recebeu uma entrega por drone? Se não, logo isso será possível. Empresas como a Altitude Angel, no Reino Unido, Zipline, em Gana, e Wingcopter, no Japão, começaram a criar uma rede de infraestrutura de drones que permite uma entrega mais rápida de material medicinal, como sangue, medicamentos e vacinas, tanto nas cidades quanto em áreas rurais remotas. Entregas menos urgentes de drones também podem se tornar comuns em muitas partes do mundo, começando pelos Estados Unidos. Divisões de drones criadas pela Amazon, pelo Google e pela UPS receberam permissão da Administração Federal de Aviação para começar a testar serviços de entrega de drones. Como isso vai funcionar? Uma ideia sobre infraestrutura de drones urbana que já foi patenteada envolve armazéns flutuantes pairando sobre uma cidade ou bairro para despachar e estocar rapidamente os drones de entrega.[5]

Estou tentando imaginar como poderia me sentir nesse futuro com um galpão gigantesco da Amazon sobrevoando o meu bairro. Há *algum* limite no que abriremos mão em nome da conveniência? Esqueça avisos de "Área Sem Drones". Com quem preciso falar para colocar um aviso de "Área Sem Armazém Flutuante"? Quando penso sobre esse futuro possível, já fico nostálgica pelo céu limpo e silencioso que nem perdi ainda. Percebo que passo mais tempo agora olhando para o céu vazio e aproveitando essa situação.

Agora, o cenário, combinando essas duas novas pistas com outros avisos de drones que discutimos. Imagine que, daqui a dez anos, a entrega gratuita por drones seja algo comum para qualquer pedido on-line. Além de ser mais barato e rápido, é mais sustentável também: pelo visto, a entrega por drones diminui significativamente a quantidade de emissões de gases do efeito estufa em relação às entregas convencionais feitas por caminhões. Não é de surpreender que a entrega por drones tenha pegado. No entanto, outros tipos de drones são comuns agora, como os de vigilância policial, os de monitoramento de ativistas dos direitos humanos e os de coleta de dados operados por empresas de tecnologia, como o Facebook e o Google.

Ninguém sabe exatamente que tipos de dados as empresas de tecnologia estão coletando. O Google diz que está monitorando dados do meio ambiente, como a erosão da costa e a diminuição das florestas, entre "outros projetos". Segundo informações, o Facebook tem algoritmos de reconhecimento facial otimizados para drones que conseguem identificar com sucesso uma pessoa no chão a mais de 800 metros de distância. (Essa tecnologia já estava sendo desenvolvida e testada pelas Forças Armadas dos Estados Unidos em 2021.)

Agora, imagine que está nesse futuro e escuta o som familiar de um drone se aproximando. Onde você está? O que faz? Qual é a primeira coisa que sente em resposta ao barulho do drone?

Depois de ter imaginado a própria reação, teste esse cenário com outras pessoas. A variedade de "primeiras sensações" que encontrei, de animação para alívio, curiosidade, exaustão, solidariedade, raiva e medo, me ajudou a ver esse futuro de muitos pontos de vista diferentes — incluindo essa resposta, que levou o cenário um passo adiante: "Não vou nem mesmo ouvir o drone, porque, daqui a dez anos, casas à prova de som e headphones com redução de ruído vão ser coisas que teremos que usar para lidar com a nova poluição sonora." Mensagem recebida!

Vários dos meus alunos me dizem que procurar pistas de mudança é o hábito mais persistente que adquiriram nas minhas aulas — eles o descrevem como "divertido", "animador" e "inspirador". Quando conduzi uma pesquisa esse ano de ex-alunos do Institute for the Future, perguntando se o treinamento de pensamento de futuros tivera algum impacto duradouro, as sinalizações foram bastante citadas:

"Olho para o mundo de forma diferente, sempre buscando sinalizações e pensando de formas novas. É como se tivessem me dado uma chave secreta que abre portas e oportunidades."

"As pistas de mudança estão em qualquer lugar, quando você procura de verdade, e são impossíveis de ignorar quando você as encontra."

"Encontrar sinalizações de mudança foi, para mim, como tirar a rolha de uma garrafa de champagne. Isso revitalizou o meu entusiasmo e a minha paixão por fazer a diferença. Estou transbordando com novas ideias."

Você pode coletar sinalizações sobre qualquer assunto, mas escolher um tópico que tenha um significado pessoal pode tornar essa prática ainda mais significativa. Raul, por exemplo, é o pai de duas menininhas. Ele mora em Dublin, Irlanda, e recentemente começou a coletar sinalizações sobre o futuro da neurodiversidade. A neurodiversidade é a ampla variação no cérebro humano em relação à sociabilidade, ao aprendizado, à atenção, ao humor e outras funções mentais; ela inclui os transtornos no espectro autista como parte do alcance normal, e não como uma patologia ou deficiência. Esse é um assunto importante para Raul, porque as suas duas filhas são autistas. "Sempre senti que, se eu quisesse que o mundo estivesse preparado para a vida adulta das minhas filhas, precisava começar agora. Elas têm cinco e sete anos no momento", contou-me ele num e-mail. "Percebi que, se eu visualizasse como queria que as coisas fossem daqui a dez anos, posso me concentrar bem mais em como quero que o mundo seja melhor para elas."

Muitas pessoas com autismo são extremamente sensíveis ao que ouvem, veem, cheiram, provam ou tocam. Detalhes que outras pessoas podem nem sentir, ou que conseguem ignorar, como uma luz forte, uma etiqueta de roupa encostando na pele ou o zumbido de um eletrodoméstico, podem levar a desconforto extremo, dificuldade de concentração e a colapsos emocionais. Então, Raul busca sinalizações de "acomodação sensorial".

"Há lugares hoje em dia em que há cômodos silenciosos ou escuros para ajudar com a sobrecarga sensorial, a maioria em aeroportos, mas também na IKEA", escreveu Raul. "Outros locais têm horas sensorialmente amigáveis, como supermercados ou cinemas. Minha visão é de que todos os lugares deveriam ser assim. Se eu encontrar e compartilhar essas primeiras pistas, talvez possa inspirar mais pessoas a fazer o mesmo tipo de mudança."

Ele também estudou sinalizações na comunidade LGBTQ, que, na opinião de Raul, pode fornecer pistas para a comunidade autista sobre como melhorar a sua própria visibilidade e autoaceitação. "Quero que os jovens se sintam vistos, aceitos, sem que seja uma questão admitir que são autistas. Espero que, quando minhas filhas ficarem mais velhas, possamos ter no Dia Mundial de Conscientização do Autismo algo mais como uma celebração, como um Dia ou Mês do Orgulho Neurodiverso."

Raul me falou que não quer apenas coletar sinalizações de mudança, que ele mesmo tenta ser uma. "Acredito que chegará um tempo em que, quando uma criança neurodiversa tiver um colapso num supermercado, as pessoas não vão olhar para você como se fosse um pai horrível, porque vão saber o que está acontecendo. Por essa razão, nunca escondo a minha família do mundo ou paro de frequentar lugares por causa do que vou encontrar. Estou tentando ser eu mesmo uma pista de mudança, para que os outros sejam expostos ao fato de que existimos."

Adoro a ideia de Raul. Aos sermos nós mesmos no mundo, mesmo que pareça completamente contraditório ao que é "normal" hoje, *nós* podemos ser uma pista para os outros.

* * *

Recomendo que você escolha algumas pessoas para trocar sinalizações com regularidade e que torne a discussão em grupo sobre essas pistas um hábito, com cafés, bebidas ou um jantar. Sinalizações de mudança vão expandir em muito a sua estranhavisão — porque outras pessoas podem perceber pistas que você deixou passar.

"Você já ouviu falar em urso-grolar?", perguntou um amigo para mim no fim de semana passado. Trocamos sinalizações com frequência, e ele tinha uma boa para compartilhar. "É uma nova espécie híbrida, um cruzamento entre o urso-polar e o urso-pardo", disse ele. "O aquecimento global está fazendo os ursos-polares irem para o sul, para o território do urso-pardo, e, de repente, essas duas espécies estão competindo pelos mesmos recursos." Isso é ruim para os ursos-polares, explicou o meu amigo, porque esses animais já estão ameaçados, e, em geral, ursos-pardos conseguem ser melhores do que eles na competição por comida. "Então, em vez de morrerem de fome, as ursas-polares começaram a cruzar com os ursos-pardos."

Peguei o meu telefone na mesma hora e busquei outras informações. Encontrei fotos dessa nova espécie: ursos-grolares tem a pelagem branco--creme do urso-polar, o corpo de um urso-pardo e um crânio maior do que um pardo típico e menor do que um polar típico. Descobri que o primeiro urso-grolar foi descoberto e confirmado por exames de DNA em 2006. Eles tinham voltado às manchetes agora, por causa de uma nova reportagem que dizia que os seus números na natureza estavam crescendo. E cientistas que estudavam esses animais acreditam que os híbridos podem se adaptar melhor às mudanças climáticas do que as espécies originais.

"Então, o que acha que essa sinalização indica?", perguntei ao meu amigo, antes de começarmos a divagar em sugestões.

"Bem, mudanças climáticas, claro", respondeu. "É como o canário na mina de carvão. Se os ursos-polares precisarem se tornar uma espécie completamente nova para sobreviver, é de se imaginar como outras terão que se adaptar. Incluindo a gente."

Eu ainda buscava artigos sobre os ursos-grolares. "Certo", falei. "A notícia é ruim, mas talvez também seja boa? Veja só o que esse jornalista científico está dizendo." Li uma matéria para ele: "Os híbridos de hoje podem significar mais do que apenas a erosão da biodiversidade. Eles podem sinalizar uma espécie de resiliência diante de mudanças ambientais repentinas."[6]

Então, nossa conversa seguiu para os cenários futuros que poderíamos inventar com essa sinalização de mudança. "Não acho que precisamos imaginar um mundo cheio de ursos-grolares, por mais fascinante que isso seja", falei. "Mas essa pista me faz pensar em como o planeta está diminuindo. Quais áreas serão e quais não serão habitáveis no futuro... não apenas para ursos, mas para pessoas?"

É bem provável que seres humanos tenham que passar pelo mesmo tipo de migração, afastando-se de climas extremos e se estabelecendo coletivamente em ambientes menores do que estamos acostumados. Também teremos que encontrar uma maneira de viver com muitas pessoas que serão estranhas para nós a princípio. Mas quem serão os ursos-polares — as populações forçadas a se mudar? E quem serão os ursos-pardos, que terão que dar lugar a outros?

Peguei uma reportagem científica de 2020 no meu telefone com o título: "Futuro do nicho climático da humanidade". Era um sinal que tinha encontrado antes e guardado na cabeça para referências futuras. Escrita por cientistas climáticos dos Estados Unidos, da China e da Europa, a matéria explicava que, em cinquenta anos, ao menos 3 bilhões de pessoas estarão vivendo em climas como o do deserto do Saara e "deixado para trás as condições climáticas que serviram bem à humanidade nos últimos 6 mil anos".[7] Nas próximas décadas, os cientistas predizem, esses 3 bilhões de pessoas terão que sair dessas novas zonas inabitáveis e se realocarem nas regiões cada vez menores do planeta que ainda vão poder ter vida humana. Eles preveem que a América do Norte, a Europa e grandes partes da Ásia serão, no mínimo, atingidas por calor extremo (embora possam sofrer outros tipos de temperaturas extremas ou inundações), assim como boa parte da África, da América do Sul e da Austrália terão que encarar condições muito adversas.

Teremos que aprender a como viver juntos em menos terras e a fazer migrações essenciais de forma segura e igualitária. Hoje, diversos países exigem que refugiados vivam em campos. Nos Estados Unidos, colocamos migrantes desesperados em centros de detenção. Em todo o globo, limites bem mais severos de imigração são impostos hoje do que pode parecer humano ou ético num futuro em que bilhões de pessoas precisarão migrar para não morrer. Enquanto isso, em comunidades em que os migrantes legais estão mudando os dados demográficos históricos, cientistas sociais têm documentado um aumento no etnonacionalismo, nas atividades de supremacistas brancos, em posse de armas (nos Estados Unidos) e na violência contra minorias étnicas.[8] Se é assim que vivemos hoje, como vamos nos adaptar pacificamente para possibilitar a migração de 3 bilhões de pessoas até o ano 2070?

O ano 2070 pode parecer distante. Está a quase cinquenta anos de distância, o que pode ser mais do que você tem de perspectiva de vida. Mas a vastidão temporal vai nos ajudar a resolver esse problema bastante complexo. De acordo com a Unesco, mais da metade das pessoas que estão vivas hoje podem esperar estarem vivas em 2070, com base na idade atual e expectativa de vida, incluindo as 180 milhões que moram nos Estados Unidos atualmente.[9] Esse é um futuro que a maioria das pessoas de hoje estarão vivas para ver. E com certeza não vai demorar cinquenta anos para o problema começar a aparecer. De acordo com a instituição de caridade Oxfam, já na última década, mais de 20 milhões de pessoas por ano foram forçadas a deixar as suas casas como resultado das mudanças climáticas.[10] A migração climática já está acontecendo, e vai se tornar cada vez mais comum a cada década.

Foi até aí que onde a minha imaginação me levou, graças à sinalização de mudança do meu amigo, e agora quero passar essa sinalização para você. Investigue a pista do urso-grolar do seu ponto de vista único. Imagine a sua vizinhança atual lidando com a migração em massa devido às mudanças climáticas no futuro. Você não tem que resolver nenhum problema hoje. Apenas aqueça a mente ao pensar de forma séria e criativa sobre esse futuro possível. Aqui vão algumas dicas.

Onde você mora hoje? Numa parte do mundo que provavelmente vai se tornar inabitável para humanos como resultado do calor extremo ou numa área que permanecerá habitável?

- **Se você vive numa área que provavelmente se tornará inabitável:** Faça uma viagem mental para daqui a vinte, trinta ou até cinquenta anos no futuro, e tente visualizar a sua vizinhança atual deixada para trás, abandonada pela maioria das pessoas, talvez todas, durante a crise climática. Imagine que alguém fez uma gravação com drones do que costumava ser a sua cidade. Conforme o drone voa, o que você vê ou escuta pelo áudio? Tente imaginar isso da forma mais clara possível, como se fosse uma gravação real que pudesse pegar e examinar hoje. O que mudou? Como você se sentiu por ter saído de lá? Onde mora agora — de onde está assistindo ou ouvindo a gravação do drone nessa cena futura?

- **Se você vive numa área que provavelmente permanecerá habitável:** Faça uma viagem mental para daqui a vinte, trinta ou até cinquenta anos no futuro, e tente visualizar a sua vizinhança atual com o dobro ou o triplo da população atual, como resultado da migração climática em massa. Imagine que, no futuro, ao menos metade dos residentes são migrantes que foram forçados a abandonar as suas casas. Tente não pensar na pior das hipóteses, em que a migração leva ao conflito e sofrimento. Em vez disso, imagine que a sua vizinhança foi resiliente, criando algo novo juntos, e não brigando uns com os outros. Como a sua vizinhança se adaptou? Como prédios, ruas, parques e espaços públicos mudaram? O que foi criado para dar apoio e boas-vindas aos recém-chegados? Se tivesse um drone para voar sobre essa cidade resiliente do futuro, que tipo de gravação conseguiria capturar? O que, exatamente, alguém veria ou ouviria?

Se não tem certeza de como a mudança climática vai afetar a sua cidade, vá em frente e imagine os dois cenários — em que você precisa sair e em que você pode ficar. (E então busque por mais uma pista: tente procurar o nome da sua cidade mais "calor extremo", "clima extremo" ou "migração climática".)

No verão de 2021, muitos anos depois de ter visto o meu primeiro aviso de "Área Sem Drones", passei por uma manchete no jornal: "Uma geração de aves marinhas foi destruída por um drone... Cientistas temem pelo seu futuro."[11] Um drone, pilotado por um indivíduo desconhecido que nunca se identificou, tinha feito um pouso forçado em meio aos ninhos de uma ave marinha chamada gaivina-elegante na Reserva Ecológica Bolsa Chica Ecological, no sul da Califórnia. Confundindo o drone com um predador, milhares de gaivinas mães e pais saíram voando da reserva, deixando para trás quase 2 mil ovos desprotegidos. Os pássaros adultos jamais retornaram. Nenhum dos ovos chocou. E a Reserva Ecológica Bolsa Chica é um dos quatro lugares conhecidos no mundo inteiro de reprodução da gaivina-elegante, famosa pelo bico fino e laranja. Foi uma perda chocante e devastadora. Na verdade, foi o maior abandono de ovos fertilizados que os cientistas já observaram na natureza.

Nos anos seguintes, governos por toda a costa Oeste dos Estados Unidos fizeram planos para fortalecer as leis de "áreas sem drones" sobre praias, parques, florestas e reservas ecológicas. Juraram buscar formas melhores de educar o público sobre essas leis e aplicá-las.[12] Um futuro que já tinha chegado, só não estava igualmente distribuído, prestes a ser muito mais comum.

O que aconteceu com as aves marinhas é uma sinalização de mudança sobre drones. Mas também é uma sinalização de mudanças sobre animais em gerais, como os ursos-polares e ursos-pardos. Às vezes, as sinalizações que está procurando vão se alinhar de repente, e esse alinhamento é um tipo muito especial de pista. Você pode não saber o que essa confluência significa de início ou que ações ela vai inspirá-lo a tomar, porém, quando acontecer, você vai sentir e saber que a sua estranhavisão está treinada na direção certa.

Interpretar uma sinalização de mudança não é uma linha reta. É um caminho sinuoso na direção de quaisquer possibilidades que chamam a sua atenção. Lembro-me de que a palavra "pista" em inglês, "clue" vem da palavra arcaica "clew", que significa novelo. Na mitologia grega, Teseu usou um *novelo* para encontrar e sair com sucesso do meio de um labirinto, desenrolando o novelo atrás dele e então seguindo o caminho de volta. Sinalizações de mudança são como *novelos*. Elas nos levam a viradas e curvas. Podemos não saber onde vamos acabar quando seguimos uma nova pista para o futuro. Mas, se seguirmos a nossa curiosidade, em geral, acabamos numa clareira: um espaço aberto em que algo novo pode existir, um lugar para começarmos a pensar em fazer mudanças que importam.

TREINANDO A IMAGINAÇÃO

REGRA Nº 6: Busque pistas

Colete e investigue "sinalizações de mudança" ou exemplos da vida real sobre como o mundo está se tornando diferente. Deixe esses sinais estimularem a sua criatividade. Siga o rastro das pistas aonde ele levar.

Ao buscar essas pistas para o futuro, você vai desenvolver a sua estranhavisão – um "sexto sentido" para notar exemplos surpreendentes, estranhos, que abram a mente sobre possíveis mudanças na sua vida e na sociedade. Essas pistas podem até inspirá-lo a tomar uma providência hoje.

Sinalizações de mudança — Dicas e truques

Procurar por sinalizações de mudanças é um hábito. Aqui estão alguns conselhos de como praticá-lo.

Assuma o compromisso de passar cinco minutos por semana buscando uma nova sinalização de mudança. Escolha um dia da semana para ser o seu dia de achar pistas. Eu sugiro as quintas, Quintas das Pistas! Ou o que acha da Sexta do Futuro?

Encontrar sinalizações pode ser tão simples quanto fazer uma busca rápida nas notícias ou nas redes sociais. A maneira mais fácil de achar uma pista é procurando "futuro de" mais o que quer que você esteja interessado. Nessa semana, procurei pelo "futuro da reforma prisional", "futuro da saúde mental" e "futuro dos animais de estimação". (Essa busca foi particularmente divertida — aprendi sobre galinhas dinossauros, robôs colchões terapêuticos e "como os cachorros viveriam em Marte".) Você também pode usar termos como "inovação", "experimentos", "surpreendente", "moda", "avançado", "esquisito", "estranho", "ideia criativa", "novo fenômeno", "estudo científico".

Outra estratégia é perguntar a conhecidos sobre as coisas novas que eles estão vendo no mundo que os animam ou os preocupam. Às vezes, posto nas mídias sociais perguntas mais ou menos assim: "Qual é a coisa mais esquisita ou surpreendente acontecendo com as criptomoedas nesse momento?", ou "Estou procurando por projetos e ideias avançadas sobre o futuro do processo eleitoral — o que podem compartilhar comigo?", ou "O que está acontecendo no mundo que você gostaria que as pessoas estivessem prestando mais atenção?". Meus alunos começaram grupos de compartilhamento de sinalizações, pessoalmente ou pela internet. Tornaram uma regra começar cada reunião com alguém compartilhando uma pista recém-descoberta. Eles trocam sinalizações por e-mail, Facebook, WhatsApp, LinkedIn, Discord ou Slack. "É como começar um clube do livro", disse um aluno para mim, "mas, em vez de lermos um livro diferente todo mês, escolhemos um tópico futuro diferente, e todos trazem ao menos uma sinalização de mudança."

Coletar sinalizações de mudança é uma maneira de fomentar a nossa curiosidade e imaginação. É divertido notá-las e compartilhá-las. Se quiser transformar uma sinalização num cenário, o próximo passo é fazer uma pequena análise, usando estas perguntas:

1. Essa mudança é de que tipo de exemplo?
2. O que está impulsionando, ou motivando, a mudança? Por que ela está acontecendo?
3. O que me preocupa nessa sinalização? O que me anima nela?
4. Como seria o mundo se essa sinalização se tornasse comum?
5. Eu quero acordar nesse mundo? É um futuro que desejo?

Essas perguntas podem provocar debates se você estiver coletando e compartilhando as sinalizações.

E agora é hora para você buscar as próprias sinalizações! Antes de virar a página, faça uma pesquisa rápida nas notícias ou nas redes sociais. Tente encontrar uma manchete ou matéria que o faça dizer: "Caramba! Isso é estranho!" ou "Nunca vi *isso* antes." Sua busca pode ser por qualquer assunto futuro que estiver interessado, mas sugiro que busque como assunto o *fato imutável que pensou no capítulo 4, quando brincamos de "Provoque o futurista" pela primeira vez*. Agora que sabe como investigar sinalizações de mudança, deve ser capaz de provar a si mesmo que estava errado — e encontrar evidências de que o fato aparentemente imutável, ao menos de alguma maneira, já começou a mudar. E lembre-se de que quando encontrar uma nova pista, anote todas as perguntas que tiver sobre ela. Cada uma das questões é um novo caminho de investigação em potencial que pode seguir.

7

Escolha as suas forças futuras

Vamos começar admitindo que não há como "voltar ao normal" no futuro agora.

— Kathi Vian, membro acadêmico do Institute for the Future

Quais tendências globais — coisas que estão acontecendo no mundo que são maiores do que você e estão além do seu controle individual — você acha que terão maior influência na sua vida e na vida dos seus amigos e parentes durante a próxima década?

Aqui está a minha lista:

1. Calor e seca extremos causados pela mudança climática
2. Trauma pós-pandemia (nosso e do planeta)
3. A radicalização dos jovens através das mídias sociais e teorias da conspiração
4. A ampla adoção de tecnologias de reconhecimento facial
5. Renda universal básica, caso a nossa cidade, o nosso estado ou o nosso país adote o conceito
6. A reinvenção da educação superior, a fim de torná-la mais acessível e duradoura

Quando penso nos meus objetivos de vida, na segurança da minha família, nos planos e sonhos dos meus amigos, na nossa saúde e felicidade futuras — mantenho essa lista na cabeça. Essas mudanças tornarão a vida mais desafiadora, ou mais complicada, ou mais interessante para nós durante a próxima década, e enquanto muitas outras forças vão moldar o nosso futuro, são a essas que estou dedicando a maior parte da minha energia ao pensar e pesquisar sobre elas nesse momento.

De todas as coisas que eu poderia me preocupar e ter esperanças, essa lista é onde escolho focar a minha imaginação de longo prazo. Essas são as *minhas* forças futuras.

Uma *força futura* é uma tendência ou fenômeno importante que provavelmente terá um impacto disruptivo ou transformador na sociedade. Às vezes descrita como "megatendência", "impulsionador de mudança" ou "macroforça", ela começa, em geral, com uma pequena sinalização de mudança — e então ganha força num período de meses, anos ou décadas.

Qualquer coisa com o potencial de mudar o mundo pode ser uma força futura. Pode ser um pequeno avanço numa área de *pesquisa científica*, como a edição genética ou a inteligência artificial.

Pode ser um *movimento social*, como o Vidas Negras Importam.

Pode ser uma nova *tecnologia* se tornando comum, como o Bitcoin e outras criptomoedas.

Pode ser uma *ideia política* se tornando cada vez mais popular, como a diminuição da idade mínima de voto para dezesseis anos.

Pode ser uma mudança no *comportamento do consumidor*, como o aumento das dietas vegetarianas.

Pode ser uma *ameaça* crescente documentada por especialistas e pesquisadores, como o aumento do nível do mar causado pelas mudanças climáticas ou o impacto da poluição sonora na saúde mental.

Pode ser uma grande *mudança demográfica*, como o "boom de juventude" na África, onde a maior parte dos países agora tem uma média populacional de quinze a dezoito anos, em comparação a uma média de trinta e oito nos Estados Unidos, trinta e nove na China e quarenta no Reino Unido.[1]

Pode ser um *esforço regulatório* de longo prazo, como tentativas governamentais para limitar o poder e o monopólio de empresas de tecnologia.

Ou pode ser uma ampla *mudança cultural*, como o declínio do número de casamentos, que caíram em quatro entre cinco países no mundo todo por uma média de 34 por cento nos últimos cinquenta anos.[2]

Se uma sinalização de mudança é como uma pista irresistível que pode levar você a lugares surpreendentes, então uma força futura é como um sinal gigante de néon com uma seta piscando e apontando para uma direção inequívoca. É o equivalente a milhares de sinalizações de mudança somadas, todas indicando o mesmo futuro possível. Futuristas não usam a palavra "inevitável" com frequência. Mas, quando se trata de forças futuras, é quase certo que todos teremos que lidar com elas, de uma forma ou de outra.

Você pode contrariar uma força futura a fim de minimizá-la, diminuir a sua velocidade ou prevenir danos futuros — da maneira que os ativistas da crise climática estão trabalhando para atenuar os riscos das mudanças climáticas.

Você pode se esforçar para acelerar a propagação de uma força futura — da maneira que os defensores da renda universal básica estão financiando os próprios programas-piloto e estudos para tentar provar para governos que essa política pode ser útil.

Ou você pode explorar uma força futura com a mente aberta e tentar encontrar novas oportunidades nela — da maneira que praticamente todas as cadeias de fast-food dos Estados Unidos introduziram ao menos uma opção vegetariana de um produto popular feito de leite ou carne em 2021.[3]

O que quer que faça, saiba que você nunca estará *no controle* de uma força futura. Nem eu, nem qualquer outra pessoa — nem os CEOs das maiores empresas do mundo, os presidentes de países, os mais ricos bilionários ou os ativistas mais influentes. As forças futuras são maiores do que uma única pessoa, país ou organização. São as mais poderosas rajadas dos ventos da mudança.

Ainda assim, não subestime os benefícios de saber para que lados os ventos da mudança sopram. Como diz o ditado: "Você não pode controlar o vento, mas pode ajustar as velas."

COMO VOCÊ COMEÇA A pensar quais forças futuras serão as mais poderosas na sua vida? Em primeiro lugar, você tem que *encontrar* as forças futuras. A boa notícia é que as forças futuras, em geral, são óbvias — se você estiver disposto a encarar a realidade. Mas forças futuras poderosas com frequência nos deixam desconfortáveis, então é mais fácil falar do que fazer. Uma força futura pode nos deixar desconfortáveis porque ainda não sabemos o suficiente sobre ela para compreendê-la. Ou pode nos deixar desconfortáveis porque exige que mudemos de maneiras que não queremos ou ainda não nos sentimos preparados. Uma força pode nos deixar desconfortáveis ou nos assustar, porque parece estar nos empurrando direto para o desastre, e não temos ideia do que podemos fazer para impedi-la.

Quanto mais desconfortável você se sentir com uma força futura, melhor deve analisá-la.

Já me perguntaram muitas vezes qual é o segredo para criar previsões bastante precisas como a Superstruct e o EVOKE. A humilde verdade é que esses simuladores de crises foram inspirados por forças futuras sobre as quais muitos especialistas globais têm nos alertado há anos, mas que a maioria das pessoas ignorava. Nossos cenários previram corretamente uma pandemia respiratória incontrolável, incêndios florestais históricos causados pelas mudanças climáticas, informações erradas sendo compartilhadas de forma intencional nas redes sociais e redes elétricas falhando como resultado de baixo investimento em infraestrutura — mas não porque o Institute for the Future ou o Banco Mundial soubessem algo sobre o futuro que as outras pessoas não sabiam. Pelo contrário: nossas simulações eram apenas um canal — um condutor — para comunicar o que já surgia de maneira clara e óbvia no horizonte. Nós compilamos as maiores forças futuras que conseguimos encontrar, aquelas que tinham se fortalecido por muitos anos e pareciam fazer os melhores especialistas perderem o sono. Posso apenas dizer que a única coisa que realmente separa as previsões da Superstruct e do EVOKE foi a nossa disponibilidade para imaginar *todas* as possíveis crises se desdobrando ao mesmo tempo, e considerar como os diferentes riscos podem complicar e intensificar crises diversas.

A lição mais valiosa que aprendi com especialistas em criação de cenários no Institute for the Future é a seguinte: quando se trata do futuro distante, não tenho que tentar entender com o que vale a pena se preocupar. E nem você. O mundo está cheio de especialistas confiáveis cujo único trabalho é estudar, analisar e avisar aos outros sobre riscos e rupturas futuros: climatologistas, epidemiologistas, peritos em ética tecnológica, repórteres investigativos, ativistas dos direitos humanos, pesquisadores de segurança nacional, previsores econômicos. Só precisamos escutá-los.

Uma das fontes mais importantes de previsão em que me apoio e que tenho usado nos últimos quinze anos para reunir forças futuras é o *Relatório de riscos globais* do Fórum Econômico Mundial. O relatório é criado por uma equipe de pesquisadores que fazem um levantamento com mais de 650 líderes mundiais sobre negócios, governos e desenvolvimento global. Essas lideranças compartilham quais forças futuras as preocupam mais no momento e classificam a urgência de cada risco. Também fazem previsões sobre quando, exatamente, cada risco terá um impacto global — neste ano, no ano que vem, daqui a cinco, dez anos. Essa inteligência coletiva é analisada e agregada num mapa bastante claro sobre o que está tirando o sono de alguns dos indivíduos mais informados e influentes do mundo.

Se ler o relatório todo ano, como eu, vai perceber que as mesmas forças futuras continuam aparecendo na lista. Em 2021, o *Relatório de riscos globais* identificou esses "suspeitos de sempre" como os mais prováveis de terem um grande impacto na próxima década:

- eventos de clima extremo, aumento dos níveis do mar e aquecimento global causado pelas mudanças climáticas
- doenças infecciosas, incluindo os impactos de longo prazo da covid-19, doenças preveníveis como a malária e novas pandemias futuras
- armas de destruição em massa
- inquietude social devido à falta de oportunidade econômica, perda de empregos em massa e subempregos
- ataques hackers a redes digitais e infraestrutura crítica, como o suprimento de água e a rede elétrica

Não há surpresas aqui — essas são ameaças bem documentadas, conhecidas pela maioria. Essas forças já prejudicaram a humanidade e as suas garras continuar a se estender pelo futuro.

Se eu estivesse planejando a minha próxima simulação social em larga escala, focaria nesses cinco maiores riscos sem pensar duas vezes. Perguntaria a dezenas de milhares de pessoas: "Se essa crise acontecesse, o que você faria?", "Do que precisaria?", "Como poderia ajudar?" Analisaria as respostas para descobrir consequências sociais difíceis de prever e efeitos dominós surpreendentes de um desastre hipotético. Essas percepções, como já vimos em simulações anteriores, podem levar a um controle mais efetivo do gerenciamento de desastre, da redução de danos e do controle de perdas.

Uma simulação social daria aos participantes a oportunidade de processar com antecedência o choque uns com os outros, para que pudessem agir e se adaptar primeiro numa crise real. E talvez, apenas talvez — sempre há essa esperança —, experimentar previamente uma catástrofe global hipotética inspiraria mais pessoas a agirem e exigirem mudanças hoje, para que as catástrofes reais pudessem ser evitadas.

Sim, se eu estivesse criando uma simulação Superstruct 2030 ou um jogo EVOKE 2035 hoje, escolheria simplesmente os cinco maiores riscos do último *Relatório de riscos globais*, juntando-os num só supercenário (que, admito, ficaria sombrio) e iríamos para o futuro. Poderia também incluir algumas outras forças futuras identificadas pelo Fórum Econômico Mundial (FEM) como sendo de interesse especial na próxima década, novos riscos que não apareceram em listas anteriores.

Por exemplo, o principal novo risco do último relatório é a *desigualdade digital*, que se refere ao fosso entre as pessoas que têm acesso confiável à internet de alta velocidade e as pessoas que não têm. Essa diferença se torna cada vez mais problemática conforme a sociedade se volta a alternativas virtuais e on-line para ensino, trabalho e formas de se manter socialmente conectado. Hoje, quase 3 bilhões de pessoas no mundo inteiro, incluindo 30 milhões nos Estados Unidos, sofrem com acesso difícil à internet. Para colocar esse risco em perspectiva, você consegue imaginar passar pela pandemia sem internet em casa ou no telefone? Tente imaginar isso de verdade. Quão diferente a experiência da pandemia teria sido? Quão mais difícil?

Desilusão da juventude é outra força que está aumentando. Ela é definida como "desengajamento e falta e/ou perda de confiança nas atuais estruturas econômicas, políticas e sociais em escala global".[4] Hoje, há 1,21 bilhão de jovens entre os quinze e vinte e quatro anos no planeta, e pesquisas mostram que eles se encontram cada vez mais frustrados pelo que veem como ações corruptas, injustas e perigosas para o clima por parte das gerações mais velhas. Como resultado, movimentos liderados pela juventude cresceram na última década — da Primavera Árabe às greves mundiais do clima e aos movimentos de direitos civis que buscam maior igualdade social e racial. Essa força futura pode ser um enorme catalisador para mudanças positivas, mas apenas se as gerações mais velhas estiverem dispostas a se adaptar e dar lugar para os jovens liderarem. Se os jovens não receberem um lugar à mesa — uma chance de fazer com que as suas vozes sejam ouvidas — e se as gerações mais velhas não estiverem dispostas a repensar alguns dos seus aspectos mais nocivos do "são apenas negócios", então movimentos juvenis ainda mais radicais podem surgir. Uma geração realmente radicalizada poderia desestabilizar democracias e economias no mundo inteiro. Em vez de levar a mudanças sociais positivas, a desilusão dos jovens poderia, pelo contrário, mergulhar a sociedade no caos e no extremismo. O FEM coloca esse risco como "o principal ponto cego global" — uma área em que a resposta atual do mundo subestima em muito o seu provável impacto futuro.

Falando nos jovens: um grupo "com menos de trinta anos" de mais de 10 mil empresários, cientistas, ativistas e líderes comunitários em ascensão de 165 países foram entrevistados pelo FEM, a fim de saber as maiores forças futuras *deles*. Curiosamente, esse grupo nomeou a *deterioração da saúde mental* um pouco acima da mudança climática e da desigualdade econômica como a principal força futura que terá o maior impacto global na próxima década. Embora seja surpreendente — a deterioração da saúde mental nunca tinha aparecido num *Relatório de risco global* antes —, também faz sentido. Os anos 2020 e 2021 registraram os maiores aumentos mundiais de depressão, ansiedade, luto, burnout, solidão e trauma jamais vistos, devido à pandemia e às suas consequências. Essa força atingiu em cheio sobretudo as gerações mais jovens — estudos mostram que, durante 2020 e 2021, a deterioração da saúde mental foi de 80 por cento em crianças e jovens adultos por todo o planeta. E há uma possibilidade real de que esses problemas perdurarão e terão efeitos dominós por uma década ou mais.[5]

Então, junte a diferença digital, a desilusão dos jovens e a deterioração da saúde mental ao nosso supercenário de 2035. Imagine essas forças combinadas à mudança climática, à desigualdade econômica cada vez maior e outras ameaças mais óbvias. Se fizermos a simulação desse cenário hoje e se, daqui a dez ou vinte anos, estivermos vivendo por uma combinação realmente impensável de uma ou mais ameaças completas — talvez com

70 por cento da juventude global em greve, uma pandemia de saúde mental afetando um bilhão de pessoas, ataques hackers cada vez mais comuns que podem causar paralisações de um mês na internet e eventos climáticos extremos forçando pessoas a migrarem em massa —, você não diria que sou um gênio em prever o futuro. Em vez disso, diria: "Qualquer um poderia ter previsto isso, se estivesse prestando atenção às forças futuras." E estaria certo.

É simples assim. Não ser pego de surpresa pelo futuro requer apenas a disposição para ficar atento, para *imaginar*, quando especialistas estão cansados de dizer que, sim, o futuro está vindo. Você só precisa olhar para onde as setas gigantes de néon estão apontoando — e não desviar o olhar.

Até o fim deste capítulo, você será capaz de fazer a própria lista das maiores forças futuras que podem causar disrupções na sua vida — para o melhor, para o pior, para algo mais complicado. Só de ter essa lista você vai começar a ter uma ideia de que assunto quer pesquisar melhor e aprimorar na década vindoura, para que possa se preparar para o que virá. Também vou mostrar a você como usar a sua lista para começar a se preparar para ajudar os outros, para que, em vez de se sentir sobrecarregado pelas forças futuras, se sinta energizado e empoderado por elas. E, quando chegar a hora de você criar a própria simulação social do ano 2030 ou além (o mínimo que vou ensiná-lo a fazer com este livro), sua lista única de maiores forças futuras será a inspiração para um cenário para jogar com outros.

AGORA, EU ADMITO QUE não é necessariamente divertido pensar nos riscos globais, mesmo se for "só um jogo" ou "só uma simulação". Forças futuras como "armas de destruição em massa" e "a próxima pandemia" podem fazer o cérebro de qualquer um se desligar e dizer: "Não, valeu, não vou fazer *isso* hoje." Não o culparia se você estiver pensando: "Posso pular para a lista de forças futuras felizes, por favor?" É justo — a lista de forças futuras felizes está a apenas algumas páginas de distância. Mas vamos ficar com as forças preocupantes por mais um minuto. Preciso me certificar de que você entendeu um aspecto muito importante sobre simular ameaças futuras:

Você não precisa passar tempo demais imerso mentalmente numa crise hipotética para receber os benefícios disso. Quando se trata de forças futuras perigosas, mesmo uma gota de imaginação vai ajudar. Se conseguir aguentar vinte segundos imaginando vividamente um desastre ou catástrofe em potencial, então pode superar de forma instintiva um dos maiores obstáculos neurológicos para pensar de maneira efetiva sobre o futuro.

O obstáculo é chamado de *viés de normalidade*, e a maioria das pessoas tem isso até certo ponto. O viés de normalidade é definido por psicólogos como "a recusa para se planejar ou reagir rapidamente a um desastre que nunca aconteceu antes".[6] É um estado de negação no qual a maioria das pessoas entra, por padrão, quando confrontadas por evidências de um risco novo ou crescente. O viés de normalidade é tão difundido e difícil de resistir que, na verdade, é o responsável pela demissão de quase um quarto dos CEOs: de acordo com um estudo de quatro anos em 286 empresas que demitiram os seus CEOs, 23 por cento foram dispensados sobretudo por "negarem a realidade" e se recusarem a reconhecer a necessidade de mudança.[7]

O viés de normalidade é o resultado da preferência cerebral por padrões estáveis. É mais fácil planejar, criar estratégias e agir quando você presume com segurança que o futuro será similar ao passado. O cérebro quer acreditar que o que é normal vai continuar sendo normal durante o futuro próximo. E, por outro lado, quer acreditar que, se algo nunca aconteceu antes, provavelmente não vai acontecer logo.

Depois de avaliar cuidadosamente essas crenças, fica claro que elas não se sustentam nem um pouco. Todos os dias acontecem coisas que nunca tinham acontecido antes! A história é feita apenas de uma série infinita de coisas surpreendentes acontecendo pela primeira vez: descobertas científicas surpreendentes, avanços tecnológicos surpreendentes, progresso social surpreendente, reformas surpreendentes, desastres naturais surpreendentes, violência surpreendente, ações governamentais surpreendentes, colapso econômico surpreendente. A verdade é que o cérebro humano deveria ter um viés de surpresa em vez de um viés de normalidade. Mas esperar sempre que tudo ao redor mudasse de forma imprevisível seria mentalmente extenuante, acabaria com o nosso sistema nervoso e nos deixaria emocionalmente exaustos. Então, continuamos com o viés de normalidade, que nos ajuda a manter a sanidade e dá uma sensação razoável de que estamos no controle das nossas vidas.

Ainda assim, o mínimo que podemos fazer é, de vez em quando e de maneira intencional, nos permitirmos um *pouco* de choque. Como o historiador e ativista David Swanson afirmou: "Quase tudo importante que já aconteceu era inimaginável pouco antes de acontecer."[8] Temos que tentar superar ativamente o nosso viés de normalidade, para que possamos pensar de forma mais eficiente e criativa sobre o futuro. Precisamos treinar o cérebro para reconhecer quando esse viés cognitivo não é mais útil.

Felizmente, estamos treinando o seu cérebro para superar o viés de normalidade ao ler este livro. Todos os hábitos de pensamento de futuros que praticou e todos os brainstormings que fez vão tornar a sua mente mais receptiva para ideias e informações "fora do normal". E quando chegar a hora de reconhecer plenamente a realidade das forças futuras, suas habilidades de pensamento de futuros episódico (PFE) serão bastante úteis. Eis por quê:

Quase cinquenta anos atrás, pesquisadores de psicologia descobriram algo incrível: se você quisesse que alguém acreditasse que um evento futuro é provável, bastava pedir para a pessoa imaginar a coisa acontecendo com a maior quantidade de detalhes tão vívidos quanto possível.

Essa descoberta foi feita num estudo de 1976 em que pediram que os participantes se imaginassem ao saber o resultado de uma eleição presidencial americana de verdade (Ford contra Carter). Eles receberam um dos candidatos de forma aleatória e os pesquisadores pediram para que pensassem naquele candidato ganhando com a maior quantidade de detalhes possível, exatamente como você fez os desafios PFE deste livro: onde está quando descobre o resultado da eleição? Que horas são? Com quem está? Você recebe a notícia por TV, rádio ou jornal? Qual é a porcentagem final dos votos? Como se sente? Depois, pediram para que os participantes do estudo previssem quem ganharia a eleição real de 1976. Em grande maioria, eles previram que o vencedor seria o candidato que tinham imaginado ganhando. Isso acontecia mesmo quando eles tinham uma preferência clara pelo outro candidato.[9]

Poucos anos depois, num estudo similar, pediram aos participantes para estimarem a probabilidade de pegarem uma nova doença no futuro. Alguns participantes receberam uma descrição da doença com sintomas fáceis de imaginar, como dor de cabeça, dor de estômago e febre. (Os sintomas foram considerados fáceis de imaginar porque a maioria das pessoas já passou por isso e sabe qual era a sensação.) Outros participantes receberam a descrição de uma doença com sintomas difíceis de imaginar, como "dores no fígado" e "parentesia". (Esses sintomas foram considerados difíceis de imaginar porque... bem, você sabe o que "parentesia" significa? Ou como é a dor no fígado?!) Pediram a todos os participantes que imaginassem com o máximo possível de detalhes vívidos um período de três semanas em que ficariam baqueados com a doença, sofreriam com todos os seus sintomas e, por fim, se recuperariam. Pediram para que eles escrevessem descrições detalhadas, como num diário, de como se sentiriam exatamente e como tratariam os seus sintomas. Depois de imaginar de forma vívida essa possível doença, fizeram-lhes duas perguntas: "Quão fácil foi imaginar a doença?" e "Qual é a probabilidade de você pegar essa doença?".

Como pode imaginar, os participantes que receberam os sintomas fáceis de imaginar, como dor de cabeça, falaram que, sim, era fácil imaginar a doença, escreveram textos bastante detalhados e classificaram como bem altas as chances de pegarem a doença. Participantes que tiveram que imaginar sintomas raros, como dores no fígado, afirmaram que era mais difícil imaginar a doença, escreveram textos menos vívidos e classificaram como muito baixas as chances de pegarem essa doença.[10] A conclusão do estudo é que a imaginação *imprecisa* não ajuda muito a enfrentar o viés de normalidade. A imaginação vívida, por outro lado, faz maravilhas.

Esses dois estudos científicos inspiraram muitos outros. No mesmo período de cinquenta anos, centenas de outros estudos demonstraram o mesmo efeito: imaginar um possível evento com detalhes vívidos e realistas nos convence de que o evento é mais provável de acontecer.[11] E quase todos os pesquisadores concordam os motivos para esse fenômeno ocorrer. Depois de criar uma memória de um possível futuro na sua mente, você se lembra dos detalhes de maneira mais rápida da próxima vez. Essa facilidade perceptível na imaginação engana o cérebro.

Em geral, explicam os psicólogos, é mais fácil relembrar e imaginar eventos que são frequentes e comuns porque você tem muita experiência e muita informação sobre eles. É mais difícil relembrar e imaginar eventos que são infrequentes e incomuns porque você simplesmente não sabe tanto sobre eles. Quando uma possibilidade futura parece fácil de imaginar, é mais provável que o cérebro a arquive como um evento "normal" e possível — *mesmo que nunca tenha acontecido antes*. Além disso, o efeito é cumulativo: cada vez que você reimagina um futuro possível com detalhes vívidos, você classifica a possibilidade de ele acontecer como ainda mais alta. E, quanto mais detalhes consegue prever, mais provável ele vai parecer.

Resumindo: o ato de imaginar um evento vividamente o torna *mais fácil de imaginar* da próxima vez que tentar. Graças ao trabalho árduo da sua imaginação, uma possibilidade estranha parece bastante normal agora.

O que essa pesquisa significa para você? Se não quer se chocar ou ser pego de surpresa por possíveis crises futuras e desastres, precisa superar o seu viés de normalidade e convencer o seu cérebro de que esses eventos estranhos podem acontecer — não importa o quanto pareçam "impensáveis" hoje. Um único ato de imaginação vívida agora pode resolver isso: vai preparar o seu cérebro pra ver um risco como normal, para que seja mais provável notar e prestar atenção à ameaça quando ela crescer. E se o risco se tornar uma crise real, vai pular a fase do choque e da negação que mantém outras pessoas nas maneiras antigas de pensar e as paralisa nas maneiras antigas de agir. Você será capaz de se adaptar e reagir mais rápido quando a palavra "normal" não for mais aplicável.

Não demora muito para derrubar o viés de normalidade. Um estudo recente de ressonância magnética descobriu que uma memória nova e persuasiva do futuro pode ser formada com apenas vinte segundos de imaginação ativa.[12] Essa é a boa notícia: você não precisa passar dias envolvido com os possíveis problemas do amanhã. Faça uma rápida viagem no tempo mental, observe uma crise futura e dê ao seu cérebro alguns detalhes com os quais trabalhar. Faça aquelas conhecidas perguntas: o que é diferente nesse futuro? O que há ao meu redor? Como me sinto? O que quero fazer? Os tipos de ameaças negados pelos outros, os riscos que as pessoas menosprezam, as catástrofes que terceiros se recusam a imaginar — você será capaz de imaginar tudo isso de forma bem mais clara, sem o viés de normalidade atrapalhando.

OK, VOCÊ CONVENCEU o seu cérebro que uma força futura, como a desilusão dos jovens ou a deterioração da saúde mental global, é normal agora, e um assunto com o qual vale a pena se preocupar. E agora?

Não se preocupe.

Literalmente, *não se preocupe.*

Você pode e vai se preocupar depois, quando estiver vivendo a crise verdadeira, e não a hipotética. Neste momento, você tem alguma vastidão temporal, e pode usá-la para fazer algo muito bom.

Meu conselho é o seguinte: use o tempo presente para identificar *uma coisa* que poderia fazer para ajudar *uma pessoa* afetada por essa força, agora ou no futuro. Pense em algo pequeno. Não tente salvar o mundo. Apenas se prepare para ajudar uma única alma.

Pema Chödrön, a monja e professora de budismo tibetano, ficou famosa por ter escrito e dado palestras sobre como permanecer com coragem e o coração aberto em tempos de crise coletiva ou individual. Ela aconselha: "Apesar do que podemos pensar na maior parte do tempo e do que os jornais insinuam, todos queremos permanecer sãos e de coração aberto. Podemos levar o nosso desejo de sermos mais lúcidos e gentis e colocá-lo num contexto bem maior. Podemos expandi-lo para um desejo de ajudar todos os outros, ajudar o mundo inteiro. Mas precisamos ter onde começar. Não podemos começar com todo o planeta. Precisamos começar com as pessoas que surgem na nossa vida — nossos parentes, vizinhos, colegas."[13] De fato, essa é a melhor maneira que conheço de absorver um monte de informações desafiadoras sobre o futuro e não se sentir sobrecarregado por elas.

Dando uma reviravolta na sábia orientação de Chödrön, também expressada no seu livro mais famoso, *Quando tudo se desfaz*: quando as coisas *podem* se desfazer no futuro distante, *prepare-se* para ajudar as pessoas na sua vida e na sua vizinhança.

Em relação à deterioração da saúde mental, isso significaria imaginar que, nos próximos anos, muita gente que você conhece vai começar a sofrer, ou sofrer de forma mais profunda, com problemas de saúde mental, como a ansiedade, a depressão, a solidão ou a tristeza. Pode escolher a pessoa que quiser para ajudar. Que ações você pode tomar agora para *ficar mais preparado* para ajudar essa pessoa na sua vida, se ela for profundamente afetada por essa força futura?

A ação que decidi tomar quando me imagino ajudando outros durante uma crise de saúde mental mundial de dez anos: me matriculei num curso on-line gratuito de primeiros socorros psicológicos na Universidade Johns

Hopkins. Esse curso ensina técnicas de apoio de saúde mental ao máximo possível de pessoas da sociedade e é feito para aumentar a resiliência da sociedade. Nele, aprendi técnicas de "socorristas" para ajudar outra pessoa numa emergência psicológica. Estou treinando para ser uma presença compassiva e atenta. Aprendi quais perguntas posso fazer para determinar se a ajuda profissional é urgentemente necessária. Minha esperança é a de que, ao desenvolver essas técnicas agora, estarei preparada para ajudar os outros de forma mais eficiente quando a deterioração de saúde mental global exigir que todos "arregacem as mangas", inclusive eu. E, de verdade, sinto-me mais esperançosa em relação ao futuro como resultado de ter dado esse pequeno passo, mesmo que seja um futuro que gostaria de evitar.

Sempre podemos procurar maneiras de transformar uma força futura explosiva numa oportunidade para ajudar os outros. Deixe-me dar mais alguns exemplos, vindos da minha vida.

Queria sentir que tinha mais poder para agir diante da iniquidade digital, então decidi mudar a minha abordagem de dar aulas pela internet. Eu me comprometi a fazer versões de "banda estreita" dos meus cursos gratuitos de Pensamento de Futuros para qualquer pessoa com uma conexão à internet ruim ou lenta. Em vez de pedir aos alunos para frequentarem uma palestra de uma hora ao vivo, posso dividir a palestra em vídeos de cinco ou dez minutos que são mais fáceis de baixar e acessar a qualquer momento. Posso fazer as discussões por fóruns de texto, em vez de salas no Zoom que consomem toda a banda da internet. Não posso resolver o problema da iniquidade digital para todo mundo, mas *posso* me preparar para ajudar ao menos um aluno que talvez queira fazer o meu curso e não tem acesso à internet de banda larga. Então agora, sempre que dou um novo curso on-line, desenvolvo-o com esse aluno em mente. E, se algum dia, eu precisar me adaptar a um mundo com uma internet cada vez mais instável, meu conhecimento de ensino com "banda estreita" será uma habilidade que posso usar para ajudar outros.

Em relação à força futura da desilusão dos jovens, tenho sorte por um dos meus colegas mais criativos do Institute for the Future ter tido uma ideia fantástica e totalmente factível. Em geral, a conferência Ten-Year Forecast do instituto é um evento que exige convite, distribuídos aos nossos parceiros de pesquisas e clientes. Porém, quando o meu colega Dylan Hendricks assumiu a função de planejar o evento anual, ele tinha uma sugestão: deveríamos convidar adolescentes. Daqui a dez anos, os adolescentes de hoje vão estar ajudando a moldar a sociedade. Por que não lhes dar um espaço agora? Em 2016, vinte adolescentes foram convidados para a conferência Ten-Year Forecast, fosse pessoalmente ou por robôs Beam de telepresença, controlados à distância. Deixamos que eles *nos* contassem o que os animava e o que os preocupava em relação ao futuro. Vinte entre 1,2 bilhão de jovens é um passo inicial muito pequeno. Mas essa é a melhor forma de começar — *pequeno*, para que nada possa impedir seu avanço, para que você possa de fato fazer alguma coisa, não apenas imaginá-la.

Recentemente, perguntei a Dylan o que o surpreendeu nessa experiência. Ele me lembrou de que, como parte das atividades da conferência, pedimos aos adolescentes para inventar "novos ritos de passagem" que achavam que definiriam a sua geração — sobretudo se atividades como tirar a carteira de motorista poderiam não ser mais algo que a maioria dos jovens faria. "O que me surpreendeu de verdade foi um rito que eles sugeriram", disse Dylan. "Foi de longe a ideia mais popular. Eles concordaram que o rito de passagem mais significativo para adolescentes do futuro seria a primeira vez que você seria afetado direta e pessoalmente por uma consequência devastadora da mudança climática. Isso foi dois anos antes de Greta Thunberg e três antes das greves escolares pelo clima. Com certeza foi uma sinalização inicial do movimento."

Para nós, no instituto, essa pequena experiência plantou a semente de possíveis ações maiores no futuro. Começamos a criar mais cursos voltados para jovens e a incluir mais adolescentes nos nossos workshops de futuro. Há pouco tempo dei minha primeira aula "apenas para jovens" do curso "Como pensar como um futurista", para trinta adolescentes da Califórnia que foram indicados como líderes nas suas comunidades. Sinto-me confiante de dizer que, se os esforços do instituto forem necessários para ajudar a canalizar uma onda global de desilusão de jovens, estaremos prontos.

* * *

Se ajudar apenas uma pessoa parece uma boa ideia, mas ainda não sabe o que *você* pode fazer, seja paciente. Estabeleça um propósito e, então, espere uma ideia ou oportunidade surgir. Você tem bastante tempo. O futuro não começa hoje! Aproveita a vastidão temporal. Enquanto isso, pode procurar pessoas que já estão ajudando.

Quando fui à Conferência de Defesa Planetária, fiquei impressionada ao descobrir como havia gente cujo trabalho em tempo integral era defender a Terra contra asteroides ou outros objetos que estivessem perto do planeta. Foi emocionante. Durante uma semana, aprendi como os cientistas estão ficando melhores ao detectar e rastrear objetos no céu. Aprendi como eles decidem quais apresentam uma ameaça real e as suas opções para lidar com isso: desviar o objeto para que ele não fique mais em colisão com o planeta, usar uma ogiva nuclear para obliterá-lo ou fazer previsões superprecisas do possível local de impacto, para que muito menos gente (digamos, cem mil em vez de cem milhões) precise ser deslocada. Vi especialistas fazendo brainstorm de ideias sobre maneiras de combater a desinformação e se comunicar de maneira mais eficiente com o público sobre os riscos dos asteroides. Eles criavam estratégias para evacuar um grande número de pessoas com segurança e de modo igualitário. Debateram sobre os méritos de uma nova convenção que permitiria países a usarem o seu armamento nuclear para desviar ou destruir um asteroide, já que os acordos internacionais sobre o espaço atualmente proíbem a ação, mesmo que seja a única maneira de prevenir uma catástrofe. Aquela experiência de cinco dias me deixou com uma sensação incrível de *esperança* sobre o futuro da humanidade, mesmo que tenhamos passado o tempo inteiro imaginando possíveis cenários apocalípticos. Agora que sei que há tanta gente ajudando, sinto-me grata, humilde e animada para descobrir o meu pequeno papel em tudo isso. Quero agora entender a ciência dos asteroides bem o suficiente para explicá-la para terceiros, a fim de compartilhar informações nas redes sociais se for necessário. O otimismo urgente pode ser contagioso, se nos colocarmos numa posição de contraí-lo! Como Pema Chödrön escreveu: "Quando observamos o mundo ao nosso redor — tanto o mundo imediato quanto o mundo maior, mais além —, vemos muita dificuldade e disfunção. (...) Pode ser bastante desencorajador. Ainda assim, podemos tirar inspiração (...) dessas circunstâncias terríveis. Podemos reconhecer o fato e proclamar o fato de que *somos necessários*."[14]

As possibilidades do futuro distante com frequência são difíceis de imaginar. Não queremos pensar em sofrimento ou dano tão amplos. No entanto, se os riscos futuros têm algo a nos ensinar é que nós *seremos* necessários. E com vastidão temporal podemos encontrar formas únicas de responder a esse chamado.

PODE PARECER INTIMIDADOR TENTAR acompanhar todas essas forças dinâmicas, além de incorporá-las às suas visões pessoais e planos. Mas estou aqui para dizer que isso ajuda de verdade. Quando estiver disposto a reconhecer as forças maiores em jogo, desenvolverá o tipo de confiança e clareza que só pode vir de ser capaz de encarar de frente os riscos e as revoluções, e não os negar ou evitar.

O *Relatório de riscos globais* me ajudou a antecipar o quase inimaginável mundo de 2019 e 2020 com mais de uma década de distância, e pode ajudá-lo a ver as crises anos antes de precisar vivê-las. Então, quero que pare de ler neste instante e, se possível, procure a última versão disponível do relatório na internet. Não precisa lê-lo agora. Mas o *encontre*. Se fizer isso, será mais provável que se envolva com o relatório no futuro. Não será uma coisa de que ouviu falar, será uma coisa que você tornou real e manifesta diante dos seus olhos. Assim, vá em frente e procure "Relatório de riscos globais FEM".* Você abrirá a porta para absorver informações difíceis e desafiadoras. Estará um pouco mais preparado para imaginar.

E, enquanto estiver fazendo isso, procure também um relatório chamado *Global Trends* [Tendências globais, em tradução livre], feito a cada quatro anos pelo Conselho de Inteligência Nacional dos Estados Unidos no início de cada mandato presidencial.[15] É uma visão estratégica sobre como forças futuras vão influenciar a geopolítica nos próximos vinte anos. O relatório analisa forças vindo da economia, da tecnologia, do meio ambiente e de dados demográficos para combiná-los em cenários futuros que pode usar

---

* É possível encontrar a última versão (em inglês) do *Relatório de riscos globais* aqui: https://www.weforum.org/global-risks/reports.

como inspiração para o pensamento de futuros episódico. Não é uma leitura leve, mas é fascinante, reveladora e convincente. E lhe dará o tipo de detalhe necessário para imaginar mais facilmente que forças futuras afetarão a sua vida e a vida das pessoas que você mais ama.

É CLARO QUE NEM todas as forças futuras representam riscos ou ameaças. Essas são apenas as que mais negamos ou ignoramos, em prejuízo próprio. Em geral, é bem mais fácil ajeitar as velas para outros ventos da mudança. Manter-se a par de novas tecnologias pode ser legal. Participar de movimentos sociais e ativistas é animador e importante. Aprender sobre as descobertas científicas nos dá uma sensação de assombro e maravilhamento. Mudanças na cultura e no comportamento — bem, podemos nós mesmos lançarmos a tendência ou, ao menos, sermos observadores curiosos.

Certifique-se de colocar algumas forças futuras na sua lista que o deixem otimista. Precisa de inspiração? Aqui vão dez forças futuras que podem fazer do mundo um lugar melhor na próxima década:[16]

1. **Vacinas de RNA mensageiro:** Daqui a dez anos, a mesma tecnologia por trás das vacinas Moderna e Pfizer-BioNTech contra a covid-19 pode ser capaz de prevenir ou curar câncer, malária, tuberculose e HIV, entre outras doenças, dando início a uma era de ouro na saúde pública.
2. **Energia solar e eólica a baixo custo:** Até o fim dessa década, a energia solar e a eólica serão mais baratas que os combustíveis fósseis em qualquer lugar do planeta, tornando possível *e* lucrativo o fim do uso dos combustíveis fósseis no mundo inteiro, reduzindo drasticamente a poluição atmosférica e as emissões de carbono.
3. **Priorização das redes de proteção social em relação ao crescimento econômico:** Um estudo global com mais de 10 mil jovens-adultos escolhidos de forma aleatória em treze países, incluindo os Estados Unidos, o Reino Unido e o Canadá, descobriu que mais de dois entre três entrevistados com menos de vinte e quatro anos querem que o governo dê prioridade à saúde e ao bem-estar da po-

pulação sobre o PIB. Cinquenta e oito por cento das pessoas entre vinte e cinco e trinta e quatro anos concordam, assim como 54 por cento das pessoas entre trinta e quatro e trinta e nove anos. A longo prazo, essa tendência pode legar a um fortalecimento significativo das redes de proteção social e diminuir a desigualdade econômica.

4. **Tecnologia de "bioimpressão":** Dentro de dez anos, impressoras 3-D poderão ser capazes de produzir órgãos humanos de plástico biocompatíveis. Isso acabaria com a necessidade de doação de órgãos humanos e tornaria a obtenção de um novo órgão uma opção de tratamento viável até nos estágios iniciais da doença.
5. **Concreto vivo:** Hoje em dia, o concreto tradicional é responsável por quase 10 por cento das emissões de carbono no mundo inteiro, mas uma nova tecnologia que cria blocos de concreto a partir de bactérias, gelatina e areia *absorve* o dióxido de carbono e libera oxigênio. O concreto vivo se autorregenera, um bloco cortado ao meio se cura e forma dois blocos, e por aí vai. O concreto vivo pode revolucionar a indústria de construção na próxima década e além. Seria sobretudo útil em lugares com baixa disponibilidade de recursos, como em condições desérticas (que devem aumentar na Terra se a tendência do aquecimento global continuar) ou em Marte.
6. **Transferências diretas de dinheiro:** Inspiradas nos programas de renda básica universal, instituições de caridade de todo o globo estão agora fazendo transferências diretas de dinheiro para pessoas em vez de outros tipos de ajuda ou doações, como comida, remédios ou roupas. Isso reduz em muito a sobrecarga dos esforços de caridade e dá mais recursos às pessoas, e de forma mais rápida, que podem ser usados da maneira que quiserem. Daqui a uma década, o dinheiro pode ir de forma rápida e livre para as pessoas em necessidade, quem quer que sejam, estimulando vários novos tipos de mercados.
7. **Carne cultivada:** Produzida em laboratório, sem a morte de animais, é carne feita num biorreator — e, em 2030, pode ser mais comum encontrá-la nos mercados do mundo inteiro do que a carne animal. Essa tecnologia é uma vitória tripla: pode ajudar a acabar com a fome global ao proporcionar uma fonte de proteína barata e

sustentável enquanto reduz as emissões de carbono do gado e diminui o sofrimento de animais.

8. **Combate ao isolamento social:** A solidão é uma preocupação crescente de saúde pública, ligada a diversos impactos psicológicos e de danos mentais, incluindo doenças cardíacas, derrames e declínio cognitivo. Para combatê-la, os governos do Japão e do Reino Unido apontaram "ministros da solidão". Essas nações lançaram iniciativas nacionais de saúde que permitem aos médicos receitarem aulas de culinária, clubes de caminhada e grupos de arte. Elas ajustam rotas de carteiros para lhes dar mais tempo de ver como estão pessoas solitárias como parte das rondas diárias. E financiaram experimentos de moradias comunitárias, para que indivíduos mais velhos possam juntar recursos para comprar casas juntos e criar um senso de comunidade. Seguindo essas tendências, podemos todos ter mais amigos verdadeiros no futuro.
9. **Estudos gratuitos ou de baixo custo por toda a vida:** Historicamente, nos Estados Unidos, a educação pública gratuita acaba no último ano do ensino médio. Porém, daqui a uma década, faculdades gratuitas, programas de certificação on-line com garantias de emprego a baixo custo e outras inovações no ensino tornarão possível não parar de aprender nunca.
10. **Biotecnologia antienvelhecimento:** Novas tecnologias como "reprogramação neurológica" já podem reverter com sucesso o relógio biológico e diminuir os efeitos do envelhecimento em animais de laboratório. Daqui a dez anos, elas podem começar a prolongar a vida humana saudável e ativa em décadas.

Quais dessas possibilidades deixam você mais esperançoso para o futuro? Escolha uma ou duas e faça uma rápida viagem no tempo mental para um mundo no qual qualquer um desses desenvolvimentos atingiu o máximo de impacto positivo. Passe um momento de fato pré-sentindo o alívio, a animação, a felicidade, a segurança ou a gratidão que poderá experimentar quando e se esses ventos da mudança começarem a soprar pela *sua* comunidade.

Como pode acontecer com qualquer força futura, mesmo com boas intenções, novos dilemas éticos e possíveis consequências inesperadas podem surgir. Conforme imagina as possibilidades positivas, pode se inspirar a considerar essas incertezas também.

Se quiser dar detalhes mais realistas com os quais trabalhar na sua imaginação, uma busca rápida na internet vai ajudá-lo. Veja se consegue encontrar alguém que esteja impulsionando essas forças futuras hoje. Talvez isso inspire você a se juntar a eles.

Acompanhar uma força futura é um processo contínuo de educação e reeducação. Não precisa ser um curso rápido. As forças futuras se movem relativamente devagar e se desenvolvem por muitos anos.

Uma vez por ano, revisito o conjunto de forças futuras que mais me preocupam ou mais me animam. Faço essa releitura anual em janeiro, porque é quando o FEM lança o *Relatório de riscos globais*. Leio alguns artigos, escuto alguns podcasts, vejo alguns vídeos e atualizo o meu pensamento. Às vezes, decido que uma força ou enfraqueceu, ou se tornou o "novo normal", e paro de acompanhá-la. Às vezes, começo a acompanhar uma nova força futura sobre a qual não sei muita coisa ainda. Como forma de processar o que estou aprendendo, tento imaginar um novo cenário futuro para cada uma das minhas principais forças futuras — para que possa fazer algumas viagens no tempo mentais e convidar outros para me ajudar a imaginar de maneira séria o mundo que essas forças podem criar.

Eis um cenário com o qual tenho brincado muito ultimamente: hoje, o reconhecimento facial é usado em apenas alguns poucos contextos, como desbloquear o seu celular ou na segurança dos aeroportos. Mas pode imaginar — já *tentou* imaginar — como a sua vida seria se o reconhecimento facial fosse usado para tudo?

Dentro da próxima década, "aplicativos de busca de rostos" provavelmente serão tão comuns na internet quanto os sites de busca são hoje. Você será capaz de adquirir inúmeras informações sobre um completo desconhecido apenas ao apontar o seu celular, smartwatch ou óculos de realidade aumentada para o rosto dele. Consegue imaginar como a busca facial vai mudar a sua vida? Consegue imaginar como os seus amigos e parentes serão afetados?

Cenário futuro nº 5: Não faça uma busca do meu rosto

Algum lugar público, daqui a dez anos[*]

Você está na sua quando nota alguém levantando o celular discretamente. A pessoa está apontando a câmera na *sua* direção, para o *seu* rosto. Basta um movimento rápido do pulso. Acontece tão rápido que você quase não percebe. Mas sabe o que aconteceu. A pessoa fez uma *busca do seu rosto.*

Alguns segundos depois, a pessoa está olhando para a tela do celular, sem dúvida encontrando o seu nome, a sua idade e qualquer outro detalhe pessoal que estabeleceu como parâmetro de busca. Há muita busca de rostos naquela região por "vizinho" ou "estranho", tendo como base o seu endereço oficial e se ele está dentro dos limites da vizinhança. Você sabe que muita gente também tem buscado informações sobre se as pessoas estão vacinadas ou não. No entanto, essa é a primeira vez que fazem uma busca do seu rosto — ou, ao menos, é a primeira que chamou a sua atenção.

IMAGINE ESSA CENA DA forma mais vívida possível. Deixei alguns detalhes importantes de fora — em que tipo de espaço público você está e uma descrição física da pessoa que apontou a câmera. Foi de propósito. Quero que você complete essas informações. Tente ser o mais específico possível. Se está num restaurante, qual é? Se está numa calçada, é em qual quarteirão? Aqui vão algumas perguntas que podem ajudá-lo a imaginar esse momento futuro com o máximo de clareza:

- Onde você está?
- Que horas do dia ou da noite são?
- Está sozinho ou com um amigo, parente ou outra pessoa?
- O que está fazendo no instante em que fazem a busca do seu rosto?

---

[*] Na realidade, esse cenário pode acontecer nos próximos anos; provavelmente, não levará uma década inteira. Se a sua mente já estiver aberta à possibilidade da disseminação de aplicativos de reconhecimento facial para o consumidor, sinta-se livre para mudar esse cenário para uma data mais próxima. Se esse cenário lhe parecer distante, continue com o período de dez anos.

- Quem fez a busca — qual é a descrição física da pessoa?
- Como se sente quando acabou de ter o rosto buscado por uma pessoa desconhecida?

MOMENTO DE ESCOLHA: O que você faz? Fala alguma coisa à pessoa que fez a busca do seu rosto? Ignora? Fica no mesmo lugar ou se afasta? Instala rapidamente um aplicativo de busca de rostos e procura a pessoa de volta na mesma hora? Que outro tipo de reação consegue imaginar tendo naquele momento?

Eis aqui outros exemplos com os quais você pode brincar:

- Consegue imaginar um exemplo de quando *você* poderia querer usar a tecnologia de busca de rostos para encontrar informações sobre um estranho sem o consentimento dele? Quando ou onde, e por quê?
- Além de nome, idade e outros detalhes básicos, que tipo de informação acha que as pessoas vão encontrar quando buscarem o rosto de outras no futuro?
- Sabendo que outras pessoas poderiam procurar o seu rosto a qualquer hora e em qualquer lugar, você mudaria seus hábitos ou comportamentos? Quais?
- Se reimaginar o mesmo cenário, mas num local diferente ou pensando em uma descrição física diferente para a pessoa que buscou o seu rosto, seus sentimentos ou as suas ações mudam? Tente alterar os detalhes do cenário até que consiga imaginar ter uma reação bem diferente — mais positiva ou mais negativa — ao que aconteceu.

Esse cenário poderia mesmo acontecer? Tecnicamente, ele já pode quase ser totalmente viável. Empresas como o Facebook e a Clearview AI criaram banco de dados enormes de bilhões de fotos identificadas. Centenas de empresas de tecnologia, incluindo a Intel, a Microsoft e a companhia chinesa Tencent, desenvolveram os próprios algoritmos de reconhecimento facial. E as taxas de precisão para reconhecimento facial na indústria são extremamente altas: estudos mostram que vão de

90 por cento até 99,98 por cento.[17] Fazer essa tecnologia avançar é mais uma questão de construir bancos de dados maiores e ajustar algoritmos para melhorar a precisão.

Você pode imaginar que usar máscaras complicou esse cenário, sejam máscaras usadas por razões médicas ou para intencionalmente interferir nos sistemas de reconhecimento facial. Porém, durante a pandemia, algumas empresas foram bem-sucedidas ao reformularem os seus algoritmos para resolver esse problema. A empresa japonesa NEC anunciou em janeiro de 2021 que o seu software apresentou uma taxa de 99,9 por cento de identificação para usuários de máscara, usando apenas os olhos e testa para o reconhecimento.[18] Tentar se livrar desse futuro ao usar máscaras será bem difícil. Talvez usaremos máscaras e óculos de sol escuros que bloquearão o reconhecimento? (Consigo visualizar o cenário de forma clara e sou solidária a por que as pessoas fariam isso, mas não consigo deixar de pensar em como vai ser mais difícil para se conectar com alguém se não conseguirmos ver os rostos um do outro.)

O maior problema técnico e ético a ser abordado (e de fato é um problema bem grande) na tecnologia de reconhecimento facial é a drástica discrepância racial nas taxas de erro nos reconhecimentos. Hoje, algoritmos cometem erros ao reconhecer rostos negros e asiáticos entre dez e cem vezes mais do que rostos caucasianos. O preconceito racial está inserido nessa tecnologia — algo grave se ela for usada por forças policiais, mas além disso qualquer tecnologia que funciona bem apenas para brancos é bastante problemática. Quando imagino como essa força futura poderá virar realidade, considero duas possibilidades: um cenário em que o preconceito racial no reconhecimento facial foi eliminado com sucesso e um no qual não foi. Esses me parecem futuros bem diferentes.[19]

Regulamentos governamentais podem desacelerar ou desviar essa força futura. Cidades dos Estados Unidos como Boston, Portland e San Francisco já proibiram o uso de reconhecimento facial em tempo real pela polícia. A União Europeia propôs uma proibição semelhante no meio de 2021. Mas até agora nenhum governo fez regulamentos de reconhecimento facial em escolas, empresas ou comércios, ou em aplicativos feitos para uso público.[20] A tecnologia pode se desenvolver mais rápido para indivíduos e empresas privadas do que para a polícia.

Leve em consideração esse sinal de busca de rostos pelo público: PimEyes é uma ferramenta gratuita que, quando lançada, se classificava como "um buscador de rostos para todos".[21] De acordo com a sua declaração de missão: "Acreditamos que é necessário democratizar a tecnologia de reconhecimento facial. Ela não deve ser exclusiva de corporações ou governos." Utilizei o PimEyes recentemente. Após, 4,56 segundos escaneando o meu rosto, ele respondeu com 453 imagens e sites com rostos correspondentes. Destes, 452 imagens eram minhas; uma era da minha irmã gêmea idêntica. Impressionante.

Considerei por um tempo tentar usar o PimEyes para buscar o rosto de um estranho em público, como um teste desse cenário no mundo real. Mas esse não é um futuro que quero ajudar a criar.

Se reconhecimento facial é uma força futura que você gostaria de colocar na própria lista, eis um conjunto de termos de busca que recomendo fazer pesquisas mais profundas. Combine "reconhecimento facial" com qualquer uma dessas palavras:

> "avanços", "descoberta", "ética", "regulamento", "dilema", "desafios", "riscos", "oportunidades", "benefícios", "novo estudo", "novo aplicativo", "inovação", "inesperado", "involuntário", "projeção", "previsões".

Esse conjunto de termos vai servir como combustível tanto para a sua imaginação positiva quanto a sombria. Você pode usá-lo para acompanhar qualquer força futura pela internet e pelas redes sociais.

Escolher apenas algumas forças futuras para acompanhar nos próximos anos da sua vida é um compromisso relativamente pequeno com um enorme possível impacto positivo. Recomendo fazer essa busca uma vez por mês, para descobrir apenas uma ccisa nova. Você pode criar um compromisso recorrente no seu calendário ou organizar uma reunião mensal. Que tal tornar a primeira sexta-feira do mês a Sexta da Força Futura? No mínimo, você vai aprender um monte de coisas legais. Talvez até descubra um novo propósito pessoal ou missão. No final deste capítulo, fiz uma lista de 24 forças futuras que recomendo para inspirar a *sua* próxima busca por pistas.

Acabamos de jogar um cenário inspirado por uma força futura que deixa muita gente preocupada: reconhecimento facial. Agora, vamos brincar com um cenário inspirado por uma força futura que deixa muita gente esperançosa: a reinvenção da educação superior e novas oportunidades para ensino acessível e para a vida inteira. Penso muito nessa força futura. Daqui a dez anos, minhas filhas vão se matricular na faculdade — se elas quiserem fazer faculdade, lógico. Quando faço uma viagem no tempo mental para o ano 2032, me pergunto por que tipo de faculdades e programas elas vão se interessar. Tento imaginar quais novos caminhos de aprendizado estarão disponíveis. E rezo para que não seja mais comum o fato de famílias se endividarem por décadas para pagar pela faculdade. Para fortalecer uma esperança realista, fico de olho nas forças e nas sinalizações de mudança que podem tornar o futuro do aprendizado mais brilhante quando se trata de conseguir um diploma de forma mais acessível, seguir os seus interesses e descobrir as suas paixões. E quer saber? Quando as minhas filhas crescerem, vou ter mais tempo para mim mesma. Talvez use esse tempo livre para perseguir minha própria jornada de aprendizado. Então, também tento imaginar: que tipo de oportunidades de ensino podem existir para *mim* daqui a dez anos que não existem hoje?

Há uma possibilidade em particular que me faz querer subir até o topo de uma montanha e gritar: "EI! Mais alguém acha que essa é uma ideia incrível? Mais alguém quer criar esse futuro também?" Foi uma ideia que encontrei pela primeira vez no jogo "Cem maneiras de qualquer coisa ser diferente no futuro" que liderei durante a conferência anual do Ten-Year Forecast do Institute for the Future sobre "o futuro do aprendizado". Uma das participantes do jogo inverteu o fato de "Hoje alunos da faculdade precisam escolher um curso, como biologia, administração, literatura ou ciência política" para "Daqui a dez anos, alunos da faculdade terão que escolher um grande desafio, como ação climática, fim da pobreza, igualdade de gênero ou fim da fome". Ela explicou o conceito para o grupo: alunos interessados em todos os tipos de áreas de estudo e carreiras — engenharia, comunicação, ensino, serviço político, negócios, medicina, artes — se reuniriam e passariam de dois a três anos desenvolvendo o conhecimento e as habilidades em torno de desafios globais urgentes. Em vez de cursos isolados, o aprendizado universitário seria mais interdisciplinar e focado em objetivos. E as carreiras, em vez de se resumirem a escolher uma indústria ou profissão, seriam mais sobre decidir qual problema você quer ajudar a humanidade a resolver — seja como engenheiro, psicólogo, cineasta, jornalista, investidor, nutricionista, publicitário, assistente social ou o que quer que você faça. Todo tipo de curso ou carreira seria reimaginado em função de algo muito, muito maior. Todo curso analisaria o problema sob um ângulo diferente — histórico, econômico, científico, político, cultural — ou exploraria possíveis áreas de soluções ou intervenções — tecnológica, social, financeira, comportamental. Ninguém se preocuparia de que o seu curso se tornasse "irrelevante" ou que acabaria num emprego "inútil". Todos meteriam a mão na massa para coisas que realmente fossem importantes.

Fiquei arrepiada quando ouvi esse conceito. De repente, queria acordar naquele futuro *amanhã*. Pedi para a participante que contribuiu com essa ideia me contar mais sobre ela. Descobri que ela fez parte de um projeto de alunos de design do corpo docente da Universidade de Stanford para imaginar como o aprendizado poderia ser entre os anos 2025 e 2100, e esse foi um dos cinco principais futuros em que eles pensaram.* Ela gostou dessa ideia tanto quanto eu, mas não tinha visto nenhuma universidade, fosse a Stanford ou outra, escolher a ideia e desenvolvê-la.

Eu queria desenvolvê-la.

Considerei dar aulas em casa para as minhas filhas sobre um grande desafio todo ano. Se realmente colocar esse projeto em prática, adoraria ter outras famílias envolvidas. Tenho ideias ainda mais ambiciosas, como apresentar o conceito para a faculdade comunitária local e me oferecer para criar o programa dos grandes desafios por lá. Ou talvez eu convença o Banco Mundial ou as Nações Unidas para se juntarem com uma importante universidade para criar uma versão on-line do programa dos grandes desafios para pessoas de todas as idades. Vou me voluntariar para ajudar a estabelecer o curso ou programa de certificação sobre defesa planetária.

Estou bem no início do mágico período de dez anos para pensar sobre o futuro da educação superior da minha família. Talvez seja por isso que me sinto bastante otimista sobre essa ideia a princípio ridícula ser possível — e

* Você pode encontrar todas as ideias deles em: http://www.stanford2025.com/. É um exemplo fantástico de uma abordagem de pensamento de futuros e imaginação baseada na comunidade.

que eu mesma possa ajudá-la a se tornar realidade. Sei que não posso ficar sentada pela próxima década esperando-a acontecer. Preciso continuar buscando novas maneiras de compartilhar a ideia, fazer experimentos com ela, conquistar outras pessoas. Então, estou compartilhando o cenário a seguir com você como um pequeno passo para a ação. Se fizer uma viagem no tempo mental para esse futuro, talvez encontre algo que te anime também, ou que expanda a sua visão, ou que identifique um risco ou obstáculo que ainda não vi. Pode ser que fique tão animado quanto eu e coloque essa força futura na *sua* lista. Se não, comece a pensar sobre quais forças *lhe* dão esperança — e que cenário *você* inventaria para compartilhar com os outros e encontrar os seus aliados para o futuro.

Cenário futuro nº 6: "Você já decidiu o seu desafio?"

Final da primavera, alguns anos no futuro

Chegou aquela época do ano de novo — o fim da primavera, e quase 50 milhões de alunos universitários e de educação continuada em todo o mundo estão se preparando para escolher o seu desafio.

É uma época animada. A sensação de decidir qual curso você faria costumava parecer algo pessoal, mas escolher um desafio é como se juntar a uma missão épica.

Os dez desafios mais populares no ano passado, em ordem de popularidade, foram:

1. Ação climática
2. Boa saúde e bem-estar
3. Cidades sustentáveis
4. Igualdade de gênero
5. Erradicação da pobreza
6. Justiça e igualdade racial
7. Tecnologias e inovações éticas
8. Paz, justiça e instituições eficazes
9. Fome zero
10. Consumo e produção responsáveis

Em algumas semanas, os números globais serão atualizados para ver quantas pessoas se juntaram a cada desafio. Por todo o verão, egressos de desafios darão festas e farão reuniões em todo o mundo para dar as boas-vindas aos novos aprendizes do seu desafio comunitário global.

A população fica atenta durante a época de escolha, mesmo que não frequente a faculdade. Dá uma sensação boa, tantas pessoas se dedicando a algo maior. O mundo recebe uma injeção de esperança em relação ao futuro. Neste ano, você está ainda mais atento à temporada de desafios, pois (escolha uma):

1. Você é um aluno universitário prestes a escolher o seu desafio. **Momento de escolha:** qual desafio vai escolher? Por quê? Com quem conversa para ajudá-lo a tomar essa decisão? Como compartilha a notícia com amigos e parentes?
2. Você tem filhos, sobrinhos ou netos na universidade que estão tentando decidir qual desafio escolher e que pedem o seu conselho. **Momento de escolha:** que conselho dá a essas pessoas? Pense em alguém específico e imagine como essa conversa aconteceria. Como pode auxiliar da melhor forma possível neste momento?
3. Seu chefe lhe oferece, como benefício, a oportunidade de fazer um curso on-line sobre o desafio à sua escolha. Dez por cento das suas horas de trabalho serão agora para você se dedicar ao curso pelos próximos dois anos. **Momento de escolha:** você aceita a oferta? Se sim, qual desafio vai escolher? Com quem conversa para ajudá-lo a tomar essa decisão?
4. Você está trabalhando num comitê empenhado em criar um novo desafio na universidade da sua cidade. Esse programa será gratuito para todos os alunos da comunidade e possivelmente inspirará outras instituições a disponibilizar a mesma escolha para os seus alunos. **Momento de escolha:** que novo desafio você ajudou a criar? Por que achou que ele era importante? Consegue imaginar que tipos de aulas seriam oferecidas, que habilidades seriam ensinadas e quais projetos seriam feitos por alunos desse desafio? Trabalhe a sua imaginação e tente incluir o máximo de áreas de ensino e carreiras possíveis, de enfermaria a programação de computadores,

agricultura, aplicação da lei, gerenciamento de franquias... (As possibilidades são infinitas.)

5. Você é professor e recebe a oportunidade de adaptar um dos seus cursos para focar num grande desafio. **Momento de escolha:** você aceita a oportunidade? Em caso positivo, sobre qual desafio gostaria de dar aulas? Quais mudanças faria nas suas lições? De que tipo de apoio precisaria?
6. Você acha que a mudança dos cursos tradicionais para os grandes desafios foi um erro terrível. Está trabalhando num vídeo/podcast/artigo sobre todos os problemas do novo sistema e os seus danos inesperados. **Momento de escolha:** o que diz quando lhe perguntam por que foi um erro tão grande? Quais são os seus melhores argumentos? Que problemas deveriam ter sido previstos? O que acha que tornaria a situação melhor?
7. ??? (Coloque o seu próprio futuro hipotético aqui!)

Esse cenário poderia mesmo acontecer? Já existem várias peças dele em ação:

Os Objetivos de Desenvolvimento Sustentável das Nações Unidas (ODSs) existem hoje como uma forma de construir um consenso e uma colaboração global em torno dos nossos desafios mais urgentes. Os desafios do último cenário foram inspirados pelos últimos ODSs, que foram adotados por 193 países em 2015. "Justiça e igualdade racial" e "tecnologias e inovações éticas" foram adições minhas; os outro oitos saíram diretamente do grupo atual de ODSs.

O crescimento de XPRIZEs é outra tendência que torna esse cenário mais plausível. A organização XPRIZE cria e organiza competições públicas direcionadas a "catalisar informações e acelerar um futuro mais promissor ao incentivar avanços radicais em benefício da humanidade".[22] Notoriamente, o programa foi lançado em 1996 com um desafio para construir naves espaciais privadas que poderiam alcançar voo suborbital, e, em 2004, o prêmio de 10 milhões de dólares foi dado a um vencedor. Desde então, a fundação já lançou mais de doze desafios, incluindo uma competição de cem milhões de dólares ainda aberta para um avanço na tecnologia de remoção de carbono que ajudaria a evitar os piores efeitos da mudança climática e uma competição de 15 milhões de dólares para as "proteínas do amanhã" — ou seja, "alternativas ao peito de frango e ao filé de peixe que replicam ou superam o frango e o peixe convencionais em: acessibilidade, sustentabilidade ambiental, bem-estar animal, nutrição, assim como gosto e textura". Até agora, de acordo com o site da organização, mais de um milhão de pessoas trabalhando em equipe se registraram oficialmente para concorrer a um XPRIZE. No futuro, cursos universitários centrados em desafios com certeza poderão se inspirar e serem motivados por competições assim.

Isso sem mencionar que já existe um Grand Challenges Scholars Program (GCSP) [Programa Acadêmico de Grandes Desafios, em tradução livre], criado pela Academia Nacional de Engenharia dos Estados Unidos em 2008, especificamente para estudantes de engenharia. Até 2020, cerca de cem universidades do mundo inteiro foram aprovadas como instituições GCSP; elas oferecem bolsas de estudo e percursos de aprendizagem personalizados para alunos que se comprometerem a focar a sua educação em grandes desafios como "providenciar acesso à água limpa", "fazer engenharia reversa no cérebro" e "prevenir o terror nuclear". Esses estudantes têm tanta sorte! Gostaria de imaginar que esse conceito poderia se espalhar além de uma única disciplina para envolver um grupo de aprendizes muito maior e mais inclusivo. Uma pequena sinalização dessa possibilidade é a African Leadership University (ALU), fundada em 2015, com 1.500 alunos das Ilhas Maurício e Ruanda.[23] Alunos da ALU completam programas de graduação tradicionais, como em ciência da computação ou administração de negócios, mas também "declaram uma missão" que forma o núcleo das suas tarefas, trabalhos em campo e estágios. As missões são inspiradas por desafios para transformar a África para o futuro, como "urbanização", já que estima-se que quase um bilhão de africanos se mudarão das áreas rurais para as cidades em todo o continente até 2050. Gosto da inversão que essa sinalização oferece a esse cenário — talvez muitas universidades municipais ou estaduais focariam em grandes desafios locais em vez de globais.

"Você já decidiu o seu desafio?" também imagina que a mesma quantidade de alunos em educação continuada decidiria o seu desafio que jovem estudantes que acabaram de sair da escola. Isso é realista? Bem, hoje em dia, a maior plataforma de ensino on-line, Coursera, tem 77 milhões de alunos; a edX tem mais de 35 milhões. E os dados dos usuários revelam que dois terços deles têm ao menos o diploma de graduação, enquanto mais da metade está aprendendo enquanto mantém um emprego em período integral. Está claro que há um apetite para a educação continuada — para novas habilidades, novas comunidades, novas oportunidades. É provável que outras forças futuras impulsionem isso, seja a automação do trabalho, o que exigiria que milhões aprendessem novas oportunidades para se preparar para mudar carreiras; ou faculdade comunitária gratuita, o que tornaria o retorno à faculdade algo acessível para qualquer adulto; ou a renda básica universal, que poderia dar às pessoas a chance de trabalhar algumas horas a menos e aproveitar mais oportunidades de crescimento pessoal.

Por fim, não consigo deixar de pensar que os mais de 2 bilhões de indivíduos que jogam videogame regularmente estão bem preparados para esse tipo de mudança na educação, sobretudo nas gerações mais jovens, que cresceram passando tantas horas jogando videogames quanto em sala de aula.[24] Muitas coisas foram feitas na década passada para "gamificar" a educação. Que gamificação seria maior do que dar aos alunos uma missão épica e conectá-los com milhões de colaboradores ao redor do mundo?

Toda vez que você leu a explicação "Esse cenário poderia mesmo acontecer?" deste livro, aumentou o seu estoque de sinalizações de mudança e forças futuras. O mesmo vale para toda a evidência coletada enquanto jogava "Provoque o futurista" e "Cem maneiras de qualquer coisa ser diferente no futuro". Agora você tem um nome para esse tipo de pistas e uma noção melhor de como trabalhar com elas. Conforme continua a treinar a sua imaginação, mantenha em mente que os dois tipos de pistas são fundamentais para alongar a sua mente.

Sinalizações de mudança são como doces para o cérebro. Elas impulsionam a sua curiosidade e estimulam a imaginação selvagem. São divertidas de coletar. E são escandalosamente abundantes. Há milhões de sinalizações de mudança todo dia, esperando para serem descobertas. Quando encontra uma nova pista, ela ajuda a tornar a sua imaginação do futuro mais criativa, surpreendente e vívida.

Forças futuras, por outro lado, são bem menos numerosas. Não aparecem com tanta frequência. Você pode acompanhar o mesmo grupo limitado de forças futuras por anos, até décadas, esperando que o potencial total delas se realize. Seja paciente e continue absorvendo novas informações. Sempre que aprende mais sobre uma força futura importante, sua imaginação se torna mais fundamentada, realista e convincente.

TREINANDO A IMAGINAÇÃO

REGRA Nº 7: Escolha as suas forças futuras.

Faça uma lista das forças externas, além do seu controle, que têm maior probabilidade de afetar a sua vida e a vida de amigos e família nos próximos dez anos. Inclua coisas que o deixam animado para o futuro e coisas que o deixam preocupado. Use a lista para acompanhar o panorama geral. Esteja disposto a aceitar a realidade de riscos crescentes, mesmo quando fica desconfortável com isso. Continue atualizando o seu conhecimento de forças futuras, para estar preparado para ajudar ao menos uma pessoa na sua vida ou na sua comunidade caso uma força futura hipotética se torne uma crise real.

É hora de você fazer a sua lista de forças futuras. A seguir, você encontrará uma lista das principais forças futuras que estamos atualmente acompanhando no Institute for the Future. Essas são forças que têm alta probabilidade de afetar qualquer assunto futuro que queira investigar ou qualquer objetivo de longo prazo que queira atingir. Quando olha para essa lista, quais itens se sobressaem como particularmente importantes para você? Sobre quais gostaria de aprender mais? Minha sugestão é escolher ao menos três forças futuras para ficar de olho. Tente equilibrar um pouco a sua lista — ao menos uma das forças que escolher deverá parecer um risco para você, e uma outra, no mínimo, deverá parecer uma oportunidade:

- a crise climática
- trauma pós-pandemia
- movimentos de justiça social

- desigualdade econômica crescente
- tensões políticas e sociais causadas por crises de refugiados e migrações em massa
- automação do trabalho
- taxas de nascimento em queda no Ocidente e "boom juvenil" na África
- maioria religiosa em mudança e crescente diversidade teológica
- a mudança global para fontes de energia renováveis
- alternativas ao capitalismo e economias baseadas em mercado
- desinformação nas mídias sociais e teorias da conspiração
- aumento do autoritarismo e perda de fé na democracia
- adoção generalizada de reconhecimento facial e tecnologias de vigilância
- moedas digitais, criptomoedas e dinheiro programável
- renda básica universal e transferências diretas de dinheiro
- apagões de internet comandados pelo governo ou pela polícia
- o movimento "direito de desconexão" e semanas de trabalho de quatro dias
- educação continuada e "reciclagem" profissional
- garantias no trabalho
- design regenerativo e economia circular
- pesquisa genômica e modificação genética CRISPR
- a internet das coisas
- realidade virtual e aumentada
- redes de satélite e internet espacial

Se há algo na lista do instituto sobre o qual você não sabe absolutamente nada, essa é a oportunidade perfeita para encontrar a sua primeira pista. Faça uma busca na internet por qualquer força futura. Lembre-se de que as forças futuras não são secretas — elas estão escondidas à plena vista! O difícil não é aprender sobre elas; o difícil é estar disposto a aceitar por completo essa realidade, aceitar como elas podem ser transformadoras e mantê-las em mente enquanto segue com a sua vida e o seu trabalho — mesmo que pareçam avassaladoras, intimidadoras ou além do seu controle. Quando souber para que direção os ventos da mudança estão soprando, será capaz de se preparar, se adaptar e influenciar de maneira positiva o próprio futuro.

8

Pratique a empatia árdua

Se não sou imaginado no seu futuro, eu existo nele?
— Hodari Davis, poeta, ativista e educador

Nossas versões futuras são como estranhos para nós.

Esta não é uma metáfora poética, é um fato neurológico. Quando você imagina a si mesmo no futuro, seu cérebro faz algo estranho: ele para de agir como se você estivesse pensando sobre si mesmo. Em vez disso, conforme estudos de ressonância magnética demonstram, ele se comporta como se estivesse pensando *numa pessoa completamente diferente*.[1]

Em geral, quando pensa em si mesmo, a região do cérebro conhecida como córtex pré-frontal medial, ou mPFC, liga. Quando você pensa em outras pessoas, o mPFC desliga. E se você acha que não tem *nada* em comum com a pessoa em quem está pensando? Ele fica ainda menos ativo.

O mPFC é essencial para manter a sua "continuidade de identidade pessoal". É por causa dele que você acorda todo dia sabendo quem é e o que quer fazer a seguir. Mais de cem estudos de ressonância magnética atestaram esse efeito.[2] No entanto, há uma grande exceção a essa regra: quanto mais você tenta imaginar a própria vida no futuro, menos ativado o mPFC fica.

Em outras palavras, seu cérebro age como se a sua versão do futuro fosse alguém que você não conhecesse tão bem e, para falar a verdade, com quem não se importasse tanto assim.

Esse comportamento defeituoso do cérebro pode dificultar a tomada de atitudes que vão beneficiar os nossos eus do futuro. Estudos comprovam que, quanto mais os nossos cérebros tratam as nossas versões futuras como desconhecidas, menos autocontrole exibimos na atualidade e ficamos menos propensos a fazer escolhas pró-sociais — decisões que provavelmente vão ajudar o mundo a longo prazo. Ficamos mais propensos a cair em tentações, procrastinamos mais, nos exercitamos menos, economizamos menos dinheiro para a aposentadoria, desistimos mais fácil diante da frustração ou da dor temporária e somos menos suscetíveis a nos importarmos ou tentarmos prevenir desafios de longo prazo como a mudança climática.[3] Isso faz sentido. Conforme Hal Hershfield, pesquisador da Universidade da Califórnia, em Los Angeles, que conduz estudos de ressonância magnética sobre autoimaginação futura, explicou para mim: "Por que você economizaria dinheiro para si mesmo no futuro quando, para o seu cérebro, isso é como dar dinheiro para um estranho completo?"

No entanto, algumas pessoas têm um pingo a mais de empatia pelas suas versões futuras do que outras. O cérebro delas age de forma um pouco diferente, seus mPFCs ficam um tanto mais ligados. Elas tratam os seus eus do futuro como... Bem, se não como si mesmas, então como um velho amigo ou ente querido. Como resultado, elas tendem a demonstrar mais força de vontade, votam mais em eleições (porque querem ter voz sobre o futuro) e são mais bem-sucedidas em atingir os seus objetivos de longo prazo (porque não se importam de trabalhar arduamente agora para ajudar os seus eus do futuro).

Quanta empatia *você* tem pelo seu eu do futuro? Por sorte, não precisamos de uma máquina de ressonância magnética para saber. Psicólogos desenvolveram um questionário científico, tendo como base os estudos de ressonância magnética de Hershfield. Ele mede a sua relação com o seu eu do futuro com quase a mesma precisão de um escâner cerebral.[4] Por exemplo, eis aqui três perguntas do Questionário de Identidade Pessoal Futura:

Quão vividamente consegue imaginar como você será daqui a dez anos?

1 – nem um pouco 2 – não muito bem 3 – um pouco
4 – muito bem 5 – muito fortemente 6 – perfeitamente

Quão parecido você é agora com seu eu de daqui a dez anos?

1 – completamente diferente 2 – um tanto diferente 3 – um pouco diferente 4 – semelhante 5 – muito semelhante 6 – exatamente igual

Você gosta de como será daqui a dez anos no futuro?

1 – nem um pouco 2 – não muito 3 – um pouco
4 – bastante 5 – muito fortemente 6 – totalmente

Como pode ver por essas perguntas de exemplo, três fatores diferentes influenciam a sua empatia pelo seu eu futuro: vividez do eu futuro, semelhança ao seu eu futuro e efeito positivo no seu eu futuro. Quanto mais alto pontua nessas três dimensões, mais aberto está para agir em prol e em benefício do seu eu futuro. Um total de 15 ou mais nessas três perguntas mostram uma empatia muito forte pelo eu futuro. Por outro lado, uma pontuação de seis ou menos sugerem uma empatia baixíssima. Já uma menor que os 18 pontos máximos sugere que ainda há oportunidades para nutrir uma conexão mais forte entre você e o seu eu do futuro.

Ao ler este livro e fazer muitas viagens no tempo mentais para daqui a dez anos, você provavelmente já está aumentando a sua pontuação em uma das três dimensões da continuidade de identidade pessoal futura: a vividez da sua imaginação. Sua habilidade de ver com clareza o seu eu futuro fica mais forte a cada cenário daqui a dez anos com o qual você brinca e com cada história detalhada que escreve sobre o que poderá pensar, fazer ou sentir no futuro. O paradoxo, porém, é quanto mais tempo você passa visitando futuros estranhos, mais pode perceber que o seu eu futuro provavelmente será diferente, transformado pelas mudanças que fez, desafios que encontrou e a reinvenção da própria sociedade.

Então, a questão não é mais sobre se nós nos sentimos mais parecidos com os nossos eus futuros, mas, sim, como nos sentimos mais conectados a alguém que imaginamos poder ser bem diferentes de nós? E como construir a confiança de que ainda vamos gostar daquela pessoa, não importa o quanto seja diferente de nós?

A solução para esse dilema requer um mergulho profundo na própria natureza da empatia.

NA VERDADE, HÁ DOIS tipos de empatia.[5]

O primeiro, o tipo fácil, acontece quando conseguimos nos identificar diretamente com o que outra pessoa está sentindo, porque também já passamos por aquilo. Não precisamos adivinhar. Se você vir uma criança sofrendo bullying, por exemplo, tendo sofrido bullying durante a infância você mesmo, a empatia por aquela criança virá rápido e fácil para você. Talvez sinta na sua mente e no seu corpo uma onda de raiva, ou medo, ou humilhação, ou quaisquer que fossem as emoções que sentia quando sofria bullying. Essa é a forma do seu cérebro ajudá-lo a entender e se relacionar com os outros de forma mais eficiente. Esse tipo de empatia fácil, como uma emoção compartilhada, traz os seus sentimentos de volta de maneira visceral, com frequência com uma inundação de neuroquímicos e sensações físicas. Basicamente, é uma forma de *simulação emocional*.

Uma simulação emocional é poderosa, mas também pode ser exaustivo assumir o sentimento de outros e suportá-lo nós mesmos. Essa empatia é "fácil" não porque é fácil passar por ela, mas porque é fácil senti-la. Acontece de forma quase inconsciente, sem reflexão ou esforço.

O segundo tipo, a empatia árdua, requer mais esforço e criatividade. É o que devemos conjurar quando *não* temos experiência pessoal com o que outra pessoa está passando, mas queremos entender. É o que praticamos quando discordamos com alguém, mas ainda tentamos compreender o seu ponto de vista e entender quais experiências de vida a levaram a isso. É o que acontece quando falamos para alguém após um grande choque ou perda: "Não consigo imaginar como deve ser difícil para você." Quando não temos conhecimento em primeira mão ao qual recorrer, temos que imaginar. Temos que acalmar as nossas respostas instintivas baseadas em padrões das nossas histórias pessoais. E temos que criar um espaço em branco na mente para que a experiência alternativa de outra pessoa surja. Temos que inventar, imaginar, preencher as lacunas usando quaisquer pistas que pudermos encontrar. Como *seria* ser aquela pessoa nesse momento?

A empatia árdua é ainda mais difícil quando não temos ligação natural nenhuma com uma pessoa ou grupo em particular. Todos temos pessoas que vivem fora dos círculos de empatia fácil — pessoas com visões políticas diferentes, que fizeram escolhas de vida diferentes ou que vivem do outro lado do mundo em culturas e comunidades que nos parecem estranhas e diferentes.

E dados mostram que, nos últimos anos, muitos de nós tivemos uma *diminuição* nos círculos de empatia natural. Nós nos identificamos com "grupos fechados" que são mais rigidamente definidos por identidades políticas, religiosas e étnicas. Sabemos menos sobre a vida de pessoas em outros grupos. E sentimos cada vez mais raiva, medo ou desconfiança de pessoas fora do nosso círculo mais íntimo.[6]

A princípio, a pandemia da covid-19 aparentava diminuir essa polarização social. Indivíduos com diferentes estilos de vida se juntaram pelas preocupações e sacrifícios comuns.[7] Porém, de acordo com estudos, conforme a pandemia continuou, respostas parciais ao uso de máscaras, ordens de isolamento e vacina aumentaram a polarização social, criando novas categorias de "nós" contra "eles": usuários de máscaras contra não usuários de máscaras, pessoas que faziam o distanciamento social contra pessoas que não faziam o distanciamento social, pró-vacina contra antivacina.[8] Ao mesmo tempo, países mais ricos com campanhas bem-sucedidas de vacinação viviam uma realidade completamente diferente de países mais pobres sem acesso a vacinas ou que tinham dificuldade em implementar uma campanha de vacinação.

Resumindo, a empatia árdua está ficando cada vez mais difícil, e a covid-19 não ajudou.

Mas *precisamos* dela. A empatia árdua é essencial para expandir a nossa perspectiva, aprofundar a nossa humanidade, extinguir fossos sociais e nos preparar para ficarmos à disposição de outros. Ela torna as nossas relações interpessoais mais resilientes — nós nos recuperamos mais rápido de desavenças e ficamos menos propensos a desistir uns dos outros, seja de um membro da família, um amigo ou parceiro romântico.[9]

E não é só bom para indivíduos; quanto mais pessoas praticarem a empatia árdua, mais saudável a sociedade será. Evidências de um estudo envolvendo mais de cem mil adultos por 63 países revelam que nações com pontuações médias mais altas de empatia árdua têm também níveis mais altos de bem-estar subjetivo, autoestima, coletivismo e comportamento pró-social.[10] Aparentemente, compreender as esperanças e preocupações de outras pessoas nos motiva e nos empodera para sermos mais prestativos e solidários. Isso, por sua vez, faz com que a gente se sinta melhor sobre o próprio valor. É um círculo virtuoso, uma espiral ascendente de benefício social.

E a empatia árdua pode até fazer você se sentir mais conectado ao seu eu do futuro. Se continuar expandindo o seu círculo natural de empatia a estranhos com vidas que não lhe sejam familiares, a pessoas que pareçam muito diferentes de você, então *mesmo que o seu cérebro trate o seu eu futuro como um estranho ou como alguém com quem você não tem nada em comum*, você estará mais propenso a cuidar e se identificar com aquela pessoa também.

A MANEIRA MAIS FÁCIL que encontrei de praticar a habilidade de empatia árdua é ir a qualquer fonte de conteúdo de notícias, como revistas ou mídias sociais, e buscar uma matéria sobre alguém passando por algo radicalmente diferente, quase inimaginavelmente diferente, da minha própria vida.

Então tento imaginar a minha vida como sendo mais parecida com a da pessoa.

Por exemplo, li há pouco tempo uma história do *New York Times* sobre duas irmãs na área rural da Índia. Seu vilarejo é tão conservador e cerceador em relação às mulheres solteiras que, nas raras ocasiões em que as irmãs vão à cidade mais próxima, os primos e tios as acompanham e dão as mãos para fazer uma corrente humana ao redor delas, protegendo-as de qualquer contato com homens estranhos.[11] Tente imaginar a cena: um pequeno grupo de pessoas se movimentando por espaços públicos juntos, com duas mulheres dentro de um círculo de homens.

Como esse é um costume social raro, pressuponho que não seja algo em que você esteja diretamente envolvido — de outra forma, você teria empatia fácil das pessoas do vilarejo. Porém, se esse costume parece estranho para você, então gostaria de propor um experimento mental. Como seria se, na sua vida, esperassem que você vivesse de acordo com esse costume? Pode se imaginar ser considerado tão carente de proteção que os seus parentes criam uma corrente humana ao seu redor sempre que vai a algum lugar em que pode encontrar estranhos? Ou, se preferir, e se esperassem que você fosse um protetor? E se lhe chamassem para cumprir essa tarefa social de criar uma corrente humana ao redor de alguém?

Para ser clara: *não* tente se imaginar como uma das duas moças no vilarejo rural da Índia. Não se coloque no lugar delas, por assim dizer. Continue sendo exatamente *quem você é* e estando exatamente *onde está*. O que muda nessa simulação mental são os *fatos da sua própria vida*. Se, na sua vida real, você mora em Nova York, então está imaginando que uma corrente humana de proteção em torno de mulheres solteiras é algo comum de se ver em Nova York. E se for uma mulher solteira na vida real, então, nessa realidade alternativa, *você* agora precisa de uma corrente humana de proteção sempre que estiver na presença de estranhos. Se for uma mulher casada, então, nessa realidade alternativa, foi chamada para ajudar a organizar ou fazer parte da corrente.

Essa estratégia pode parecer contraintuitiva. Afinal, a empatia não significa ser capaz de se colocar no lugar dos outros e ver o mundo sob o ponto de vista deles? Bem, sim — mas pesquisas mostram que, quando tentamos imaginar como seria ser outra pessoa sem termos experiência direta sobre as circunstâncias dessa pessoa, não somos muito bem-sucedidos. Quando apenas criamos coisas na cabeça sobre como outra pessoa pode se sentir ou agir, sem basearmos isso em conhecimento de primeira mão, com frequência entendemos errado. Costuma haver um abismo entre o que imaginamos e o que outra pessoa descreve como a experiência dela.[12] Mas a técnica de empatia árdua que descrevi antes ajuda a evitar esse abismo ao misturar fatos objetivos sobre a realidade de outro indivíduo com os seus sentimentos e as suas reações subjetivos. Em vez de simplesmente adivinhar como a outra pessoa pode estar se sentindo, você está sentindo você mesmo. E, embora talvez não sejam as mesmas emoções da outra pessoa, é uma empatia mais autêntica. Está fundamentada no meio-termo entre os seus sentimentos verdadeiros e a vida real da outra pessoa. E estudos mostram que, quando sentimos essa "empatia misturada", sentimos uma conexão maior a pessoas que de início identificamos como diferentes. Sentimos que temos mais em comum com elas. Também nos sentimos mais motivados a agir para ajudá-las ou a se juntar a uma causa que pode tornar a vida delas melhor.[13]

Então, continue: volte para a sua imaginação e tente sentir a fisicalidade da corrente humana de proteção, a intimidade dela. Torne a cena o mais vívida e específica possível. Quem, exatamente, está protegendo você — quais parentes ou vizinhos? Ou quem você está protegendo? Está de mãos dadas com quem? Para onde está indo? Como se sente?

Pode parecer absurdo pensar num costume tão raro e estranho se tornando parte da sua vida. Um executivo da minha aula de Stanford declarou, frustrado, durante esse exercício: "Eu não consigo imaginar isso de jeito nenhum. Sou ocupado demais para servir de corrente humana para outra pessoa. Eu simplesmente me recusaria a fazer isso." Mas, claro, é isso que faz com que essa empatia seja árdua. Talvez tenhamos que nos imaginar vivendo sob pressões sociais, expectativas ou limitações que rejeitaríamos se tivéssemos o poder de fazê-lo. Talvez tenhamos que sentir, através da nossa empatia, coisas que preferiríamos não sentir: raiva ou impotência.

No entanto, já me surpreendi com pessoas que conjuraram sentimentos positivos em relação a esse cenário: elas se sentiram prestativas, solícitas ou protegidas, mesmo quando outros tinham sentimentos de claustrofobia, prisão, adversidade ou desigualdade. Essa diversidade de reações ressalta que a empatia árdua não se trata de estar certo sobre os sentimentos alheios. Tem mais a ver com um senso de curiosidade sobre a vida dos outros. E também perceber, lá no fundo, quantas realidades alternativas as pessoas já vivenciam em comparação às nossas próprias vidas.

Eis outro cenário para praticar a empatia árdua, inspirado por uma grande falta d'água que aconteceu na Cidade do Cabo, na África do Sul.

E se, por lei, você tivesse que cortar 75 por cento do seu uso de água diário? E mesmo com restrições tão severas, e se fosse avisado de que o seu vilarejo ou a sua cidade logo pudessem ficar sem água, e nada sairia da torneira quando você a abrisse?

Essa é uma realidade pela qual muita gente passou em 2018, quando, depois de três anos de uma seca que só piorava, a Cidade do Cabo aprovou restrições limitando cinquenta litros de água por pessoa por dia.

Para dar uma ideia do que é possível fazer com cinquenta litros de água: você pode dar a descarga uma vez por dia (dez litros), tomar um banho de um minuto (dez litros), escovar os dentes e lavar as mãos duas vezes por dia (quatro litros) e manter você e um animal de estimação hidratado (quatro litros). Precisa economizar o restante da sua porção diária para lavar a roupa (setenta litros) e um ciclo no lava-louça (trinta litros) uma vez por semana. Se quiser limpar qualquer coisa na sua casa ou cozinhar com água, ou regar qualquer planta, ou tomar um banho que dure mais de um minuto, ou lavar o rosto à noite, ou lavar as mãos mais de duas vezes por dia… vai ter que sacrificar outra coisa. Talvez não dê a descarga hoje? Não escove os dentes? Use roupas sujas na semana que vem?

As restrições no uso de água foram aprovadas para evitar o que os locais chamavam de "Dia Zero". No Dia Zero, a cidade teria que fechar todos os suprimentos municipais de água. Os residentes seriam forçados a esperar na fila de um dos 150 pontos centrais de coleta de água em toda a Cidade do Cabo para uma porção diária de apenas vinte e cinco litros por pessoa. Na época, noticiava-se que o Dia Zero estava provavelmente a poucas semanas de acontecer, pois os níveis das represas haviam minguado a menos de 15 por cento da capacidade total.[14]

Assim, as pessoas da Cidade do Cabo tiveram que fazer escolhas bem difíceis todos os dias. Elas também se acostumaram a ficar um pouco mais sujas. Locais de trabalho faziam concurso de "camisa suja" com os empregados, para ver quem conseguia ficar mais tempo sem lavar a roupa. Bares e restaurantes encorajavam clientes a *não* dar descargas em banheiros públicos, com um cartaz que dizia: "Se não foi número dois, deixe a descarga para depois." Enquanto isso, pessoas ricas dirigiam muito além dos limites da cidade para comprar vastas quantidades de água engarrafada e burlar as restrições. Isso logo levou a uma escassez de água engarrafada.[15]

A cidade foi capaz de continuar adiando o Dia Zero através do esforço coletivo de economizar água. Quando a chuva caiu meses depois, as coisas voltaram ao normal.

Se você nunca viveu uma crise prolongada de falta d'água, então esse desafio de empatia árdua é para você:

Imagine que *você* tivesse que viver por meses com restrições semelhante. Imagine que a cidade ou estado em que você mora atualmente tivesse que implementar essa mesma política.

Como gastaria os seus cinquenta litros diários?

Do que abriria mão primeiro? Banhos? Lavar roupa? Cozinhar?

Qual seria a coisa mais difícil de abrir mão?

Você compartilharia os seus cinquenta litros com parentes ou vizinhos?

Como se sentiria se alguém da sua casa tomasse um banho de vinte minutos e acabasse com a água da família pelo restante do dia? Nervoso? Frustrado? Com inveja?

Como se sentiria usando as mesmas roupas por vários dias seguidos, mesmo quando elas começassem a cheirar mal? Envergonhado? Enojado? Orgulhoso? Tranquilo?

Tente pensar na fisicalidade da situação e tente sentir os aspectos sociais de tomar decisões sobre a água e ajudar ou se sacrificar pelos outros.

Pense em quais emoções a possibilidade do seu próprio Dia Zero traria — ansiedade, medo ou talvez uma motivação para ajudar?

Que ações você tomaria para se preparar para um possível Dia Zero? Você se tornaria um acumulador de água? Que tipo de ajuda daria a outros? De que tipo de ajuda *você* precisaria?

Dada a natureza da mudança climática e dos níveis crescentes de secas no mundo inteiro, esse cenário pode de fato acontecer em muitas outras cidades. Um pouco de empatia árdua agora para as pessoas que já viveram por restrições governamentais nunca antes vistas no fornecimento de água pode ser bastante útil para se preparar para o seu próprio futuro. As experiências vividas pelas pessoas da Cidade do Cabo estabeleceram um novo precedente, um novo "imaginável". Daqui para a frente, pode ser a realidade de qualquer um.

O PENSAMENTO DE FUTUROS distantes e a empatia árdua se reforçam mutuamente. São uma espécie de "treinamento cruzado" para a sua imaginação. Quanto mais pratica um, melhor fica no outro.

Quando faz uma viagem no tempo mental para o futuro distante, precisa romper com os seus pensamentos de sempre. Precisa mergulhar numa realidade alternativa: o que há ao meu redor? Com quem estou? O que sinto nesse momento? O que quero fazer de verdade? A empatia árdua exige precisamente o mesmo salto de imaginação. Ela usa as mesmas habilidades de simulação mental para preencher as lacunas entre o que você sabe por experiência própria e o que *poderia* ser verdadeiro para outra pessoa.

Da mesma forma, quando você começa a sentir na própria mente e corpo como as experiências de vida de outra pessoa podem ser diferentes das suas, então se desprende e melhora sua capacidade de pensar em todos os tipos de mudança. Como se outra pessoa pudesse viver uma vida completamente diferente da sua hoje, então é possível para que você mesmo, e qualquer pessoa no seu entorno, possa levar uma vida completamente diferente — amanhã, ano que vem ou daqui a uma década.

Ver o futuro pelo *ponto de vista de outra pessoa* — alguém cujas circunstâncias, valores, experiências, esperanças e preocupações são muito diferentes das suas — não é fácil. Mas a empatia árdua é mais fácil de praticar quando você não está simplesmente adivinhando, e, sim, quando está obtendo informação direta dos outros sobre o que querem e precisam. Essas duas simples perguntas podem ser um bom começo:

1. O que o mantém acordado à noite quando pensa no futuro?
2. O que o faz pular da cama animado de manhã quando pensa no futuro?

Nesse momento, tenho um banco de dados com as respostas de 9.681 pessoas, coletadas nos últimos dois anos. Sempre que tenho a confiança de saber por que vale a pena manter o otimismo e por que preciso me preocupar, dou uma olhada nas respostas e tento me surpreender e trabalhar a minha imaginação empática.

Você não precisa fazer um banco de dados! Mas deveria tentar fazer essas perguntas quando for possível. Se estiver recebendo um grupo ou promovendo um encontro, tente fazer as pessoas se apresentarem respondendo uma ou duas perguntas em vez de simplesmente compartilharem de onde vêm, com que trabalham e outros detalhes biográficos tradicionais. Essas perguntas dão início a conversas incríveis e estabelecem uma base de compreensão mútua que tornam qualquer tipo de discussão ou tomada de decisão mais significativa — mesmo que não seja sobre o futuro.

Outra forma de reagir a um futuro cenário, além de simplesmente imaginá-lo ou conversar sobre ele, é *escrever em fluxo de consciência* sobre ele. Isso significa escrever o que passa na sua mente, de forma rápida, sem se censurar ou editar.

Quando escrever em fluxo de consciência sobre um cenário, recomendo colocar um temporizador e passar cinco minutos — apenas cinco minutos! — descrevendo como poderia pensar, sentir e fazer se esse cenário acontecesse mesmo com você. Seu objetivo é visualizar o cenário futuro como se *já tivesse passado por ele*, como se fosse uma memória verdadeira que pudesse analisar e descrever para alguém nos mínimos detalhes. Pense nisso como criar um diário do futuro. Você vai descrever alguns momentos dramáticos do seu cotidiano:

> "Acordei hoje e a coisa mais estranha aconteceu..."

> "Quando ouvi as notícias, a primeira coisa que fiz foi ligar para a minha irmã e pedir um conselho para ela..."

> "Entrei no meu carro na mesma hora e comecei a dirigir. Queria chegar à loja antes da multidão...

Você pode praticar o fluxo de consciência sozinho, mas a mágica acontece quando faz isso com um parceiro ou um grupo. Assim, poderão trocar histórias (ou "diários do futuro") e ter uma conversa rápida sobre quaisquer surpresas ou diferenças na forma que reagiram.

Ao escrever o que está imaginando, está dando um importante passo adiante — da *simulação mental* do futuro, que acontece na sua própria mente, para a *simulação social* do futuro, que significa compartilhar o que está imaginando com outros. Isso também vai trabalhar as suas habilidades de empatia árdua — porque você será capaz de ver diretamente a partir dos outros o que provavelmente vão sentir e precisar no futuro.

Na Parte III deste livro, como parte final do seu treinamento de imaginação, você será convidado a "passar dez dias no futuro" ou fazer dez registros de diários do futuro em resposta a alguns cenários bem surpreendentes. Você será capaz de adicionar as suas próprias histórias na internet, numa simulação social de larga escala, onde outros milhares de indivíduos estarão compartilhando as suas histórias também. Esse tipo de storytelling em primeira pessoa é a "mecânica principal" de todas as simulações sociais que fazemos no Institute for the Future.

Em termos de desenvolvimento de jogo, uma mecânica principal é qualquer ação que os jogadores fazem sem parar enquanto jogam. A mecânica principal do futebol é chutar a bola. A mecânica principal do Legos é empilhar peças. A mecânica principal do Scrabble é criar palavras com peças com letras. E a mecânica principal de simulações sociais é escrever histórias rápidas que outros possam ler, como todo mundo dizendo uns aos outros: "Eu faria o seguinte", "Eu me sentiria assim" e "Eu precisaria de" sobre o mesmo cenário, para que possam aumentar a empatia mútua e a inteligência coletiva sobre o futuro.

Adquira alguma prática para a simulação social agora ao escrever os seus registros de diários do futuro em resposta aos dois próximos cenários. Um é sobre o futuro da internet. O outro é sobre o futuro do dinheiro. Você pode escrever as suas primeiras reações aos cenários num caderno, num e-mail para si mesmo, gravar um áudio no telefone, digitar num documento no Bloco de Notas ou no Word, o que quer que funcione melhor para você. Lembre-se de que leva apenas cinco minutos e você estará usando o fluxo da consciência — então não é necessário censurar ou editar os seus pensamentos. Para as experiências de simulação social mais autênticas, convide um amigo para jogar com você, para que possam trocar histórias e reações.

Se ainda não estiver convencido a pegar uma caneta ou abrir um documento no computador — se planejar ler e pensar sobre os cenários sem escrever a sua história rápida —, então leve em consideração o feedback que recebi de participantes de uma simulação social recente:

"Escrever é tão diferente de simplesmente imaginar. Faz tudo ficar mais concreto. Eu não teria adivinhado a diferença que faz."

"Você nunca sabe de verdade o que vai fazer numa crise até que tenta escrever sobre isso. Aí, de repente, você sabe. Quando precisa escrever algo, é como se o seu cérebro mudasse de engrenagem."

"Eu realmente gostei da parte da escrita. Preenchi algumas páginas de um caderno e tirei fotos para mandar para o meu namorado ler. Queria que ele experimentasse o cenário comigo."

"A melhor parte foi ler o que as outras pessoas escreveram. Teria sido divertido fazer isso sozinho, mas ler as histórias das outras pessoas tornou tudo mais interessante. Fiquei tão surpreso com coisas que elas inventaram e que nunca me passaram pela cabeça."

É assim que você começa a tirar proveito da inteligência coletiva sobre o futuro. É assim que cria a imaginação coletiva.

Então — está pronto para escrever?

Cenário futuro nº 7: A grande desconexão

Manhã de sexta-feira, daqui a dez anos

Seu telefone toca duas vezes e então faz um som estranho.

Você dá uma olhada na tela e vê que é uma notificação de alerta de emergência.

> Esta é uma mensagem do Departamento de Segurança. O presidente declarou uma emergência cibernética nacional.
>
> A partir do meio-dia de hoje, a internet e todos os serviços de telefonia celular dos Estados Unidos continentais serão temporariamente desligados devido a uma ameaça urgente à segurança.
>
> Os serviços permanecerão desligados por pelo menos catorze dias. Durante esse período, não haverá acesso público à internet. Telefones celulares não poderão fazer ligações nem enviar ou receber mensagens.
>
> Não há ameaça imediata ao público. Novas informações serão divulgadas assim que possível. Obrigado pela cooperação.

Você nunca viu um alerta como esse antes. *Isso é sério?*

Sua mente começa a acelerar conforme você pensa em todas as coisas que não conseguirá fazer sem internet ou serviço de celular.

Então você dá uma olhada na hora. São 11h50. Apenas dez minutos até o desligamento acontecer!

IMAGINE QUE ESSE CENÁRIO está acontecendo com você, na sua vida real. Como se sentiria e o que faria? Aqui vão algumas instruções que podem ajudá-lo a escrever o registro no diário desse futuro.

1. **Estabeleça a cena.** Onde você está quando recebe a mensagem? Tem alguém com você? Se sim, o que dizem um ao outro? Descreva o momento com detalhes.
2. **Sinta o momento.** Que emoções está sentindo no momento? Quais são as sensações físicas? Quais pensamentos começam a correr pela sua mente?
3. **Tente entender a situação.** Quais são as melhores explicações que você pode imaginar para explicar o que está acontecendo?
4. **Dê nome às suas preocupações.** Quais problemas você pode ter ao se adaptar por ao menos duas semanas — se não mais — sem internet ou celular?
5. **Tome uma atitude.** Quais *ações imediatas* você tem após receber o alerta? Que planos começa a fazer?

Um futuro como "A grande desconexão" poderia realmente acontecer? Deixe-me contar um pouco mais sobre as sinalizações de mudança e forças futuras que inspiraram esse cenário, e por que nós, no Institute for the Future, pensamos que é uma boa ideia começar a se preparar para algo assim.

Primeiro, como você deve ter notado, esse cenário é um pouco misterioso. Não fica claro o que está acontecendo. O que exatamente é uma emergência cibernética? E por que ela está acontecendo? Como é possível planejar ações efetivas em resposta a uma situação que não entende por completo?

Na verdade, essa incerteza é parte importante do design do cenário. A falta de clareza corresponde às nossas experiências reais de eventos "impensáveis" e desafios "inimagináveis". Quando uma grande crise começa a se desdobrar, em geral não sabemos exatamente o que está acontecendo ou por quê. Leva tempo para compreender as mudanças e ajustar as nossas expectativas de realidade. Um cenário misterioso ajuda você a praticar o pensamento criativo e estratégico através das brumas da crise, quando é difícil perceber o que está acontecendo.

Posso, no entanto, retirar um pouco das brumas desse cenário para você agora. Eis o que realmente está acontecendo em "A grande desconexão": o cenário é sobre um mundo em que o governo federal e local cada vez mais desliga a internet e comunicações por celular com pouco tempo de aviso, se é que há algum. Esse não é um cenário futuro hipotético. Já está acontecendo.

Trinta e três países forçaram 213 desligamentos da internet em 2019; em 2020, vinte e nove países forçaram outros 155. Sessenta e dois por cento desses desligamentos afetaram tanto a banda larga quanto o serviço de telefonia celular. Em geral, os desligamentos foram determinados por governos federais e duraram períodos de alguns dias a muitos meses. (O desligamento mais longo, imposto por Mianmar em nove cidades onde havia conflito militar em curso, está em curso há quase dois anos no momento em que escrevo.)[16] E, embora você possa estar pensando que são os regimes autoritários que desligam a internet, a Índia — a maior democracia do mundo — é líder global em desligamentos, com 109 ocorrências em 2020.

As justificativas mais comuns dadas para os desligamentos das comunicações são segurança pública, segurança nacional e para impedir fake news e "conteúdo ilegal". Na realidade, de acordo com a Access Now [Acesse agora, em tradução livre], organização de pesquisa sobre direitos da internet, os desligamentos são feitos, na maioria das vezes, para silenciar protestos, prejudicar ativistas, esconder violações aos direitos humanos e influenciar eleições. E a tendência nos anos mais recentes é que os desligamentos da internet durem mais tempo, afetem mais gente e tenham como alvo grupos vulneráveis.

Mas poderia acontecer nos Estados Unidos? Só porque algo nunca aconteceu antes não significa que não possa acontecer no futuro. (Não caia nessa armadilha do viés da normalidade!) Nos últimos anos, houve uma considerável discussão e pesquisa legal sobre a constituição permitir ou não que um presidente dos Estados Unidos desligue a internet e as telecomunicações. O consenso legal, talvez de maneira surpreendente, é que sim, não seria inconstitucional para um presidente desligar *tudo*, durante épocas de guerra ou outras emergências públicas, graças a uma cláusula obscura enfiada no final da Lei das Comunicações de 1934 (seção 706, codificada como 47 USC 606).[17] Então talvez não seja um exagero tão grande imaginar um desligamento da internet nos Estados Unidos, talvez para impedir que uma informação errada e perigosa se espalhasse durante uma crise de segurança nacional... ou talvez só para impedir e interferir em protestos e ações políticas.

O risco é significativo o suficiente para que, em 2021, a Access Now tenha feito uma atualização especial sobre os Estados Unidos no seu relatório anual global sobre desligamento de internet: "Os Estados Unidos [têm] leis que facilitam o desligamento da internet e das comunicações. (...) Tudo que é necessário para que os poderes quase sem controle do presidente desliguem as plataformas de comunicação por todo país é um 'estado de risco público' ou 'outra emergência nacional'. (...) A ameaça de um desligamento da internet nos Estados Unidos permanece."

Reconhecendo essa ameaça, houve um esforço bipartidário em 2020 tanto no Senado quanto na Câmara dos Representantes para aprovar uma lei chamada Unplug the Internet Kill Switch Act [Lei de desplugar o botão de desligar a internet, em tradução livre], que reformaria a lei anterior e impediria o presidente de desligar qualquer tecnologia de comunicações durante tempos de guerra, incluindo a internet. Mas a lei não recebeu apoio suficiente para avançar para votação no Congresso.

A GovTrack.us, a maior fonte não governamental de informação e estatísticas legislativas, resumiu a oposição à lei proposta da seguinte maneira: "Oponentes contra-argumentam que um botão para acabar com a internet, por mais que *soe* orwelliano, é, na verdade, uma ferramenta governamental necessária nessa era quase completamente digital, como assunto de segurança nacional."[19] Eles citam os riscos crescentes de ataques cibernéticos por adversários estrangeiros ou terroristas no sistema elétrico, no sistema de água, em bancos de dados e nos sistemas bancários dos Estados Unidos, e argumentam que o presidente precisa de um botão para desligar a internet se uma emergência cibernética acontecer. Novamente, estes riscos não são hipotéticos — já estão acontecendo, com frequência cada vez maior. Em

2021, por exemplo, um hacker malicioso tomou o controle de uma estação de tratamento de água na Flórida e mudou o nível de hidróxido de sódio na água tratada de cem partes por milhão para 11.100 partes por milhão — o que teria sido suficiente para deixar cidadãos seriamente doentes se a água tivesse chegado à casa deles antes de a invasão ter sido detectada. Em 2021, a Colonial Pipeline, operadora de um dos maiores gasodutos nos Estados Unidos, precisou desligar quase 9 mil quilômetros de gasoduto, que fornece 45 por cento do suprimento de combustível da costa Leste, depois que o seu sistema foi sido vítima de um ataque cibernético. Em 2021, um ataque à JBS, a maior processadora de carne do mundo, inflacionou os preços e atrapalhou redes de abastecimento de comida no mundo inteiro. No entanto, hospitais são os alvos de infraestrutura mais comuns, de acordo com especialistas. Um dos maiores ataques cibernéticos ao sistema de saúde nos Estados Unidos desligou a rede do Centro Médico da Universidade de Vermont por quarenta e dois dias, fazendo com que trezentos funcionários fossem afastados e atrasando muitas cirurgias e tratamentos críticos.[20] Esse tipo de ataque é uma força futura que certamente pode levar a desligamentos nacionais de qualquer espécie, como estratégia de defesa.

Talvez você queira se sentir mais preparado para um cenário assim. Pense por um instante no que pode fazer. Talvez você vá ao site AccessNow.org (em inglês) e passe cinco minutos aprendendo mais sobre o tema. Talvez se apresente a um vizinho que não conhece tão bem para que possam ajudar um ao outro durante um desligamento de telecomunicações. Ou talvez crie a sua própria opção de backup de comunicação que ainda funcionaria caso a internet e o serviço de telefonia celular fosse desligado. Acredite se quiser, mas isso é algo que você pode fazer facilmente em menos de cinco minutos — e não estou falando de contratar uma linha fixa, embora isso também possa ser útil. Estou falando de aprender a usar aplicativos de rede mesh, que cria internet local a partir de qualquer celular que esteja por perto.

Em resposta ao número crescente de desligamentos das telecomunicações, desenvolvedores de software e ativistas criaram novas ferramentas para ajudar as pessoas a mandarem mensagem mesmo sem sinal de celular ou acesso à internet. Uma dessas ferramentas, o aplicativo Bridgefy, funciona ao usar a conexão Bluetooth do seu aparelho para mandar mensagens para outros usuários do Bridgefy a cem metros do seu telefone. Isso não parece muito útil até você perceber que eles podem se conectar a outros usuários a cem metros, e *estes* podem se conectar a outros por cem metros e assim vai, criando uma rede mesh que permite que a informação seja enviada e recebida por distâncias bem maiores. Quanto mais pessoas usam esse aplicativo, maior e mais forte fica a rede de comunicação. Mais importante, ela funciona virtualmente em quaisquer condições — sem sinal de celular, sem internet, sem luz — contanto que o seu telefone esteja carregado.

Outros aplicativos semelhantes incluem Signal Offline Messenger, FireChat, Briar, the Serval Mesh e Vojer. Você consegue encontrá-los na loja de aplicativos do seu celular. Em menos de um minuto, pode instalar esses aplicativos no seu telefone e se preparar para usá-los no futuro. Esta é uma grande microação para fazer agora, porque não será capaz de baixar os aplicativos durante o desligamento. Você precisa instalá-los no seu aparelho enquanto ainda tem internet!

Esses aplicativos funcionam melhor quando há muitos usuários locais. Então talvez você possa usar os seus outros quatro minutos para mandar uma mensagem rápida para amigos, parentes e vizinhos sugerindo a instalação, para o caso de desligamentos futuros de internet. E, se realmente estiver inspirado para se preparar para esse futuro, pode planejar um encontro local para testar os aplicativos, a fim de saber como funcionam numa emergência — ou talvez criar uma maneira divertida de usá-los hoje.

Eis aqui uma pista tentadora para o futuro de redes mesh. No verão de 2021, essa informação apareceu nas notícias: "O Amazon Sidewalk está prestes a criar uma 'smart network' por todo o país para conectar os aparelhos dos seus clientes, começando com Echos speakers e câmeras Ring."[21] Sim, a Amazon está criando a sua própria rede mesh, chamada Sidewalk Network. A Amazon diz que permitir conexões Bluetooth entre os aparelhos smart da sua própria casa e os dos vizinhos vai ajudar a resolver problemas de conexão, ajudar os aparelhos a funcionarem melhor e até fazer um backup temporário de conexão à internet durante falhas locais. É claro que os críticos à Sidewalk Network já levantaram preocupações sobre privacidade e segurança. Um artigo que instruía leitores sobre "recursos da Amazon Alexa que você deveria desligar neste instante para proteger a sua privacidade" viralizou nas mídias sociais.[22] E, depois de semanas do projeto ser anunciado, uma ação coletiva foi apresentada.[23]

Não faço ideia se a Amazon vai levar esse projeto adiante, e até que ponto. Mas fico bastante intrigada com a ideia de uma megacorporação usando os seus aparelhos smart para possivelmente conter desligamentos de internet no futuro. Consegue imaginar as grandes batalhas da internet no ano 2033? Um presidente desliga a internet, declarando uma emergência cibernética, e Jeff Bezos ou outro titã da tecnologia diz: "Acho que não." É uma possibilidade nova e estranha que eu não teria imaginado até essa última sinalização de mudança. Agora, não consigo parar de pensar nisso.

Cenário futuro nº 8: Dobre o seu dinheiro

Manhã de quinta-feira, daqui a dez anos

Só se fala do Programa Federal de Recompra de Dinheiro nos jornais de hoje. O assunto também está nos trending topics e viralizando nas mídias sociais.

Parece bom demais para ser verdade. Mas, até onde você consegue analisar, é legítimo.

Funciona assim:

O governo federal acabou de anunciar o lançamento de uma nova moeda digital, o digidólar.* Ele vale exatamente o mesmo que o dólar tradicional. É uma moeda de curso forçado e tem apoio completo do Tesouro e do Federal Reserve dos Estados Unidos. Qualquer negócio ou entidade legal dos Estados Unidos que aceitem pagamentos em dinheiro devem, por lei, aceitar o novo dólar digital, com o mesmo valor e tarifa do dólar tradicional. A partir de hoje, empresas podem escolher pagar os seus funcionários em digidólares.

Diferente do dinheiro tradicional, a moeda digital tem alguns recursos únicos:

---

* Note que esse cenário *não* é sobre criptomoedas, que usam tecnologia de blockchain, não são apoiadas por nenhum banco central ou governo e, hoje em dia, são usadas sobretudo como veículos de investimento e para especulação. Esse cenário é sobre uma moeda digital do banco central (CBDC, na sigla em inglês). Uma CBDC é a forma digital da moeda fiduciária do país. Em vez de imprimir dinheiro, o banco central emite moedas eletrônicas ou uma conta com fé e créditos plenos do governo.

- Ela existe unicamente em forma eletrônica, numa carteira digital.
- Ela é utilizada através de um aplicativo de celular ou cartão de débito.
- Transferências e pagamentos são instantâneos, sem taxas — assim, é mais rápido e mais barato para o dinheiro chegar a todo mundo.

Até aqui, tudo bem. Mas há alguns detalhes sobre a nova moeda digital nacional que estão deixando algumas pessoas de olhos arregalados. Aqui vão mais algumas coisas que você aprendeu hoje:

- Não existirão carteiras digitais anônimas. Para criar a sua, será preciso ter uma identidade emitida pelo governo ou dados biométricos cadastrados.
- Toda transação de digidólar será acompanhada pelo governo federal dos Estados Unidos num banco de dados central. Em outras palavras, o governo terá um relatório completo de quem deu dinheiro para quem, quando e para o quê.
- Qualquer dinheiro tradicional ainda em circulação vai continuar sendo utilizado por ora. Mas o Tesouro anunciou hoje que não vai mais imprimir notas ou cunhar moedas novas; todo o dinheiro no futuro será digital.

E é aí que entra Programa Federal de Recompra de Dinheiro. Para incentivar as pessoas a adotar essa nova moeda digital, o governo está fazendo uma oferta válida por apenas duas semanas: um programa de recompra de dinheiro que vai *dobrar os seus dólares*.

Durante as próximas duas semanas, você pode transferir qualquer nota, moeda ou investimento bancário de volta ao governo federal em troca do *dobro* do valor em digidólares.

Se você tiver 500 dólares na sua conta nesse instante, pode trocar por mil digidólares. Se tiver um milhão, pode trocar por 2 milhões de digidólares.

Durante esse período de duas semanas, todas as trocas serão feitas por ações e títulos de crédito — presumivelmente para evitar que todo mundo saque o dinheiro e acabe com o mercado. Os bancos dos Estados Unidos não poderão fazer nenhum empréstimo nessas duas semanas, para impedir qualquer "jogo" com o sistema. (De outra forma, você ficaria tentado a pegar o máximo de dinheiro emprestado, trocar por digidólares, pagar o empréstimo e ficar com o restante.)

O governo diz que a intenção é substituir todos os dólares tradicionais por digidólares durante a próxima década. Então, daqui para a frente, todos os pagamentos feitos pelo governo federal — restituições de impostos, empréstimos estudantis, pagamentos de estímulos econômicos, salários de funcionários públicos e membros do exército — serão feitos exclusivamente com digidólares, colocando mais ou menos 5 trilhões de novos digidólares em circulação todo ano.

Você só tem duas semanas para trocar qualquer dinheiro que tiver para digidólares a partir de hoje.

Como você se sentiria e o que faria se isso acontecesse? Aqui vão algumas sugestões para ajudar você a escrever o seu diário do futuro. Imagine que o cenário de recompra de dinheiro esteja acontecendo na sua vida real. Escreva a sua história única, do seu ponto de vista, sobre como o seu futuro pode começar a se desenvolver:

1. **Estabeleça a cena.** Onde você está quando ouve falar do programa de recompra de dinheiro? Tem alguém com você? Se sim, o que conversam? Descreva o momento da sua escolha em detalhes.
2. **Sinta o momento.** Que emoções você está sentindo no momento? Quais sensações físicas? Quais pensamentos começaram a correr pela sua mente?
3. **Tente entender a situação.** Qual você acha que é a motivação do governo para lançar os digidólares? Por que eles estão tentando remover os dólares tradicionais de circulação? Como acha que a sociedade vai reagir? Acha que a maior parte das pessoas fará a troca ou não?
4. **Tome uma atitude.** Quais são as *ações imediatas* que vai tomar depois de descobrir sobre o programa de recompra de dinheiro? Que tipo de informação precisa? Com quem quer conversar sobre essa decisão? Quais planos você começa a fazer?

Um futuro como o "Dobre o seu dinheiro" poderia realmente acontecer? Uma recompra hipotética de dinheiro por parte do governo federal é um cenário um pouco imprevisível. Por um lado, é bem plausível que os governos, a certa altura, tentem seguir para uma economia completamente digital. Até o meio de 2021, mais de cinquenta governos e bancos centrais do mundo inteiro estavam pesquisando, fazendo protótipos ou emitindo moedas digitais do banco central (CBDCs).[24] Por outro lado, a chance de uma transformação do sistema financeiro tão drástica e rápida, num período de duas semanas, é extremamente baixa. Você poderia até dizer que um cenário assim é ridículo. Bem mais possível é uma mudança lenta, no decorrer de uma década, acontecendo de forma tão sutil que mal perceberemos uma mudança que, de outra perspectiva, é radical.

Então, se é provável que a moeda digital demore anos, e não semanas, para mudar as nossas vidas, qual é a finalidade de imaginar um choque rápido ao sistema financeiro? Bem, quando uma mudança drástica acontece da noite para o dia, nós a notamos e a sentimos com mais facilidade. Isso é tanto verdade para as histórias que contamos e os cenários que imaginamos quanto para as experiências que vivemos. O cenário da recompra de dinheiro é drástico porque minha intenção é que o seu cérebro esteja preparado para prestar atenção de verdade a como o dinheiro já está começando a mudar e como vai continuar mudando na próxima década. Quero que todas as sinalizações de mudança de moeda digital pulem na sua cara. Quero que você tenha a vastidão temporal necessária para começar a movimentar o seu dinheiro, adaptar os seus hábitos financeiros e ter uma opinião política *antes* de acordar e perceber que está vivendo numa nova realidade. Porque a nova realidade quase com certeza está a caminho.

Hoje em dia, estamos acostumados ao dinheiro funcionando de certa maneira — mas, no futuro, o dinheiro será programável para fazer todo tipo de coisa nova e surpreendente.

Dólares digitais podem ter data de vencimento determinada pelo governo, de forma que, se o dinheiro não for gasto antes da data, ele volta ao governo. Essa é uma forma provável de um governo enviar pagamentos de estímulo econômico: com uma data de vencimento de trinta ou sessenta dias, a fim de assegurar que o dinheiro entre logo em circulação em vez de ser economizado.

Uma moeda digital também pode ser programada para decair com o tempo se não for gasta. Um dólar digital, por exemplo, pode perder metade do seu valor a cada trinta dias se não for gasto. Nesse caso, gastar dinheiro se torna algo semelhante a brincar de batata quente: você não quer ficar com ele por muito tempo, pois o dinheiro vai perder valor. Um governo pode programar uma moeda para se comportar dessa maneira para encorajar o gasto contínuo em vez da poupança.

A moeda digital pode ser programada para ser gasta apenas de certa maneira ou em certos locais. Por exemplo, se o governo quisesse estimular o uso do transporte público ou o turismo, ou ajudar algum local após um desastre natural, ele poderia enviar um estímulo programado para ser usado apenas em transportes públicos ou assuntos relacionados a viagens, ou que pudesse ser gasto somente em uma área específica para apoiar a recuperação da economia local. Após o gasto restrito, os dólares digitais voltariam às regras de sempre.

A moeda digital facilitaria a implementação de juros negativos durante recessões econômicas ou a acumulação de riqueza não gasta. No cenário descrito, você poderia imaginar que retenções de digidólares de mais de um milhão para indivíduos e um bilhão para empresas estariam sujeitos a taxas de juros negativas — ou seja, seria cobrada uma pequena porcentagem anual (por exemplo, um por cento) para cada dólar não gasto. Qualquer juro negativo coletado poderia ser redistribuído como dividendo para todas as outras carteiras digitais.

E se o governo quisesse incentivar um determinado comportamento — como se vacinar ou votar —, poderia criar carteiras digitais específicas para uso em clínicas de vacinação em massa ou locais de votação e programar uma quantidade de dólares digitais para ser transferida uma única vez, digamos, cem mil dólares para indivíduos naquele local.

Agora você entende por que os governos querem tanto desenvolver as CBDCs. Existem muitas possibilidades para estimular a economia e incentivar comportamentos. Também fica mais fácil combater fraudes e o calote de impostos, seja parcial ou total, porque o governo já sabe o quanto você recebeu na central de banco de dados. Se não pagar impostos nos ganhos digitais, o governo simplesmente pode entrar na sua carteira digital e pegar o dinheiro, ou proibir futuras transações na carteira até que o imposto seja pago. O mesmo vale para qualquer multa ou taxa que esteja devendo.

É claro que a ascensão desse tipo de fiscalização e poder vai tornar alternativas às CBDCs muito interessantes para pessoas que valorizam a sua privacidade, ou que não querem que o governo os force a adotar certos comportamentos, ou que querem evitar que o governo tome conhecimento das suas atividades financeiras. Assim, mesmo mantendo CBDCs no seu radar, pode ser interessante observar (e investir em) moedas que intencionalmente desafiam todos esses novos poderes.

Quando a maior parte do dinheiro em circulação for programável, as possibilidades criativas para a política econômica vão explodir. De certa forma, a força futura da moeda digital já está bem avançada no que se trata de moldar a sociedade — hoje, é quase inevitável que todo governo grande pesquise essa tecnologia. Porém, de outras formas, estamos observando apenas a ponta do iceberg: economistas, homens de negócio e ativistas com certeza vão conceber muitas novas maneiras ainda impensáveis para tirar vantagem completa do dinheiro programável.

Alguns anos atrás, uma grande empresa de tecnologia me pediu para organizar alguns workshops de pensamento de futuros com a sua equipe de produto para ajudá-los a antecipar qualquer consequência indesejada da mais recente criação. Esse tipo de trabalho com frequência envolve algum treinamento de empatia árdua — porque as novas tecnologias apresentam mais possíveis riscos a pessoas historicamente mais impactadas pela desigualdade, injustiça, perseguição ou perda de privacidade: mulheres, minorias étnicas, a comunidade LGBTQ e indivíduos com deficiência ou doenças crônicas.

Quando faço esse tipo de trabalho, assino acordos de confidencialidade, então não posso revelar a empresa ou o produto exato com quem trabalhei — vamos chamá-la de Empresa X, desenvolvendo o Produto Y. Deixei de fora os detalhes sobre a Empresa X na história a seguir, mas, como exemplo hipotético, imagine que uma grande companhia de seguros de saúde estava fabricando um novo aparelho rastreador de saúde. Minha missão era ajudá-los fazendo e respondendo perguntas como: quais são os riscos de privacidade para usuários? E se os dados dos usuários vazassem ou fossem roubados? Isso poderia ser usado em humilhações públicas ou chantagem? Qual seria a pior coisa que um hacker malicioso poderia fazer com esses dados? E: haveria algum risco de saúde mental para usuários dessa tecnologia? Como os usuários poderiam ficar "viciados" ou dependentes dessa tecnologia? Como isso mudaria o seu comportamento diário ou afetaria o seu bem-estar? E se um governo autoritário quisesse acessar os dados, o que poderiam fazer com isso? A empresa tem a responsabilidade de não coletar dados que possam ser usados para vigilância governamental ou opressão direcionada?

É óbvio que essas não são perguntas que designers de produto e programadores ouvem no seu dia a dia profissional. Mas esse tipo de pensamento de futuros especulativo está se tornando grande parte do design de produtos no Vale do Silício agora, e por uma boa razão: é difícil ter um impacto positivo de longo prazo na humanidade se você não estiver olhando ao menos dez anos na frente, em busca tanto de consequências positivas quanto negativas. E, cada vez mais, empresas de tecnologia estão tentando colocar em prática inovações "éticas" ou "responsáveis", diante do surgimento de críticas a plataformas como o Twitter, o Facebook, o YouTube e a Apple por não predizer e estabelecer medidas de proteção adequadas contra fenômenos como o compartilhamento viral de desinformação e teorias da conspiração, o aumento do discurso de ódio e a radicalização política, o ataque coordenado a indivíduos e o "vício" em mídias sociais e smartphones.

Nesse projeto em particular com a Empresa X, depois do nosso primeiro workshop de empatia árdua juntos, algo estranho aconteceu. Fui informada que, a partir daquele momento, todos os workshops seriam acompanhados pelo jurídico da companhia. Também me disseram que, em todo e-mail que enviasse a eles, não importasse o quanto o conteúdo fosse trivial, deveria colocar em cópia um dos advogados da empresa e incluir a frase "privilégio advogado-cliente".

O que estava acontecendo? Bem, aparentemente, a imaginação coletiva dos funcionários havia revelado um bocado de possíveis consequências. Então uma dúvida surgiu: se a empresa tem o conhecimento interno de um risco de longo prazo em potencial, ela pode ser legalmente responsável no futuro por não ter tentado evitar esse risco?

Em outras palavras: é melhor não saber?

A empresa não cancelou o restante dos treinamentos de pensamento de futuros. Ela não parou de perguntar: se centenas de milhões de pessoas usarem a nossa tecnologia, o que pode acontecer? E o que aconteceria depois? E depois? Mas trazer a equipe jurídica deu um efeito aterrorizante às conversas. E tive menos confiança de que a empresa agiria em relação a qualquer conhecimento de possíveis danos. A imaginação de futuro não deveria ser desenvolvida apenas a portas fechadas ou em conversas particulares. É possível dizer que uma das principais razões para eu ter escrito este livro é que não quero que o esboço de consequências futuras, sobretudo de tecnologias ou políticas que podem afetar milhões ou até bilhões de pessoas, aconteça em segredo.

Se você se sentir inspirado, espero que ensine a alguém as técnicas que aprendeu neste capítulo e neste livro, para que essa pessoa possa ensinar a outra, e esta ensinar a outra, e a outra... até que todos nós saibamos desse segredo juntos. Ninguém pode antecipar tudo sozinho. Juntos, podemos antever muito mais.

O escritor de ficção científica e ativista tecnológico Cory Doctorow disse: "Prisioneiros do nosso próprio tempo e lugar, é difícil não sentir que estamos vivendo no único mundo possível, como se tudo ao nosso redor fosse inevitável e natural — e que qualquer mudança é 'não natural'."[25] Mas a imaginação social naturaliza a ideia de mudança. Quando vemos outros levando a sério ideias a princípio ridículas, recebemos a permissão de levá-las a sério também — e de termos as nossas próprias ideias.

A imaginação compartilhada sempre trabalhará melhor a nossa mente do que a imaginação individual. Então, quem vai convidar quando *você* fizer a sua próxima viagem no tempo mental?

TREINANDO A IMAGINAÇÃO

REGRA Nº 8: Pratique a empatia árdua.

Preencha a lacuna das suas próprias experiências com histórias e realidade de outras pessoas, cujas vidas sejam tão diferentes da sua que é quase impossível de imaginá-las. Visualize as circunstâncias da sua própria vida mudando para ser mais como as delas, da forma mais vívida e realista possível. Como se sentiria nessa realidade alternativa? O que faria? Que tipo de ajuda requereria? Esse hábito ajuda você a aumentar o seu círculo de empatia natural e a se sentir mais conectado com os outros. Ele também aumenta a sua habilidade de imaginar mudanças de qualquer tipo.

Você também pode praticar a empatia árdua quando estiver brincando com cenários futuros. Sempre que possível, não apenas imagine como o futuro poderá afetar os outros. Pergunte diretamente a eles: o que deixa você animado em relação a esse futuro? O que te preocupa? Escreva as suas histórias e compartilhe-as para mudar de *simulação mental* para *simulação social*. Preencha a sua imaginação com as esperanças e preocupações reais dessas pessoas, cujas circunstâncias, valores e experiências de vida diferem dos seus.

9

Cure a doença mais profunda

É muito importante lembrarmos quanto poder temos. (...) Os humanos criaram o sistema,. os humanos podem mudar o sistema.
— Ingrid LaFleur, fundadora do Afrofuture Strategies Institute

Agora que a sua mente está completamente destravada — agora que você está pronto para acreditar que quase tudo pode ser diferente no futuro —, a pergunta-chave não é mais "O que *pode* mudar na próxima década", e sim "O que *deveria* mudar?".

O choque da pandemia criou uma espécie de ruptura psicológica na sociedade, um espaço para ideias radicais entrarem na nossa consciência coletiva e fincarem raízes. Como escreveu a ativista Christine Caine: "Às vezes, quando está no fundo do poço, você acha que foi enterrado, mas, na verdade, foi plantado."[1]

Saindo da escuridão da pandemia, temos a chance de crescermos juntos e nos transformarmos em algo novo. Mas, primeiro, é necessário enfrentar a verdade do que passamos.

Por quase três décadas, psicólogos têm estudado um fenômeno chamado *crescimento pós-traumático*. É um tipo de transformação pessoal positiva que às vezes acontece após um trauma, quando somos radicalmente transformados pelos nossos encontros com desafios antes impensáveis e dores antes inimagináveis.

O crescimento pós-traumático pode resultar numa compreensão melhor das nossas próprias forças, numa abertura a novas possibilidades e oportunidades, num senso maior de conexão com pessoas que sofrem, na coragem de fazer mudanças drásticas nas nossas vidas para refletir melhor as nossas esperanças e os nossos sonhos, e num desejo recém-descoberto para servir a uma causa maior do que nós mesmos. O fenômeno já foi documentado em pessoas que sobreviveram à guerra, a várias doenças e lesões sérias, a desastres naturais, ao luto, a demissões e ao estresse econômico.[2] Não é algo universal, mas é comum. Especialistas dizem que em torno de 50 a 60 por cento das pessoas que sofrem um trauma vão experimentar crescimento pós-traumático em ao menos uma área.[3]

Paradoxalmente, o melhor previsor do crescimento pós-traumático é ter experimentado um ou mais sintomas do transtorno do estresse pós-traumático, ou TEPT. Isso acontece porque o crescimento pós-traumático não é o contrário de sofrer. É o resultado direto de um sofrimento profundo e de *tentar dar sentido e compreender aquele sofrimento*. Ele acontece quando somos forçados a repensar as nossas crenças mais profundas, reconhecer a nossa própria vulnerabilidade e mortalidade e decidir o que de fato é importante para nós. Ele começa com um embate doloroso para processar e entender por completo o passado traumático: o que aconteceu? Por que aconteceu? E o que deve fazer agora, daqui para a frente?

Em geral, considera-se o crescimento pós-traumático como um processo individual. Mas agora, pela primeira vez, podemos estar vendo isso acontecer em escala global.

A pandemia da covid-19 pode ser considerada a maior experiência simultânea de trauma coletivo da história humana — seja o trauma enfrentado pelos trabalhadores essenciais, o trauma do isolamento social, da dificuldade econômica, da ansiedade prolongada, da doença severa, da covid longa, da perda de um ente querido ou o luto de ter sido abandonado e deixado desprotegido pelo seu próprio governo.

O quão comum é o trauma durante uma pandemia? Em média, 22,6 por cento das pessoas têm sintomas de TEPT após qualquer pandemia. Os profissionais da saúde são os mais afetados, com 27 por cento, seguidos pelos indivíduos infectados, com 24 por cento, e o público geral, com 19 por cento. Isso de acordo com uma metanálise de 2021 que observou os resultados de oitenta e oito estudos diferentes de TEPT depois de pandemias no século XXI, incluindo SARS, ebola, zika, síndrome respiratória do Oriente Médio (MERS-CoV) e covid-19.[4] Mesmo se cortarmos essas porcentagens pela metade, para permitir a disparidade entre as experiências individuais e nacionais da pandemia, isso ainda significa quase 1 bilhão de pessoas no planeta com sintomas de trauma pós-pandêmico. E se de 50 a 60 por cento delas passar por algum tipo de crescimento pós-traumático, como sugerem os estudos, será mais de meio milhão de pessoas ativamente repensando as suas crenças mais profundas, abertas a novas possibilidades e buscando uma missão maior a que se dedicar.

Essa conta rápida pode parecer exageradamente otimista. No entanto, mais de 40 por cento de 3 mil pessoas consultadas no fim de 2020 *já* tinham passado por ao menos um sintoma de crescimento pós-traumático como resultado direto da pandemia, de acordo com um estudo publicado pela Yale School of Medicine.[5] É por isso que eu, assim como muitos outros, acredito que a próxima década será a melhor oportunidade que a maioria de nós terá na vida para criar uma mudança positiva de longo prazo na humanidade.

O choque da pandemia fez muitos de nós questionar como o mundo pôde ter permitido tanto sofrimento acontecer, apesar de tantos recursos e tantos avisos. O trauma da pandemia abriu a porta para reimaginar e reinventar coisas que dávamos como certas. Juntos, o choque e o trauma criaram um desejo doloroso e urgente por algo melhor em todo o planeta.

Leah Zaidi, pesquisadora e storyteller do Institute of the Future, argumenta que o desejo de escapar para mundos fictícios e virtuais, uma resposta comum ao trauma, é o mesmo impulso que nos propele a imaginar um futuro melhor. Ela escreve: "Já sonhou com outros mundos? Outro tempo, outro lugar, talvez (...) universos mentais tão diferentes do nosso. É porque ficou cansado desse aqui? Muitos de nós, em certo momento da vida, nos perguntamos se há um tempo ou local melhor do que aquele em que nos encontramos — de que isso não pode ser tudo que há ou o melhor que podemos fazer."[6] De fato, se há algo verdadeiro que podemos dizer sobre o que aconteceu durante a pandemia é que isso não é o melhor que podemos fazer.

Então, qual é o melhor que *podemos* fazer? O que devemos fazer a seguir?

* * *

"O PRESENTE ERA UM ovo posto pelo passado que tinha o futuro dentro da casca."[7] Com esse enigma proposto por Zora Neale Hurston, autora da Renascença do Harlem, encontramos a nossa resposta: devemos olhar para o nosso passado recente para encontrar os desafios que definirão o nosso futuro.

Superar um trauma requer entender o que aconteceu e por quê. No caso da covid-19, isso significa reconhecer o quanto do nosso sofrimento foi resultado de antigas fraquezas sistêmicas na nossa sociedade — vulnerabilidades das quais o vírus se aproveitou e colocou em grande destaque. Conforme a diretora executiva do Institute for the Future colocou: "Não é apenas o vírus que está nos matando — é o nosso sistema social, econômico e político."[8] Para alcançar o crescimento pós-traumático coletivo para o nosso planeta pós-pandêmico, teremos que encarar um fato difícil: muitas das doenças, mortes e dificuldades da covid-19 eram evitáveis. A dispersão do vírus pela população mundial foi acelerada pela fraqueza social que deveria ter sido resolvida muito tempo atrás, como a desigualdade econômica, os sistemas de saúde falidos, as divisões políticas extremas, a injustiça racial, a fragilidade das redes de distribuição de mercadorias, os trabalhadores sobrecarregados e as crises climáticas. Podemos pensar nessas fraquezas sociais como "condições preexistentes" da mesma forma que idade, diabetes e doenças cardíacas deixaram os indivíduos mais vulneráveis ao novo coronavírus. No Institute for the Future, chamamos essas condições preexistentes que pioraram tanto os efeitos da pandemia, e que são coisas bem mais difíceis de se recuperar, de "doença mais profunda".[9]

A doença mais profunda vai estabelecer o palco para a próxima década, e a forma como tratamos isso vai determinar, de muitas maneiras, se vamos apenas sobreviver à covid-19 ou se seremos transformados para o melhor por ela. As próximas páginas não vão mostrar uma análise exaustiva de tudo que deu errado durante a pandemia ou cada injustiça sofrida no seu rastro, mas espero que possam ser um ponto de partida para a compreensão, o crescimento e a cura social. Antes, vamos dar uma olhada nos sintomas da doença mais profunda e como eles podem se manifestar outra vez no futuro — para que possamos começar a imaginar a cura.

Condição preexistente nº 1: Desigualdade econômica

A desigualdade econômica, definida como a distribuição desigual de ganhos e oportunidades entre diferentes grupos da sociedade, é uma das maiores causadoras de sofrimento. Durante a pandemia, seus danos foram catalisados: ela colocou muitas vidas em risco de forma desproporcional, e, se não for resolvida, no futuro vai prolongar o nosso sofrimento coletivo causado pelo vírus muito além.

O sintoma mais óbvio da sua condição preexistente era o fato de que o vírus se espalhava muito mais rápido e ceifava muito mais vidas entre grupos que não podiam trabalhar de casa ou manter o distanciamento físico. A maioria dos trabalhos essenciais que ficava em contato direto com o vírus era de posições mal pagas mantidas pela insegurança econômica: pessoas que trabalhavam em armazéns, asilos, frigoríficos, centros de gestão de resíduos, cozinhas e mercados, por exemplo. Enquanto isso, indivíduos que moravam em casas cheias, com muitas gerações da mesma família — algo mais comum em vizinhanças pobres —, também sofriam com taxas mais altas de adoecimento, pois o vírus se espalhava mais facilmente de pessoa para pessoa. Depois, a insegurança econômica atrasou a vacinação entre profissionais com baixos salários: quase metade dos adultos nos Estados Unidos que ainda não tinha tomado a vacina por escolha própria até o verão de 2021 relatava como principal razão possíveis perdas salariais se não pudessem trabalhar devido aos efeitos colaterais da vacina.[10]

O problema da desigualdade econômica provavelmente vai piorar antes de melhorar. Um estudo sobre os efeitos econômicos de cinco pandemias anteriores descobriu que a desigualdade econômica em países afetados aumenta por cinco anos após o fim da pandemia. Já podemos ver isso acontecendo: durante o primeiro ano da pandemia, a riqueza de bilionários por todo o mundo aumentou em 3,9 trilhões. Em contraste, os ganhos globais de trabalhadores diminuíram 3,7 trilhões.[11] Ao mesmo tempo, três em quatro casas no planeta sofreram o declínio de ganhos após o início da pandemia, incluindo 400 milhões de empregos perdidos, de acordo com um estudo envolvendo trinta e sete países publicado pela Organização Internacional do Trabalho.[12] E esses empregos não foram perdidos de forma igual — mulheres e minorias étnicas foram desproporcionalmente afetadas. Em particular, mulheres formavam entre 80 e 95 por cento dos milhões que "abandonaram" a força de trabalho (indivíduos que pararam de trabalhar voluntariamente, em geral para cuidar da família). Isso pode, a longo prazo, levar a uma desigualdade maior na força de trabalho: dados mostram que períodos de desemprego podem resultar em ganhos de vida menores, como resultado de oportunidades perdidas em relação a ganhar experiência, depreciação de habilidades e efeitos negativos no moral e na autoestima de uma pessoa. Isso é particularmente verdadeiro para trabalhadores de famílias mais pobres e com menos educação.[13]

O tempo de escola perdido também terá consequências de longo prazo. Durante a covid-19, mais de um bilhão de jovens ficaram para trás por uma média estimada de seis a doze meses. Em pandemias anteriores, como a pandemia de gripe de 1918, a escola interrompida para aqueles de catorze a dezessete anos levou a salários menores por toda a vida, comparado a semelhantes que se graduaram recentemente. A desigualdade econômica preexistente também importa, pois é mais provável que escolas particulares caras reabram antes para o ensino presencial do que escolas públicas, assim como pais ricos têm mais possibilidade de contratar tutores para os filhos aprenderem em casa.[14]

A desigualdade global também entra na jogada. Enquanto países ricos foram capazes de minimizar algumas das dificuldades econômicas das paralisações da pandemia ao salvar empresas e providenciar pagamentos em dinheiro ou seguro-desemprego aos seus cidadãos, países mais pobres não puderam fazer isso. Neles, por exemplo, meio milhão de famílias relataram que não puderam fazer todas as refeições do dia devido à falta de dinheiro por motivos associados à epidemia de covid-19. A privação alimentar durante a infância pode ter impactos na saúde mental, física e emocional por toda a vida; a privação alimentar geral num nível social significa que países inteiros vão sofrer consequências devastadoras que durarão décadas.[15] Não é surpresa que um estudo recente analisando pandemias durante a história descobriu que o pior ponto econômico acontece em média de vinte a trinta anos depois.[16] "A pandemia é uma bola de demolição econômica, com consequências intergeracionais", colocou um relatório do Fórum Econômico Mundial de 2020.[17] E o efeito psicológico da crescente desigualdade e insegurança econômica pode representar um novo tipo de risco de saúde latente. Estudos mostram que o estresse mental e emocional causado por trabalhos sem segurança e mal pagos colocam uma pressão física no corpo, enfraquecendo a saúde cardíaca, piorando o sistema de imunização e tornando mais difícil a recuperação de doenças.[18]

Para se curar dessa doença mais profunda, teremos que embarcar numa década de transformação econômica. E como faremos isso? Eis aqui algumas das maiores propostas que estão sendo analisadas agora por governos, ativistas e economistas de todo o mundo, a fim de acelerar essa cura:

- Podemos pagar um bônus global e único para todos os trabalhadores essenciais que trabalharam durante a pandemia? Qual seria um valor justo?
- Qual seria um salário-mínimo justo e confortável que criaria esperança real para o futuro? Em vez de ir aumentando aos poucos, há uma quantidade de dólares que desencadearia uma onda de cura econômica?
- E quanto a um teto salarial? Qual seria uma compensação anual justa? Como isso poderia mudar os tipos de trabalho a que as pessoas são atraídas?
- Podemos imaginar uma nova era de garantias empregatícias por parte de governos federais, na qual o governo contrata trabalhadores desempregados como "funcionários de último recurso"? Que tipos de trabalho eles deveriam ter? O que precisamos que mais pessoas façam para transformar o mundo num lugar melhor?
- E se tratássemos acesso à comida e habitação como um direito humano universal? Como poderíamos criar um novo mundo com refeições e casas garantidas para todos?
- Chegou a hora de estabelecermos uma renda mínima universal, na qual o governo dá a cada cidadão adulto uma quantidade de dinheiro para cobrir os custos básicos de vida?
- Podemos garantir uma renda básica para todo ser humano, independentemente de local de nascimento ou cidadania? Ou um salário-

-mínimo para *todos* — não apenas numa só cidade ou num único país, mas como lei internacional? Que tipo de acordos entre fronteiras e políticas de impostos globais poderia tornar isso possível?

- Quanta dívida — individual ou nacional — estamos preparados para cancelar? Que empréstimos poderiam ser perdoados?
- As nações ricas, que contribuíram de forma desproporcional para a crise climática, deveriam pagar uma restituição econômica para as nações mais pobres?
- Deveria haver um limite vitalício de acumulação de riqueza? Estamos prontos para proibir bilionários?
- Do que as pessoas precisam, além de dinheiro, para se sentirem economicamente seguras?

Perceba como essas perguntas fazem você se sentir. Quais ideias ainda considera impensáveis? Em quais ideias quer começar a pensar mais?

Você não precisa ter pessoalmente a resposta para cada uma das perguntas, ou mesmo para as diversas perguntas que ainda virão, quando considerarmos o que mais poderá ser necessário para curar outras condições preexistentes da sociedade. Como Alice Walker escreveu em seu poema de 1972, "Conforto": "Devo amar as próprias / perguntas / como [o poeta] Rilke disse / como salas trancadas / cheias de tesouro / na qual minha chave / cega e tateante / ainda não se encaixa."[19] É suficiente, por ora, convidar essas questões para a sua mente. Deixe-as cozinhando em fogo lento. Quais atiçam a sua curiosidade? Quais deixam você com raiva? Quais lhe dão uma centelha de esperança?

Na minha casa, temos uma parede ao lado da mesa de jantar que chamamos de "parede das perguntas". Todo mundo escreve perguntas que surgem em cartões coloridos, que, depois, são grudados com fita adesiva na parede. É uma forma de nos lembrarmos do que nos deixa curiosos. Mais ou menos uma vez por semana, todo mundo pega um cartão e começa a procurar no Google. Sempre que encontrar uma pergunta nesse capítulo que lhe chame a atenção, escreva-a e pendure em algum lugar que pode ver com frequência. Talvez se surpreenda como esse ato simples pode dar um gás na sua imaginação.

Condição preexistente nº 2: Sistemas de saúde falidos

Um sistema de saúde é definido pela Organização Mundial de Saúde (OMS) como "todas as organizações, pessoas e ações cuja intenção principal é promover, restaurar e manter a saúde".[20] A pandemia da covid-19 deixou as fragilidades e desigualdades dos nossos atuais sistemas de saúde dolorosamente visíveis: falta de funcionários, acesso desigual ao sistema, foco em lucro que compromete a saúde global, uma falha coletiva para prevenir doenças que são muito mais fáceis de prevenir. Pelas estimativas da OMS, dentre os 60 milhões de trabalhadores do mundo, faltam 18 milhões para atenuar o peso sobre o sistema em termos ordinários — e isso foi *antes* da pandemia.[21] E a falta global de trabalhadores da saúde provavelmente vai piorar, como resultado do burnout e do trauma. Numa grande pesquisa recente, 76 por cento dos trabalhadores de saúde nos Estados Unidos revelaram ter sentido burnout na pandemia, e 48 por cento declararam ter considerado a aposentadoria, a demissão ou a mudança de carreira por causa do trauma causado pela covid-19.[22]

A escassez de trabalhadores nem acontece de forma uniforme no mundo. Uma das maiores desigualdades do sistema é a "fuga de cérebros" na saúde e na medicina: cidadãos com habilidades médicas deixam seus países natais para trabalhar em nações mais ricas. Serra Leoa, Tanzânia, Moçambique, Angola e Libéria, por exemplo, têm taxas de expatriação de mais de 50 por cento, o que significa que mais da metade dos médicos nascidos e treinados nestes países os deixarão por nações mais ricas. Isso coloca países mais pobres em enorme desvantagem durante uma crise de saúde como a pandemia.[23]

Os modelos de negócio e a falta de acessibilidade que existem nos sistemas de saúde levam a sofrimento desnecessário e distribuído de maneira desigual. Em países sem acesso universal à saúde — há 124 deles, incluindo os Estados Unidos —, uma entre quatro pessoas não fazem tratamentos médicos por causa do custo. Durante a pandemia, dezenas de milhões de indivíduos evitaram procurar testes e tratamentos da covid-19 por medo de não conseguirem pagar por eles, um padrão de comportamento que levou a uma propagação maior do vírus e de mortes que poderiam ter sido evitadas.[24] Os esforços dos fabricantes de remédios para proteger bilhões de dólares de lucro também atrasou o acesso dos países mais pobres, que não podiam arcar com o alto custo da vacina — enquanto países ricos a estocavam. No verão de 2021, entre os países ricos a média de vacinados era de quase uma entre quatro pessoas. Em países pobres, era de uma entre mais de quinhentas. Essa disparidade chocante criou o que Tedros Adhanom Ghebreyesus, diretor-geral da OMS, classificou como "apartheid vacinal".[25]

A covid-19 também lançou luz sobre a epidemia de condições latentes e preveníveis que aumentavam a mortalidade da doença. Doenças cardíacas, diabetes, obesidade e pressão alta são comuns e estão crescendo por todo o globo. Só as doenças cardíacas preveníveis causam 20 milhões de mortes prematuras anualmente, de acordo com o último estudo do *Global Burden of Disease*. Os gastos com o sistema de saúde e os riscos de mortalidade dessas condições preveníveis são indicações de que o foco do sistema está em tratar, em vez de prevenir, essas doenças. E, mesmo sem uma pandemia, essas doenças preveníveis apresentam uma preocupação crescente: condições ruins de saúde também tornam indivíduos mais vulneráveis às crises relacionadas ao clima, como o clima extremo.[26]

Por fim, durante a pandemia, a administração de sistemas globais de saúde se provou bem fraca. Quando, por exemplo, as falhas do Brasil e da Índia em proteger os próprios cidadãos tiveram efeitos devastadores nos seus vizinhos, ou incubaram novas variantes, não havia mecanismos para forçar uma ação de responsabilidade, não havia como responsabilizar esses países.

Juntas, essas fraquezas nos nossos sistemas de saúde prepararam o palco para o que poderia ser uma década de remédio e reinvenção global. Podemos esperar ver a imaginação coletiva sem precedentes colocada para trabalhar em perguntas como:

- Deveria haver um teto nos lucros empresariais que resultaram diretamente da pandemia?
- Os lucros excessivos poderiam ser usados para pagar um único bônus para trabalhadores de saúde ou para criar uma bolsa para escolas de medicina, para formar a próxima geração de médicos?
- Devemos estabelecer acesso à medicina, ao sistema de saúde e a vacinas como um direito humano?

- Em caso positivo, modelos de negócios que violam esse direito deveriam ser considerados ilegais?
- Países que se beneficiam desproporcionalmente com a fuga de cérebros deveriam financiar o desenvolvimento de sistemas de saúde em países mais pobres, como forma de reparação econômica?
- A dívida externa dos países pobres deveria ser perdoada se eles direcionarem mais de 11 trilhões de dólares para desenvolver os seus sistemas de saúde?
- Como aplicar a mesma urgência à reversão e prevenção de doenças preveníveis que dedicamos para lutar contra a pandemia?
- Que mudanças na forma que vivemos, trabalhamos e comemos teriam os maiores e mais rápidos impactos na saúde global?
- O que será necessário para aumentar a força de trabalho global para 20 milhões adicionais de médicos e enfermeiros na próxima década?
- Como espalhar esses funcionários pelo planeta de forma mais igualitária?
- O que pessoas sem treinamento médico oficial poderiam aprender a fazer nas suas próprias comunidades para ajudar a resolver as necessidades básicas de saúde?
- Podemos imaginar o treinamento de mais de cem milhões de pessoas como "trabalhadores de saúde comunitários" para conduzir checkups básicos, dar vacinas e administrar testes de saúde rotineiros nas casas das pessoas?
- Deveríamos criar um novo sistema de administração de saúde que inclua sanções reais para países que agem contra os nossos interesses globais?
- Deveríamos tratar o fracasso de um país para controlar o vírus da mesma maneira que tratamos atos de agressão ou proliferação de armamento nuclear?
- Como mais podemos criar uma abordagem mais colaborativa e global para a saúde, considerando o fato de que doenças infectuosas não respeitam fronteiras?

Mesmo que você não esteja numa posição de reinventar o sistema de saúde, pode ajudar a alongar a imaginação global: pode pensar no que pode mudar na próxima década, pode ter as suas próprias ideias a princípio ridículas, pode buscar maneiras de ajudar os outros a se curarem da pandemia. Qualquer um desses desafios daria um bom cenário futuro ou uma missão pessoal épica. E você não fará isso sozinho: até mesmo as perguntas mais surpreendentes dessa lista já estão sendo exploradas e debatidas nas maiores publicações globais de saúde e fóruns públicos. A pandemia é mesmo uma mola para transformar ideias antes impensáveis sobre o sistema de saúde em coisas factíveis.

Então plante essas questões na sua cabeça. Anote quais deixam você desconfortável e quais lhe dão esperança. Converse com outras pessoas sobre essas ideias. Veja o que elas podem se tornar.

Condição preexistente nº 3: Divisões políticas extremas

A polarização política é o processo da sociedade se tornando cada vez mais dividida por normas culturais e assuntos políticos, com pontos de vista extremos se tornando mais comuns com o tempo. Ela está em ascensão no mundo inteiro desde os anos 1990, mas em nenhum lugar acontece de forma mais rápida do que nos Estados Unidos.[28]

Durante a pandemia, os males dessas divisões políticas extremas ficaram dolorosamente claros. Muitos países experimentaram a politização de medidas pandêmicas de bom senso como uso de máscaras e distanciamento físico e social. Estudos revelaram que, nos Estados Unidos, o partido político era o melhor indicador de se alguém usava máscara regularmente na presença de outros ou praticava o distanciamento social. Manifestações antimáscaras e protestos contra a quarentena foram amplamente organizados por grupos políticos conservadores nos Estados Unidos, no Canadá, na Austrália, no Reino Unido, na Itália, na Espanha e na Alemanha.

Pesquisadores descobriram que teorias da conspiração e desinformações sobre a pandemia também eram mais prováveis de se espalharem em países com alta polarização política. Isso é resultado de atitudes da "pós-verdade" que comumente emergem de divisões políticas profundas. Para um número cada vez maior de pessoas, fidelidade a um partido político ou ideologia determina o que elas acreditavam ser verdade — e não fatos, evidências ou dados compartilhados. No início da pandemia, isso levou a crenças desastrosas de que a covid-19 era uma “farsa” ou não mais mortífera que uma gripe. Um estudo descobriu que pessoas nos Estados Unidos que assistiam a talk shows de partidaristas extremamente conservadores, que minimizavam com regularidade os riscos da covid-19, tinham 34 por cento a mais de chance de pegar a doença e 35 por cento a mais de chance de morrer dela.[29]

Depois, quando as vacinas foram desenvolvidas, elas foram politizadas e se tornaram alvo de teorias da conspiração infundadas e desinformação. Por todo o planeta, pesquisadores descobriram que movimentos antivacinas e medo da vacinação eram mais comuns em países com alta polarização política. Um sintoma local dessa divisão partidária extrema: no meio de 2021, nos Estados Unidos, todos os vintes estados com maiores taxas de vacinação eram de tendência democrática, enquanto dezenove dos vinte estados com menores taxas de vacinação eram de tendência republicana.[30]

A ação coletiva durante uma crise é extremamente difícil numa sociedade polarizada, de “pós-verdade”. Se não conseguirmos concordar coletivamente que ações são necessárias, não podemos tomar uma providência juntos. E apelos ao “bem maior” são consideravelmente menos persuasivos quando as pessoas sentem que não têm nada em comum com ninguém que apoia um partido político diferente. Talvez o sintoma mais curioso dessa condição preexistente seja este: em todos os treze países pesquisados pelo PEW Research Center, pessoas que se identificavam como apoiadoras do partido de situação tinham uma propensão bem maior a dizer que o país delas fez “um bom trabalho” ao combater a covid-19, enquanto pessoas que apoiavam partidos políticos diferentes tinham uma propensão maior a dizer que o país tinha feito “um trabalho ruim”.[31] Segundo pesquisas, essas crenças não tinham correlação com o número de casos reais, hospitalizações e mortes. E não tinham relação alguma com a severidade ou o estilo das medidas tomadas. Esse fosso partidário foi maior nos Estados Unidos, mas fossos de dois dígitos também apareceram na França, na Espanha, no Reino Unido, no Japão, na Itália, nos Países Baixos, no Canadá, na Suécia, na Alemanha e na Bélgica.

Com uma polarização pós-verdade tão extrema, como diabos vamos adquirir qualquer tipo de aprendizado coletivo? Como vamos nos tornar melhores em combater pandemias ou qualquer outra crise global no futuro se acreditarmos que o que funciona para resolver um problema é baseado sobretudo se votamos no partido de situação — e não se a solução funciona de fato? E as complicações complicam umas às outras: estudos mostram que desigualdade econômica e sistemas de saúde falidos aumentam drasticamente a desconfiança em relação ao governo e a polarização política. É um círculo vicioso — mas se encontrarmos maneiras de interromper um dos velhos padrões, o efeito dominó pode começar a curar os sintomas.

A divisão política extrema é um desafio que vai exigir grandes ideias e soluções criativas na próxima década. Eis aqui algumas das perguntas que vão impulsionar a nossa imaginação coletiva:

- Como podemos restabelecer uma realidade básica compartilhada?
- Quais deveriam ser os fatos com que todos concordam, além de visões políticas?
- Como ensinar esses fatos de maneiras que desafiam a polarização política?
- Como vamos ajudar as pessoas a se recuperarem da crença em teorias da conspiração danosas?
- Que soluções podem ajudar a impedir as desinformações de se espalharem rápido?
- Que novos tipos de partidos políticos e práticas podemos inventar para transcender essa era de polarização extrema?
- Se a insegurança econômica e sistemas de saúde falidos aumentam as divisões políticas, será que deveríamos nos debruçar sobre as ideias mais ambiciosas para curar *esses* sintomas?
- Países como os Estados Unidos deveriam adotar métodos da verdade, da justiça e de reconciliação, como as nações da África do Sul e Croácia pós-conflito, pós-atrocidade, a fim de curar a nossa divisão política?
- Como seria um movimento americano de reconciliação?
- Que identidades nos aproximariam em vez de nos afastar?
- Como a música, o storytelling e as artes podem nos ajudar a forjar novas identidades?
- Como podemos ver a nós mesmos de maneiras que vão nos colocar no mesmo grupo e do mesmo lado?

Condição preexistente nº 4: Injustiça racial

No verão de 2020, manifestantes do Vidas Negras Importam ao redor do mundo seguraram cartazes em que estava escrito: "O racismo é a verdadeira pandemia." Essa mensagem era um duro comentário sobre os riscos desiguais e o sofrimento desproporcional que minorias étnicas sofrem diariamente nos Estados Unidos e no mundo. A pandemia lançou luz sobre essa injustiça: minorias étnicas de todo o planeta contraíram e morreram de covid-19 a taxas muito mais altas do que brancos ou outras maiorias étnicas.

Nos Estados Unidos, negros, nativo-americanos e latinos tiveram três vezes mais casos do que brancos de ascendência não hispânica, cinco vezes mais hospitalizações e duas vezes mais mortes. Na Inglaterra, as taxas de mortes foram duas vezes mais altas para chineses, indianos, paquistaneses ou outros com ascendência asiática, assim como caribenha ou outra etnia negra, em comparação à população branca. No Canadá, indígenas e indivíduos descendentes de pessoas do Sudeste da Ásia tinham uma probabilidade entre duas e treze vezes maiores de serem infectados durante diversos surtos. Em Singapura, 95 por cento dos casos confirmados em 2020 eram de trabalhadores migrantes de minorias étnicas. Da mesma forma, na Arábia Saudita e nos Emirados Árabes Unidos, trabalhadores migrantes de minorias étnicas eram a maioria dos casos. Nos hospitais do Brasil, pacientes afro-brasileiros tinham quase o dobro de probabilidade de morrer do que pacientes brancos de covid-19. (Essas estatísticas descrevem o primeiro ano da pandemia, os dados disponíveis mais recentes na época em que este livro estava sendo escrito.)[32]

Por que a covid-19 atingiu essas partes da sociedade tão duramente? Em todos os países mencionados, os pesquisadores conseguiram encontrar fatores de racismo estrutural que contribuíram para esse risco desproporcional.[33]

Minorias raciais e étnicas têm uma representação muito maior em trabalhos de baixo salário, mas essenciais, e, assim, estão mais propensas a serem expostas ao vírus.

Elas têm maior probabilidade de morarem em casas e locais com mais pessoas, com menor acesso a lugares ao ar livre como pátios, quintais ou jardins, por causa das maiores taxas de pobreza, aluguéis e discriminação no mercado de hipotecas. Isso dificultou que indivíduos se distanciassem ou se isolassem durante a pandemia, e facilitou a propagação do vírus.

Elas têm maior probabilidade de viver em vizinhanças com maior poluição atmosférica, por causa da negação de serviços histórica e da discriminação de moradia. A exposição crônica à poluição coloca pulmões e coração em risco como complicações da covid-19. Isso também contribui para um número maior de condições médicas que depois aumentam o risco de doenças sérias vindas da covid-19, como diabetes, obesidade e asma.

Seus sistemas imunológicos e condições cardíacas têm maiores chances de estarem comprometidos, por causa do estresse crônico de viver com o racismo e a insegurança econômica.

Elas têm menores chances de receber cuidados adequados de saúde, por duas razões. A probabilidade de trabalharem em empregos de salário baixo que não oferecem planos de saúde ou que descontam dias que foram faltados por causa de doença. E têm chances maiores de os médicos desconsiderarem ou diminuírem os seus sintomas, ou, como um estudo colocou: "O preconceito étnico de profissionais da saúde pode influenciar a qualidade e os resultados das interações medicinais."[34]

Indivíduos encarcerados foram infectados pela covid-19 quatro vezes mais do que a população geral, por causa da lotação dos presídios. O racismo da polícia e dos juízes significa que isso afeta desproporcionalmente homens negros nos Estados Unidos e minorias étnicas no mundo inteiro.

Trabalhadores que fizeram migrações, que em geral são de minorias étnicas, vivem e trabalham em condições extremamente abarrotadas e lotadas, em que o vírus se espalha com mais facilidade. Além disso, eles também têm acesso desigual ou limitado ao sistema de saúde devido ao seu estado de imigrante.

Para dar apenas um exemplo de casos de racismo estrutural durante a pandemia: oxímetros de pulso ou aparelhos que medem o nível de oxigênio no sangue no dedo foram uma ferramenta crucial para detectar a severidade da covid-19. Mas, em 2020, cientistas relataram que a tecnologia tem três vezes mais chances de não detectar a hipoxemia, ou baixo nível de oxigênio no sangue, em minorias raciais e étnicas em comparação a pessoas brancas. Níveis maiores de pigmentação na pele tendem a produzir resultados imprecisos, o que significa que pessoas com a pele mais escura têm maiores chances de não receber um importante sinal da necessidade de hospitalização, oxigênio suplementar ou cuidado intensivo.

A injustiça racial é um legado do passado, uma realidade do presente e um desafio urgente para o futuro. Aqui vão algumas perguntas que guiarão o esforço global para corrigir esses erros do sistema:

- Que tipos de reparações econômicas faremos pela escravidão e discriminação histórica?
- Qual é o "grande passo" para a justiça racial? Que objetivos audaciosos podemos estabelecer para campanhas e movimentos políticos?
- Quais dados podemos coletar a fim de documentar onde a injustiça racial existe e ajudar a identificar alvos para intervenções antirracistas?
- Como acabar com o abismo de riqueza entre brancos e minorias raciais e étnicas? Chegou a hora de o governo fazer pequenos investimentos ou criar contas de investimento para cada criança? Qual deve ser o investimento para bebês nascidos em famílias pobres e de minorias étnicas que sofreram discriminação histórica?
- Devemos estabelecer um programa federal de garantia de emprego assegurando um trabalho com um salário viável para todos, o que alguns especialistas dizem ser a maneira mais eficiente de superar a discriminação racial na contratação e no pagamento?
- Como vamos repensar a polícia e as prisões para reduzir disparidades raciais no sistema de justiça criminal?
- Os Estados Unidos deveriam adotar a abordagem radical da Alemanha pós-nazismo e aceitar alguns limites de liberdade de expressão a fim de criminalizar discursos e símbolos racistas?
- Deveríamos praticar a "democracia defensiva" e proibir candidatos políticos e partidos de demonstrar crenças antidemocráticas e ideologias racistas?
- Que tipos de histórias vamos contar e que tipos de artes vamos fazer para desafiar as crenças que perpetuam ações e ideias racistas?
- Que tipo de visões positivas do futuro podemos criar para nos ajudar a inspirar esforços antirracistas?
- Que novos tipos de protesto, ativismo e resistência podemos inventar?

- Como um futuro com minorias raciais e étnicas ocupando o centro da sociedade, em vez das suas margens, será?
- O que se torna possível num futuro antirracista que não é possível hoje?

Condição preexistente nº 5: Redes de distribuição fragilizadas e trabalhadores sobrecarregados

Por décadas, as companhias têm otimizado as suas redes de distribuição e a sua força de trabalho para o máximo de eficiência e lucro: fabrique a quantidade de produtos que você consegue vender apenas no momento em que for capaz de vendê-la com o mínimo de funcionários possível. Em tempos normais, manter essa força de trabalho enxuta e ter essa abordagem "imediata" de fabricação ajuda as empresas a reduzir gastos em estoque e funcionários e evita a perda de dinheiro com excesso de mercadoria que ninguém quer comprar.

No entanto, se algo inesperado acontece, um choque repentino na distribuição ou na demanda, não há espaço de manobra na rede de distribuição, nenhum amortecedor na força de trabalho. O inventário se esgota e as pessoas não conseguem comprar o que precisam quando precisam. Desabastecimento, pânico e acumulação se tornam muito mais prováveis. Os funcionários não conseguem trabalhar mais arduamente para acabar com a escassez, ao menos não por muito tempo, porque já foram colocados no limite. Foi exatamente isso que aconteceu durante a pandemia.

De forma ainda mais crítica, o mundo descobriu como estava despreparado para fabricar mais suprimentos essenciais durante uma crise — fossem equipamentos de proteção pessoal, como máscaras N95 ou luvas descartáveis para trabalhadores de saúde, ou oxigênio e remédios para pacientes doentes. Não foi apenas um aumento na demanda que causou o problema, foi a falta de diversidade geográfica e a resiliência na produção. A maioria das fábricas de máscaras e de equipamentos pessoais de proteção ficavam na China e foram fechadas logo no início da pandemia, exatamente quando eram mais necessárias. Os países perceberam, tarde demais, que tinham terceirizado infraestrutura crítica. Enquanto isso, patentes de remédios feitos para proteger o lucro de companhias farmacêuticas significavam que mais fábricas não podiam simplesmente mudar a produção para fazer o que o mundo precisava; elas estavam impedidas de responder à crise. Como resultado, houve escassez global crítica de mais de trinta remédios necessários para cuidar da covid-19, de anestesia a medicações cardíacas.[35]

E não foram apenas as redes de distribuição de saúde e medicamentos que foram rompidas. Todos os tipos de negócio se viram incapazes de cumprir a demanda. "Acabou tudo no mundo", disse uma manchete do *New York Times*.[36] De papel higiênico a bicicletas e equipamentos de home office, muitas redes de distribuição "imediata" falharam porque eram baseadas em modelos de previsão que usavam dados históricos do comportamento "normal". Porém, durante uma crise, o normal não se aplica mais.

Mudanças repentinas no comportamento do consumidor mostraram como é difícil para as empresas se adaptarem rapidamente para as mudanças e desejos — como milhões de pessoas tentando comprar uma nova escrivaninha para o trabalho remoto, ou papel higiênico porque estão fazendo todas as suas necessidades nas suas próprias casas em vez de em escolas e locais de trabalho, ou uma bicicleta porque o exercício ao ar livre era a única atividade permitida por ordens de isolamento.[37] Essa escassez não tinha o mesmo tipo de consequência de vida ou morte na rede de distribuição médica, mas coloca em destaque os riscos maiores que empresas podem enfrentar num futuro em que os padrões históricos não são mais confiáveis.

Forças de trabalho já enxutas em fabricação, agricultura, construção e sistemas de saúde, entre outras indústrias, diminuíram ainda mais quando funcionários pegaram o vírus e não podiam trabalhar ou precisavam de folgas para se isolar ou cuidar de outros. Essa escassez de trabalhadores causou mais interrupções na rede de distribuição, mais notavelmente na indústria de carne, em que locais de trabalho lotados levou a diversos surtos de covid-19. A resultante escassez de carne levou a um aumento de preço e a uma maior insegurança alimentar por parte de populações vulneráveis em todo o planeta. Era apenas mais um sintoma da fragilidade subjacente das práticas de negócios que buscam grande eficiência e lucro às custas de resiliência e de melhores condições de trabalho.[38]

E, embora tenha recebido pouca atenção do público na época, em 2019, a Organização Mundial da Saúde, notou outra pandemia ocupacional que surgia. Não era um vírus — era uma espécie de estresse tóxico no local de trabalho. A OMS oficialmente acrescentou "burnout" na sua Classificação Estatística Internacional de Doenças e Problemas Relacionados com a Saúde, descrevendo-o como "sensação de esgotamento de energia ou exaustão, crescente distância mental em relação ao trabalho ou sensações de negativismo ou cinismo em relação ao trabalho e redução da eficiência profissional" e caracterizando-o como "uma síndrome (...) resultado do estresse crônico no local de trabalho".[39] Essa ação da OMS se provou bastante presciente. Com um ano de pandemia, uma grande pesquisa global financiada pela *Harvard Business Review* analisou o estado do burnout e do bem-estar do trabalhador por quarenta e seis países e por uma variedade de indústrias e posições. Um número enorme de 85 por cento afirmou que o bem-estar físico e mental piorou como resultado da sobrecarga de trabalho, 72 por cento disse que se sentiam pressionados a trabalhar mesmo doentes e 51 por cento falou que não conseguiam manter um laço forte com a família ou os amigos devido às demandas do trabalho.[40]

Esses dados confirmam o que outros estudos descobriram: a maioria dos trabalhadores do mundo se sente com sobrecarga de trabalho, acha que não é pago o suficiente, tem a sensação de estarem socialmente isolados e que são desumanizados pelos seus empregadores. E o problema da sobrecarga de trabalho vai além do burnout físico e emocional, ele pode ser fatal. Um estudo de 2021 da OMS descobriu que por um período de mais de um ano (2016, o último ano em que os dados estavam disponíveis), 745 mil pessoas morreram como resultado de excesso de trabalho, definido como mais de 55 horas trabalhadas por semana. Por que trabalhar muitas horas é um "sério risco de saúde", nas palavras da OMS? Não descansar ou dormir o bastante e suportar muito estresse pode aumentar o risco de enfarto em 42 por cento e o de um derrame em 19 por cento. Os homens representavam 72 por cento das mortes devido ao excesso de trabalho, com os maiores índices no Pacífico Ocidental e no Sudeste da Ásia. Para colocar esses números em perspectiva, durante os próximos vinte anos, nesse ritmo, o excesso de trabalho vai ter matado mais pessoas do que a covid-19 matou no mundo inteiro. Comentando sobre o estudo, o diretor-geral da OMS, Tedros Adhanom Ghebreyesus, afirmou: "Nenhum trabalho vale o risco de ter um derrame ou ataque cardíaco. Governos, empregadores e funcionários precisam trabalhar juntos para definir limites a fim de proteger a saúde dos trabalhadores."[41]

Juntos, os riscos das redes de distribuição fragilizadas e os danos do excesso de trabalho sugerem um número de desafios para aumentar a nossa resiliência e flexibilidade pela próxima década:

- Deveríamos reverter a tendência de globalização a favor de mercados regionais e manufatura local, ao menos para os produtos mais essenciais como alimentos e suprimentos médicos?
- Como podemos antecipar melhor quais suprimentos essenciais o mundo pode precisar durante uma crise futura — seja uma nova pandemia, uma emergência climática, um ataque nuclear, uma migração em massa, uma evacuação de emergência ou algo que mal conseguimos imaginar hoje?
- Como criamos maneiras mais resilientes de fabricar esses suprimentos essenciais?
- Quais são as maneiras mais igualitárias de distribuí-los durante uma emergência?
- Quanto do sofrimento atual e do burnout no cotidiano de trabalho é evitável?
- O que estamos dispostos a fazer para preveni-lo?
- Que tipos de culturas e proteções de trabalho trariam mais segurança, humanidade e dignidade aos nossos empregos?
- Estamos prontos para uma semana de trabalho de quatro dias universal?
- Estamos prontos para leis universais do "direito à desconexão", que protegeria funcionários contra contatos e demandas profissionais fora do expediente?
- Como seria um mundo menos eficiente e menos produtivo? Quais coisas boas poderiam surgir se a eficiência e a produtividade globais caíssem? Estamos dispostos a considerar essas trocas?
- Conseguiríamos responder melhor a futuras crises se estivéssemos menos sobrecarregados e com menos burnout?

Condição preexistente nº 6: A crise climática

Antes de a covid-19 ser a crise definidora do nosso tempo, a crise climática ocupava lugar central da maioria das discussões sobre risco global. De fato, a mudança climática foi um fator fundamental no surgimento do novo coronavírus, e ela torna mais prováveis as pandemias de todos os tipos.[42] Conforme o meio ambiente se transforma, animais de todo o planeta abandonam os seus hábitats normais e entram em contato com novas espécies. Isso cria oportunidades para patógenos que em geral infectam uma espécie entrarem em contato com outros hospedeiros, a "transmissão viral entre espécies". De vez em quando, os humanos se tornam o novo hospedeiro — e foi assim que doenças como HIV, ebola, SARS e MERS surgiram. E embora não saibamos a origem do vírus que causa a covid-19 — se foi uma transmissão entre espécies ou se foi criado em laboratório durante uma pesquisa de "ganho de função", que explora como novos vírus surgem e se adaptam aos humanos —, o fato é que, de qualquer forma, a grande culpa é das mudanças climáticas. A área de pesquisa de ganho de função só existe por causa da mudança climática e a aceleração que ela causa de transmissões virais entre espécies. Os laboratórios fazem esse trabalho perigoso exatamente porque a crise climática nos coloca em risco de pandemias mais frequentes e mortíferas.[43]

Nosso vício em queimar combustíveis fósseis também aumentou a incidência de sintomas severos e mortalidade da covid-19. Como mencionei anteriormente, a poluição atmosférica foi associada a um maior número de hospitalizações da covid-19 e taxas de morte no mundo inteiro, como resultado da tensão crônica que a exposição a longo prazo à poluição do ar nos pulmões e no coração. Um grande estudo estimou que 15 por cento de todas as mortes por covid-19 ao redor do planeta foram diretamente atribuídas à exposição à poluição atmosférica, incluindo 17 por cento na América do Norte, 19 por cento na Europa e 27 por cento no Leste da Ásia.[44]

A mudança climática aumenta a frequência e a intensidade de eventos de clima extremo, que também se tornaram um fator complicador durante a pandemia. Em 2020, mais de 50 milhões de pessoas no mundo inteiro foram afetadas por secas, enchentes e tempestades relacionadas às mudanças climáticas, que coincidiram com surtos locais de covid-19, de acordo com um relatório da Cruz Vermelha, enquanto quase meio bilhão de pessoas sofreram com calor extremo que coincidiu com um surto viral.[45] Mais de 8 milhões de pessoas na costa Oeste foram expostas a uma baixa qualidade de ar prolongada como resultado dos incêndios que coincidiram com a pandemia. Estudos mostram que o risco geral de pegar e morrer por causa do vírus era mais alto para indivíduos expostos a esses eventos de clima extremo, porque eles tornaram o distanciamento social mais difícil, acabaram com redes de distribuição medicinais e reduziram o acesso ao sistema de saúde. Exposição ao calor extremo e à fumaça de incêndios em particular aumentou a severidade e a mortalidade da covid-19.[46]

Talvez o mais danoso de tudo foi a maneira como a crise climática transformou em arma o ceticismo e politizou o consenso científico.[47] Apesar de um consenso quase universal entre cientistas que a queima de combustíveis fósseis por parte dos humanos levou aos perigosos impactos ambientais de longo prazo, permitimos que o aquecimento global fosse debatido, contestado e diminuído pelas indústrias e políticos eleitos que lucram com a nossa contínua dependência de combustíveis fósseis. Esse gabarito de negação da realidade foi usado por agentes políticos e a mídia partidária para minimizar os perigos da covid-19 e para minar a confiança em medidas de saúde pública e vacinas. O fracasso da sociedade para combater de forma efetiva décadas de ataques à ciência climática criou uma fraqueza subjacente que não só tornou mais difícil controlar a pandemia, mas também preparou futuras incapacidades de responder de maneira coletiva a *qualquer* tipo de risco global que requer compreensão e orientação científica.

A crise climática apresenta inúmeros desafios para o futuro. Sabemos que temos que interromper o nosso vício em combustíveis fósseis, reduzir o consumo e o gasto, aumentar fontes de energia sustentável, reverter o dano à água, à terra, ao ar. E há questões em aberto que vão precisar ser repensadas e com mais imaginação, para ajudar a nos curar dessa condição preexistente:

- Que novos tipos de trabalhadores climáticos de frente e socorristas de emergência climática serão necessários enquanto tentamos resolver a crise climática?
- Como isso vai funcionar? Como iremos recompensá-los?

- Como será o futuro da ciência se quisermos que ela seja compreendida e tenha a confiança de todos?
- O que podemos fazer para aumentar a nossa resiliência física, tanto individual quanto coletiva, para que possamos aguentar melhor o calor extremo, novas doenças e outros choques de saúde no futuro?
- O que podemos fazer para aumentar a nossa resiliência social para que possamos confiar mais uns nos outros e proteger e ajudar uns aos outros de forma mais eficiente em crises climáticas ou de saúde no futuro?
- O que podemos fazer para aumentar a nossa resiliência mental para que possamos suportar o estresse crescente e a ansiedade de crises incansáveis que se sobrepõem?
- O que podemos fazer para aumentar a nossa resiliência emocional e espiritual para que possamos ter os recursos interiores necessários para permanecermos engajados com esses desafios climáticos de longo prazo, mesmo quando estivermos exaustos pelo que já passamos?

A desigualdade econômica, os sistemas de saúde falidos, as divisões políticas extremas, a injustiça racial, as redes de distribuição fragilizadas, os trabalhadores esgotados e a crise climática — cada uma dessas coisas é, por si só, um problema. Durante uma crise, eles se tornam fatores complicadores que aprofundam e prolongam o nosso sofrimento. Como diz a minha amiga do instituto Kathi Vian: "Quando uma interferência grande perturba um sistema complexo, as partes mais fracas do sistema entram em colapso primeiro."[48]

Está claro que os problemas que nos recusamos a resolver hoje vão complicar e intensificar as crises que encararemos amanhã. Por sorte, no momento em que diagnosticamos uma doença mais profunda, fica mais fácil predizer os sintomas futuros. Temos agora a oportunidade de pensar sobre como essas mesmas condições preexistentes podem se manifestar de novo. Qualquer que seja o futuro que estamos imaginando ou prevendo — o futuro dos alimentos, o futuro das votações, o futuro do aprendizado, o futuro das cidades —, podemos pensar em como as mesmas fraquezas do sistema podem minar os nossos objetivos e criar novos riscos. No Institute for the Future, estamos fazendo essas perguntas de "doenças profundas" sobre todos os cenários futuros que imaginamos:

- Quem adoece nesse futuro? Do que essas pessoas vão precisar para se curarem ou se protegerem?
- Quem pode ser deixado para trás ou excluído nesse futuro? Como evitar que a desigualdade econômica leve a experiências divergentes injustas?
- Quais comportamentos podem ser politizados nesse futuro? Quais fatos podem ser contestados? Quem vai tentar construir pontes entre essas divisões para criar consenso e pontos em comum?
- Como a injustiça racial vai aparecer nesse futuro? Como serão os esforços antirracistas nesse mundo?
- Do que as pessoas mais vão precisar nesse futuro? Que redes de distribuição podem acabar? O que pode torná-las mais resilientes?
- Quem terá burnout e trabalhará demais nesse futuro? Que tipos de apoio podemos dar a essas pessoas? O que vai acontecer se elas não receberem apoio?
- Como as pessoas estão se adaptando para os impactos negativos da mudança climática nesse futuro? O que as pessoas estão fazendo para diminuir ou reverter os seus efeitos? Como os eventos de clima extremo e o calor extremo podem aumentar o risco geral e a imprevisibilidade desse mundo?

Mesmo que você acredite que esteja pensando num futuro que não tem muito a ver com, digamos, o sistema de saúde, ou burnout profissional, ou mudança climática, ainda deveria se fazer essas perguntas. Até que a sociedade esteja completamente curada da doença mais profunda, seus sintomas serão sentidos em *todos* os futuros que imaginarmos.

Encontrar vulnerabilidades futuras e prever maneiras que podemos tentar proteger uns aos outros é uma habilidade. Você pode praticá-la ao procurar complicações futuras da doença mais profunda em qualquer um dos cenários que já jogamos neste livro.

Considere, por exemplo, o "Você viu se vai chover asteroide?" ou o "A Emergência Global da Queda de Espermatozoides". No caso de cientistas anunciando um possível impacto de asteroide num futuro próximo, você pode pensar na condição preexistente de divisões políticas extremas. Como a previsão científica pode ser politizada, contestada e diminuída? O que poderia dar errado se metade da sociedade rejeitasse de imediato a previsão, por motivos políticos? Ou pode considerar a condição preexistente da desigualdade econômica. Se houvesse a previsão de um asteroide caindo em algum lugar de uma região geográfica específica, quem poderia arcar com o custo de reunir as suas coisas e se mudar com antecedência, só por precaução? E o que aconteceria com aqueles que não pudessem pagar uma realocação prolongada? No caso de uma resposta de emergência global a uma crise de fertilidade, pode considerar a condição preexistente das redes de distribuição fragilizadas. Se a demanda aumentasse e os recursos fossem direcionados para esse esforço planetário — digamos, para uma necessidade enorme de longo prazo para nitrogênio líquido, usado para preservar esperma congelado —, que efeitos dominó isso teria nas outras indústrias? Bem, se esse recurso fosse redirecionado, a rede de distribuição de alimentos do mundo poderia entrar em colapso, já que a indústria alimentícia usa nitrogênio líquido para congelar e transportar produtos de panificação, carne, frango, peixe, comidas pré-prontas, vegetais e frutas. Talvez seja necessário mudar toda a economia alimentícia para consumir produtos frescos e locais. Ou pense na condição preexistente da injustiça racial. Minorias raciais e étnicas seriam menos propensas a participar da emergência de falta de espermatozoides pelas mesmas razões estruturais que diminuíam sua propensão a serem testadas e vacinadas para a covid-19? Quais poderiam ser as consequências a longo prazo de criar um banco de fertilidade sem equilíbrio racial? O que seria necessário para contrapor esse risco e assegurar igualdade no material genético preservado para o futuro?

Como sempre é o caso quando brincamos com cenários futuros, o objetivo não é prever perfeitamente o que pode acontecer na próxima década ou imaginar apenas os eventos mais prováveis. Ao jogar com o modelo da "doença mais profunda", você está treinando a sua imaginação a fazer conexões e ver a relação entre campos diferentes. Está melhorando a habilidade geral para notar interdependências e riscos que outros podem ignorar. Cada vez que se pergunta como um sintoma da doença mais profunda da sociedade pode reaparecer num futuro hipotético, fica melhor em reconhecer aquele sintoma em *qualquer* cenário — seja no futuro distante ou no presente. Pode ser que você nunca acorde nos cenários futuros mais loucos que imaginou. Mas estará mais bem preparado para ajudar hoje.

Deveríamos estar procurando *outras* condições preexistentes que podem complicar o nosso futuro?

Sim. E aqui está como fazer isso.

Revisitei recentemente a previsão original de pandemia da Superstruct, a simulação social que fizemos no Institute for the Future em 2008 para imaginar o mundo de 2019.[49] Fiquei impressionada com um dos elementos centrais do cenário: nossa doença fictícia, a síndrome do estresse respiratório (ReDS), tinha uma taxa de mortalidade baixa, mas um índice alto de sintomas persistentes de longo prazo. No nosso cenário, dezenas de milhões de pessoas sobreviveram à doença inicial, mas depois sofriam de fadiga crônica, problemas de memória, dores e dificuldades de respiração.

Uma das principais perguntas que pedíamos para os participantes levarem em consideração quando imaginavam o futuro era a seguinte: como você acha que o mundo poderia se adaptar a um aumento repentino de doenças crônicas? Como os locais de trabalho e as escolas responderiam? Quais pessoas se tornariam os novos cuidadores? Como a sociedade precisaria mudar para saciar as necessidades dessa nova população cronicamente doente? Também pedimos para imaginarem como as suas próprias vidas seriam modificadas se elas ou alguém da família delas desenvolvessem essa nova deficiência invisível.

Durante a pandemia real de covid-19, em contraste, a possibilidade de uma doença crônica foi diminuída logo no início. Relatórios iniciais de sintomas de longo prazo eram em geral ignorados ou rejeitados por médicos, de acordo com pacientes que se esforçaram para serem levados a sério ou conseguirem tratamento. Eles formaram grupos de apoio on-line para a "covid longa" e contaram as suas histórias nas mídias sociais. Por fim, estudos mostrariam que, em qualquer parte do mundo, de 5 a 20 por cento das pessoas antes saudáveis continuavam demonstrando ao menos um sintoma da doença seis meses depois de contraí-la. Mas levou um ano para os médicos começarem a levar a sério os relatórios desses pacientes sobre essa nova doença crônica e dar a ela um nome oficial ("sequelas pós-infecção aguda de covid-19") ou estabelecer clínicas médicas especiais para tratá-las.[50]

Tendo em vista que o risco de covid longa não foi previsto e foi desconsiderado durante a maior parte de 2020, achei curioso como a minha colega pesquisadora do instituto acertou esse detalhe em cheio. Enquanto eu fazia as interações e mecânicas da simulação Superstruct, o cenário inicial de pandemia foi escrito pela então diretora do Ten-Year Forecast Kathi Vian. E ela tinha uma boa razão para incluir doenças crônicas, do tipo que com frequência são ignoradas e diminuídas pelos médicos, em posição proeminente no cenário da Superstruct: em 2008, ela mesma estava sofrendo com sintomas de longo prazo, misteriosos e debilitantes, de doença crônica de Lyme. E, como residente de Woodstock, no estado de Nova York, que tinha uma das maiores taxas de infecção de doença de Lyme no mundo, Kathi conhecia muita gente com memória ruim persistente, fadiga e dores nas juntas por meses ou anos após o diagnóstico inicial.

"A Lyme era considerada epidêmica naquela área", ela me contou recentemente, quando tivemos tempo de investigar os dados da velha Superstruct juntas. "A maioria dos meus amigos lidava com algum tipo de Lyme. Até os meus médicos e o meu dentista tinham. Mas havia toda uma controvérsia sobre a forma crônica da doença." De fato, alguns médicos hoje consideram se os sintomas da doença de Lyme podem persistir por anos como incertos, apesar de pesquisas que sugerem que ao menos 2 milhões de pessoas nos Estados Unidos vivem com "doença de Lyme pós-tratamento" crônica, o nome clínico da síndrome.[51]

A Lyme crônica é mais aceita como diagnóstico válido hoje do que quando Kathi imaginou o mundo futuro fictício da ReDS. Naquela época, porém, sua imaginação do futuro foi informada pela sua própria experiência de vida sobre o que hoje pode ser chamado de "gaslighting médico". É quando os médicos dizem aos pacientes que os sintomas estão na cabeça deles e os sistemas de saúde falham ao investigá-los ou tratá-los com seriedade.[52] O gaslighting médico é mais comum com minorias raciais e mulheres de meia-idade, que tendem a sofrer taxas de doenças autoimunes difíceis de tratar e sintomas pós-infecção difíceis de serem diagnosticados bem maiores do que o restante da população. Essa é a história vergonhosa da síndrome da fadiga crônica, ou encefalomielite miálgica, com a qual aproximadamente 25 milhões de pessoas vivem hoje. Por décadas ela foi desconsiderada pela comunidade médica como uma desordem basicamente psicológica antes de enfim ser reconhecida como uma doença real e física, com raízes detectáveis em causas psicológicas, incluindo uma predisposição genética, muito provavelmente acionada por uma infecção viral.[53]

"Fui parte de uma grande comunidade de pessoas tentando aceitar uma incerteza futura no meio de uma doença incerta", falou Kathi. "E acho que filtramos as nossas visões do futuro pelas nossas experiências pessoais. Como poderia ser diferente?"

Não pode ser diferente, e é bom que seja assim. Nossas experiências de vida nos dão superpoderes de previsão do futuro. Elas nos ajudam a antecipar as possibilidades futuras que outros não podem ver.

Kathi identificou uma importante parte do que aconteceria durante uma pandemia verdadeira, porque já tinha passado por uma condição preexistente da sociedade que muitos outros ignoram: a antiga injustiça médica em relação a pacientes, sobretudo mulheres e minorias étnicas, em ter as suas doenças crônicas mal diagnosticadas, mal tratadas e mal estudadas. Hoje, ela está otimista que a atenção dedicada à covid longa vai significar que o padrão do passado poderá enfim ser interrompido e curado para sempre. Mas não consigo deixar de imaginar quanto sofrimento poderia ter sido evitado por pacientes de covid longa se mais pessoas tivessem visto o futuro do ponto de vista de Kathi.

Quando se trata da doença mais profunda, as seis condições preexistentes da sociedade no modelo do Institute for the Future falam sobre algumas — mas com certeza não todas — das antigas fraquezas que a sociedade não conseguiu resolver. Você pode ter a sua própria perspectiva em falhas sistemáticas, sua própria experiência de injustiça, que vai além do que falamos neste capítulo. Essa sabedoria é essencial. Rogo para que você a utilize quando imaginar o futuro.

Que sintoma *você* adicionaria à doença mais profunda?

Quais padrões do passado o afetaram pessoalmente e que você quer curar com urgência para o futuro?

Não importa o que você passou, não importa o que a sua comunidade precisou aguentar, se quiser, pode ajudar os outros a imaginar como esse sofrimento surgirá de novo.

Ou pode preferir ajudar os outros a ver um futuro no qual não sofremos mais da mesma maneira. Pode apresentar a sua própria visão para uma sociedade transformada. Visões positivas do futuro são parte essencial da cura. Conforme a ativista e futurista Iris Andrews falou no painel de imaginação coletiva no Skoll World Forum de 2021: "Tudo com certeza não está bem. Com certeza absoluta não está bem. Mas sinto que podemos sentir e aprender profundamente a curar a dor do presente e do passado, sem necessariamente presumir que temos que levá-la ou projetá-la para o futuro."[54]

Este parece um bom momento para respirar e dar um tempo na análise de padrões do passado.

Vamos fazer outra viagem no tempo mental para o futuro.

Quase todos os cenários deste livro são estabelecidos dez anos no futuro, mas o que virá a seguir será estabelecido no *futuro próximo*: ele pode começar daqui a alguns meses mesmo.

Pense nele como um "cenário de ponte". Entre hoje e daqui a uma década, como as pessoas vão expressar a sua raiva e o seu luto pelo que aconteceu? Como vão exigir mudanças?

Para ir do momento presente para um mundo de transformação social, pode ser útil imaginar primeiro novos tipos de movimentos sociais e ações coletivas.

Cenário futuro nº 9: O uivo

O futuro próximo

Uivar \ verbo

1. produzir um som longo, alto e triste, devido ao perigo, à dor ou à raiva
2. proferir uma revolta desenfreada[55]

Duas vezes por dia, o mundo para tudo que está fazendo e uiva.

Não o mundo *inteiro*. Mas muitos milhões de pessoas. Acontece primeiro ao meio-dia e depois de anoitecer. O uivo é o oposto de um minuto de silêncio. É um minuto de *barulho*.

Começou três meses atrás, quando Anshu Bhide, uma mulher de vinte e três anos, de Mumbai, uivou pela sua janela e postou o vídeo na internet. Ela postou outra vez, e depois outra. Nos vídeos, ela parava o que quer que estivesse fazendo e uivava por um minuto. Fazia isso duas vezes por dia, onde quer que estivesse, não importa quem mais estivesse ao redor ou o que faziam. Ela uivava no parque, no trem, no mercado, no café, no quarto dela, num templo. Às vezes, ela chorava. Às vezes, ficava de quatro feito um animal. Às vezes, ficava parada. Às vezes, dançava. Ela fazia barulho. E não pedia desculpas. Nos vídeos, pessoas a encaravam, tentavam evitá-la ou ajudá-la. De vez em quando, transeuntes se juntavam a ela e uivavam.

A cada vídeo, ela postava a mesma mensagem:

Estou uivando para dizer que não está tudo bem.
Estou uivando para dizer que as pessoas no poder falharam conosco.
Estou uivando para dizer que não serei mais ignorada.
Estou uivando para dizer que podemos fazer melhor do que isso.
Ao meio-dia, uivo para colocar para fora a minha dor e o meu luto.
À noite, uivo para que você possa ouvir as minhas esperanças e o meu poder.
Consegue escutar a diferença?
Vou uivar até o mundo inteiro uivar.
Venha uivar comigo.

Outras pessoas começaram a postar os seus próprios vídeos de uivo. Em alguns, a pessoa fazia uma panorâmica com a câmera e dava para ver que ela não estava sozinha. Pequenos grupos se reuniam para uivar juntos.

Uivar se tornou a tendência número um no TikTok.

Placas começaram a aparecer em locais públicos. Algumas diziam: "Local para uivos em grupo." Outras diziam: "É proibido uivar. Por favor, não perturbem a vizinhança."

Alguns restaurantes e lojas colocavam avisos dando as boas-vindas a uivantes. Outros os expulsavam.

O uivo do meio-dia soava de uma certa maneira. Era doloroso, triste, inconsolável, nervoso e selvagem. Era o som de um mundo cheio de dor.

O uivo da noite era diferente. Era alegre, desafiador, melódico, brincalhão. As pessoas repetiam os uivos distintos para outras, como se dissessem: "Estou te ouvindo. Estou aqui."

Alunos uivavam na escola. Empregados uivavam no trabalho. Era permitido, era proibido, era debatido se deveria ser permitido — como liberdade de expressão, como protesto, como desobediência civil.

Jornalistas queriam perguntar o que os uivantes queriam. Quanto tempo planejavam continuar fazendo isso? O que estavam tentando conseguir com isso?

Aquilo foi descrito como um movimento social. Foi descrito como moda. Era arte, era política, era uma ação coletiva, era egoísmo, era inspirador, era irritante, era global. Logo se tornou ilegal em alguns países.

IMAGINE A SI MESMO nesse futuro. Tente visualizar a cena de forma mais vívida e realista possível: dezenas de milhões de pessoas uivando duas vezes por dia, em lugares públicos e privados.

Quais são as visões desse futuro? Quais são os sons? Numa só palavra, que emoção você sente ao meio-dia, quando o uivo acontece? Numa só palavra, que emoção você sente à noite, quando o uivo acontece? Como ele soa para você na primeira vez que escuta? Quando mergulhar nesse futuro, é hora de tomar uma decisão.

MOMENTO DE ESCOLHA: Você se junta ao uivo? Por que ou por que não?

Se sim, onde uiva pela primeira vez? Quem está ao seu redor? Como eles reagem?

Se não se junta aos uivantes, o que faz durante os uivos diários? O uivo causa problemas para você? Ele o afeta de alguma maneira ou você consegue ignorá-lo?

Agora que fez a sua escolha, vamos continuar brincando nesse futuro possível.

Eis aqui mais algumas perguntas a serem consideradas. Deixe a sua mente vagar pelas possibilidades:

- Quais dos seus amigos, parentes e conhecidos você acha que se juntariam ao uivo? Quem acha que não se juntaria? Por quê?
- Há lugares em que o uivo deveria ser proibido nesse futuro? Onde?
- Se fosse proibido, você imagina que as pessoas praticariam desobediência civil e o fariam de qualquer maneira? Elas deveriam fazer isso? Por que ou por que não?
- Escolha um lugar público em que você está com frequência: a sua escola, o seu local de trabalho, o transporte público, um hospital, um asilo, um teatro, uma instalação esportiva, um local de orações, uma loja, um restaurante. Como essa localização específica começa a se adaptar, reconhecer ou evitar o uivo?
- Se as pessoas fizessem camisetas ou adesivos para esse movimento, como eles poderiam ser?
- Consegue imaginar grafites desse futuro? Quais mensagens poderiam ser pintadas por spray nas paredes de prédios ou nas portas de banheiros?
- Que coisa boa poderia sair do movimento do uivo?
- Que coisas ruins ele poderia causar?
- Se você pudesse mudar o ritual ou as regras para tornar o uivo mais significativo, eficaz, respeitoso ou qualquer coisa que você quer que ele seja, o que mudaria? (Se odeia completamente a ideia, consegue pensar em algo que o deixaria mais propenso a participar?)
- Como sintomas da doença mais profunda poderiam aparecer nesse futuro? Por exemplo, a injustiça racial ou a desigualdade econômica afetariam quem se sentiria a salvo ou seguro para participar do uivo?
- Imagine que esse seja o início de um movimento. Para onde ir a seguir? O que vem *depois* do uivo?

Talvez você não tenha ideias para algumas dessas perguntas agora — tudo bem. Conforme aumenta as suas habilidades ao brincar com cenários futuros, desafio você a preencher as lacunas, esticar um pouco mais a sua imaginação. Quaisquer que sejam as perguntas que não consegue responder agora, mantenha esse cenário em mente e veja quais ideias podem surgir outro dia.

Esse futuro próximo poderia realmente acontecer? Numa escala muito pequena, já aconteceu.

Em 22 de março de 2020, Hugh, um vizinho meu, fez uma sugestão no nosso grupo de mensagens. Ele foi inspirado por um ritual pandêmico recente: pessoas em cidades do mundo todo estavam abrindo as suas janelas e homenageando os trabalhadores de frente toda tarde com aplausos, vivas e cantoria. Ele sugeria que a nossa cidade, que tinha acabado de ser colocada em lockdown, fizesse o mesmo, mas com um diferencial local: "Vamos uivar."

Vivemos numa montanha e coiotes são endêmicos aqui; com frequência, seus uivos preenchem a noite. A ideia de uivar com eles pareceu agradar ao pessoal. Naquela noite, dava para ouvir uivos humanos ecoando por todo o vale. Isso se tornou uma prática noturna, com seu próprio grupo no Facebook e as instruções: "Toda noite, às 20h, vamos sair e dar um uivo catártico! Uive com compaixão — por aqueles afetados pela covid-19. Uive pela comunidade — você pode estar trancado em casa, mas não está sozinho."

O uivo se espalhou pela área da baía de San Francisco. Logo, milhares de pessoas estavam uivando toda noite. Grupos irmãos de uivos se formaram em outras cidades no Oeste dos Estados Unidos, e novos artigos sobre o fenômeno começaram a aparecer.[56] Num deles, Robert Faris, professor de sociologia da Universidade da Califórnia, Davis, disse que conseguia entender o apelo "pela liberação de estresse e solidariedade", e ainda assim: "Se você voltar e me disser em maio que ainda há pessoas uivando, eu ficarei surpreso."[57]

Mas pessoas na nossa vizinhança *ainda* uivavam em maio, e junho, e julho. No verão, o uivo tinha se tornado diferente, pois a compaixão e a catarse evoluíram para ativismo e protesto. "Uive pelo Vidas Negras Importam", "Uive pelas minorias étnicas na nossa comunidade", os vizinhos começaram a postar. Às vezes, o uivo saía das casas e entrava no olhar do público: "Ajoelhe-se na rua quando uivar hoje às 20h", anunciou um update do grupo de uivo.

No final do verão, pelas minhas estimativas, mais de um milhão de pessoas havia se juntado ao uivo. Ele morreu no outono, mas foi periodicamente ressuscitado na nossa comunidade, na noite de eleição, por exemplo, na noite de 6 de janeiro após os ataques violentos ao Capitólio dos Estados Unidos e no aniversário do nosso primeiro lockdown de covid-19.

Minha família uivou toda noite por meses. Isso nos ajudou a nos sentirmos menos sozinhos durante o longo lockdown. Eu pessoalmente uivava para dizer "Ainda estou aqui", e para dizer "Estou te ouvindo" e, às vezes, para dizer "O que diabo há de errado com o nosso país?" e para dizer, após me recuperar da covid-19 que achei que fosse me matar: "Isso é ar dos meus pulmões e posso respirar livremente de novo, e sou grata por estar viva, e espero nunca esquecer essa gratidão."

Houve tantos tipos diferentes de uivos na nossa comunidade em 2020 — alegres, emocionantes, esperançosos e, às vezes, pelo que parece, aflitos. Mas, olhando agora, mesmo após centenas de uivos coletivos, ainda acho que temos muito pelo que uivar e que há um som diferente que precisa ser posto para fora.

Cientistas que estudam emoções observaram que os sons associados ao luto são diferentes de outros gritos. Gritos de luto têm uma assinatura vocal diferente, um desespero e uma vulnerabilidade quase animalísticos que são impossíveis de ignorar, literalmente: eles ativam um instinto evolucionário nas pessoas que os escutam, para acalmar e ajudar.[58]

O pior som que já ouvi foi um desses gritos. Foi o som de uma desconhecida.

Minhas filhas gêmeas nasceram no inverno de 2015, nove semanas prematuras. Elas passaram dois meses na unidade de tratamento intensivo neonatal, juntando forças para ir para casa. Muitas famílias recebiam tratamento naquela UTI neonatal, nossos bebês nas incubadoras uns ao lado dos outros. Com frequência víamos as mesmas caras de sempre, outros pais aparecendo para segurar e ajudar a alimentar os seus filhos das formas que eram permitidas; em geral, era menos tempo e toque do que desejado.

Às vezes, cortinas eram puxadas entre as famílias por privacidade. Certo dia, um médico fechou a cortina, e o meu marido e eu o ouvimos dar uma notícia terrível para os pais ao nosso lado. A filha prematura deles não estava "conseguindo avançar", conforme ele disse na linguagem dos médicos, e não sobreviveria. Ela seria retirada dos aparelhos de suporte à vida assim que os pais se despedissem.

Nunca vou me esquecer dos gritos da mãe naquele momento. Incontidos, desamparados. Penso com frequência no luto dela; sinto que as vibrações daquelas ondas sonoras ainda estão acontecendo na minha mente.

Saímos da UTI neonatal para dar privacidade à família durante os seus últimos momentos juntos, e nunca mais os vi. Descreveria a dor dela como inimaginável, mas tento imaginá-la. Ainda a carrego comigo. Sete anos depois, ainda me vejo pensando, de forma impossível, se um dia vou poder encontrá-la e fazer alguma coisa para ajudar.

Quando esse tipo de dor entra nas nossas mentes, quando ela viaja da boca de alguém para os nossos ouvidos, acredito piamente que mudamos. Quando você é testemunha do luto irrestrito de corpo inteiro, de garganta inteira, de alguém, esse sentimento permanece com você. Então, quando penso no que pode ser necessário para curar os nossos traumas globais, me pergunto se vamos conseguir dar às pessoas o tempo e o local para fazer esses sons — e se vamos estar dispostos a escutar. Eu me pergunto se as pessoas vão *exigir* o tempo e o local — não com um uivo imperativo, mas com um uivo que se recusa a permanecer confinado ou ignorado. Não sei se o cenário como "O uivo" é provável. Mas quero ao menos imaginá-lo. Quero explorar a possibilidade de dezenas de milhões de pessoas fazendo o tipo de som que toca os nossos poderosos instintos evolucionários para acalmar e ajudar, transformando todos nós em testemunhas mútuas.

Ocean Vuong, poeta e novelista, afirmou: "Com frequência dissemos aos nossos alunos: 'O futuro está nas suas mãos.' Mas acho que o futuro, na verdade, está na sua boca. Você primeiro precisa articular a palavra se quiser vivê-la."[59] Ainda assim, talvez antes de colocarmos o futuro que quisermos em palavras, tenhamos que dizer as coisas que não podemos expressar em palavras antes.

ESTE CAPÍTULO APRESENTOU MUITAS perguntas. Por que tantas? Conforme dizemos no Institute for the Future: "Não há fatos sobre o futuro." Nada pode ser provado sobre ele, já que ainda não aconteceu. E, ainda assim, quando se trata do futuro, uma afirmação é menos útil, menos *verdadeira*, do que uma pergunta.

A verdade do futuro não é o que *vai* acontecer, é o que *pode* acontecer. De onde estamos hoje, provavelmente só podemos dizer: aqui está o potencial, ou o ímpeto, para certos tipos de mudança. Mas o futuro é sempre incerto, em movimento e mutável, é um conjunto de possibilidade perpetuamente em expansão e colapso. Temos que ir pelas beiradas para observar o futuro. Perguntamos: isso é possível? Bem, e quanto a isso — é possível? E quanto àquilo? O que podemos fazer para tornar mais possível? Cada pergunta sobre o que pode ser diferente nos aproxima um pouquinho a mais da verdade. E que verdade é essa? Bem, é diferente para todos.

A verdade mais verdadeira do futuro é pessoal. É o que quer que sintamos, lá no fundo, que queremos mudar, o que quer que sintamos que realmente *precisa mudar*, o que quer que estejamos dispostos a uivar duas vezes por dia até que mude. É o que quer que estejamos dispostos a gastar não apenas uma semana, ou um mês, ou um ano, mais uma década inteira das nossas vidas tentando mudar.

Então, tenho mais algumas perguntas para você.

O Questionário de Futuros Urgentes

Desenvolvi o Questionário de Futuros Urgentes como uma maneira de ajudar os meus alunos e os meus colegas futuristas a chegar às suas próprias verdades sobre o futuro. É assim que funciona:

Primeiro, escolha qualquer desafio urgente que pareça importante para você, como desigualdade econômica, sistemas de saúde falidos, divisões políticas extremas, injustiça racial, redes de distribuição fragilizadas, trabalhadores estafados, a crise climática ou qualquer outra "condição preexistente" do futuro que tenha na sua cabeça.

Depois, escolha uma comunidade específica da qual faz parte. Pode ser a sua cidade, sua escola ou seu local de trabalho, sua comunidade religiosa, o partido político com o qual se identifica, a indústria em que trabalha, o país em que mora.

Agora, pensando nesse desafio na sua própria comunidade, responda essas quatro perguntas, numa escala de um a dez:

1. **Quão urgente** você acha que é esse problema na sua própria comunidade? (1 = nem um pouco urgente, 10 = extremamente urgente)
2. Quantas pessoas na sua comunidade você acha que **concordam com você**? (1 = quase ninguém, 10 = quase todo mundo)
3. **Quão otimista** você está de que esse problema terá melhorado de forma significativa na sua comunidade nos próximos dez anos? (1 = extremamente pessimista, 10 = extremamente otimista)
4. **Quanto poder** *você* tem pessoalmente para influenciar se ou como esse problema terá melhorado de forma significativa na sua comunidade nos próximos dez anos? (1 = nenhum poder, 10 = bastante poder)

Você deve ter quatro números no final desse questionário; por exemplo, oito, cinco, seis, três. Não some os números — você não vai dar a si mesmo uma "pontuação total". Em vez disso, o que busca é a relação entre os quatro números. Essa relação mede quatro dimensões diferentes em como você se relaciona com o futuro: seu chamado, seu pertencimento, sua esperança e seu poder:

1. **Seu chamado ao futuro:** Você tem um ímpeto interior forte em relação a alguma ação em particular que pode mudar o futuro, como ajudar a resolver um problema global, preparar-se para uma crise ou inventar algo novo?
2. **Seu pertencimento ao futuro:** Você tem um senso grande de comunidade e companheirismo em torno do seu chamado? Sente que vai seguir sozinho ou que tem muitos aliados?
3. **Sua esperança pelo futuro:** Você sente que a mudança positiva em relação ao seu chamado é tanto possível quanto realista?
4. **Seu poder para mudar o futuro:** Você está confiante de que as suas ações vão importar quando chegar a hora de fazer mudanças positivas e que tem um papel importante a fazer em ajudar os outros?

Sua *pontuação de chamado* é a resposta para a pergunta nº 1 (por exemplo: oito). Sempre que a resposta for um número alto (oito ou mais), há um chamado forte e urgente para o futuro. Você encontrou um desafio de longo prazo específico pelo qual se sente entusiasmado e está bastante motivado a ajudar a resolvê-lo. Quanto maior for o número, maior é o chamado.

Se não consegue pensar em nenhum problema social ou desafio global a que daria uma pontuação oito ou maior, então encontrar algo que tenha importância para você é o primeiro passo para ter um envolvimento urgente em criar o futuro. (Continue lendo, há muitos outros desafios para escolher neste livro!)

Por outro lado, se você pontuou *todos* os desafios de longo prazo como oito ou mais, então observe um ou dois desafios com as maiores pontuações. Há algum dez? Isso vai ajudar a focar a sua energia futura.

Sua *pontuação de pertencimento* é o número que recebe após *subtrair* a sua resposta da pergunta nº 2 com a resposta da pergunta nº 1 (por exemplo: 8 - 5 = 3).

Quando os seus números das perguntas nº 1 e nº 2 forem próximos (uma diferença ≤ 2; ou pode até ser um número negativo, se você acha que a sua comunidade se importa mais com esse assunto do que você), há *pertencimento* a esse futuro: uma sensação de que o futuro estará cheio de pessoas que compartilham do seu chamado para melhorá-lo. Mas se houver uma diferença significativa entre os valores das questões nº 1 e nº 2 (uma diferença > 2), pode haver *alienação* nesse futuro. E a sensação dolorosa de que os outros não estão empenhados na mesma mudança que você quer ajudar a implementar.

Diminuir essa diferença é uma forma poderosa de mudar como você se relaciona com o futuro. Isso pode significar procurar pessoas na sua comunidade que já estão trabalhando para resolver o problema e se juntar a elas, ou aprender sobre os seus esforços. Encontrar esses ajudantes vai lhe dar um lugar de pertencimento.

Ou pode significar escolher outra comunidade diferente na qual tentar criar a mudança. Há outro grupo em que o seu chamado será mais apreciado? Olhe em volta e pense em todos os grupos a que você pertence. Um deles pode estar mais preparado para a mudança.

Ou pode significar trabalhar ativamente para aumentar o número de pessoas na comunidade que compartilham da sua urgência ao se tornar um defensor do desafio para os seus amigos, parentes, vizinhos, colegas e outros.

Encontrar sequer uma única pessoa que compartilha do seu chamado ao futuro pode ter um grande impacto na quantidade de energia e otimismo que você traz para esse futuro.

Sua *pontuação de esperança* é o resultado quando você subtrai a resposta para a questão nº 3 do resultado da questão nº 1 (por exemplo: 8 - 6 = 2).

Quando os seus números para a nº 1 e nº 3 forem próximos (uma diferença ≤ 2; pode até ser um número negativo se você está certo de que a mudança positiva está vindo), há uma grande *esperança pela mudança* no futuro em relação ao desafio que você escolheu.

Quando há uma diferença significativa entre os valores numéricos das perguntas nº 1 e nº 3 em relação ao mesmo problema (uma diferença de > 2), há *ansiedade* ou *desesperança* sobre o futuro, uma inquietação de que algo com que você se importa muito e quer mudar para melhor pode não ser, na verdade, possível de mudar.

A melhor maneira de aumentar a esperança para a mudança de um desafio em particular é usar as habilidades de imaginação que você têm praticado neste livro: dê um passo atrás num período de dez anos, busque evidências de que qualquer coisa pode mudar ao jogar "Provoque o futurista" e "Cem maneiras de qualquer coisa ser diferente no futuro", e fazer viagens no tempo mentais para imaginar mundos futuros em que as mudanças positivas já aconteceram. Quanto mais vívida e realisticamente você conseguir imaginar a mudança positiva, mais bem preparado o seu cérebro estará para identificar as oportunidades reais para fazê-la.

Sua *pontuação de poder* é o resultado da subtração entre a sua resposta para a pergunta nº 4 da sua resposta para a pergunta nº 1 (por exemplo, 8 - 3 = 5).

Quando nº 1 e nº 4 estão bem alinhados (uma diferença ≤ 2; pode até ser um número negativo se estiver confiante o suficiente de que as suas ações importam), há uma sensação de *poder para implementar a mudança e ajudar os outros* no futuro, uma confiança de que os seus esforços podem e vão ter um impacto positivo.

Quando há uma diferença significativa entre os valores numéricos de nº 1 e nº 4 em relação ao mesmo problema (uma diferença de > 2), há uma sensação de *impotência* ou *desamparo* sobre o futuro.

A Parte III deste livro vai sugerir uma variedade de tipos de ações que você pode fazer para aumentar o seu poder para moldar o futuro. Depois de ler esses capítulos, pode querer revisitar esse questionário e ver se você se sente um pouco mais poderoso e um pouco mais solícito.

Não há uma "pontuação boa" ou uma "pontuação ruim" no Questionário de Futuros Urgentes, nenhum dever de casa para "melhorar" a sua pontuação. Na verdade, é só um modelo para entender como você (e outros) se relacionam com desafios futuros diferentes e para explorar como você (e outros) podem ter as mais poderosas oportunidades para fazer mudanças.

Alguém com uma pontuação que sugere um chamado, um pertencimento, uma esperança e um poder altos provavelmente é alguém engajado em criar o futuro de uma maneira que pareça autêntica, energizante, motivadora e relevante. Alguém com uma pontuação que sugere um chamado, um pertencimento, uma esperança e um poder baixos pode ter mais dificuldade em se sentir energizado em relação a esse futuro; pode parecer abstrato, distante demais ou impossível de transformar.

Mas a pontuação de uma pessoa pode mudar no dia a dia, de semana para semana; pode ser afetada por acontecimentos, conversas, contratempos pessoais e exposição a novas ideias e informações. Uma pessoa também pode ter uma pontuação alta para um desafio do futuro ou comunidade e pontuações baixas para outros — isso é natural e sugere quais são os desafios e comunidades que a pessoa tem mais energia e oportunidades para se envolver.

Você pode achar essas perguntas úteis para dar uma forma mais concreta ao rodamoinho dos seus sentimentos enquanto imagina futuros diferentes. Pode querer fazer a si mesmo todas as quatro perguntas para cada uma das condições preexistentes que examinamos neste capítulo. Quais são aquelas que mais chamam sua atenção? Em qual encontra mais pertencimento? A maior esperança? Mais poder? Quando analisamos outros desafios futuros neste livro, pode querer revisitar o Questionário de Futuros Urgentes e ver a sua pontuação aí também.

Também pode tentar usar o questionário quando estiver discutindo desafios urgentes com um grupo maior, seja um encontro da população da cidade, uma reunião de equipe, um treinamento voluntário ou na sala de aula. Você não precisa calcular as pontuações; apenas compartilhe e compare os números para cada pergunta. Essa é uma ótima maneira de se conectar com outros que podem aumentar a sua esperança e sensação de poder em relação ao seu chamado. Quem tem uma resposta maior para as questões nº 3 e nº 4 do que você? Pergunte a eles por que escolheram aqueles números; eles podem ter boas notícias ou estratégias úteis para compartilhar.

Mais importante, apenas o ato de fazer essas perguntas pode impelir alguém a uma relação mais otimista com o futuro. Como disse um indivíduo que respondeu ao Questionário de Futuros Urgentes: "Na verdade, foi meio empoderador fazer a mim mesmo essas perguntas. Só de ler as perguntas, senti que, bem, sim, há mais possibilidades para mim do que eu em geral consideraria no meu dia. Eu poderia ser alguém que realmente pensa e ajuda a resolver esse tipo de problemas. Por que não?"

A ESCRITORA E ATIVISTA Walidah Imarisha escreveu: "Futuros que queremos não existem como pontos distantes e inalcançáveis. Quando nos concentramos em ação coletiva, ajuda mútua, autodeterminação e centralização de liderança dos marginalizados, vivemos a mudança que queremos e desafiamos o tempo linear. Puxamos esses futuros livres para o presente. (...) Vamos continuar puxando esses futuros livres para o presente sem parar, até chegarmos ao dia em que só isso existirá."[60]

A imaginação é o primeiro ato de puxar o futuro para o presente. Isso constrói urgência, motivação e uma comunidade para ação quando compartilhamos a nossa imaginação com outros. Questionar também puxa o futuro para o presente. Cada pergunta que fazemos abre espaço para novas ideias, novas possibilidades. Quando moldamos possibilidades futuras como perguntas, em vez de previsões, podemos ser mais corajosos e arrojados no nosso pensamento. Não temos que ter certeza; podemos ser curiosos. Podemos revelar as nossas curiosidades para outros. Podemos começar a fazer as mesmas perguntas juntos.

Então, vamos continuar. Que outros futuros podemos imaginar? Que outros futuros *deveríamos* imaginar?

Está pronto para desafiar o tempo linear?

Está pronto para começar a puxar?

TREINANDO A IMAGINAÇÃO

REGRA Nº 9: Cure a doença mais profunda.

Encontre os desafios sociais que o preencham com o otimismo mais urgente. Quais desigualdades, injustiças e vulnerabilidades você pessoalmente acha que pode ajudar a curar? Esses desafios vão conectar você à nossa transformação coletiva pós-traumática pós-pandemia e podem ser um trampolim para o seu crescimento pessoal e a sua transformação significativa. Então, busque as condições preexistentes da sociedade que nos fizeram sofrer mais no passado. Aí, imagine como elas podem criar as complicações do futuro. O que pode acontecer na próxima década se não conseguirmos remediá-las? O que será possível se conseguirmos curá-las?

PARTE III

IMAGINE O INIMAGINÁVEL

Depois de tragédias, a pessoa precisa inventar um mundo, seja tricotando-o, bordando-o, criando algo novo. (...) Você precisa imaginar algo que não existe e cavar uma caverna no futuro e exigir o seu espaço. É uma questão de esperança territorial. Neste momento, a escavação é utópica, mas, no futuro, se tornará a sua realidade.

— Björk, cantora e compositora

Quanto controle ou influência você pessoalmente acha que tem para determinar quanto o mundo e a sua vida vão mudar nos próximos dez anos?

Avalie o seu prognóstico numa escala de 1 a 10.

1 sendo quase nenhum controle ou influência,
10 sendo controle ou influência quase completos.

10

Responda ao chamado à aventura

O "chamado à aventura" significa que o destino convocou o herói.

— Joseph Campbell, mitólogo

Em 1967, uma equipe de pesquisadores da Universidade da Pensilvânia conduziu um experimento psicológico controverso no qual cães recebiam choques elétricos. O objetivo do estudo era descobrir como os animais — e talvez, por extensão, os humanos — aprendem com experiências negativas. Os animais ficavam em cima de uma maca, as patas dependuradas em quatro buracos. Os pesquisadores, então, davam uma série de eletrochoques dolorosos nas pernas traseiras dos cães. No entanto, para alguns cachorros do experimento, havia uma alavanca que eles podiam alcançar com o focinho. Se a alavanca fosse empurrada, os choques parariam. A maioria dos cães logo entendeu como parar os choques. Mas, para alguns dos cachorros, a alavanca intencionalmente não funcionava. Não importa o que faziam, os choques continuavam.

Vinte e quatro horas depois de os animais suportarem a fase inicial de choques, eles foram colocados num ambiente de testes diferentes, chamado de "shuttle box". A caixa foi dividida em duas partes por uma barreira baixa que os cães podiam pular com facilidade se tentassem. Num dos lados, havia um prato de metal que podia dar mais choques; o lado oposto era seguro. Os cães passaram cinco minutos na shuttle box, sem amarras, completamente livres para se mover. Então os choques começaram. Para escapar, tudo que os cachorros precisavam fazer era pular de um lado da caixa para o outro.

Os pesquisadores observaram que os dois grupos de cães — aqueles que, na maca no dia anterior, conseguiram parar os choques empurrando a alavanca e aqueles que não conseguiram parar os choques de jeito nenhum — reagiram de forma bem diferente ao segundo teste. O primeiro grupo de cães logo conseguiu entender como pular a barreira e escapar dos choques. Mas a maioria dos cães no segundo grupo nem mesmo *tentou* escapar dos choques. Eles simplesmente se deitaram e ficaram suportando os choques até os pesquisadores acabarem com o experimento.[1]

Hoje em dia, esse tipo de crueldade com animais seria proibido. Mas isso gerou uma importante teoria que se tornou um dos pilares da psicologia animal e humana: a teoria do *desamparo aprendido*. De acordo com essa teoria, se aprendemos que os resultados independem das nossas respostas — que nada do que fazemos importa —, então vamos internalizar essa lição e carregá-la conosco para outras situações. Mesmo quando objetivamente não estivermos desamparados, vamos nos *sentir* desamparados. E assim estaremos menos propensos, quaisquer que sejam os problemas que encararmos no futuro, a tomar providências para melhorar as nossas circunstâncias.

Essa teoria perdurou por décadas, através de experimentos repetidos com ratos, macacos e pessoas. O mesmo comportamento desamparado surgiu de novo e de novo, tanto nos animais quanto nos humanos. Ela se tornou uma das explicações mais citadas para a depressão clínica: se experimentamos uma inabilidade de controlar os resultados em múltiplas áreas da vida — em casa, na escola, no trabalho, na saúde, nas finanças, nas nossas vidas amorosas —, então aprendemos a parar de tentar. Nossos cérebros dizem: “Nem tente.” Ficamos depressivos e nos voltamos para dentro; nos tornamos passivos, como os cães na shuttle box.[2]

Mas então, algo inesperado aconteceu no campo da psicologia. Um dos pesquisadores originais do experimento da Universidade da Pensilvânia, Steven F. Maier, na época estudante de graduação, trocou de área e se tornou um neurocientista. Ele havia decidido revisitar a teoria que ajudou a montar, mas, dessa vez, de um ponto de vista neurológico. Ele começou a investigar quais circuitos, receptores e neurotransmissores estavam envolvidos no desamparo aprendido. E quando viu o que estava realmente acontecendo no cérebro, descobriu que a teoria original tinha entendido tudo errado: não *aprendemos* o desamparo. O cérebro *pressupõe* o desamparo quando exposto a condições adversas. Se quisermos sentir que temos algum controle sobre os nossos próprios resultados, precisamos *aprender que temos poder*.

A pesquisa mais nova é complicada, mas a coisa mais importante para entender é que os psicólogos agora sabem que uma estratégia passiva e defensiva — ou simplesmente tentar aguentar o pior até ele acabar — é, na verdade, a resposta mais instintiva e física que temos para experiências ruins. Você provavelmente já ouviu falar da reação de "lutar ou fugir" ao estresse, e isso também é real. (Recentemente, psicólogos atualizaram a teoria para incluir uma terceira reação instintiva ao estresse: "cuidar e ajudar", na qual buscamos dar apoio social.) Mas antes de lutar ou fugir, antes de cuidar e ajudar, "congelar" é a resposta mais primária, a reação que a evolução primeiro favoreceu. Se não quisermos congelar, temos que aprender que é possível lutar. Temos que aprender que é possível fugir. Temos que aprender que é possível pedir e dar apoio aos outros.[3]

Como sabemos do nosso próprio poder? Temos que ativar caminhos no córtex pré-frontal ventromedial (vmPFC), a região do cérebro que *desliga* a resposta de desamparo instintiva — a resposta-padrão de congelamento —, que, por sua vez, é comandada por uma região do cérebro chamada núcleo dorsal da rafe. O núcleo dorsal da rafe responde a estímulos negativos como barulhos altos e doloridos, luzes piscantes, ameaças de violência, vergonha ou choques elétricos ao direcionar neurotransmissores a duas *outras* regiões do cérebro, a amígdala e córtex sensoriomotor, que estimula o medo e manda o corpo "congelar". O vmPFC só desliga o núcleo dorsal da rafe *se e quando temos uma experiência direta em agir de forma intencional que leva a um resultado desejado diante de estímulos negativos*. Em outras palavras, temos que aprender que podemos abaixar o volume, desligar as luzes, deixar a ameaça, diminuir a vergonha ou escapar dos choques. Temos que ser como os animais no experimento da Universidade da Pensilvânia que notaram que, ao empurrar uma alavanca, podiam fazer os choques pararem. Temos que descobrir todas as alavancas (onde quer que elas estejam) que nos permitam exercer a nossa vontade e fazer uma diferença positiva nas nossas vidas e na vida dos outros, mesmo sob estresse.

Esse estudo explica algo que observei enquanto fazia a minha pesquisa de doutorado em psicologia de jogos na Universidade da Califórnia, em Berkeley. Fiquei fascinada ao notar quanto poder aqueles que jogavam videogame com frequência percebiam ter — não apenas nos jogos, mas também na vida cotidiana. Minha pesquisa, e muitas outras desde então, mostrou que jogadores estabelecem grandes objetivos para si mesmos nas suas vidas cotidianas e são menos propensos a desistir diante de obstáculos do mundo real. Também são mais propensos a pedir ajuda e ajudar amigos e parentes que jogam videogame com regularidade do que amigos e parentes que não jogam. E são mais propensos a se voluntariar para ajudar com um problema social que outros podem achar que aquilo está além das suas habilidades ou controle.[4]

De onde saiu esse senso extremo de capacidade de agir? Bem, videogames são como experimentos psicológicos, feitos para ensinar controle sobre resultados. Todo jogo começa com um desafio ou obstáculo que é difícil de superar ou uma dificuldade difícil de escapar. (Pense nos fantasmas rápidos do *Pac-Man*.) Os jogadores devem fazer experimentos para descobrir por si próprios que providências podem tomar, quais recursos podem coletar, que aliados podem recrutar, que estratégias podem adotar para lidar com as condições adversas do jogo. Por fim, quando os jogadores entendem o jogo, aprimoram as suas habilidades e alcançam os seus objetivos, criam uma confiança poderosa na sua habilidade de determinar o que acontecerá a seguir. E, de forma crucial, estudos de ressonância magnética de jogos demonstram que tudo isso acontece pelas mesmas redes neurais do vmPFC que nos ensinam a ter controle sobre estímulos adversos.[5] Em essência, os jogadores de videogame estão desaprendendo o instinto de congelar e aprendendo a lutar, ou fugir, ou ajudar os outros de forma mais eficiente a cada vez que jogam.

O título do agora famoso artigo científico de 1967 que explicou os fundamentos dessas ofertas no *Journal of Experimental Psychology* foi "Fracasso em escapar de choque traumático". Estas palavras poderiam descrever de forma perfeita as nossas próprias experiências hoje. Não são choques elétricos que suportamos, mas sociais. Fomos abalados por uma pandemia, protestos, incêndios florestais, calor extremo, ataques à democracia e à verdade. A dúvida se torna: vamos nos deitar como os cachorros e simplesmente esperar novos choques?

Não vou culpar ninguém que, após os últimos e conflituosos anos que vivemos, decidir: "Não há como controlar o que acontece a seguir, então por que tentar?" No entanto, há outra forma de processar o trauma e o choque. Podemos superar a resposta neurológica programada para experiências adversas. Podemos treinar os nossos cérebros para detectar a possibilidade de exercer controle sobre resultados no futuro — ao nos expormos a cenários futuros e imaginarmos como podemos reagir de forma bem-sucedida a eles.

Brincar com um cenário futuro pode ser uma prática terapêutica única. Pode ser uma chance de praticar o oposto do desamparo aprendido: o *amparo aprendido.*

Amparo aprendido simplesmente significa aumentar a nossa confiança e o nosso senso de controle quando se trata de resolver problemas para nós mesmos e outros. Cada vez que temos sucesso em ajudar a diminuir o sofrimento de alguém, ou satisfazer uma necessidade não atendida, ou aliviar o fardo de uma pessoa, aprendemos sobre o nosso próprio amparo. Fortalecemos as redes neurais que nos permitem acreditar que, sim, temos poder sobre os resultados das coisas. Talvez não seja um poder supremo — podemos não resolver os problemas de todos ou curar o mundo inteiro —, mas saber que é possível tomar uma providência para melhorar algo é uma garantia de que, quando encararmos um choque futuro, não vamos congelar. Não vamos assumir o nosso desamparo. Vamos procurar uma nova maneira de ajudar.

Não é por acaso que todos os cenários futuros deste livro apresentam o seu próprio tipo de choque mental ou emocional. Um cenário futuro descreve um mundo que é feito para ser surpreendente e, em muitos casos, difícil de imaginar — seja porque é tão estranho e incomum que mal conseguimos visualizar ou porque a crise ou possível trauma que encontramos lá nos deixa tão ansiosos que não *queremos* pensar naquilo. Porém, como em qualquer espécie de jogo, um cenário ou simulação é um local seguro para experimentar. Não há consequências no mundo real para quaisquer que sejam as ações ou estratégias que podemos nos imaginar utilizando. E podemos considerar a possibilidade de que, no futuro, seremos ainda mais corajosos, espertos, fortes, gentis, habilidosos: versões mais heroicas de nós mesmos. Podemos nos imaginar fazendo qualquer coisa — inventando algo, lançando um negócio, nos mudando para outro lugar, gerenciando um escritório, começando uma nova organização de caridade ou sem fins lucrativos, recebendo um diploma inesperado, mudando de profissão, liderando um movimento social, seguindo o sonho de uma vida —, coisas que podemos nos sentir despreparados para tentar hoje.

Até agora, você praticou muitas maneiras diferentes de jogar com cenários futuros. Já imaginou vividamente acordar num mundo novo e se perguntar: o que eu sentiria nesse futuro? Que ações eu faria? Já expandiu a sua empatia para como um cenário poderia afetar outras pessoas de forma diferente, ao jogar com cenários acompanhado. Já escreveu textos em diários do futuro sobre suas possíveis reações a um evento chocante, a fim de melhorar sua capacidade de pensar em meio à neblina de uma crise. Já diagnosticou os sintomas de uma doença mais profunda para encontrar condições preexistentes do presente que se tornarão complicações no futuro. Agora é a hora de praticar a habilidade de imaginação de futuros mais importante: encontrar a sua maneira única de ajudar.

Descrevo isso como "responder ao chamado à aventura do futuro".

No seu famoso modelo da jornada do herói, o mitólogo Joseph Campbell escreve que, em incontáveis mitos e lendas, a aventura começa quando uma pessoa comum recebe o "chamado à aventura". É um desafio para embarcar numa jornada até uma "área desconhecida", uma "região decisiva, rica em tesouros e perigos", um lugar em que "o horizonte da vida familiar foi superado; antigos conceitos, ideais e padrões emocionais não mais servem."[6] Ao chegar nesse local distante, o herói recebe a chance de resolver um problema difícil ou aprender uma verdade extraordinária, ou coletar um poderoso recurso. O herói então retorna ao mundo comum com o seu prêmio e o usa para tornar o mundo melhor.

Para aqueles de nós que vivem no mundo real, a área desconhecida a que somos urgentemente chamados, onde tudo parece estranho e invertido, é o futuro. E como o herói arquetípico, podemos também escolher visitar esse estranho mundo, através de viagens no tempo mentais — para imaginar como poderíamos resolver problemas lá, ver quais oportunidades e tesouros nos esperam naquele mundo, descobrir os riscos e perigos que existem lá. E podemos trazer as nossas descobertas da nossa viagem ao futuro para o presente: previsões e insights que podemos usar para melhorar o nosso mundo.

No modelo de Campbell, apenas um herói recebe o chamado à aventura. O herói é uma pessoa especial, e somente ele ou ela tem as habilidades necessárias e a força de caráter para encarar a ocasião heroica. Mas *todos* somos chamados ao futuro. E como o tempo é o grande equalizador, todos viajamos pela vida exatamente na mesma velocidade, vivemos exatamente no mesmo momento presente, estamos todos exatamente equidistantes de dez anos no futuro e chegaremos ao futuro exatamente ao mesmo tempo. Quando se trata do futuro, não há apenas um herói; qualquer um de nós pode responder ao chamado à aventura do futuro. Na verdade, quanto mais de nós fizermos isso, melhor.

E que chamado é esse? É um convite urgente para pensar e sentir previamente como podemos ajudar a nós mesmos e aos outros a se adaptar e ter sucesso em cenários e crises desconhecidos.

No arquétipo da jornada do herói, o chamado à aventura é, por vezes, seguido de uma "recusa ao chamado". Em vez de encarar a situação, o herói se recusa a ir. Conforme Campbell escreve em *O herói de mil faces*: "Na vida real, e com frequência em mitos e contos populares, encontramos o caso maçante da recusa ao chamado." A recusa pode ocorrer quando o possível herói está "mergulhado em tédio, trabalho árduo ou 'cultura'" — ou seja, mentalmente preso nas armadilhas do status quo pelo desejo do "sistema presente (...) de ser corrigido e seguro". No meu trabalho como futurista profissional, vi muitas recusas assim — até por indivíduos e organizações que me contrataram especificamente para desafiar as suas presunções e ajudá-los a imaginar novos e estranhos mundos. Na minha experiência, há quatro maneiras diferentes de as pessoas recusarem o chamado urgente para o futuro: distanciamento, negação, fadiga ou rendição.

Distanciamento significa responder ao chamado de imaginar o futuro de forma séria dessa maneira: "Ainda está muito longe, não precisamos pensar nisso agora." Ou: "Não vai me afetar pessoalmente, é problema de outra pessoa." Ou: "Isso é problema do pessoal do outro lado do mundo."

Negação significa responder ao chamado dessa maneira: "Isso nunca vai acontecer", "Se acontecer, não vai ser tão ruim assim" e "Esse risco é exagerado".

Fadiga significa responder: "Tenho muitos problemas hoje para me preocupar com um problema hipotético do futuro." Ou: "Não aguento mais tentar fazer as pessoas prestarem atenção nesse risco de longo prazo. Não consigo mais fazer isso."

Rendição significa pensar: "Não posso fazer nada pessoalmente em relação a isso, está além do meu controle, então por que me preocupar?"

Essas "recusas à imaginação" parecem familiares? Ouvimos muitas delas durante a pandemia da covid-19, mesmo quando o futuro inimaginável que estavam nos pedindo para imaginar estava apenas a alguns dias ou semanas de distância.

Consegue se lembrar daqueles primeiros dias, quando as regiões que foram atingidas em cheio pela covid-19 tentaram, desesperada e urgentemente, mostrar o nosso futuro? A China, depois a Itália, depois a Espanha, depois Nova York; vídeos, posts em mídias sociais e matérias jornalísticas tentaram avisar ao mundo o que estava a caminho.[7] Um dos chamados à imaginação futura mais surpreendente foi um ensaio de 17 de março de 2020 por Ida Garibaldi, intitulado: "Saudações da Itália. Seu futuro é pior do que você pensa."

> Escrevendo isso da Itália, também escrevo isso do seu futuro. Do nosso estado de emergência, temos observado a crise se desdobrando nos Estados Unidos com uma sensação horrível de mau presságio. (...) Fique longe de restaurantes, academias, bibliotecas, cinemas, bares e cafés, sim. Mas também: não convide pessoas para jantar, não deixe os seus filhos brincarem com outras crianças, não os leve ao parquinho, não deixe os seus adolescentes sumirem de vista. Eles vão escapar com amigos, vão ficar de mãos dadas, vão compartilhar comida e bebida. Se isso parece demais, pense no seguinte: não temos permissão de fazer casamentos ou funerais. Não podemos nos reunir para enterrar os nossos mortos. Para nós, pode ser tarde demais para evitar uma perda inimaginável. Mas se decidir não tomar uma providência porque parece inconveniente ou porque não quer parecer bobo, não pode dizer que não foi avisado.[8]

Essas pessoas estavam mandando mensagens do futuro porque, apesar de todas as evidências de que o impensável poderia acontecer, muitos de nós simplesmente se recusavam a acreditar que poderia acontecer com *a gente*. Não conseguíamos imaginar o futuro até que ele já estivesse acontecendo nas nossas próprias comunidades.

A chamada ao futuro não será tão explícita. Não receberemos com frequência uma visão tão clara e detalhada do que está por vir. Mas se mantivermos um ouvido no chão — se procurarmos sinalizações de mudança e seguirmos as forças futuras —, então *vamos* ouvir o chamado ao futuro e caberá a nós responder a ele ou não.

Você respondeu ao chamado à aventura. Está prestes a fazer uma viagem no tempo mental para um mundo invertido. O que vai levar com você para encarar melhor os desafios que encontrará lá? Aprender qual é o seu próprio poder surpreendente para ajudar a moldar o futuro começa com um desafio rápido que chamo "Faça as malas para o futuro".

Nos mitos e nas lendas, cada herói traz uma combinação única de habilidades, características positivas, conhecimento e ferramentas que ajudam o herói a estar à altura da ocasião e resolver o problema. Você também tem as próprias características que sugerem como *você* pode ajudar os outros no futuro. Conforme escreveu a autora e coach de liderança Tara Mohr: "O mundo foi feito com um buraco no seu formato. / É por isso que você é importante. / É por isso que você está aqui para fazer o mundo. / É por isso que você é chamado."[9]

Então, no que você é bom? Sobre qual assunto sabe muito? De que comunidades faz parte? Por qual assunto é mais apaixonado do que as outras pessoas? Que valores o levam adiante na vida, não importa os obstáculos ou contratempos que encontra? Vou ajudá-lo com a resposta para essas perguntas num instante. Mas, primeiro, quero encorajá-lo a responder a elas com a mente muito aberta.

Certas características e habilidades parecem ser, na superfície, mais úteis do que outras quando se trata de crises futuras. Dependendo do cenário, "essencial" pode descrever habilidades médicas, ou uma habilidade para traduzir línguas, ou para organizar protestos, ou para angariar recursos, ou para criar modelos de dados, ou para inovar num laboratório, ou para fornecer apoio espiritual ou conforto, ou manter a eletricidade funcionando. Se você não tiver essas habilidades "essenciais", pode se sentir desqualificado para fazer algo que realmente importa. Mas quero que mantenha a mente aberta sobre o que pode ser necessário, e por quem, no futuro. Conhecer muito sobre moda, participar do grupo de estudo da Bíblia, entender de segurança de armas, desenhar mangá, saber o nome da maior parte da vizinhança, ter o hábito de escrever bilhetinhos de agradecimento, ser capaz de reconhecer constelações no céu e contar as suas histórias, se comprometer em ser o melhor pai possível, ter uma determinação inigualável de dar 10 mil passos todos os dias, manter hábitos culinários aventureiros — não há habilidade ou característica pequena ou aleatória demais que não tenha utilidade para alguém no futuro, como você logo verá.

Assim, enquanto faz as malas, não julgue previamente qualquer uma das suas habilidades como desimportante, ou qualquer tipo de conhecimento como trivial, ou qualquer comunidade como não essencial, ou qualquer característica como inútil. Depois de fazer uma lista com tudo que *você* pode levar ao futuro, faremos uma viagem a um cenário futuro, e terá a chance de entender criativamente o que pode fazer com todas as suas características únicas. Por ora, tudo que tem que fazer são as malas.

Eis como jogar "Faça as malas para o futuro":

Vou fazer diversas perguntas para você sobre as suas habilidades, os seus talentos, o seu conhecimento, as suas paixões, as suas comunidades e os seus valores. Talvez seja útil escrever as respostas num papel para que possa pendurar a lista em algum lugar para inspirar a sua imaginação futura. Tente dar ao menos uma resposta para cada pergunta. (Se tiver mais de uma ideia por pergunta, escreva todas! Quanto mais ideias, melhor.)

Você pode descobrir que comparar respostas com os outros é divertido e esclarecedor. Na verdade, se não conseguir pensar numa resposta, peça a um amigo ou parente para sugerir respostas para você. Em geral, outras pessoas têm um talento especial para identificar habilidades e características pessoais que nunca nem notamos sobre nós mesmos.

Habilidades e talento. No que você é bom? O que você sabe fazer que muitas pessoas não sabem?

A resposta pode ser uma habilidade profissional, uma *life skill*, um hobby, algo que você é pago para fazer ou algo que faz por diversão. Pode ser algo que aprendeu na escola, no trabalho ou que recebeu treinamento especial para saber. Ou pode ser algo que você escolheu por si só. Não se limite ao que pode achar útil numa crise; pode ser qualquer coisa. Na minha lista, por exemplo, eu incluiria: criar novos jogos, planejar viagens, explicar pesquisas científicas para leigos, fazer trilhas e manter a fumaça dos incêndios florestais fora da minha casa.

Quando chegar ao futuro, talvez veja que essas habilidades e esses talentos serão pistas poderosas de como vai poder ajudar.

Conhecimento profundo e paixões. Sobre que assunto ou atividade você sabe muito, mais do que a maioria das pessoas? No que você passa boa parte do tempo pensando, mais do que a maioria das pessoas?

Eis algumas respostas que vi no passado: treinamento de agilidade canina, nutrição, filmes de Bollywood, fantasias de Dia das Bruxas feitas em casa, história militar, culinária persa tradicional, zumba, gerenciamento de projetos, eneagrama dos tipos de personalidade, filosofia estoica, ética da inteligência artificial, planejamento de festas, autocuidado, fotografia digital.

Quando chegar ao futuro, talvez veja que poderá criar conexões criativas entre conhecimento e paixões com a crise em questão.

Comunidades. De que comunidade você faz parte? Você é um membro de que grupos? Pode considerar a sua vizinhança; a sua escola; o seu escritório ou a indústria em que trabalha; uma comunidade religiosa; uma diáspora; um grupo de apoio; um partido político; um grupo de arte ou música; uma comunidade de esportes ou videogame; uma comunidade de pacientes ou de saúde on-line; um fórum de discussão, canal ou rede social em que é bastante ativo; um grupo de recuperação; qualquer tipo de clube ou equipe; ou até a sua família estendida se isso for parte da sua identidade.

Quando chegar ao futuro, talvez seja capaz de mobilizar essa comunidade, ou defender os seus interesses, ou ter um papel importante em mantê-los informados.

Valores. Quais são os seus valores mais importantes? Um valor é uma maneira de ser que traz propósito e significado para a vida. É uma característica que você quer exibir, uma virtude que quer defender, uma qualidade que quer encarnar ou uma maneira de estar a serviço de algo maior do que você. Eis aqui alguns exemplos de valores que você pode ter: nunca parar de aprender; ser o melhor pai possível; sempre desafiar os seus limites físicos e ser uma inspiração para outros; ser uma pessoa gentil e atenciosa que está sempre disponível para um amigo necessitado; se conectar e respeitar a natureza; aproveitar tudo e nunca ficar entediado, porque a vida é curta; servir a Deus de forma fiel e, através das suas ações, ser um exemplo para os outros; explorar o mundo inteiro e entender o máximo de culturas diferentes; defender os outros e lutar pelo que é certo; levar beleza para o mundo onde puder; documentar a verdade e espalhá-la. (Você sabe quando identificou um dos seus valores centrais quando consegue completar frases que começam com "Eu juro que...", ou "Meu propósito de vida é...", ou simplesmente "Sinto que sou a melhor versão de mim mesmo quando gasto tempo e energia em...".)

Quando chegar ao futuro, talvez veja que esses valores guiam as suas ações e ajudam a focar a sua atenção no que vai mantê-lo motivado e resiliente durante um tempo desafiador.

Jogadores da Superstruct e do EVOKE fizeram essa mesma atividade, identificando as suas habilidades e os seus talentos, o seu conhecimento e as suas paixões, as suas comunidades e os seus valores no início de cada simulação. Naquela época, chamamos isso de criar um perfil de "indivíduo esperançoso superpoderoso". Acredito que listar essas características específicas e únicas foi um passo essencial para poder imaginar como eles poderia estar à altura da ocasião heroica dessas pandemias hipotéticas do futuro. Como disse um jogador com quem entrei em contato recentemente: "A experiência teve um grande impacto em mim. Talvez o maior impacto tenha sido imaginar quais habilidades que tenho agora posso levar para o futuro. A habilidade de me imaginar ajudando no futuro, em vez de simplesmente criar um cenário na minha mente como observador passivo, me deu a coragem e a confiança para entrar no verdadeiro futuro."

Agora chegou a vez de colocar as *suas* forças a serviço de uma possível crise futura. O mundo de 2035 encara outra pandemia, mas não é nada parecida com o que você já viveu.

Você respondeu ao chamado. Fez as malas. Um cenário futuro o aguarda. Conforme faz a leitura do cenário, que é baseado numa doença real que existe hoje, deixe as engrenagens da sua mente começarem a girar: qual das características únicas que você acabou de listar será mais útil nesse futuro?

Cenário futuro nº 10: A crise alfa-gal

Ano 2035

Hoje, os jornais anunciaram um marco: "A síndrome de alfa-gal, ou AGS, afetou 50 milhões de pessoas nos Estados Unidos, um número antes considerado impensável."

Você não vê as palavras "impensável" e "inimaginável" em tantas manchetes desde a pandemia da covid-19 quinze anos atrás.

Agora, você já sabe como a AGS funciona: um carrapato hospedeiro pica um humano, injetando na pessoa a molécula de açúcar galactose-α-1,3-galactose, ou "alfa-gal", que é comumente encontrada no sangue de animais de que o carrapato se alimenta, como vacas e ovelhas. Então, o sistema imunológico da pessoa enlouquece, reagindo como se a molécula de açúcar fosse um vírus mortal. A pessoa desenvolve alergias severas e potencialmente fatais à maioria dos produtos à base de mamíferos, incluindo carne, laticínios, queijo, banha e gelatina. Dali em diante, qualquer exposição à alfa-gal pode levar à morte.

Isso significa que 50 milhões de americanos antes saudáveis, ou uma em cada oito pessoas, devem agora evitar todos os tipos de produtos animais. Uma mordida de hambúrguer, um punhado de balas de goma, leite de vaca no café em vez de leite de aveia, e provavelmente eles vão acabar num hospital. Tudo isso por causa da picada de um carrapato. Até mesmo respirar a fumaça da carne assando na brasa pode desencadear um quadro de estresse respiratório e um ritmo cardíaco perigosamente elevado. Você nunca tinha ouvido falar de "carne no ar" antes da crise de AGS, mas agora é algo que as pessoas precisam evitar de verdade.

E uma segunda ou terceira picada do carrapato piora a AGS. Para essas pessoas, contato com produtos comuns de casa podem fazê-las entrar em choque anafilático. Você nunca percebeu a quantidade de produtos não alimentícios — gizes de cera, papel higiênico, camisinhas, sacolas plásticas e pastas de dentes — que utilizam gordura de vaca ou gelatina. Graças aos anúncios de serviços públicos da CDC, parte da campanha "A carne está em toda parte", agora você sabe.

Desde o início da crise, visitas a emergências por reações alérgicas aumentarem de 125 mil por ano para mais de 10 milhões por ano nos Estados Unidos.

Quando a coisa é colocada dessa maneira — realmente é impensável.

Você perdeu a conta de quantos dos seus amigos e parentes vivem com síndrome alfa-gal. Vinte, talvez? Trinta? Pelo menos. Você se sente sortudo por, até agora, ter conseguido evitá-la, sobretudo porque não há tratamento ou cura conhecidos.

Você ainda consegue se lembrar de quando a AGS era incomum. Lá atrás, uma história como "Vegetarianos à força revelam que picada de carrapato os deixou alérgicos à carne vermelha" poderia ter aparecido no seu feed de "Notícias estranhas: a sua fonte para tudo que é bizarro, estranho e esquisito no mundo". Isso foi em 2009, quando apenas algumas dezenas de casos haviam sido detectadas. Porém, em 2019, mais de 34 mil pessoas haviam sido diagnosticadas com AGS nos Estados Unidos, e mais alguns milhares afetados pelo norte da Europa, Austrália e África subsaariana.[10] De repente, a cobertura da mídia ficou menos "bizarra" e mais alarmista:

> "Carrapato raro está se tornando comum e pode causar uma alergia à carne potencialmente fatal."

> "Não é só mais no mato: populações de carrapato-estrela-solitária estão crescendo a níveis antes inimagináveis nas cidades, colocando a saúde global em risco."

Quase da noite para dia, pelo que parecia, pessoas estavam pegando AGS de carrapatos no Central Park em Nova York e em praias no sul da Califórnia. Crianças pegavam a doença de carrapatos em campos de futebol em todos os Estados Unidos. Logo, a síndrome alfa-gal era encontrada em todos os continentes, com exceção da Antártica.

Em 2034, quando mais de 250 milhões de pessoas no mundo inteiro tinham sido infectadas, a Organização Mundial de Saúde declarou a AGS a primeira pandemia por carrapato de que se tinha notícia. E as coisas começaram a mudar rápido:

> "Vinte e cinco por cento das pessoas comerão uma dieta completamente vegan esse ano, devido à alergia potencialmente fatal; as indústrias da carne, de alimentos e restaurantes estão diante de uma era de mudança inimaginável."

> "Parques, bancos e campos de esportes ficam vazios, apesar do tempo aberto, conforme pessoas planejam fazer o impensável para evitar carrapatos: permanecer em casa durante o verão."

> "É o fim dos cachorros? Donos de animais estão abandonando os seus cães em números recordes, para diminuir a exposição aos carrapatos."

> "Está faltando epinefrina no mundo, uma droga essencial para reverter reações alérgicas com possibilidade de morte de todos os tipos. Setecentas milhões de pessoas sem alergias causadas pela AGS agora estão em risco."

> "Anticorpo monoclonal, os tratamentos mais bem-sucedidos para SARS-CoV-2, 3, 4 e 5 não são mais uma opção para pessoas com AGS. O medicamento milagroso é feito com linhagens celulares de mamíferos. Lockdown voluntário para todas as pessoas com AGS em locais com surtos de vírus é agora recomendado."

Agora que a AGS é uma pandemia, o mundo parece dividido em cinco tipos de pessoas:

1. Pessoas com AGS: Se você tem AGS, sua vida se resume a evitar a molécula de alfa-gal de qualquer maneira. Você agora é basicamente vegano, goste disso ou não. Precisa fazer coisas como levar o seu próprio papel higiênico vegano para todos os lugares, para evitar contato com gelatina bovina. E toma cuidado redobrado com carrapatos, porque, se levar outra mordida, seus sintomas podem piorar: reações alérgicas mais rápidas e difíceis de tratar, dor nas juntas, dor abdominal severa, perda de memória.

2. Pessoas com medo de pegar AGS: Você fica ansioso quando está em lugares a céu aberto. Quando vai para parques, praias ou campos esportivos, se cobre ao máximo com roupas. Fica ensopado de qualquer repelente que encontre na farmácia e não esteja esgotado. Você pede para amigos e parentes darem uma boa olhada por todo o seu corpo para ver se há carrapatos sempre que entra em casa; esse novo ritual faz lembrar das medições de temperatura onipresentes da época da covid, mas leva muito mais tempo e com certeza é bem mais íntimo.

3. Pessoas sem AGS, mas que começaram a viver como se tivessem — só por precaução: Você parou de comer carne antecipadamente. Compra produtos completamente veganos para casa. Evita respirar fumaça de carne. Dessa maneira, se desenvolver AGS, não vai correr um risco sério. Tomar essas atitudes agora também ajuda a manter a sua família a salvo. Viver dessa maneira lhe dá paz de espírito.

4. Pessoas que se arriscam em áreas ao ar livre e na "vida carnívora": Você não vai se preocupar até que seja necessário. Saboreia toda a carne que consegue. Fica ao ar livre o máximo de tempo possível. É melhor aproveitar enquanto pode.

5. Pessoas que estão convencidas de que a AGS é mentira: Você acha que a doença é uma invenção perpetrada pela indústria de vegetais para aumentar os lucros. Ou que é o trabalho de uma sociedade secreta "militante vegana feminista" com controle global chamada Fêmeas Alfa, feita para assustar a população para que as pessoas adotassem um estilo de vida vegano e possivelmente diminuir o nível de testosterona delas ao parar de consumir carne vermelha. Qualquer que seja a sua razão, você não acredita que a AGS é uma doença perigosa ou comum. Ninguém vai te deixar com medo e te impedir de ficar ao ar livre. Você com certeza não vai mudar a sua dieta. E se escutar os conselhos dos mais influentes negacionistas da AGS on-line, pode decidir batizar as bebidas das pessoas com caldo de carne para revelar a mentira e provar para os outros que eles não estão correndo um risco real.

Imagine a si mesmo nesse mundo. Você tem a idade que teria em 2035, possivelmente com circunstâncias de vida diferentes — morando numa cidade diferente, trabalhando num emprego diferente, casado há pouco tempo ou solteiro, pai pela primeira vez ou um pai cujos filhos estão completamente crescidos agora; talvez tenha conseguido ficar rico ou fazer um pé-de-meia, talvez não. Pense em quem você pode ser em 2035, e como essa pessoa pode ser diferente de você de hoje. Então responda à pergunta:

MOMENTO DE ESCOLHA: Como você acha que reagiria à crise de AGS? Você seria alguém preocupado em pegar a doença e tomaria todas as precauções possíveis? Ou "viveria no momento" e começaria a comer mais carne e passar mais tempo na natureza, para aproveitar enquanto pudesse? Você se anteciparia e faria grandes mudanças na sua vida, por precaução, ou para proteger os membros da sua família que pudessem ter pegado AGS? Você acha que se juntaria aos negacionistas? Que outros tipos de reação consegue se imaginar tendo? Vou pedir para você criar um plano de ação mais detalhado para viver por uma hipotética crise de AGS num instante. Por enquanto, apenas estique a sua imaginação e pense em como a sua reação geral ou estilo de resposta pode ser. (Como a AGS é uma síndrome real que afeta centenas de milhares de pessoas no mundo inteiro, você pode já conviver com a AGS. Se for o caso, como imaginaria a sua experiência guiando você como uma reação a uma pandemia de AGS na escala de uma pandemia da covid-19?)

Agora que teve a chance de mergulhar nessas possibilidades, vamos focar em detectar oportunidades para fazer uma diferença positiva nesse futuro.

Há três perguntas-chave a serem feitas sobre qualquer cenário para desencadear o processo de "amparo aprendido" que nos permite sentir (e, na verdade, estar) mais em controle de como o futuro será:

1. O que as pessoas vão querer e do que vão precisar nesse futuro?
2. Que tipos de pessoas serão particularmente úteis nesse futuro?
3. Como *você* vai usar as suas características únicas para ajudar os outros no futuro?

Vamos fazer um brainstorm para responder algumas coisas sobre "A crise alfa-gal". Quando você imagina um mundo com uma pandemia mundial disseminada por um carrapato que leva a uma alergia potencialmente mortal a produtos à base animal, o que se torna o novo "essencial"?

O que as pessoas vão querer e do que vão precisar nesse futuro?

Quais suprimentos?

Que tipos de conselho e informação?

Que espécies de apoio ou proteção?

Que novos tipos de fazer as coisas seria necessário? Em outras palavras, o que não mais funcionaria da maneira antiga e teria que ser reinventado nesse novo mundo?

Essas são perguntas de brainstorm — quanto mais respostas, melhor. Se estiver disposto, vá em frente e pense em algumas ideias sozinho antes de ler as minhas sugestões.

Num mundo que estivesse passando pela crise de alfa-gal...

Provavelmente haveria um aumento enorme de demanda para repelente de insetos; canetas de epinefrina para impedir reações anafiláticas; produtos à base de plantas, aves e frutos do mar; papel higiênico vegano; versões veganas da maioria dos produtos domésticos. Haveria um aumento na demanda para animais de estimação que não pegam carrapatos, como lagartos e peixes. O que mais você acrescentaria à lista?

As pessoas precisariam aprender a fazer buscas por carrapatos em si mesmas e nos seus animais de estimação. Outras informações úteis podem incluir mapas públicos mostrando as áreas de maior risco de mordidas de carrapato; instruções sobre como identificar anafilaxia e dar injeções de epinefrina que podem salvar vidas (na verdade, pessoas que não têm alergias talvez comecem a tê-las por perto para ajudar outras pessoas); e, para pessoas com AGS ou pessoas que têm amigos e parentes com AGS, dicas de culinária e conselhos nutricionais para começar uma dieta à base de vegetais. Talvez seja útil fazer uma campanha de conscientização pública de quais produtos têm ingredientes de carne escondidos, como pasta de dente e vitaminas. Ou campanhas públicas de como fazer um arrasto de flanela, que é uma forma barata e feita em casa para identificar infestações de carrapatos (de acordo com o *Consumer Reports*: "Corte um pedaço de quinze centímetros quadrados de flanela e o amarre num bastão de cinquenta centímetros. Segurando o bastão, arraste a flanela por grama alta ou erva, sobretudo a mata ao redor do seu quintal. Em geral, carrapatos vão passar para o tecido."[11]) O que mais as pessoas poderiam querer saber nesse futuro?

Elas podem precisar de apoio de saúde mental para lidar com a ansiedade de viver com AGS ou o medo de pegá-la. E pessoas com trabalhos mais arriscados — aqueles em áreas associadas a um risco maior de exposição aos carrapatos hospedeiros, como construção, agricultura, petróleo, silvicultura e funcionários da companhia elétrica que consertam fios e postes — podem precisar de proteções ou apoio especial, seja pagamento por insalubridade ou priorização no equipamento de proteção pessoal. Enquanto isso, trabalhadores da indústria da carne e do leite podem precisar de treinamento de trabalho ou serem redirecionados, caso as indústrias diminuam por causa do declínio drástico no consumo da carne e do leite. Quem mais pode precisar de apoio ou proteção?

Atividades de recreação e ao ar livre talvez precisem ser repensadas ou temporariamente reimaginadas para acontecer em segurança em lugares cobertos, longe dos carrapatos — em essência, o contrário da estratégia da covid-19, que foi passar o máximo de coisas possível para o ar livre. Restaurantes podem se reinventar para oferecer experiências de jantares seguros para pessoas com AGS. Cachorros tosados podem se tornar a norma, porque é mais fácil identificar e remover carrapatos com o pelo raspado do que o contrário. Quintais, gramados e jardins podem precisar ser reimaginados para enfatizar o controle de carrapatos, da mesma forma que aconteceu para prevenir incêndios em áreas de alto risco hoje. Que outras coisas você consegue imaginar mudando drasticamente conforme a sociedade se adapta a esse futuro?

Por sinal, a melhor forma de expandir o seu pensamento nessa questão é perguntar a um monte de pessoas diferentes o que *elas* podem querer ou precisar num determinado futuro.

Que tipos de pessoas serão particularmente úteis nesse futuro?

Quem são os novos especialistas?

Quem são as pessoas com habilidades essenciais?

Quem você gostaria de ter por perto?

Quem oferece um serviço que será mais importante do que nunca?

Vá em frente e pense em algumas ideias próprias antes de ler as minhas sugestões.

Num mundo passando pela crise da alfa-gal, as pessoas mais úteis seriam…

Pessoas com experiência prévia vivendo com alergias potencialmente fatais, para oferecer conselhos aos recém-diagnosticados.

Profissionais de saúde que sabem tratar reações alérgicas severas.

Pessoas comuns que conseguem identificar reações alérgicas e providenciar o cuidado até a ajuda médica de emergência chegar.

Vegetarianos ou veganos que podem ajudar pessoas com AGS a se adaptarem a uma nova forma de se alimentar.

Chefs que preparam comidas à base de vegetais.

Qualquer pessoa que pode fazer serviço de jardinagem, para ajudar a controlar o carrapato.

Pessoas com experiências em atividades ao ar livre com sugestões práticas para evitar carrapatos.

Indivíduos que gerenciam centros de atividades e esportes internos, como paredes de escalada, estúdios de spinning e playgrounds cobertos.

"Conselheiros de saída" ou especialistas em ajudar a se recuperar em vícios de teorias de conspiração falsas e campanhas de desinformação, para lidar com as teorias de conspiração das "Fêmeas Alfa" e desinformações.

Quem mais você acrescentaria a essa lista?

Por fim, como você vai usar as suas características únicas para ajudar os outros no futuro?

Pense nas habilidades, no talento, no conhecimento, nas paixões, nas comunidades e nos valores que você identificou como as suas características únicas. Consegue imaginar uma ou mais delas sendo um trampolim para a ação nesse cenário?

Essa pergunta pode ser um esforço criativo maior do que as outras duas, sobretudo se as suas forças não forem uma combinação tão direta ou óbvia para os desejos e necessidades do futuro. Descobri que a maioria das pessoas precisa de um tempinho para pensar nessa pergunta antes de uma ideia surgir. Então não force — deixe o cenário rolando no fundo da sua mente por algumas horas ou dias e veja o que aparece quando você menos esperar. Enquanto isso, eis aqui algumas ideias únicas para ajudar que outras pessoas sugeriram enquanto eu testava esse cenário:

"Uma das minhas paixões é moda. Tento ter um estilo único e posto a minha roupa todo dia no Instagram. Nesse futuro, eu poderia tentar popularizar a moda anticarrapato. Como enfiar as calças nas meias. Isso não é fashion hoje, mas eu podia fazer um bom *look* e inspirar uma nova moda."

"A comunidade de jardins públicos poderia ajudar a criar espaços de jardins internos que sejam seguros e bonitos que nutrir o espírito como os ao ar livre, mas que estejam livres dos carrapatos."

"Essa pode ser uma ideia estranha, mas sou bastante ativo no aplicativo Nextdoor da minha vizinhança e notei que as pessoas que costumavam postar teorias da conspiração sobre 5G eram as mesmas pessoas que postavam desinformação sobre a covid-19 e vacinas. Talvez eu possa falar com elas e colocar algumas informações corretas sobre a síndrome alfa-gal nas suas cabeças antes de começarem a disseminar teorias da conspiração. Dar uma chance a elas de receber os fatos antes dos outros, pedir ajuda para espalhar as informações, ajudá-los a se sentirem incluídos."

"Sou assistente de técnico de futebol. Se qualquer um dos nossos jogadores desenvolvesse a alergia, eles poderiam precisar de uma estratégia diferente para aumentar a musculatura e a massa corporal já que não poderiam consumir proteína animal. Eu poderia ajudar com isso. Talvez seja um novo movimento para 'atletas com AGS'."

"Qualquer pessoa que caça vai lhe dizer que esse futuro precisa de uma diminuição na população de veados e coelhos. Quanto maior a população desses animais, mais carrapatos. Eu me vejo ajudando a organizar um esforço comunitário para aumentar o número de licenças de caça e aumento da temporada de caça para ver se podemos resolver o problema dessa forma."

"É algo pequeno, mas, como empresário, eu provavelmente lançaria uma nova linha de estojos de EpiPen. Eles já existem, mas não são tão variados.

Se todo mundo vai ter que começar a carregar EpiPens por aí, seria legal ter algumas opções, algo divertido, uma maneira de você se expressar. E se fossem coloridos e interessantes, isso poderia aumentar a conscientização sobre o que está acontecendo com a AGS e como ajudar as pessoas com choque anafilático."

"Professores do jardim de infância poderiam ensinar às crianças pequenas músicas para checagens de carrapatos. Algo como a música 'Cabeça, ombro, joelho e pé, joelho e pé', mas que ajudasse a aprender onde os carrapatos gostam de se esconder. Na verdade, eu pesquisei sobre isso. Seria algo como: 'Escalpo, pescoço, axilas, parte de trás dos joelhos, parte de trás dos joelhos.'"

Está entendendo? Sua forma única de ajudar vai surgir do que quer que você já saiba, ame e faça. Numa crise global, quase toda comunidade, indústria, vizinhança, ritual social e atividade diária será afetada. Você não precisa se reinventar para ser útil para o futuro, use o que naturalmente vem a você. Dito isso, você também pode ter sido inspirado ao responder essas três perguntas a adicionar algumas habilidades ou um pouco de conhecimento na mala que está fazendo para o futuro. O que pode pegar rápido que o deixaria mais preparado se um cenário como esse acontecesse de fato? Aprender a procurar carrapatos, fazer o arrasto de flanela, perceber sinais de anafilaxia, usar uma EpiPen e cozinhar uma versão vegetariana da sua refeição favorita podem ser vitórias rápidas que lhe darão mais controle sobre resultados no futuro.

Um cenário como "A crise alfa-gal" poderia realmente acontecer? Com certeza é possível. Eis aqui as forças futuras que fazem valer a pena imaginar de forma séria e se preparar para esse futuro:

A síndrome de alfa-gal (AGS) é real, e atualmente está em crescimento no mundo inteiro.[12] O crescimento mais rápido documentado é nos Estados Unidos, em que testes sanguíneos de alergia sugerem que 10 por cento de toda a população americana *já* tem uma sensibilidade alérgica maior à molécula de açúcar alfa-gal, provavelmente devido a uma única picada de carrapato. No sudeste dos Estados Unidos, onde a exposição ao carrapato hospedeiro de alfa-gal é mais comum, esse número é ainda maior: uma estimativa de 20 por cento das pessoas têm sensibilidade à molécula de açúcar. Donos de animais e pessoas que gostam de passar tempo ao ar livre correm mais risco. E, em algumas partes do mundo, e em certas profissões, a sensibilidade à AGS está de fato disseminada nesse instante. Entre caçadores e madeireiros na Alemanha, 35 por cento tem sensibilidade à alfa-gal; na província de Esmeraldas, no Equador, esse número é de 37 por cento de toda a população, e na cidade rural de Kabati, Quênia, é de 76 por cento da população.[13]

Por sorte, nem todo mundo que desenvolve uma sensibilidade alérgica após uma única picada de carrapato vai experimentar a AGS completa. A maioria das pessoas hoje em dia não tem sintomas no seu cotidiano, e apenas 9 por cento tiveram reações anafiláticas sérias. Porém, como cientistas médicos apontaram, é uma situação em evolução. Continuar a consumir uma dieta rica em molécula alfa-gal pode tornar uma sensibilidade leve numa alergia severa. E cada nova picada por um carrapato hospedeiro torna reações sérias no futuro mais prováveis.[14] Com uma estimativa de 33 milhões de americanos já sensíveis à alfa-gal, é plausível imaginar que muitos deles vão desenvolver uma AGS que os obrigará a mudar os seus hábitos de vida.

E como a mudança climática está aumentando drasticamente a população de carrapatos no mundo inteiro, o número de indivíduos sensíveis à alfa-gal com certeza vai aumentar. Enquanto isso, o desmatamento faz com que animais de que o carrapato se alimenta, como veados e coelhos, entrem em contato mais frequentemente com humanos.[15] Carrapatos também estão aparecendo em novos lugares, como parques urbanos e praias. Um estudo publicado em 2019 pelo Centers for Disease Control [Centro de Controle de Doenças, em tradução livre] descobriu carrapatos hospedeiros de doenças em dezessete dos vinte e quatro parques examinados nos cinco distritos de Nova York.[16] Outro estudo descobriu que uma entre cinco picadas de carrapato hoje acontecem em áreas urbanas.[17] Na Califórnia, pessoas que vão à praia recebem avisos de que 40 por cento dos carrapatos carregam doenças e que a população desse aracnídeo em áreas de mata costeira nunca foi tão alta.[18] Como resultado, doenças espalhadas por picadas de carrapato de todos os tipos estão em ascensão — não apenas a AGS, mas também a doença de Lyme, babesia, anaplasmose e febre maculosa. Sem dúvida alguma, formas de se proteger de picadas de carrapato será uma preocupação crescente para a maioria das pessoas durante a próxima década. E pensar em como ajudar as pessoas a evitar picadas? Será uma área enorme de criatividade, pesquisa e inovação.

Ao mesmo tempo, há razões para ter esperanças de que o mundo conseguirá evitar uma crise tão extrema quanto a imaginada no cenário. Pesquisas iniciais sugerem que a AGS pode ser reversível em algumas pessoas depois de dois ou três anos, se elas evitarem completamente a exposição à molécula de alfa-gal durante esse período. Pesquisadores também estão fazendo um progresso excelente numa nova droga chamada inibidores da tirosina-quinase de Bruton (BTKis, na sigla em inglês) que, se tomada logo depois da exposição a um alérgeno, previne completamente uma reação — mesmo entre pessoas com alergias potencialmente fatais. Pessoas com AGS poderiam usar isso como uma forma de comer carne vermelha de vez em quando. Possivelmente, a droga poderia ser tomada todos os dias, de forma que a pessoa viveria sem alergias — embora talvez existam efeitos colaterais com o uso crônico. Por fim, o campo da pesquisa de carrapatos está tendo novas ideias para prevenção de doenças e controle do aracnídeo, na ordem de mais de 10 mil pesquisas científicas por ano a partir de 2020. Se você quiser saber mais e se envolver no assunto, há um aplicativo para isso: o Tick App (thetickapp.org). Se você mora nos Estados Unidos, pode informar onde encontrou e mandar fotos desses carrapatos, para ajudar a compilar uma noção melhor de como e onde as populações desses aracnídeos estão crescendo. Ao se juntar ao Tick App, você estará ajudando os cientistas a prevenirem uma pandemia de carrapatos — definitivamente não precisa esperar até 2035 para fazer a diferença.

Então, sim — uma crise global de alfa-gal poderia acontecer. Ao plantar esse cenário na sua mente e prestar atenção a essas forças futuras agora, você pode diminuir o seu risco de ser afetado pela AGS e outras doenças que podem transformar a sua vida transmitidas por carrapatos. E se a síndrome alfa-gal se tornar mesmo tão alastrada quanto os cientistas previram? Você não vai ficar chocado com isso. Vai reconhecer esse futuro. Vai estar pronto para ajudar a si mesmo e aos outros mais rapidamente. Vai ter mais controle sobre como essa crise vai acontecer na sua comunidade e na sua vida.

* * *

Há outro benefício mais importante em responder à pergunta "Como vou usar as minhas características únicas para ajudar os outros nesse futuro?".

Imaginar a si mesmo como o mais útil possível pode aumentar a empatia pelo seu eu do futuro.

Lembra-se do Questionário de Identidade Pessoal Futura do Capítulo 8? É a ferramenta desenvolvida por psicólogos que mede quanta empatia você tem pelo seu eu futuro ou a pessoa que você vai ser daqui a dez anos, em três dimensões diferentes: quão *vividamente* consegue imaginar o seu eu futuro, quão *semelhante* você se sente em relação ao seu eu futuro e quanto *gosta* do eu futuro que espera se tornar. Imaginar todas as maneiras em que você ajudará os outros, até mesmo de forma heroica, torna o seu eu futuro mais amável. Quando você se vê capaz de fazer coisas positivas num cenário futuro, constrói uma conexão emocional positiva consigo mesmo. E isso ensina o seu cérebro a tratar o seu eu futuro menos como um estranho, uma pessoa que você mal conhece e não se importa nem um pouco, e mais como alguém que você conhece e ama.

"O meu eu do futuro é incrível!" É assim que Mita Williams, uma bibliotecária pesquisadora em Windsor, Ontário, e mãe de dois adolescentes, explica por que ela frequentemente participa de simulações do futuro. Conheci Mita pela internet quando ela era uma dos milhares de pessoas que ajudavam a imaginar uma crise global de petróleo em 2007. Depois a encontrei de novo quando ela se juntou aos esforços do Institute for the Future para imaginar uma pandemia em 2008, e de novo durante a nossa simulação do Banco Mundial de emergências sequenciais, incluindo calor extremo e grandes falhas na rede de energia. Conversamos recentemente sobre o que a faz voltar várias vezes ao futuro — o que a faz continuar respondendo ao chamado da aventura.

"As pessoas já me perguntaram: 'Mita, não é estressante? Por que gosta de ficar pensando sobre esse tipo de coisa?' Mas gosto muito de quem sou no futuro. É a melhor maneira que consigo explicar. O meu eu do futuro se envolve na resolução de problemas importantes. Agora eu mesma sou uma pessoa que se envolve, e não era assim antes."

Mita me explicou que contar histórias sobre como ela poderia ajudar durante uma crise global fictícia lhe deu um novo tipo de identidade. "Comecei a ver a mim mesma como alguém que faz as coisas, que olha para problemas que podem ser maiores do que eu e diz: 'O que posso fazer para ajudar?' Posso não ser a pessoa mais poderosa do mundo, mas deixe-me ver o que posso fazer para a minha família, os meus amigos, os meus vizinhos, a minha cidade."

Mita me deu um exemplo de uma providência recente que tomou — não num futuro imaginado, mas na sua vizinhança de hoje em dia. "Tem um festival anual chamado Jane's Walk, onde as pessoas fazem excursões guiadas gratuitas pelas comunidades locais. Todo mundo pode se voluntariar para dar uma excursão, para compartilhar histórias da vizinhança ou revelar fatos interessantes sobre a área que, de outra forma, as pessoas podem não saber."

O festival Jane's Walk acontece todo mês de maio em centenas de cidades ao redor do mundo, em homenagem à urbanista e ativista Jane Jacobs, que é lembrada pela sua pesquisa pioneira sobre o que torna uma cidade vibrante e saudável. Nesse ano, Mita decidiu dar uma excursão Jane's Walk inspirada em alguns dos cenários futuros desafiantes que ela passou algum tempo imaginando — como interrupções na rede de energia devido ao clima extremo e à mudança climática. "Fiz uma excursão na infraestrutura local de energia", disse ela. "Não sou especialista no assunto, mas fiz alguma pesquisa." *É claro que ela fez alguma pesquisa!*, pensei enquanto Mita me contava essa história — ela é uma bibliotecária pesquisadora. É uma força única que ela traz para todos os desafios.

A excursão guiada foi chamada de "A apresentação eletrizante: Um tour pela rede elétrica de Windsor". O convite para a excursão dizia: "Você sabe de onde vem a sua eletricidade ou onde a outra ponta dos fios que se conectam à sua casa está ligada? Faça esta excursão pela invisível e muito clara rede elétrica que nos conecta à energia de que tanto precisamos para descobrir." Cento e sessenta e duas pessoas se juntaram ao tour, que foi virtual, por causa da covid-19. "Apontar de onde vem a nossa energia elétrica é uma forma pequena de tornar a minha comunidade mais resiliente", falou Mita.

"O seu eu do futuro *é* incrível", disse a ela. "O do presente também."

Ouvir sobre a ação de Mita me inspirou. Eu gostaria de me envolver em Jane's Walks. E se pesquisadores do Institute for the Future guiassem pessoas por cenários futuros? Poderíamos desafiar os nossos alunos: leve ao menos uma pessoa da sua vizinhança numa visita guiada para falar sobre como um cenário futuro pode acontecer na sua comunidade local. Eu mesma adoraria tentar fazer isso. Talvez eu possa criar um passeio guiado pela crise fictícia da alfa-gal!

Agora tenho uma ideia para uma nova providência que posso tomar — e essa é a questão de aprender sobre o amparo: é contagioso. Coragem, criatividade, agência — essas coisas se espalham. Quando uma pessoa descobre o seu poder futuro, isso inspira outras a encontrar o deles também.

Muitas vezes me perguntam: por que não olhar em volta, para os problemas reais que temos, e ajudar hoje? Qual é a mágica de imaginar desafios dez anos no futuro? Recentemente fiz essas perguntas a Robert Hawkins, cocriador do EVOKE. Ele tem uma perspectiva única do assunto, pois ajudou a trazer a imaginação do futuro para uma organização dedicada a lidar com os problemas de hoje. Ele é o líder global do Banco Mundial em tecnologia e inovação educacionais. Desde nosso primeiro jogo global em 2010, Hawkins liderou versões locais do EVOKE e fez pesquisas sobre o seu impacto na África do Sul, no Brasil, no México e na Colômbia, vendo em primeira mão como imaginar formas de ajudar em futuros imaginários pode mudar seu pensamento sobre si hoje, em especial em comunidades com oportunidades e recursos escassos. “Para esses jovens, poder pensar no futuro é um modo de sair de uma realidade muitas vezes limitadora, com expectativas limitadas, baixa autoestima e talvez opções limitadas também. Ver dez anos à frente os ajuda a imaginar cenários alternativos, permite que vivenciem amplitude e criatividade, além de oferecer a liberdade de imaginar quem podem se tornar e talvez até analisar quem são hoje”, disse ele.

“Uma jovem que participou do jogo na Colômbia descreveu o EVOKE como ‘uma ponte entre o que pensei serem minhas limitações e o que eu poderia ser.’ E acho que é, sim, uma forma de mostrar oportunidades de ação, de criar uma ponte entre esses imensos desafios aparentemente impossíveis de enfrentar de forma individual, de dar às pessoas a sensação de que têm a capacidade de fazer algo sobre eles.” Ele pontuou um estudo sobre o impacto do EVOKE nos jogadores da África do Sul, o primeiro do tipo. Para 60% deles, o jogo teve um “forte efeito” em suas identidades, e eles tiveram mais chance de concordar com as frases: “Eu tenho grandes ideias sobre o futuro” e “Eu consigo me imaginar começando algo novo.”[19]

* * *

Existe um ditado: "Se você não é o herói da sua própria história, então está contando a história errada para si mesmo." Para o qual eu adicionaria: "Se você não é o herói do seu próprio futuro, então está imaginando o futuro errado."

Você não precisa ser o herói de todos no futuro — mas seja o herói de *alguém*. Esteja servindo a uma comunidade da qual você faz parte, ou aumentando a segurança da sua vizinhança, ou preparando a sua família para o sucesso, ou espalhando a verdade quando outros tentam diminuí-la, ou inventando uma nova maneira de fazer as coisas, ou ajudando apenas uma pessoa que pode estar passando por dificuldades — estas são as coisas que o futuro lhe pede para fazer.

Ao fazer viagens no tempo mentais para o futuro agora, você pode descobrir oportunidades para ação muito antes de sua ajuda ser urgentemente necessária. Pode aprender qual é o seu próprio poder em qualquer cenário e evitar a sensação de choque ou desamparo — para que quando e se esse futuro chegar, você esteja criativa e mentalmente preparado para fazer algo que importa.

TREINANDO A IMAGINAÇÃO

REGRA Nº 10: Responda ao chamado à aventura.

Trate todo cenário futuro como um convite para se imaginar fazendo algo importante. Pergunte a si mesmo três questões para entender melhor as oportunidades de ação: o que as pessoas vão querer e do que vão precisar nesse futuro? Que tipos de pessoas serão particularmente úteis nesse futuro? Como *você* vai usar as suas características únicas para ajudar os outros no futuro? Procure maneiras de usar as suas habilidades, o seu talento e o seu conhecimento para agir de forma útil. Pense em como os seus valores podem motivá-lo a fazer coisas difíceis. Pense em como você pode servir e mobilizar as comunidades da qual faz parte, se o cenário de fato acontecesse. Seja o herói de alguém, em qualquer futuro que imaginar.

11

Simule qualquer futuro que quiser

Se há uma lição a ser aprendida com a pandemia é a importância de olhar para a frente. E não só "olhar para a frente", mas "sentir para a frente". Ao nos imaginarmos juntos de formas estruturadas, criando a experiência da mudança antes de ela acontecer, em vez de na hora em que estiver acontecendo, temos a esperança do planejamento e até mesmo de afetar o nosso futuro.

— Fillippo Cuttica, designer e artista

POR QUE TEMOS SONHOS TÃO ESTRANHOS QUANDO DORMIMOS? FILÓSOFOS, artistas e psicólogos ponderam sobre essa questão há muito tempo. Mais recentemente, cientistas também começaram a fazer essa pergunta — e descobriram que não são apenas os humanos que sonham quando dormem. Nos últimos vinte anos, cientistas documentaram atividades cerebrais semelhantes aos sonhos humanos em gatos, cachorros, pássaros, lagartos e até chocos.[1] O fato de sonhar ser tão comum entre os seres vivos sugere que não é apenas uma consequência acidental de como os cérebros humanos funcionam. Quando algo aparece repetidas vezes em muitas espécies diferentes, deve oferecer uma forte vantagem evolutiva. Mas que vantagem é essa? Como sonhar nos ajuda a sobreviver?

Cientistas da computação podem ter a resposta. Eles descobriram que o método mais eficaz para ensinar inteligência semelhante à humana para máquinas é dar aos programas de computador o seu próprio tipo de sonho. Esses sonhos, chamados de "injeções de ruído", tornam os programas mais flexíveis e adaptativos no seu pensamento. É assim que uma injeção de ruído funciona: em primeiro lugar, um programa de IA recebe um dado do mundo real para analisar e interpretar. Ele aprende a processar e fazer previsões precisas tendo esse dado como base. Então, quando o programa está funcionando bem, ele recebe *intencionalmente versões mais estranhas* do mesmo dado. Esses novo conjunto de dados são feitos para serem oníricos. Na ciência da computação, "dados de ruído" se referem a dados que não têm significado, que não podem ser compreendidos ou interpretados corretamente pelas máquinas. Assim, injeções de ruído distorcem e recombinam de forma aleatória a informação do mundo real de maneiras que foram feitas para surpreender e confundir a IA por um tempo. Elas mostram ao programa coisas que ele nunca viu antes, coisas que não fazem sentido. Esses conjuntos esquisitos de dados também são mais "esparsos" ou menos detalhados do que os conjuntos de dados originais. Eles removem pontos essenciais e obrigam o programa a se alongar para preencher as lacunas do que está faltando.

A função das injeções de ruído é se certificar de que o programa de IA aprenda a lidar com coisas que nunca viu antes, coisas que são difíceis de compreender. Elas asseguram que o programa não vai presumir que todos os próximos dados do mundo real serão iguais ao que quer que ele já tenha visto. Em outras palavras, elas protegem a máquina da sua versão de choque do futuro: ensinam ao programa de IA para esperar o inesperado e não congelar quando encontrar dados nunca antes vistos. E, de acordo com estudos, elas funcionam incrivelmente bem: programas treinados com injeções de ruído aprendem muito mais rápido e têm uma performance muito melhor do que programas treinados apenas com conjuntos de dados do mundo real.

Recentemente, Erik Hoel, neurocientista da Universidade Tufus, notou como essas técnicas de aprendizado da máquina são semelhantes à natureza surreal e difícil de interpretar dos sonhos humanos.[2] Um sonho, sugeriu Hoel numa matéria de 2021 publicada no jornal de ciência de dados *Patterns*, dá uma sensação de "injeção de ruído" nos nossos cérebros. Nossos sonhos quase nunca repetem os detalhes exatos das nossas experiências do mundo real. Em vez disso, eles recombinam pessoas, lugares, experiências e eventos reais de formas bizarras e aparentemente aleatórias. Os sonhos humanos têm a mesma qualidade esparsa, ou falta de dados, das injeções de ruído, uma espécie de confusão narrativa. Reconhecemos essa falta de detalhes coerentes assim que tentamos explicar o sonho para outra pessoa — apenas para reconhecer que ele não faz sentido.

A pesquisa de Hoel o levou a propor uma teoria universal do sonhar nova em folha. Os sonhos precisam ser estranhos, disse ele, porque *todos os cérebros se beneficiam da mesma forma dessa estranheza* — seja um cérebro humano, animal ou uma "rede neural" artificial de computadores. O benefício é que, ao encontrarmos repetidamente coisas em sonhos que nunca experimentamos de forma direta ou mesmo imaginamos antes, nossos cérebros nos ajudam a ficarmos "destravados" dos detalhes específicos do que vivemos no passado e pensar de forma mais flexível, para ficarmos mais bem preparados para as coisas novas e estranhas que encontrarmos no futuro, quaisquer que elas sejam. Talvez sonhos sejam um método engenhoso para contrabalancear a outra maior adaptação evolutiva e programada do cérebro: a capacidade de reconhecer padrões que levam ao viés de normalidade ou a expectativa de que o futuro será muito semelhante ao presente.

Na maior parte dos dias, o viés de normalidade é útil. Ele nos permite gastar menos energia mental tentando entender as coisas, para que possamos reagir mais rápido a eventos previsíveis. Contanto que as coisas continuem normais, o viés de normalidade funciona bem! Mas quando o ambiente ou as nossas circunstâncias mudam drasticamente, o viés de normalidade pode ser danoso, até mortal. Ele nos mantém preso nos nossos velhos hábitos e não conseguimos agir. Assim, pode ser necessário para a nossa sobrevivência que os sonhos contrapesem esse viés. O propósito evolucionário deles pode ser garantir que tenhamos a capacidade imaginativa de lidar e compreender coisas que não são "normais".

A hipótese de Hoel é uma explicação intrigante que chamou bastante atenção de neurocientistas e pesquisadores de IA. Como futurista e designer de jogos, me sinto atraída por ela por outra razão. Acredito que ela ajuda a explicar o poder único do treinamento do cérebro de cenários futuros e simulações mentais do futuro — sobretudo quando essas simulações são sociais.

Um cenário futuro descreve os estranhos novos fatos de um possível futuro. Ele nos pede para explorar o que está acontecendo nesse futuro que, para o bem ou para o mal, nunca aconteceu antes. Uma simulação mental é um convite para viver brevemente nesse futuro — visitar aquele mundo possível nas nossas mentes e ter uma experiência de imersão em primeira pessoa. Até agora, neste livro, você já fez as suas próprias e rápidas simulações mentais do futuro. Já respondeu coisas como: O que eu sentiria nesse futuro? O que eu faria? Do que precisaria? Como ajudaria os outros? Suas viagens ao futuro, até então, foram experimentos rápidos de pensamento. Mas simulações mentais podem durar mais do que poucos minutos. Elas podem ser feitas em muitas horas, dias ou até semanas — e não apenas na sua mente, mas em conversas com outros. Esse é o tipo de simulação social que me especializei em criar, como a Superstruct e o EVOKE. É o tipo de simulação que quer convidá-lo a experimentar nessa parte final do livro — como uma injeção de ruído para a sua mente desperta, consciente.

Durante uma simulação de longo prazo, vivemos nossas vidas com uma realidade alternativa que acontece nas nossas cabeças. Imaginamos com vívidos detalhes o que faríamos, pensaríamos, sentiríamos, quereríamos e precisaríamos num cenário futuro ao *sobrepor o futuro imaginado nos nossos eventos da vida real*. Se formos à escola hoje, somos desafiados a imaginar como as escolas podem ser diferentes no cenário futuro. Se formos ao trabalho, somos desafiados a imaginar como os nossos trabalhos podem ser diferentes. Se virmos que as pessoas da nossa comunidade estão passando fome, somos desafiados a imaginar como esse problema pode ser resolvido ou intensificado num cenário futuro. Se formos beber um café, ou a uma festa, ou passear com o cachorro, ou pegar um livro na biblioteca, ou fazer um tratamento médico, ou nos preocupar com dinheiro, ou oferecer conforto a um ente querido, podemos escolher imaginar como todas essas coisas aconteceriam de forma diferente se o cenário futuro fosse real.

Dessa forma, a simulação propositalmente apaga um pouco a linha entre a vida real e a imaginação. Ela distorce e deixa mais estranhos os fatos da nossa vida cotidiana com possibilidades hipotéticas. Esses fatos e essas possibilidades se misturam em combinações que temos que tentar entender e preencher os vãos narrativos, apesar das nossas expectativas do que é "normal". O cenário liberta as nossas mentes dos padrões do passado e dá ao cérebro a oportunidade de praticar o encontro com o inesperado — exatamente como os sonhos fazem.

Em outras palavras, uma simulação mental é um *sonho desperto* de uma possibilidade futura.

Digamos que você esteja simulando o cenário "A crise de alfa-gal" do capítulo anterior. Neste possível futuro, centenas de milhões de pessoas do mundo inteiro desenvolveram uma alergia potencialmente fatal a carne vermelha e outros produtos de origem animal como resultado da primeira pandemia transmitida por carrapato do mundo. Como você poderia experimentar o mundo real de forma diferente com esse futuro hipotético em mente? O que veria, ouviria e encontraria no seu cotidiano que não está lá hoje?

Se estivesse passando por uma cafeteria vegana na realidade, por exemplo, poderia imaginar essa cena no ano 2035: uma multidão ocupando o café quase vazio agora, devido a uma demanda futura por refeições vegetarianas. Você veria aquele lugar do mundo real de forma diferente na sua mente — como um recurso possível no futuro.

Ao mesmo tempo, poderiam imaginar protestos bloqueando a entrada do mesmo café, gritando sobre a "máfia vegana" e segurando cartazes que promoviam teorias da conspiração sem fundamento: "Confie no que sente nas suas entranhas! A síndrome de alfa-gal NÃO EXISTE!" Você reformulou aquela locação do mundo real na sua mente, como possível local de conflito no futuro.

Se você estiver num churrasco, poderia imaginar os convidados usando máscaras N95 para se protegerem da fumaça da carne. Poderia considerar por um instante como aqueles amigos e parentes talvez se sentissem no futuro em relação a reuniões sociais e refeições se fossem afetados pela síndrome de alfa-gal. Poderia se perguntar como o clima da festa seria diferente ou mesmo se até iria a um churrasco como aquele no futuro.

Essas cenas hipotéticas existiriam apenas na sua mente. São atos rápidos de simulação mental. Trazem o cenário à vida em detalhes vívidos e realistas, como se já pudesse senti-lo e experimentá-lo. Eles parecem uma alucinação do futuro, mas uma que você pode controlar e direcionar com a sua imaginação.

O que mais você poderia imaginar durante as semanas de simulação de "A crise de alfa-gal"? Quando estivesse se vestindo de manhã, poderia se imaginar pegando um estojo de epinefrina. Que estilo escolheu? Ele é feito de que material? Que cor tem? Você o usa como uma braçadeira, ou preso na cintura, ou amarrado à coxa? Pode ser que queira fazer um esboço rápido dele depois, para capturar a sua imagem mental. Ou, se quiser entrar mesmo nesse cenário, vai enfiar as calças nas meias — que é o estilo seguido no seu futuro imaginado, parte da moda anticarrapato — e usá-las desse jeito o dia inteiro na sua vida real. É apenas um detalhe, mas poderá ver que o ajuda a "sentir" bem esse futuro.

Se segue o mercado de ações, quando estiver dando uma olhada nas notícias financeiras, pode pensar em como o mercado responderia à crise de alfa-gal: quais ações vão aumentar no futuro e quais vão despencar? Se trabalha com marketing, pode dar um passo atrás durante o trajeto ao trabalho e tentar imaginar com que novos tipos de clientes você trabalharia ou que nova campanha poderia desenvolver para um cliente que já tivesse em resposta à crise. Se trabalha com editoras de livros, pode dar uma olhada na lista atual de best-sellers e tentar imaginar a lista de best-sellers daqui a dez anos, inspirada pela crise. Quais são os títulos, de que gêneros são e que tipo de autores podem escrever esses livros?

Qualquer momento da sua vida desperta pode ser transformado pela conscientização do cenário num vislumbre vívido de um possível futuro. Pode ser que se veja no consultório do médico, para um exame de rotina. Enquanto espera para ser atendido, pode ver na sua mente, por apenas um instante, uma versão futura alternativa da sua realidade: de que está lá, na verdade, para fazer um exame de sangue para descobrir se você tem sensibilidade à alfa-gal. Pode tentar imaginar as emoções que sentiria nas próximas 48 horas, enquanto estivesse esperando pelos resultados.

Ou talvez esteja recebendo a vacina de gripe na vida real. Com o cenário em mente, poderia imaginar que não é a vacina de gripe, mas uma injeção do inibidor da tirosina-quinase de Bruton (BTKi) que pode acabar com a resposta alérgica. Pode imaginar de forma breve que tem AGS e que pagou cem dólares pela vacina, para que possa comer carne nas próximas 72 horas. Depois, essa ideia fugaz pode se tornar algo maior, uma oportunidade de preencher as lacunas do futuro: quando e por que você escolheria tomar uma vacina BTKi? O que exatamente faria com as suas 72 horas de liberdade?

Mesmo as menores coisas podem se tornar oportunidades para trazer cenários futuros à vida? Se estiver assistindo a um programa culinário ou a um episódio de *Top Chef*, por exemplo, pode tentar imaginar como esse show seria produzido de forma diferente durante uma crise de alfa-gal. Se estiver lendo as notícias internacionais, pode querer escrever as suas manchetes próprias sobre as abordagens de países diferentes à pandemia de carrapato. Se estiver olhando as suas redes sociais, pode se sentir inspirado a esboçar um post do Facebook ou do Twitter nesse futuro. Que tipo de ajuda ou informação pediria durante uma crise de alfa-gal, ou ofereceria aos outros? Quando estiver fazendo o jantar, pode imaginar como a refeição que estivesse preparando seria diferente se tivesse uma amigo ou parente com AGS. Como isso mudaria o que vocês fazem juntos?

Pode parecer um pouco estanho estar caminhando por aí projetando uma realidade alternativa sobre uma vida normal. E *é* um pouco estranho — tem mesmo aquela característica onírica e hipercriativa do surreal. E provavelmente tem os mesmos benefícios neurológicos. Ao imaginar ativamente maneiras de que o mundo ao seu redor pode mudar, você está treinando o seu cérebro a responder a mudanças reais com menos choque e mais flexibilidade. Se você acha que não tem uma imaginação ativa, depois de jogar uma simulação de longo prazo, isso vai mudar.

Conforme você se aprofunda nessa simulação, pode querer trazer esse cenário à vida de uma maneira mais prática. Você pode criar objetos físicos reais desse futuro imaginado, ou o que futuristas chamam de "artefatos do futuro". São objetos do dia a dia que podem existir num cenário futuro, como placas de sinalização, pôsteres, produtos de casa ou roupas. Depois de criar esses objetos, pode colocá-los ao seu redor, e às vezes até em espaços públicos, como pistas visuais e táticas para o futuro.

Por exemplo, você pode baixar e imprimir um pôster sobre "Como fazer uma varredura de carrapatos" (é possível encontrar vários com facilidade na internet de hoje), e então criar um artefato do futuro ao escrever "VOCÊ ESTÁ NUMA ZONA CRÍTICA DE ALFA-GAL! Por favor, veja se tem carrapatos antes de entrar ou sair" com caneta vermelha no topo. Coloque esse pôster na sua porta para ajudar a si mesmo a entrar nesse cenário. Ou pode criar alguns cartazes de protesto. Talvez queira protestar contra a prática da indústria farmacêutica de cobrar caro por drogas que podem salvar vidas: "EPINEFRINA para TODOS! Salvar uma vida deveria ser gratuito!" e "NÃO LUCREM COM A MINHA CRISE". Você não precisa organizar um protesto real para um cenário fictício, claro, mas estar num espaço em que você pode ver o futuro não apenas na sua mente, mas no mundo real, realmente realça a natureza de "sonhar acordado" da simulação social.

O que mais você poderia fazer? Você poderia "futurizar" um objeto comum de casa ao adicionar um rótulo do futuro. Pode adicionar um aviso a um pacote fechado de papel higiênico, por exemplo, que diz: "CUIDADO! PODE CAUSAR ALERGIA DE AGS! Este produto contém gelatina bovina para maciez extraconfortável." Ou pode escrever numa simples camiseta branca um slogan que captura as emoções ou controversas do cenário. Numa crise de alfa-gal, pessoas que testarem positivo para sensibilidade à molécula de açúcar podem querer desestigmatizar o seu status ao corajosamente proclamar "Sou sensível". Consegue imaginar a si mesmo fazendo e usando uma camiseta "Sou sensível" — e então explicando o cenário se alguém lhe perguntasse?

Nem todo mundo quer ser um embaixador do futuro! Mas, se gosta de compartilhar o que está aprendendo com os outros, artefatos como uma placa de sinalização, um pôster, um adesivo ou uma camiseta são formas fantásticas de iniciar conversas sobre cenários futuros e as sinalizações de mudança que os inspiraram. A magia de uma simulação acontece quando você documenta e compartilha as suas ideias oníricas com outros e eles compartilham os seus sonhos acordados com você.

Ao compartilhar, a coisa parece mais real. Ela se torna um mundo que vocês estão visitando juntos. Quando a Superstruct, uma simulação de seis semanas, acabou, um jogador escreveu no fórum de discussão: "Parece que estou acordando de um sonho, mas um sonho que tive com milhares de desconhecidos." Sim, ao escolher qual cenário simular, estamos escolhendo sobre qual futuro sonhar. E quando as nossas simulações são sociais, elas nos permitem sonhar o futuro juntos.

Ao sonhar o futuro juntos, precisamos documentar e compartilhar o que imaginamos. Esta é a parte mais crucial das simulações sociais: temos que *registrar todas as coisas estranhas que conjuramos na nossa mente*, dando uma forma narrativa aos pensamentos e imagens surrealistas. Essa imaginação social pode tomar a forma de duas pessoas mantendo os próprios diários em cadernos separados, escrevendo alguns poucos pensamentos por dia, e então trocando os diários no final da simulação para comparar o futuro que sonharam. Ou pode tomar a forma de um e-mail em grupo, com todos os participantes respondendo todo dia ou toda semana com um novo pensamento sobre o que poderia acontecer nesse cenário, com o que se preocupariam, o que fariam para ajudar.

Pode tomar a forma de um fórum de discussão on-line, com centenas ou talvez milhares de pessoas, todas imaginando o mesmo cenário futuro, contribuindo com uma miríade de histórias pessoais diferentes e possibilidades, e se apoiando nas ideias dos outros. Ou pode acontecer "na natureza selvagem", como dissemos no Institute for the Future. Os participantes podem postar os seus pensamentos e as suas histórias sobre como o cenário pode afetar a vida e a comunidade deles onde quer que postem coisas on-line — Twitter, Facebook, Instagram, TikTok, YouTube, Medium, Twitch, qualquer lugar! — e incluir uma hashtag do cenário, por exemplo, #Crisedaalfagal. Isso cria uma história distribuída, pedaços do futuro espalhados pela internet de uma forma que evoca a frase de William Gibson citada anteriormente: "O futuro já chegou. Só não está igualmente distribuído." A simulação se torna uma espécie de caça ao tesouro pelas plataformas de mídia social para encontrar outros viajantes do futuro e as suas histórias. Todo um universo alternativo pode ser construído de momentos pequenos e pessoais imaginados e compartilhados por indivíduos.

A documentação social, em qualquer formato, nos permite revisitar e refletir sobre o que imaginamos, de forma que os nossos insights não sejam perdidos. E nos dá acesso às experiências de outras pessoas no mesmo cenário, para que possamos sonhar o futuro sob o ponto de vista delas. Muito do que encontramos serão possibilidades que os nossos cerebrozinhos nunca conjurariam. Pense nisso como uma "injeção de ruído" exponencial para a sua imaginação desperta, com dados coletados de muitos outros cérebros e muitas outras experiências de vida.

O recorde atual para uma simulação do Institute for the Future é mais de 64 mil histórias e ideias compartilhadas por quase 9 mil pessoas no período de uma simulação de dois dias. Numa escala tão épica, ninguém pode assimilar tanto conteúdo. Em vez disso, a coisa se torna uma sequência de ideias imersivas em que você existe, captando alguns segmentos e seguindo a sua curiosidade. Se você coletar tudo numa base de dados, pode procurar e analisar tudo depois, buscando tendências e padrões, que é o que fazemos no instituto. Mas sempre digo que a *experiência* da simulação é o mais importante. O resultado mais positivo é a maneira que ela alonga a imaginação dos participantes e constrói habilidades reais para se adaptar à mudança impensável. Qualquer que seja a pesquisa que você tire de uma simulação social, qualquer previsão que ela o ajuda a fazer — isso é um bônus.

Quanto mais gente participar numa simulação social, mais a sua imaginação coletiva cresce. Mas você não precisa jogar com cenários numa escala tão grande. Duas pessoas, compartilhando histórias e ideias por alguns dias ou semanas, também podem criar um universo da mente.

Se isso soa um pouco abstrato para você, então o meu objetivo neste capítulo é tornar mais concreto. Vou dividir o meu próprio processo criativo de elaborar uma simulação social e acompanhar você por todos os seus passos necessários para criar e executar a sua própria simulação social de longo prazo — usando um dos cenários deste livro ou inventando um seu. Quando souber como fazer isso, pode decidir fazer uma simulação para um clube, uma equipe do trabalho, um grupo de apoio, uma comunidade on-line, uma aula, uma conferência, a sua vizinhança ou um evento especial.

Mas se você acha que já entendeu e quer jogar agora mesmo, convido você para *pular para o próximo capítulo*: "Passe dez dias no futuro (O jogo)". Lá, você encontrará três cenários futuros nos quais jogar. Escolha um e viva a sua vida normalmente, com o cenário sendo executado nos fundos da sua mente. Você será guiado a imaginar como cada lugar que visita, cada atividade que faz, cada interação que tem com outra pessoa *na sua vida real* pode ser diferente se aquele cenário futuro estivesse mesmo acontecendo. Vai ser desafiado a manter um "diário futuro" de todas as coisas estranhas que pensar, todas as coisas mais surpreendentes que imaginar, na forma que quiser — num caderno, e-mails, um diário em vídeo, arquivos de áudio, posts de mídia social, esquetes visuais, um documento do Google ou do Word ou de qualquer forma que quiser registrar. E será encorajado a compartilhar a experiência com pelo menos mais uma pessoa, para sonharem com o futuro juntos.

Para começar, vá para o próximo capítulo, leia as instruções de simulação — há uma solicitação de imaginação diferente para cada um dos dez dias — e então escolha alguém para começar a simular o futuro com você. Jogue um dos cenários juntos. Compartilhem as suas ideias e histórias. Veja quantos dos desafios diários vocês conseguem cumprir.

Comece pequeno: jogue com outra pessoa ou com um grupo do tamanho de um clube do livro. Se achar divertido, talvez convide um grupo maior para jogar. Talvez acabe se sentindo mais ambicioso, inspirado a criar o próprio cenário ou executar a sua própria simulação em larga escala. Se for assim, o restante da informação deste capítulo pode ajudá-lo.

Se estiver pronto para jogar agora, sinta-se livre para pular o resto deste capítulo. Vejo você no ano de 2033 — para passarmos dez dias juntos no futuro.

Seis passos para simular qualquer futuro que você quiser

Para planejar a sua própria simulação social, vai precisar decidir:

1. **Que** cenário quer simular?
2. **Quem** vai convidar para participar?
3. **Quando** vai começar e acabar a simulação?
4. **Onde** o compartilhamento social vai acontecer?
5. **Como** vai explorar dimensões diferentes desse futuro?
6. **Por que** está simulando esse futuro?

Vou acompanhar você por esses seis passos usando o exemplo real de uma simulação social que o Institute for the Future criou para estudantes do ensino médio, em parceria com a organização educacional sem fins lucrativos Facing History and Ourselves [Encarando a história e a nós mesmos, em tradução livre].

Passo 1. Que cenário quer simular? No coração de qualquer simulação social há um cenário futuro que descreve um mundo específico em que você pode acordar algum dia, em geral daqui a dez anos. O primeiro passo é escolher *qual* mundo possível você quer passar tempo imaginando com outros. Para a colaboração do instituto com o Facing History and Ourselves em 2016, queríamos explorar o futuro das tecnologias sociais. Estávamos curiosos: como seria a próxima versão das mídias sociais? O que compartilharíamos pela internet no futuro que não compartilhamos hoje?

Cenário futuro nº 11: Sinta o futuro

Ano 2026

Mais de um bilhão de pessoas entraram na nova mídia social chamada FeelThat.

É como qualquer outra rede social — mas, em vez de compartilhar palavras, fotos ou vídeos, você compartilha as suas sensações físicas e emoções.

Membros da FeelThat usam aparelhos neurossensoriais, que detectam hormônios e outras funções vitais. Batimentos cardíacos, estresse, energia física, humor e níveis de oxitocina são todos compartilhados para amigos e família em tempo real. É considerada a forma mais autêntica de compartilhar o seu verdadeiro eu on-line — sem censura e sem filtro.

O que quer que esteja sentindo, seus seguidores na rede FeelThat poderão sentir também — se eles tiverem o periférico neuroestimulante. É um aparelho não invasivo que estimula o nervo vago e áreas do cérebro que envolvem o controle do humor. Clique no "sentir isso *de verdade*" e o periférico estimulante vai alterar a sua energia e as suas emoções para algo mais próximo do indivíduo que você segue — ou "sente". A tecnologia ainda não é perfeita, mas é a coisa mais próxima de fusão mental que os humanos já inventaram.

Se quiser, você pode se afastar dos sentimentos de um indivíduo e observar como as emoções, o estresse, o amor e a energia se espalham pelas vizinhanças e cidades. Pode dar uma olhada nos "sentimentos tendência" na sua escola, no seu local de trabalho, na sua família ou no seu bairro.

Com um bilhão de membros, número que está aumentando, o maior impacto social da FeelThat até então é que muitos membros estão correndo atrás e passando mais tempo com pessoas e em lugares que passam emoções positivas, aumentam a energia física e elevam o hormônio de confiança e amor oxitocina. Cada vez mais, membros da FeelThat estão evitando pessoas e lugares que aumentam os níveis de estresse, sugam a energia física e espalham emoções negativas.

Nem todo mundo usa a rede dessa maneira. Alguns membros procuram propositalmente os mais tristes ou ansiosos, aqueles com menor energia ou níveis de oxitocina, as pessoas mais estressadas e os lugares mais estressantes — seja porque é melhor se sentir mal com outros ou porque é uma chance de ajudar outra pessoa a se sentir melhor.

MOMENTO DE ESCOLHA: Você se junta à rede FeelThat? Por que ou por que não?

Além da descrição breve do cenário, criamos um vídeo de dez minutos mostrando como as pessoas poderiam se sentir ao usar a rede FeelThat, para que os participantes se sentissem mais mergulhados nesse futuro. Você pode assistir a esse vídeo, que inclui um "unboxing" e uma demonstração ao vivo do periférico neuroestimulante, ao visitar o canal do YouTube do Institute for the Future e procurar por "Face the Future".

Também compartilhamos dezenas de links com artigos descrevendo tecnologias neuroestimulantes e neurossensoriais verdadeiras que estão sendo inventadas hoje, sinalizações de mudança que tornam esse cenário plausível. (Se estiver curioso, veja as pistas: Kernel, Emotiv, Neurable, Neuralink, Facebook Reality Labs, NeoRhythm, Openwater.) Qualquer que seja o cenário que você escolher ou inventar, pode querer coletar e compartilhar algumas sinalizações de mudança com participantes também, para ajudá-los a entender por que aquele cenário é plausível e digno de ser imaginado.

Então, que mundo possível você vai convidar os outros para imaginarem juntos? Para a sua primeira experiência organizando e jogando uma simulação social, recomendo que escolha um dos cenários deste livro. Sinta-se à vontade para adaptar e modificar cenários como quiser, contanto que seja para um propósito não comercial. Depois de pegar o jeito, talvez possa querer inventar o seu próprio cenário para simular. No final deste capítulo, dou algumas dicas de como fazer isso.

O cenário que quero simular primeiro é ________________________________
____.

Passo 2. Quem vai convidar para participar? Uma simulação social pode ser uma experiência íntima entre duas pessoas ou uma colaboração épica de milhares de participantes.

Com certeza é mais fácil começar pequeno. Sugiro que o seu objetivo seja de três a trinta participantes na sua primeira simulação. Pense no tamanho de um clube do livro, equipe de trabalho, reunião ou classe. Depois, você pode querer executar uma simulação em larga escala, para toda uma empresa, escola, conferência, evento, cidade ou para o público global.

Muitas das simulações do Institute for the Future estão completamente abertas ao público — para qualquer um, de qualquer lugar. No entanto, no caso de "Sinta esse futuro", trabalhamos com a nossa organização parceira para limitar a participação a alunos do ensino médio, sobretudo dos Estados Unidos. O "quem" era bastante importante nessa simulação, por duas razões. Sob uma perspectiva social, queríamos ensinar habilidades de pensamento de futuros para jovens, que muitas vezes são deixados de fora das conversas sobre o futuro da sociedade. E sob uma perspectiva de pesquisa, queríamos explorar o que poderia acontecer se uma tecnologia como a de rede FeelThat estivesse mesmo disponível. Quando se trata de novas tecnologias populares, os primeiros a adotá-las quase sempre são os jovens adultos, que também estabelecem as normas e expectativas culturais sobre como essa nova tecnologia será usada. Ao convidar participantes dos treze aos dezoito anos, estávamos atraindo jovens que teriam de vinte e três a vinte e oito anos quando a rede social neurossensorial e de sinais vitais hipoteticamente existiria. Este era exatamente o extrato que estaria na melhor posição para moldar o futuro no qual essa tecnologia emergente existiria, através das suas próprias decisões e ações sobre como usá-la.

E se você estiver convidando pessoas que podem não estar tão familiarizadas com a ideia de simulações sociais, é útil ter um texto para compartilhar, como o modelo a seguir, que usamos para convidar professores e os seus alunos para simularem o cenário "Sinta o futuro":

> Este é um jogo de ideias, esperanças, preocupações e previsões. Nele, pediremos que você imagine um mundo onde uma nova tecnologia, chamada de rede FeelThat, acompanha e compartilha informações sobre o seu estado mental e corpo. É como qualquer outra rede social — mas em vez de compartilhar palavras, fotos ou vídeos, estamos compartilhando as nossas sensações físicas e emoções. O cenário é de mentira e, embora seja baseado em tecnologias reais que estão sendo desenvolvidas hoje, ele acontece num futuro imaginado.
>
> Para jogar o jogo, vamos pedir para compartilhar as suas ideias sobre o que você, pessoalmente, faria se a FeelThat fosse real. Você se juntaria à rede? De quem seria "amigo"? Quem bloquearia? Quem seguiria? O que o deixaria animado se essa tecnologia fosse real? Com o que se preocuparia? Como seria um dia na sua vida se estivesse na rede FeelThat em vez de no Instagram, no Snapchat, no Facebook ou no Twitter? Você será capaz de discutir essas perguntas na sua sala de aula e adicionar os seus pensamentos a uma discussão on-line global.
>
> Junte-se a nós para imaginar como você poderá usar tecnologias sociais no futuro — para pensar no que é possível e para pensar com outras pessoas por todo o mundo sobre como o mundo está mudando e como queremos responder, nos prepararmos ou tentar afetar ou alterar esse desenvolvimento.

Ao todo, tivemos mais de 8.500 alunos do ensino médio e mais de trezentos professores participando da nossa simulação global ao vivo. A Facing History and Ourselves também deixou os textos do cenário e das discussões disponíveis permanentemente para qualquer educador ou grupo de jovens, de qualquer lugar do mundo, que queria fazer uma versão menor e local dessa simulação. (Se você tem um grupo de jovens com que queira jogar essa simulação, pode acessar o material em https://www.facinghistory.org/face-future-game-videos.)

Mais uma dica sobre o "quem" de uma simulação social: talvez queira fazer a mesma simulação diversas vezes, com vários grupos de idades e camadas sociais diferentes, ou em diferentes países e comunidades, para criar visões alternativas de como esse futuro pode acontecer.

A pessoa ou grupo que vou convidar para jogar primeiro é ______________________
____.

Passo 3. Quando vai começar e acabar a simulação? Uma simulação social pode durar tanto tempo quanto poucas horas ou pode se desenrolar por um período muito maior. Prefiro simulações que durem ao menos dois ou três dias. Percebi que as ideias criativas sobre o futuro vêm mais facilmente quando há uma chance de o cenário realmente se enraizar e quando deixamos o subconsciente fazer o trabalho. Sempre quero dar aos participantes a chance de pensar um pouco nessa questão. Em geral, alguns dias é tempo suficiente para ter ideias bastante surpreendentes.

A simulação "Sinta o futuro" foi uma experiência de dois dias e passamos o cenário para alunos e professores com uma semana de antecedência para deixá-lo "de molho" nas suas imaginações antes de eles se juntarem à conversa global. A Superstruct, por outro lado, durou seis semanas, e o EVOKE, dez. Mas minha duração favorita para uma simulação é de dez dias. Tempo suficiente para dar a sensação de que você está de fato vivendo por aquele cenário, e não dando apenas uma olhada rápida. E é curto o bastante para que mais pessoas possam aceitar o compromisso de jogar por ao menos dez minutos por dia, do início ao fim. Por jogar quero dizer pensar ativamente sobre o cenário ao menos uma vez por dia, contar uma história rápida ou capturar uma ideia sobre como pode ser afetado em pessoa por esse cenário e então compartilhá-la com o grupo.

Muitos participantes jogam por mais de dez minutos por dia, sobretudo se estão absorvendo as ideias e histórias de outras pessoas e se envolvendo em discussões em andamento. O participante médio do "Sinta o futuro" passava trinta e um minutos todos os dias no fórum de discussão on-line global, de acorda com a nossa análise de dados. (Não tínhamos como saber quanto tempo eles passavam pensando ou conversando sobre o cenário fora da internet!)

Há razões para fazer simulações que durem mais do que dez dias — por exemplo, se você quiser explorar múltiplos cenários com o mesmo grupo. Exploramos cinco cenários diferentes nas seis semanas da Superstruct, e dez cenários nas dez semanas do EVOKE. Quanto mais uma simulação durar, mais difícil é para os participantes jogarem diariamente. Durante essas simulações mais longas, eles podem compartilhar apenas uma história ou ideia por semana.

O maior benefício das simulações mais longas é que os participantes têm a tendência de ficarem mais confortáveis e mais imaginativos conforme praticam e jogam com os cenários. Eles também têm mais tempo de investigar sinalizações de mudança relacionadas ao cenário, para ajudar a tornar mais realista e convincente o que imaginaram. Além disso, uma simulação mais longa pode criar uma comunidade mais unida e ter um impacto psicológico mais profundo nos participantes. Ninguém jamais me disse que uma simulação de dois dias "mudou a sua vida", mas muitas pessoas me falaram isso sobre simulações de várias semanas — porque isso os ajudou a perceber o que eles realmente queriam fazer com o próprio futuro ou quais desafios globais sentiram que podiam ajudar a resolver.

O número de dias ou semanas que quero passar imaginando o futuro juntos é ________
____
____.

Passo 4. Onde o compartilhamento social vai acontecer? Para fazer uma simulação social, você precisa de um lugar em que os participantes possam compartilhar os seus pensamentos e as suas histórias. Pode ser on-line ou em pessoa, dependendo do grupo que estiver convidando, ou uma combinação dos dois.

Se estiver jogando com apenas outra pessoa, comece com uma conversa para entender o cenário juntos. Planeje mandar um ao outro uma ideia ou história pessoal do futuro diariamente — por e-mail, mensagem de texto ou a forma como costumam conversar. Se você tiver sorte suficiente para morar com a pessoa com quem está simulando o futuro, compartilhe a sua história diária durante o jantar ou faça um passeio para discutir o que imaginou hoje! Se o compartilhamento diário soa intenso demais, pode planejar trocar os seus "diários do futuro" completos depois de dez dias (ou qualquer que seja o tempo em que estiverem jogando). Certifique-se de ter uma última conversa sobre tudo no final da simulação. O que foi mais surpreendente ou interessante nessa experiência? Está planejando fazer alguma coisa para se sentir mais preparado para o cenário se ele de fato acontecer?

Se estiver executando uma simulação um pouco maior, digamos, de até trinta participantes, deve marcar ao menos um encontro ao vivo. Encontros ao vivo podem ser como encontros de clubes, um happy hour durante a tarde, uma reunião semanal de equipes de trabalho ou de estudantes ou uma reunião social noturna no Zoom. Convide participantes a compartilhar em turnos os seus momentos futuros imaginados preferidos. Isso pode estimular conversas e talvez o pensamento de consequências: "Se isso acontecesse, então aquilo também poderia acontecer..." Você também pode encorajar participantes para trazer uma sinalização de mudança relacionada ao cenário ou uma ideia de microação para se preparar para esse futuro para compartilhar com o grupo. Dependendo do grupo e do tamanho da simulação, você pode querer fazer esse encontro mais de uma vez; eu pessoalmente adoro uma reunião de simulação agendada semanalmente!

Além do encontro, você vai provavelmente querer determinar uma lista de e-mails, um grupo no Facebook, um canal no Slack, um canal no Discord, uma hashtag nas mídias sociais ou fóruns de discussão on-line para que as pessoas postem as suas ideias e histórias durante a simulação. Isso permite discussões mais profundas e dá às pessoas muitas oportunidades para ver as contribuições dos outros. Mais importante, isso lhe dá uma forma de coletar todo o conteúdo se você quiser fazer uma curadoria para compartilhá-lo com uma comunidade maior, ou analisá-lo em busca de tendências e padrões, ou simplesmente revisitá-lo no futuro.

Para simulações muito grandes, uma plataforma on-line é onde a maior ação acontece, embora os participantes possam optar sozinhos por se encontrar socialmente em grupos menores e locais também.

Não enlouqueça tentando descobrir qual é a melhor plataforma on-line — escolha uma que você já conheça e que você ache que será a mais confortável para a maioria dos participantes. Eu já tentei tantas plataformas diferentes — se não souber ao certo qual escolher, recomendo perguntar aos participantes a plataforma que eles preferem!

Se você fizer a simulação numa conferência ou eventos de muitos dias — que é uma das minhas formas favoritas —, então pode querer marcar reuniões de três ou quatro pessoas no decorrer do evento *e* oferecer uma hashtag de mídia social ou fórum de discussão para compartilhamento de ideias e histórias 24 horas por dia, sete dias por semana.

Para "Sinta o futuro", os professores organizaram aulas e discussões após a escola, enquanto o Institute for the Future hospedou uma discussão on-line global em que todos os estudantes tinham a capacidade de compartilhar e responder às ideias uns dos outros.

Uma dica importante: sempre encorajo que o organizador ou hospedeiro da simulação faça alguma curadoria e destaque as suas ideias e histórias favoritas durante a simulação, para que as histórias mais interessantes e as surpresas mais surpreendentes sejam vistas por todos. A forma mais simples de fazer isso é escolhendo um "momento do futuro" todo dia ou toda semana para compartilhar com todos os participantes, por e-mail, post fixado ou mídia social. Isso ajuda a criar uma narrativa comum e uma experiência universal para o grupo. Também pode inspirar participantes a melhorarem o seu jogo, se quiserem ser escolhidos como histórias ou ideias do dia! E isso ajuda os jogadores que podem estar tendo um branco ou não tiverem ideias — eles podem seguir a deixa criativa dos outros.

Durante "Sinta o futuro", por exemplo, destacamos essa linda ideia para todo o grupo: "Com a rede FeelThat, poderíamos ter sentimentos que seriam gravados e repassados por gerações: 'A vovó ficou muito orgulhosa de você, consegue sentir?' 'A mamãe te ama mesmo que você não se lembre dela.'" Pedimos, então, para que os participantes desenvolvessem essa ideia: que sentimento *você* ia querer passar para as futuras gerações? Que sentimento do passado ia querer que tivesse sido gravado e passado para você?

Por fim, dependendo do tamanho do grupo on-line, você pode precisar se planejar para fazer a moderação de posts e comentários. Quando tenho muitos milhares de participantes numa simulação pública, em geral junto uma equipe de cinco ou dez moderadores on-line, cada um trabalhando em meio período, para me certificar de que ninguém está assediando, insultando, mandando spam ou afetando negativamente a experiência social.

Esses moderadores também podem ajudá-lo a buscar e encontrar as histórias mais interessantes e as ideias mais surpreendentes para compartilhar com o grupo — que é essencialmente quando, em simulações de larga escala, os participantes podem estar contribuindo com muitas centenas ou milhares de histórias por dia. Durante o "Sinta o futuro", por exemplo, os estudantes de ensino médio e os seus professores contribuíram com 64.012 ideias e histórias no decorrer de dois dias! Quando tanta imaginação está ocorrendo tão rapidamente, nenhum indivíduo será capaz de acompanhar tudo sozinho — e ter uma equipe e um plano para pegar e destacar o seu conteúdo favorito será essencial. No final de "Sinta o futuro", o instituto publicou um resumo das ideias e dos temas mais interessantes. No final da simulação, você pode querer se planejar para compartilhar com os participantes um resumo das grandes ideias, histórias favoritas, previsões mais surpreendentes e as suas próprias reflexões. Isso vai ajudar aos participantes dar um passo atrás da sua própria experiência pessoal e compreender o plano geral — e dar a chance para pessoas que não participaram de aprender o que vocês descobriram coletivamente.

O local para compartilhar ideias, histórias e "momentos" desse futuro será ________
____
____.

Passo 5. Como vai explorar dimensões diferentes desse futuro? Na melhor das hipóteses, simulações sociais tem uma qualidade rítmica, uma espécie de clima de "chamado e resposta". Os participantes são convidados a voltar ao cenário múltiplas vezes no decorrer de horas, dias ou semanas, com pensamentos novos e insights mais profundos. Para alcançar esse tipo de engajamento, você pode achar útil planejar uma série de questões discursivas ou textos criativos que vão "refrescar" a imaginação de todos e guiar os participantes a explorar o cenário de novas formas.

Por exemplo, durante o "Sinta o futuro", que foi uma experiência de dois dias, a cada hora postávamos uma nova questão no fórum de discussão on-line para manter a conversa seguindo em direções diferentes. Como famílias e pais usariam a FeelThat? Como a FeelThat poderia ser usada na educação? Como a FeelThat poderia ser usada pela polícia e pelo sistema de justiça criminal? Como a FeelThat poderia ser usada em eleições, em feitos políticos e na democracia? Como a FeelThat poderia ser usada na arte, no storytelling e no entretenimento? Como a FeelThat poderia ser usada romanticamente e em outras relações íntimas? Compartilhamos antecipadamente essa lista de quase cinquenta perguntas com professores, para que eles escolhessem as perguntas e as incorporassem nas salas de aula da forma que quisessem. Se você estiver usando os cenários deste livro para a sua simulação, questões discursivas já foram dadas. Sinta-se à vontade para incluir as suas!

Para simulações menores, um novo texto a cada hora vai manter a energia em alta e encorajar participantes a voltar e dar uma olhada no que está acontecendo. Para simulações mais longas, você pode dar um novo texto de imaginação todo dia ou toda semana.

Outra forma de explorar dimensões diferentes do futuro é encorajar as pessoas a colaborarem num desafio juntos. Dois dos meus desafios em grupo favoritos são: quais são cem coisas que as pessoas *vão precisar de ajuda* nesse futuro? E: quais são cem maneiras com que as pessoas *vão ajudar umas às outras* no futuro? Crie um espaço para os participantes contribuírem com um brainstorm coletivo e veja quantas ideias diferentes você consegue coletar. Você pode organizar e fazer a curadoria das suas cem ideias favoritas depois. Se nenhum outro insight sair de uma simulação social, essas duas listas ajudam a ter um resultado poderoso e inspirador dessa experiência.

Você pode querer pedir por artefatos do futuro, objetos físicos que tornam o cenário vivo no mundo real. Durante a Superstruct, os participantes de um encontro cobriram as paredes com sinais de protestos feitos à mão em que lamentavam o fracasso do futuro governo de controlar de forma adequada o vírus fictício, exigindo mais apoio econômico para indivíduos com a versão "longa" da síndrome do estresse respiratório. Camisetas com "Mantenha os seus sentimentos para si mesmo" e "Sinta-me em @[nome de usuário]" eram declarações de moda populares no mundo imaginado da rede FeelThat. Durante o "Sinta o futuro", alguns participantes compartilharam "selfies do futuro" — fotografias que tiravam de si mesmo usando headsets e pulseiras feitos em casa que tinham a intenção de evocar como a tecnologia neurossensorial e estimulante de emoções poderia parecer no ano 2026. E durante a Superstruct, os participantes tiraram fotos usando máscaras em diferentes ambientes sociais (o que acabou sendo uma previsão bizarramente precisa do futuro). Que tipos de selfies os seus participantes poderiam tirar com "coisas" únicas e a "vibe" do cenário que estiverem simulando?

Dependendo de quão longe você quer chegar, há incontáveis abordagens criativas e sociais para trazer um cenário à vida. Você pode dar um jantar com um cardápio inspirado pelo cenário futuro. Você pode criar a apresentação de uma startup no Power Point para descrever um novo negócio que pode formar no futuro. Pode compor e gravar uma nova música de protesto que pode se tornar popular no futuro. Pode desenvolver um anúncio de um novo produto que pode existir no futuro.

Você pode até inventar e praticar um novo ritual ou tradição — uma nova espécie de festa de boas-vindas para migrantes de emergências climáticas ou uma festa na vizinhança para usar todas as comidas congeladas ou refrigeradas que estragariam durante a falta de energia. Durante uma simulação social chamada World Without Oil [Mundo sem petróleo, em tradução livre], por exemplo, uma equipe de estudantes de arte do San Francisco Art Institute [Instituto de Arte de San Francisco] criou uma variedade de novas brincadeiras para crianças que poderiam surgir durante uma crise de energia. Eles foram inspirados pela história popular que a rima "Ring around the rosie, a pocket full of posies, ashes, ashes, we all fall down [Dando círculos em volta das rosas, o bolso cheio de flores, cinzas, cinzas, todos nós caímos], que surgiu durante a Grande Praga de Londres em 1665, então eles imaginaram como crianças vivendo com energia elétrica não confiável poderiam transformar aquela experiência em rituais e brincadeiras. E então fizeram um pequeno festival e ensinaram outros a jogar os novos jogos que tinham inventado.

Ou seja, simulações sociais são um verdadeiro convite para jogar e criar o que quer que você tenha se sentido inspirado a fazer.

Uma pergunta que eu gostaria que outros respondessem durante a simulação é ________

____.

Uma maneira com que eu poderia "fazer" o futuro é (criando um cartaz de protesto, fazendo uma camiseta, tirando uma selfie que parece do futuro...): ______________

____.

Passo 6. Por que está simulando esse futuro? Se estiver planejando convidar alguns amigos ou colegas para simular um cenário juntos, sua motivação pode ser simplesmente se divertir, aprender uma nova habilidade, saciar a sua curiosidade e fazer algo criativo. Estas são razões perfeitamente boas para convidar várias pessoas para simular esse futuro também! No entanto, se você planeja uma simulação maior, para uma comunidade, organização ou evento, ou para qualquer pessoa on-line que queira se juntar, é bom pensar nos objetivos maiores.

Definir um ou mais grandes objetivos para a sua própria simulação pode ajudar a definir as expectativas dos participantes e aumentar a animação. As pessoas vão querer saber: por que estamos fazendo isso? O que vou tirar disso? Como estou ajudando uma causa maior ao participar?

Eis aqui algumas das razões de por que decidi fazer uma simulação social de larga escala:

Para levar uma possível crise futura a sério agora, para que todos estejamos melhor preparados para ajudarmos a nós mesmos e aos outros para quando e se ela acontecer.

Para investigar como uma política proposta ou uma nova lei podem afetar as suas vidas, para que possamos todos decidir com mais clareza e empatia se a apoiamos ou não.

Para descobrir como as pessoas podem usar uma tecnologia futura — e nivelar a sabedoria da multidão para antecipar possíveis riscos, danos não intencionais ou dilemas éticos.

Para dar a um grupo ou uma comunidade sem representação a oportunidade de compartilhar as suas esperanças e os seus medos do futuro e terem algum peso em como o futuro será.

Para entender que coisas surpreendentes as pessoas podem fazer, que comportamentos irracionais podem se tornar comuns, durante um tipo particular de crise ou emergência, para que possamos prever melhor as consequências sociais "difíceis de prever" de eventos futuros.

Para envolvermos de forma otimista pessoas que estão preocupadas com a pior das hipóteses (pense na mudança climática), para que possamos criar soluções criativas para lidar com o que quer que apareça no nosso caminho.

Para criar uma oportunidade de criatividade colaborativa, uma maneira de muitas pessoas diferentes contarem uma história juntas e compartilharem uma visão do futuro como uma espécie de arte pública.

Para fazer um "teste de estresse" numa ideia que penso que poderia criar uma mudança para o melhor: ela funcionaria mesmo? Que grupos ou comunidades estou deixando de fora da solução? Quais são as possíveis consequências não intencionais que não estou vendo?

Para aumentar a imaginação de uma equipe de forma que ela aprimore a crença de que qualquer coisa pode mudar no futuro, a fim de descobrirmos o nosso poder de fazer a mudança hoje.

Para o "Sinta o futuro", queríamos ajudar os jovens a se sentirem mais no controle do seu futuro. De uma perspectiva de pesquisa, tínhamos outro objetivo: descobrir o quão possível era que atividades neurossensitivas e neuroestimulantes se tornassem coisas sociais "normais". Nós obteríamos uma sensação de se os jovens iam querer acessar esse tipo de tecnologia e, em caso positivo, o que fariam com isso. Estariam dispostos a compartilhar dados biológicos e neurológicos tão íntimos ou veriam isso como uma invasão de privacidade, até mesmo uma possibilidade distópica ou perigosa? No final, fiquei surpresa com o quão abertos os participantes estavam à rede FeelThat. Embora identificassem muitos riscos e danos em potencial, também tiveram muitas ideias animadoras para novas formas de expressão pessoal, arte, ativismo, voluntariado, pesquisas científicas e experiências sociais.

Um dos fatores que tornam um cenário futuro mais plausível é o alto nível de interesse favorável: um monte de gente que realmente *quer* que ele aconteça e estão dispostos a ajudar a fazê-lo acontecer. Da mesma forma, um cenário futuro é menos plausível se a maioria das pessoas parece querer evitá-lo. Antes da simulação "Sinta o futuro", eu teria dito que tecnologias sociais de neurossensibilidade e neuroestimulante eram improváveis de serem adotadas por muitos. Mas, depois da simulação, esse é um futuro no qual espero estar vivendo algum dia.

Diversão, aprendizado, curiosidade, criatividade e prontidão estão sempre no coração de uma simulação futura. Se você tem uma missão, pergunta ou propósito ainda maior em reunir pessoas para imaginar o que elas pensariam, sentiriam e fariam num possível futuro, deixe que essa missão, pergunta ou propósito seja conhecido!

Meus objetivos para essa simulação são ______________________________
____.

Agora que conhece os seis passos para planejar a sua própria simulação, deixe-me dar mais alguns conselhos. Uma simulação social é um trampolim para fazer do mundo um lugar melhor. Mantenha sempre em mente que o objetivo *principal* é dar as pessoas a chance de alongar a imaginação e aumentar a confiança para o futuro. É uma maneira de se preparar mentalmente para eventos "impensáveis", ficar melhor em reagir a choques e descobrir pequenas ações que podemos fazer hoje para nos prepararmos para ajudar a nós mesmos e os outros. Quando alguém me pergunta qual foi o "resultado" de uma simulação particular, em geral, quer dizer: o que descobrimos? O que podemos predizer com confiança sobre o futuro? Mas sempre digo que o resultado de uma simulação foi um monte de indivíduos esperançosos e superempoderados. Qualquer impacto positivo que uma simulação social possa ter é, antes de tudo, o senso aumentado de otimismo urgente e prontidão para o que possa surgir no caminho do participante.

Um propósito *secundário* de uma simulação social é aprender com os participantes: criar uma sabedoria coletiva que revela o que é *plausível* de acontecer se o cenário futuro de fato acontecer, e descobrir quais as esperanças e medos a maioria das pessoas compartilham sobre o futuro.

Se quiser aprender com os participantes, terá que planejar uma forma de compreender todas as histórias e ideias compartilhadas. Essa é uma atividade de pesquisa desafiadora, que requer um tipo de mente analítica e paciência — não é para todo mundo! Você pode preferir mandar uma pesquisa para os participantes depois, com perguntas sobre que providências eles preveem que vão tomar e do que precisariam nesse futuro. Agora que eles consideraram esse futuro, qual é a maior esperança deles? A maior preocupação? Uma coisa que eles pretendem fazer para se sentirem mais preparados para o futuro que imaginaram? Uma ferramenta de pesquisa on-line como o Google Forms ou SurveyMonkey pode nos ajudar a coletar, analisar e compartilhar esses resultados sem a necessidade de uma equipe especial.

Meu último conselho: simulações sociais do futuro são uma ideia relativamente nova. Sempre estou tentando novas abordagens e as minhas próprias práticas ainda estão evoluindo. Na verdade, nunca executei uma simulação do mesmo jeito duas vezes. Espero que você se inspire com o que compartilhei, mas não precisa abordar simulações da mesma maneira que eu. Você pode ter a sua própria versão única, um estilo diferente, uma maneira de adaptar simulações sociais para diferentes propósitos. Vá em frente! O futuro é um lugar em que qualquer coisa pode ser diferente, incluindo a forma *como* o simulamos. Sinta-se à vontade para inventar as suas próprias regras. Mande um e-mail para mim e fale mais sobre a *sua* abordagem de simular o futuro com outras pessoas: jmcgonigal@iftf.org.

TREINANDO A IMAGINAÇÃO

REGRA Nº 11: Simule qualquer futuro que quiser.

Quando o futuro se torna um sonho compartilhado, ele faz mais do que alongar as nossas imaginações individuais; ele expande a nossa imaginação coletiva. Convide outra pessoa, ou um grupo, ou uma comunidade inteira, para passar algumas poucas horas, dias ou semanas ativamente pensando sobre um cenário futuro com você. Encoraje todo mundo a descrever como as suas próprias vidas poderiam ser afetadas por esse cenário. O que sentiriam? O que poderiam fazer de diferente? Do que precisariam? Como poderiam ajudar? Colete as ideias e histórias para construir uma realidade alternativa, imaginada a partir de muitos pontos de vista diferentes.

Dicas para inventar um novo cenário

1. Foque em algumas sinalizações de mudança e forças futuras favoritas.

Seu cenário deve ser inspirado por coisas reais que já estejam acontecendo hoje. Comece identificando algumas sinalizações de mudança e forças futuras que o animem muito ou o preocupem muito. Elas serão a base do que torna o seu cenário plausível e digno de ser imaginado.

Para fazer o brainstorm de um cenário, pergunte a si mesmo: como seria o mundo se essa sinalização fosse disseminada e lugar-comum? Como seria o "novo normal" se a sinalização se tornasse uma tendência global? Pergunte a si mesmo: qual é a maior mudança positiva a que essa força futura pode levar? Qual é a pior coisa a que essa força futura pode levar? Não há respostas certas ou erradas. É aqui que a sua criatividade, intuição e perspectivas únicas entram em jogo. Analise algumas poucas possibilidades e escolha uma ou mais para rascunhar um cenário convincente. Veja qual possível futuro parece ser o mais animador de imaginar ou mais urgente para se preparar. Lembre-se de que, contanto que você tenha algumas sinalizações robustas e ao menos uma força futura poderosa, pode transformá-las num cenário tão dramático e extremo o quanto quiser. Se o cenário não lhe parecer surpreendente ou provocativo o bastante, então o apimente com uma versão ainda maior dessa mudança ou crise. Torne o seu mundo futuro tão selvagem e surpreendente o quanto quiser. Proíba alguma coisa. Deixe que acabe completamente algo no mundo. Afirme que ao menos *um bilhão* de pessoas está usando uma nova tecnologia, ou adotou um novo comportamento estranho, ou se juntou a um novo movimento. Aprove uma lei radical que alguns poderiam dizer ser politicamente impensável hoje. Faça com que a versão mais chocante de uma crise futura que você possa imaginar aconteça. O que quer que faça, seja a princípio ridículo — porque, para esticar a imaginação, você precisa criar emoções fortes como a curiosidade, o espanto, o horror, a esperança ou o maravilhamento.

2. Escolha um arquétipo. Ou quatro!

Que tipo de história você quer contar sobre o futuro? Futuristas profissionais com frequência classificam cenários em um dos quatro tipos de histórias ou arquétipos: crescimento, limitação, colapso ou transformação.[3] Quando estiver inventando o seu próprio cenário, pode achar útil começar considerando que tipo de história você está mais inspirado a imaginar.

Crescimento é uma história de aumento. Num cenário de crescimento, as tendências e condições atuais, tanto boas quanto ruins, continuam a crescer, como ocorreu no passado — mas agora em ritmo mais acelerado. "A crise de alfa-gal", uma pandemia vinda de um carrapato, é uma aceleração drástica de tendências de saúde e ambientes que já existem; é um cenário de crescimento. Assim como "Bolsa medicinal", que imagina o que poderia acontecer se os programas locais de "comida é remédio" fossem aumentados para todo o país.

Limitação é uma história de aceitar novos limites. Num cenário de limitação, respondemos a uma ameaça ou problema ao concordar com as novas restrições e novos tipos de autodisciplina. Com frequência é a história de tempos desesperados que pedem medidas desesperadas, esforços globais coordenados e o reordenamento de prioridades. É a história de sacrifícios individuais para o bem maior. A história da crise da água da Cidade do Cabo o convida a considerar como você se adaptaria a restrições severas no fornecimento de água; é um cenário de limitação. Assim como o cenário inspirado pelo urso grolar, que imagina novos limites de onde é seguro viver, com ao menos 2 bilhões de pessoas se realocando, se adaptando ao calor extremo e aos níveis crescentes do mar.

Colapso é uma história de uma paralisação repentina ou uma falha trágica. É quando algo que damos como certo deixa de ser confiável ou para de estar disponível, e a sua ausência leva ao choque e, às vezes, ao caos. Num cenário de colapso, grandes sistemas sociais são distendidos além do ponto de quebra, causando novos tipos de sofrimento e desordem social. "A grande desconexão", um desligamento da internet forçado pelo governo, é um cenário de colapso que explora o que acontece quando algo essencial desaparece do dia para a noite.

Transformação é a história de uma inovação ou avanço que transformará o mundo. Ela alonga a nossa imaginação, desafiando as nossas presunções e sugerindo que o que antes era impossível agora pode ser feito. A transformação com frequência é inspiradora, estabelecendo um novo curso tanto para indivíduos quanto para a sociedade. O "Dia do Agradecimento", um novo tipo de estímulo econômico que combina pagamentos universais com gratidão a trabalhadores essenciais, é um experimento político radical; é um cenário de transformação. Assim como "Dobre o seu dinheiro" (moeda digital do banco central) e "Sinta o futuro" (tecnologia neuroestimulante de aspectos vitais), cenários que imaginam uma tecnologia transformadora sendo adotadas em escala massiva.

Qualquer tópico futuro pode ser explorado através destes quatro arquétipos. Se eu quisesse imaginar o futuro dos sapatos (como faço com frequência!), poderia buscar sinalizações de mudança que podem inspirar uma história de crescimento, uma história de limitação, uma história de colapso e uma história de transformação para a cultura dos sapatos ou a indústria dos calçados. De fato, é comum que os futuristas criem quatro cenários alternativos sobre o mesmo assunto, a fim de explorar e ter múltiplas possibilidades divergentes na cabeça. Considere as suas opções. Veja que arquétipo o ajuda a contar a história mais previamente inimaginável ou talvez impensável.

3. Peça feedback antes de jogar.

Quando crio um novo cenário, compartilho-o ao menos com algumas pessoas para receber um feedback crucial antes de pedir para um grupo maior jogar. Aqui estão as perguntas que sempre faço quando crio um novo cenário:

- Numa escala de 1 a 10, quão interessante é esse cenário para você pessoalmente?
- Há algo nesse cenário que é confuso ou que não faz sentido?
- Há algo que você quer que seja explicado melhor ou com mais detalhes?
- Consegue pensar em ao menos uma maneira que a sua vida seria afetada por esse cenário? Como?
- Numa escala de 1 a 10, quanto você acha que esse cenário é plausível ou possível de acontecer em algum momento na próxima década?

Se um cenário não é interessante para a maioria das pessoas (uma média menor do que seis), jogo fora e começo tudo de novo, com uma nova ideia. Se houver partes confusas, eu as esclareço. E se há algo que as pessoas querem entender melhor, expando isso.

Se, em geral, as pessoas têm dificuldade de se relacionar com o cenário, então repenso e refaço para que o impacto nas nossas vidas e na sociedade se torne mais óbvio. Por outro lado, fico muito animada quando pessoas me dão respostas divergentes sobre como imaginam o cenário afetando as próprias vidas. Uma simulação é bem mais interessante e produtiva quando pessoas diferentes imaginam coisas diferentes.

Se a pontuação de plausibilidade é baixa (menos de cinco), tudo bem por mim — bons cenários podem soar absurdos a princípio. Mas, nesse caso, eu me certifico de introduzir o cenário com muitas sinalizações de mudança e forças futuras antes de pedir para qualquer um jogar — porque quero que as pessoas se envolvam com a possibilidade de que, sim, podemos mesmo acordar num mundo assim algum dia.

12

Passe dez dias no futuro (O jogo)

Temos que libertar a nossa mente, imaginar o que nunca aconteceu antes e escrever ficção social.

— Muhammad Yunus, empreendedor social e ganhador do Nobel da Paz

Respire. Não entre em pânico e fuja. Deixe-se mergulhar. Sentir tudo. (...) Imaginar. Deixe queimar.

— Glennon Doyle, autora e ativista

BEM-VINDO AO ANO 2033, ONDE COISAS ESTRANHAS ESTÃO ACONTECENDO. Novos padrões climáticos estranhos. Alianças políticas estranhas. Comportamentos estranhos, e não apenas por parte de outras pessoas — você está fazendo coisas que nunca pensou que fosse fazer.

Não é de surpreender que as pessoas estejam começando a chamar os anos 2030 de "os impensáveis trinta". É como se o mundo inteiro tivesse acordado no início da década e decidido tentar algo diferente. Todas aquelas possíveis soluções para desafios globais que antes eram consideradas radicais demais, esquisitas demais, caras demais, difíceis demais de implementar? Bem, elas estão acontecendo agora.

Você tem certeza de que, no futuro, as pessoas vão considerar o ano de 2033 o ponto de virada da humanidade. Oxalá uma virada para o melhor — embora, com todas as coisas bizarras que o mundo está tentando, com certeza haverá consequências inesperadas. Você está fazendo o melhor possível para acompanhar. Para se adaptar, para tirar o melhor proveito, para ficar pronto a qualquer oportunidade que aparecer no seu caminho. Está mantendo um diário para captar os seus pensamentos, os seus sentimentos e as suas experiências. Quando o mundo olhar, com fascínio e espanto para tudo que aconteceu em 2033, você quer que a *sua* história seja parte disso.

Ano 2033 — a Simulação

Chegou a hora de passar dez dias no futuro. Em qual mundo você vai acordar primeiro?

- **"A estrada para zeroforia":** Acorde num mundo em que um serviço público que você dá como certo desaparece praticamente da noite para o dia. Prepara-se para repensar cada aspecto da sua vida diária.
- **"Festa de Boas-vindas":** Acorde num mundo que está trabalhando junto para transportar um bilhão de pessoas entre as suas fronteiras. Prepara-se para escolher o seu novo destino.
- **"O inverno de dez anos":** Acorde num mundo que acabou de votar, como um planeta, para assumir o maior risco da história humana — vai valer a pena? Prepara-se para descobrir.

Estes três cenários, todos estabelecidos no ano 2033, são fictícios, mas plausíveis: são baseados em sinalizações de mudanças reais e forças futuras que já existem hoje. Podem soar extremos para você ou a princípio ridículos. Podem parecer chocantes, difíceis de imaginar, cheios de possibilidades "impensáveis". É de propósito. Eles foram feitos para ajudar você a melhorar a sua capacidade de pensar o impensável e imaginar o inimaginável *antes* que aconteçam — para que possa responder de forma mais criativa e estratégica a quaisquer desafios futuros que pode encontrar.

Estes futuros hipotéticos são um pouco caóticos e muito incertos. Eles exploram períodos de transição, mundo pelos quais precisaremos *passar* para chegar ao futuro que desejamos. Podem não parecer "finais felizes". E não são — porque o futuro não é um destino final. É um processo que não para de se desdobrar. E talvez tenhamos que viver períodos desafiadores para que possamos alcançar as nossas visões mais otimistas.

Leia os cenários. Converse com outros sobre eles. Conte algumas histórias sobre o que pensaria, sentiria e faria nestes futuros. Deixe que corram soltos na sua imaginação. Posso ser a autora deste livro, mas só consigo levá-lo até certo ponto nessa história.

Preciso que escreva este último capítulo comigo.

Como começar

1. **Escolha um dos três cenários de 2033 para simular.** Comece com o futuro que mais o instiga.
2. **Estabeleça um "diário do futuro".** Decida onde e como vai capturar os seus pensamentos e as suas ideias sobre isso: num caderno, em e-mails para amigos, num documento de computador, num vídeo diário, num fórum de discussão on-line ou da forma que parecer mais natural para você, qualquer que seja ela.
3. **Escolha um dia para começar a simulação.** Cada simulação leva um tempo de dez dias do início ao fim. Planeje-se para passar *ao menos dez minutos por dia* imaginando o que pode pensar, sentir, fazer e experimentar nesse cenário — e colocar o que você imaginou no seu diário do futuro. Textos criativos guiarão você. Você não precisa acrescentar coisas ao seu diário por dez dias seguidos. Se levar duas semanas, ou um mês, para completar todos os dez dias no futuro, tudo bem.
4. **Leve alguém com você ao futuro.** Você pode simular o futuro sozinho, mas encorajo-o a convidar ao menos outra pessoa para simulá-lo com você. Compartilhar o que você imaginou é metade da diversão — e ao menos metade do aprendizado, pois você vê o futuro do ponto de vista de outra pessoa. Compartilhem coisas dos seus diários do futuro todo dia, ou apenas no início e no final dos dez dias, ou com a frequência que funcionar melhor para vocês. (Se quiser jogar com uma comunidade global maior, visite iftf.org/imaginable.)

Agora você está pronto para seguir viagem para um estranho mundo novo. Conforme joga, pode ter as suas próprias ideias de como trazer o ano 2033 à vida. Sinta-se livre para ir além do que sugeri e criar os próprios desafios! Adoraria ver o que você consegue criar. Mande qualquer texto do diário ou desafios criativos que inventar para si mesmo para o e-mail jmcgonigal@iftf.org ou compartilhe-os nas mídias sociais com a hashtag #imaginable2033.

Como voltar ao presente

Depois de passar dez dias escrevendo o seu diário sobre o futuro, você estará pronto para retornar ao dia presente. Eis aqui algumas atividades de "reaclimatação" que recomendo para auxiliá-lo a refletir sobre a sua jornada:

- **Colete sinalizações de mudança:** Quais são os eventos e as manchetes do mundo real que sugerem que podemos acabar num mundo como o descrito no cenário? Procure pistas nas notícias e nas mídias sociais. Tente encontrar ao menos três sinalizações de mudança relacionadas ao cenário. (Para dicas em como encontrar pistas para o futuro, veja o Capítulo 6.)
- **Comprometa-se a acompanhar uma força futura:** Cada cenário é inspirado por forças futuras reais que já estão mudando o que é possível hoje. Escolha uma das forças listadas no cenário e comprometa-se a aprender mais sobre ela durante os próximos doze meses. Encontre ao menos um livro, episódio de podcast, TED talk, relatório de tendências, especialista que possa seguir na mídia social ou newsletter que possa assinar que vai aumentar a sua compreensão dessa força futura. (Para mais dicas de como acompanhar uma força futura, veja o Capítulo 7.)
- **Planeje uma microação:** Pense em ao menos uma coisa que você pode fazer para se sentir um pouco mais preparado para esse cenário se ele acontecer mesmo. Escolha uma ação que esteja confiante de que possa fazer nas próximas semanas. Quanto menor, melhor, para que não tenham obstáculos no seu caminho.

- **Converse com alguém:** Discuta as suas experiências com outro viajante do futuro. Qual foi a parte mais interessante dessa experiência para você? A parte mais desafiante? Qual foi o maior momento "eureca"? O que o preocupa mais agora do que antes de ter imaginado esse cenário? O que o mais enche de esperança? Se você coletou sinalizações de mudança ou planejou microações, compartilhe-as com os outros. Você pode conversar com apenas uma pessoa ou ter uma discussão em grupo. (Ou, se tiver muitos outros viajantes do futuro, mande uma pesquisa pós-simulação!)

Quando estiver pronto para fazer outra viagem ao futuro, escolha outro cenário e comece tudo de novo. Quando terminar as simulações de 2033, pode voltar para qualquer cenário deste livro e escrever os seus próprios textos de diário. Em breve, vai conseguir criar os seus próprios cenários e convidar outras pessoas para simular um futuro que *você* inventou. (Para dicas sobre como criar um cenário e fazer as suas próprias simulações, veja o Capítulo 11.)

Antes de viajar para o ano 2033...

Crie uma biografia curta ou perfil do seu eu futuro. Quem você poderá ser no ano 2033? Fique à vontade para tornar a sua vida de 2033 tão diferente quanto quiser na sua vida de hoje, contanto que pareça realista e autêntica para você. (Lembre-se de que ainda é *você* em 2033 — não adote uma persona fictícia!)

- Que idade você tem no ano 2033?
- Onde mora?
- Com quem vive, se é que não mora sozinho?
- Como passa os dias?
- Quais são as suas paixões e os seus interesses?

Inclua o máximo de detalhes que conseguir imaginar. Não pense apenas nas respostas para essas perguntas. *Escreva a sua biografia/perfil na primeira página do seu diário do futuro.*

Decida o que você vai legar para o futuro. Faça uma lista rápida das forças e conexões que já tem hoje e que podem ser úteis no ano de 2033:

- **Talentos e habilidades.** No que você é bom? O que você sabe fazer que muitas pessoas não sabem? No ano 2033, você pode ver que esses talentos e essas habilidades são pistas poderosas de como você pode ajudar a si mesmo e aos outros.
- **Conhecimento profundo e paixões.** Sobre qual assunto ou atividade você sabe muito, mais do que a maioria das pessoas? Sobre o que passa muito tempo pensando, mais do que a maioria das pessoas? No ano 2033, talvez perceba que pode fazer conexões criativas entre o seu conhecimento e as suas paixões com a crise em questão.
- **Comunidades.** De que comunidades você faz parte? No ano 2033, você pode ser capaz de mobilizar esses grupos, ou promover os seus interesses, ou ter um papel importante em mantê-los informados.
- **Valores.** Quais são os seus valores básicos? Um valor é uma maneira de ser que traz propósito e significado à vida. É uma força que você quer revelar, uma virtude que quer defender, uma qualidade que quer incorporar ou uma maneira de servir algo maior do que você. No ano 2033, você pode notar que esses valores guiam as suas ações e o ajudam a focar a atenção no que vai mantê-lo motivado e resiliente durante tempos difíceis.

Faça a sua lista na segunda página do seu diário do futuro, para que possa voltar a ela quando precisar.

SIMULAÇÃO FUTURA Nº 1

A estrada para zeroforia

Sério, para nos darmos bem nesta Terra, temos que fazer apenas uma coisa: parar de desperdiçar tanto dela.

— Robert Kunzig, jornalista científico

Hoje em dia, todos temos que lidar com lixo. É um dos fatos da vida mais universais e básicos. No entanto, como qualquer fato sobre a atualidade, podemos invertê-lo para o futuro. Vamos considerar uma possibilidade a princípio ridícula: um mundo em que a palavra "lixo" está obsoleta.

Consegue imaginar esse futuro? Embalagens descartáveis não existem mais. A maioria das pessoas passa semanas, até meses, sem jogar nada fora. As crianças crescem sem saber como era "levar o lixo lá para fora". Você nem tem mais uma lixeira em casa!

O acúmulo irracional e sem fim de coisas acabou. As pessoas gastam o seu dinheiro em experiências, não em coisas. E o que quer que você tenha por um tempo, logo passa para a próxima pessoa que precisa daquilo. Ou manda de volta para a empresa que vendeu o produto para você, para ser reciclado em algo novo.

Desperdício zero é o novo normal, e isso é bom. Tão bom, na verdade, que psicólogos inventaram uma nova palavra, "zeroforia", para descrever as emoções positivas que definem a vida numa sociedade de desperdício zero. Zeroforia é uma combinação de alegria, orgulho e engenhosidade. É a leveza do ser que vem de não desperdiçar nada e não deixar nada para trás. Esse novo sentimento é um bálsamo curativo para os dias de ansiedade da mudança climática. E os trilhões de dólares que governos costumavam gastar todo ano para enterrar ou queimar o lixo hoje em dia é gasto em coisas melhores: educação, saúde, infraestrutura e renda básica universal.

Este com certeza é um futuro no qual eu gostaria de acordar. Mas como poderíamos chegar a um mundo assim? Que "choque" repentino ao sistema poderia nos levar até lá? Como seria passar por esse período de transição? Como poderíamos ajudar a adaptação uns dos outros? E quando, exatamente, a zeroforia começaria?

É isso que vamos tentar descobrir na nossa simulação futura nº 1: "A estrada para zeroforia".

Vamos jogar.

Levaram a sua lata de lixo embora hoje.

Sua lata de lixo reciclável também. Tudo que sobrou é uma lata de compostagem.

Os vizinhos estão na calçada, observando os caminhões se afastarem, parecendo um pouco chocados.

Parecia impossível quando o governo federal fizera o anúncio no ano passado. Mas agora estava acontecendo mesmo.

Era o fim do lixo como o conhecíamos.

Todos os aterros sanitários estavam cheios. As usinas que transformavam lixo em energia haviam sido desligadas; pelo visto, queimar lixo estava deixando muitas pessoas doentes. E a reciclagem não estava funcionando tão bem, afinal. Metade do que as pessoas colocavam nas suas latas acabava sendo reciclado mesmo, incluindo menos de 10 por cento do plástico. Os Estados Unidos exportavam 80 por cento do seu lixo, enviando para países com mais espaço para aterros. China, as Filipinas, Indonésia, Quênia — eles receberam o lixo dos Estados Unidos por um preço por décadas. Mas então esses países perceberam, um a um, que, no longo prazo, não era saudável enterrar e queimar os restos do mundo. Eles começaram a mandar os navios-cargueiros cheios de garrafas plásticas e roupas velhas voltarem para o litoral dos Estados Unidos. O presidente declarou uma emergência nacional. A Agência de Proteção Ambiental assumiu o controle da coleta de lixo, que é responsabilidade municipal. E então cancelaram tudo.

As novas regras foram explicadas milhares de vezes, por correspondência, em reuniões nas prefeituras, em transmissões públicas ao vivo, em mensagens mandadas pelos sistemas de Alerta de Emergência sem Fio para os celulares de todo mundo e até num especial de televisão cheio de astros.

As regras para a sociedade pós-lixo são as seguintes:

1. Não haverá mais coleta de lixo comum ou lixo reciclável na calçada. Os dias em que você esperava que os outros lidassem com os seus restos acabaram.
2. Todas as latas de lixo serão removidas de espaços públicos, escolas, ambientes de trabalho e lojas. Para onde quer que vá agora, valem as regras dos parques nacionais: "Não deixe nada para trás" e "Recolha o seu lixo, os restos de comida e resíduos". Isso mesmo — você tem que levar o lixo consigo.
3. Se você precisa mesmo jogar algo fora, pode levar a um centro de "jogue fora e pague", em que você será cobrado cem dólares por cada saco de lixo — e os sacos são pequenos, mais ou menos do tamanho de uma sacola de supermercado. Sim, é um preço bastante alto. O governo não quer mais que você jogue nada fora — e, se jogar, vai ter que pagar caro por esse privilégio.
4. Com efeito imediato, há um imposto de mil por cento sobre qualquer item vendido com pacotes não recicláveis ou não compostáveis. Se você quiser um café de 2 dólares num copo descartável, vai custar 22 dólares com o novo imposto. Aquele livro de 10 dólares que você comprou na Amazon? Se eles entregarem usando material não compostável, o preço vai subir para 110 dólares. O governo tem uma teoria: a melhor maneira de alcançar a sustentabilidade extrema não é por uma regulação de negócios de cima para baixo. É por uma demanda enorme do consumidor por produtos e serviços sustentáveis.

"Empresas e negócios vão se adaptar, se os consumidores exigirem", afirmou o presidente. "Então, vamos gerar alguma demanda."

5. Nem tudo é ruim, existem algumas vantagens também. Se o país reduzir a coleta anual de lixo em 80 por cento, ou de volta ao nível dos anos 1960 de lixo por pessoa, até o final do ano, cada residente — incluindo crianças — receberá um pagamento de 10 mil dólares. "Se custar 3,5 trilhões para acabar de uma vez por todas com o vício da nossa nação por lixo, então será um preço pequeno a pagar a longo prazo pelo bem da saúde do nosso planeta e o nosso bem-estar", disse o presidente. O pagamento será feito em digidólares que devem ser gastos dentro de sessenta dias ou vão expirar. Você precisa admitir: é um tanto divertido imaginar o país inteiro numa farra de gastança de 10 mil dólares por pessoa.

Por mais estranho que pareça, muita gente parece bem animada com tudo isso — sobretudo as gerações mais novas, que estavam esperando para que o mundo acordasse e fizesse alguma coisa em relação ao meio ambiente. E com o governo se retirando do negócio de reciclagem, empresários estão preenchendo esse vazio. Ainda bem que a compostagem ainda é recolhida toda semana. Você já memorizou tudo da lista "Cem coisas bizarras que podem ser postas na compostagem", incluindo pelo, cabelo, caixas de papelão, restos de aspirador de pó e poeira.

Mas nem todo mundo concorda com o programa. As pessoas já estão tentando ver do que podem se livrar pelo vaso sanitário, pelo triturador de alimentos ou pela lata de decomposição. Manifestantes estão planejando fogueiras para queimar o seu lixo. Companhias estão procurando por brechas. Algumas pessoas estão fazendo piada que os bilionários vão simplesmente jogar o lixo no espaço — mas talvez não seja uma piada. Descarte ilegal de lixo com certeza será um problema — drones, sistemas de reconhecimento facial e outras tecnologias de vigilância terão que provar o seu valor se as novas regras forem aplicadas. Mas talvez as normas sociais vão evoluir rapidamente, se gente suficiente quiser meter a mão em 10 mil dólares — e, claro, salvar o planeta. Afinal, como disse o ambientalista Bill McKibben: "Se vamos mesmo mudar, mais cedo ou mais tarde teremos que fazer alguma mudança."[1] E quem sabe? Pode ser bom fazer algo diferente. Talvez você comece a comprar no mercado "sem pacotes" que acabou de abrir. É parte de uma nova cadeia. Você precisa levar as suas próprias embalagens reutilizáveis — mas, surpreendentemente, os preços são menores do que você costumava pagar por tudo que vinha numa embalagem individual. Talvez você dê uma olhada na nova "loja de trocas", onde as pessoas deixam itens de que não precisam mais e que não podem ser reciclados para que outros peguem de graça. Talvez você até se torne um "consultor de reutilização", que dá às pessoas novas ideias sobre como reaproveitar coisas antigas.

É um novo mundo. Você vai ter que mudar os seus hábitos. Poderia pensar em novas maneiras de ajudar os outros a se adaptarem à sociedade pós-lixo. Ou poderia se levantar, se juntar à resistência e tentar fazer o sistema ruir. Ou poderia ser um reformista e propor maneiras de tornar as regras mais justas e fáceis de seguir. Depende de você.

Registe as suas primeiras reações a este cenário ou converse com um amigo. Aqui vão algumas perguntas que você talvez queira responder na sua primeira conversa ou nas primeiras anotações que fizer no diário sobre esse futuro:

- Numa só palavra, que emoção está sentindo?
- Que pensamentos correram pela sua cabeça conforme você aprendia as novas regras?
- Que perguntas você tem sobre o que é e o que não é permitido?
- Que hábito você poderia mudar que reduziria o seu lixo de imediato?
- Qual é a coisa mais difícil de imaginar mudando ou abrindo mão?
- Como acha que os outros vão reagir? Seus parentes? Amigos? Vizinhos?
- Há alguma coisa animadora para você sobre essa nova realidade?
- O que mais o preocupa sobre esse momento futuro?

MOMENTO DE ESCOLHA: Nessa sociedade pós-lixo do futuro, você adotaria o novo sistema e tentaria fazer o melhor para se adaptar? Ou planeja resistir a ele? Ou reformá-lo? Por quê? Anote as suas respostas e as suas reações gerais a esse cenário, no seu diário do futuro.

Ideias para o diário

Seu desafio é criar um total de dez anotações no diário sobre a vida cotidiana nesse futuro. Tente imaginá-la da forma mais vívida e com detalhes específicos possível: como a sua vida está mudando? O que está fazendo de diferente? Que coisas boas estão acontecendo? Que problemas surgiram? Certifique-se de escrever sob o seu ponto de vista único — sobre os lugares que você conhece, as pessoas com quem passa o seu tempo, o trabalho e as atividades que faz, as causas com que se importa, as comunidades de que faz parte.

A seguir você vai encontrar algumas ideias sobre o que pode escrever nesse futuro. Escolha as de que gostar mais, guiado pela sua curiosidade e criatividade. Se quiser, pode responder à pergunta mais de uma vez, com histórias ou ideias diferentes. E não se sinta limitado por essa sugestão — qualquer que seja a forma que queira explorar "A estrada para zeroforia", vá em frente!

1. Seja um jornalista e divulgue o que está acontecendo no ano 2033 em algum lugar em que você passe muito tempo no presente: um parque, uma escola, um ambiente de trabalho, um local de louvor, transporte público, uma loja, uma academia, um restaurante ou cafeteria, um local em que você é voluntário. Como esse cenário aparece nesse lugar? O que você vê, escuta, sente, encontra ou experimenta no ano 2033 que está diferente hoje? Talvez as regras da sociedade pós-lixo tenham sido implementadas com sucesso. Como? Ou talvez as coisas não estejam indo tão bem. Que problemas estão aparecendo? Talvez seja mais fácil imaginar se estiver fisicamente presente no local em que estiver pensando.

2. Encontre um pequeno momento na sua vida em que o cenário poderia aparecer. Como esse cenário seria diferente no ano 2033 como resultado das novas regras pós-lixo? Pode ser um momento minúsculo, como um hábito diário (se vestir), uma refeição (fazer o café da manhã), uma tarefa (passear com o cachorro), um ritual de higiene (escovar os dentes), um ato de cuidado consigo mesmo (o que você faz para relaxar ou se concentrar nesse futuro?) ou uma ligação para a sua mãe (sobre o que vocês conversam nesse futuro?). Escolha algo que seja rotineiro hoje — e então descreva esse momento pequeno no seu diário de uma forma que capture o que há de novo e de diferente no mundo pós-lixo de 2033.

3. Imagine o que está acontecendo nas mídias sociais. Quais são os trending topics e as hashtags desse futuro? Que produtos os influenciadores estão promovendo? Que mensagens você postaria? Que opiniões expressaria? Sobre o que reclamaria ou desabafaria? Que tipos de informação, conselho ou ajuda pediria? Que notícias animadoras ou pensamentos felizes compartilharia? Vá em frente e crie os seus próprios posts de mídia social desse futuro — como se estivesse compartilhando pensamentos, sentimentos e notícias com amigos, parentes e seguidores no ano 2033.

4. Experimente uma mentalidade de desperdício zero. Para ter uma nova sensação de como esse cenário pode afetar você, pelas próximas 24 horas, faça uma lista de tudo que coloca na lata de lixo da sua vida real no momento presente. Conte tudo — quantas coisas ao total você jogou fora hoje? O que teria que mudar, nos seus hábitos, na forma como as empresas empacotariam e venderiam coisas, e na forma como a sociedade funciona, para que você não tenha que jogar essas coisas no lixo no futuro? Escreva sobre o que lhe parece possível mudar e o que parece impossível mudar.

5. Descreva como é ir a uma loja de trocas em 2033. O que você leva para doar e o que espera encontrar?

6. Pratique a reutilização e o reuso criativos. Procure alguma coisa na sua casa que você provavelmente vai jogar fora no futuro próximo. Que coisa nova e criativa você poderia fazer com isso, se jogar coisas foras não fosse mais uma opção?

7. Faça um artefato do futuro. Que objeto do dia a dia poderia existir nesse mundo que não existe hoje? Traga o cenário à vida através de um objeto físico que pode ajudar você a ter uma pré-sensação desse futuro. Talvez um adesivo que você pudesse colar num copo de café descartável que diz: "AVISO: uma cobrança de 20 dólares é acrescentada em bebidas servidas em copos descartáveis." Talvez uma camiseta que encorajasse pessoas a se juntar ao esforço coletivo de alcançar uma redução de 80 por cento do descarte anual para ganhar o bônus em dinheiro: "Time 10.000", poderia dizer a parte da frente da camiseta e "Não joguei nada fora hoje. E você?", na parte de trás. Talvez seja um panfleto anunciando uma fogueira para protestar contra as novas regras: "LIXEIRA DA VIZINHANÇA! Lute contra o exagero do governo. Traga o seu lixo! Vamos queimá-lo por você!" Fazer um artefato do futuro é uma maneira rápida e certeira de superar o viés de normalidade do seu cérebro. Ele torna uma possibilidade hipotética e abstrata em algo mais tangível e "imaginável". Planta uma pista no seu ambiente físico cotidiano para lembrá-lo do cenário e estimular a sua imaginação. Portanto, o que quer que imagine existindo num mundo pós-lixo, tente criar essa coisa de verdade e coloque o novo objeto num lugar que verá com frequência.

8. Pense nos dias especiais que você aguarda ansiosamente. Seu feriado favorito, uma tradição de família, férias divertidas, um dia importante de louvor, um evento esportivo anual, uma festa ou celebração, uma performance, uma viagem a um parque de diversões, um grande festival ou convenção. Escolha um para imaginar. Como as regras pós-lixo podem afetar esse evento ou ocasião especial? Como você poderia adaptar em 2033?

9. Use as suas habilidades, o seu conhecimento e as suas paixões. O que se sente compelido a fazer nesse futuro? O que poderia criar? Que negócio ou serviço poderia começar? Como mobilizaria a sua comunidade? O que poderia ensinar os outros a fazer? Que ideia tem para tornar esse futuro melhor?

10. Procure a doença mais profunda. Quem tem dificuldade de se adaptar nesse novo mundo? Que desigualdade ou injustiça pode tornar mais difícil para as pessoas obedeceram às novas regras da sociedade pós-lixo? Que fatores pessoais e sociais tornariam as pessoas mais resistentes ao novo sistema? Faça algumas sugestões sobre como você mudaria as regras da sociedade pós-lixo para deixar o sistema mais justo, mais popular, mais eficaz e mais fácil de ser adotado.

11. Vá tão longe nesse futuro quanto quiser. Quais são as maiores mudanças positivas na sociedade ou na sua própria vida que surgiram um ano ou mais após as novas regras? Que mudanças nas regras pós-lixo foram feitas, para torná-las mais justas e fáceis de aceitar? O que as grandes empresas fizeram para mudar por completo como elas fazem as coisas, para facilitar para as pessoas adotarem um estilo de vida de zero desperdício?

12. Sinta-se bem e celebre um resultado positivo. Imagine o dia em que todo mundo recebe o bônus de 10 mil por alcançar o objetivo de redução de 80 por cento de lixo. Como as pessoas celebram? Como você gasta os seus 10 mil dólares? (Lembre-se de que todo mundo tem que gastar o dinheiro em sessenta dias ou ele desaparece!) Ou descreva um momento nesse mundo futuro quando sentiu um pico da nova emoção positiva, zeroforia. Onde e por que sentiu isso? Como foi?

Dicas para o diário

- Você pode ter uma inspiração criativa e querer passar todos os dez dias se aprofundando em apenas algum texto ou alguns textos. Se for o caso, que bom! Sinta-se à vontade para passar todos os dez dias no futuro reutilizando de forma criativa as coisas na sua casa, ou criando artefatos do futuro, ou imaginando trending topics nas mídias sociais no ano de 2033, ou tendo ideias para tornar esse futuro mais justo e igualitário... O que quer que pareça divertido, interessante e significativo para você, essa é a melhor maneira de passar dez dias no futuro.
- Limite-se a um texto no diário por dia e mantenha a simulação funcionando por ao menos dez dias, para se certificar de que o cenário tem tempo suficiente para se aprofundar e se desenvolver na sua imaginação.

Um futuro como esse poderia realmente acontecer? Vamos dar uma olhada nas sinalizações de mudança e forças futuras por trás de "A estrada para zeroforia". Os problemas que inspiraram esse cenário são certamente reais e estão em crescimento — mas, por sorte, há algumas soluções possíveis.

Vamos começar com uma crise global de desperdício. Hoje, o mundo produz mais de 2 bilhões de toneladas de lixo por ano. Para colocar esse número em perspectiva, se você fosse enfileirar latas com 2 bilhões de toneladas de lixo, a fila teria mais de 40 mil quilômetros, mais do que a circunferência da Terra. Isso é o que produzimos de lixo *todo ano*. De acordo com o Banco Mundial, é provável que o número dobre nos próximos vinte e cinco anos.[2] Lidar com todo esse lixo está se tornando um fator que contribui para a mudança climática e problemas de saúde no mundo inteiro.

Atualmente, lixo apodrecendo representa 5 por cento do total de emissões de carbono no mundo inteiro, o que é mais do que as indústrias de aviação, de trens e de navios somadas.[3] Isso acontece porque aterros sanitários liberam metano e dióxido de carbono com a decomposição. Quanto mais coisas jogamos fora, mais rápido o nível do mar vai aumentar e mais fortes serão as ondas de calor. E pesquisas mostram que pessoas que vivem perto de aterros sanitários sofrem de condições médicas como asma, câncer, fadiga crônica e outros problemas de saúde de longo prazo em níveis maiores do que aquelas que vivem longe, resultado da exposição contínua aos químicos, vapores tóxicos e poeira.[4] Quanto mais lixo enterramos, mais doentes ficamos.

Enquanto isso, se continuarmos jogando fora quase metade do plástico que produzimos todos os dias, estima-se que haverá mais plástico do que peixes nos oceanos em 2050. Toxinas do plástico descartado já estão entrando na cadeia alimentar hoje, matando mais de um milhão de peixes, tartarugas, pássaros e mamíferos aquáticos todo ano e colocando a nossa saúde e sistemas de alimentação global em risco.[5]

Muitos países, conforme ficam com menos espaço para aterros sanitários e para tentar minimizar o impacto ambiental, estão se voltando para usinas que queimam lixo para gerar energia. O lado bom é que o lixo incinerado não acaba apodrecendo no chão ou flutuando nos oceanos. O lado ruim é que essas usinas criam uma poluição atmosférica significativa e podem liberar chumbo, mercúrio e cinzas perigosas em comunidades próximas. Estes riscos de saúde, como os dos aterros sanitários, não afetam a todos igualmente. Incineradores tendem a ficar localizados perto de comunidades mais pobres, com maior concentração de minorias étnicas.[6] Queimar lixo para gerar energia pode parecer viável a curto prazo, mas, a longo prazo, é improvável que seja sustentável, igualitário ou aceitável na maioria dos países.

Por fim, é caro lidar com tanto lixo. Em países de renda alta, 5 por cento de todos os orçamentos municipais é gasto no gerenciamento de lixo. Esse valor é de 10 por cento em países de renda média e 20 por cento em países de renda baixa. Parte desse dinheiro poderia ser usada na saúde, na educação, na infraestrutura, na adaptação climática. Qualquer coisa seria melhor do que literalmente jogar esse dinheiro no lixo.[7]

Se a crise global de lixo vai chegar ao máximo em algum lugar, esse lugar é os Estados Unidos. De longe são os americanos que produzem a maior quantidade de lixo — em média, pouco mais de dois quilos por pessoa *por dia*.[8] Faz décadas que pagamos outros países para aceitarem o nosso lixo — mais de 10 mil containers todo mês nos últimos anos. Até o fim de 2018, os Estados Unidos estavam mandando *mais da metade* do lixo em papel e plástico reciclável para a China.

E mais ou menos um terço do que mandávamos para a China estava contaminado demais por lixo orgânico para ser reciclável; precisava ser posto num aterro sanitário ou queimado. Em 2018, a China decidiu que o dinheiro vindo da importação de todo esse lixo não valia a pena considerando os impactos ambientais e de saúde e fechou as suas fronteiras para o lixo internacional.[9] Pouco depois, a maioria dos maiores importadores de lixo do mundo — Malásia, Indonésia, Vietnã, as Filipinas e Índia — seguiram o exemplo, proibindo as importações de lixo ou limitando severamente o que aceitariam. Como resultado, países como os Estados Unidos, o Japão, a Alemanha e o Reino Unido estão cada vez mais travados, tendo que lidar com as próprias montanhas de lixo.

Esse é o estado atual da crise. O lixo é um risco futuro bastante real e crescente. Mas as nossas futuras *soluções* para a crise global do lixo vão parecer com as medidas drásticas imaginadas em "A estrada para zeroforia"? Provavelmente sim — mesmo que as políticas atuais adotadas hoje não sejam tão extremas. Muitas das ideias de descarte de lixo descritas no cenário hipotético já estão sendo experimentadas hoje.

Programas em que você paga para jogar lixo fora, por exemplo, já existem em muitas partes do mundo. Na Coreia do Sul, todo lixo orgânico deve ser separado dos outros lixos e jogado em "latas de lixo inteligentes" da comunidade, equipadas com balanças e leitores de identificação por radiofrequência (RFID, na sigla em inglês). Indivíduos devem passar o cartão

RFID para abrir a lata e jogar algo fora, e são automaticamente cobrados por quilo de lixo. Como resultado, o país recicla uma taxa impressionante de 95 por cento do seu lixo orgânico — sendo que apenas 2 por cento era reciclado em 1995. Em outros programas semelhantes, como na cidade de Taipei, o lixo só é coletado em sacos azuis especiais, que as pessoas precisam comprar se quiserem jogar algo fora. Cada saco custa um valor fixo — então os cidadãos tentam encher o saco o máximo possível. Ainda assim, a cidade viu uma redução geral de lixo de 35 por cento desde que adotou esse programa em 1999. Consegue imaginar se todas as latas de lixo públicas, de qualquer lugar do mundo, fossem assim — e que sempre houvesse um custo para jogar algo fora?

Mesmo nos Estados Unidos, mais ou menos 10 por cento dos municípios já implementaram alguma espécie de "tarifação variável", que em geral oferece aos residentes uma escolha de tamanho de lata de lixo e cobra uma taxa mais cara para latas de lixo maiores. Estudos sugerem que esses programas resultaram em redução de lixo mais modestas — em média, de 10 a 15 por cento.[10] Não é difícil de imaginar que essa tarifação variável possa evoluir para latas de lixo menores no futuro. Você estaria disposto a mudar a sua lata de lixo atual por uma do tamanho de uma caixa de sapato com o incentivo econômico certo?

Nenhum desses programas em que você paga para jogar o lixo fora chega perto de cobrar as taxas exorbitantes imaginadas no cenário de 2033. Mas tratar a coleta de lixo como uma conta em que você paga mais quanto mais usar já é uma ideia bastante testada. E numa verdadeira crise de lixo global, é plausível que as taxas médias subiriam exponencialmente.

Alguns governos conseguiram com sucesso aprovar políticas de lixo mais duras, com o objetivo de se tornarem "comunidades de desperdício zero". No vilarejo de Kamikatsu, no Japão, por exemplo, os residentes devem levar todo o lixo para uma instalação de separação, onde separam o lixo em 45 latas de lixo diferentes. Essa abordagem permite à cidade recuperar 45 tipos diferentes de metal, plástico, papel e lixo orgânico, e reciclar 81 por cento do seu lixo, um recorde mundial. Para reduzir ainda mais o lixo, a cidade também dá aos residentes produtos gratuitos que facilitam uma vida sem desperdício. Todos os novos pais, por exemplo, recebem um conjunto gratuito de fraldas de tecido. De uma forma única, Kamikatsu tem uma loja de trocas no centro da cidade, em que os residentes deixam os itens que não querem mais e que não podem ser reciclados, para que outros peguem de graça.[11] Consegue imaginar lojas de trocas se tornando parte essencial do cotidiano no mundo inteiro em 2033?

Na verdade, já há um número crescente de grupos locais de Não Compre Nada em mídias sociais como Nextdoor e Facebook que permite que os vizinhos postem o que querem dar e pedir os itens que precisam. O Facebook tem mais de 6 mil grupos assim, com um número estimado de 4 milhões de participantes em ao menos quarenta e quatro países. E o primeiro aplicativo oficial do Não Compre Nada foi lançado em 2021. Esse tipo de rede de distribuição local informal com certeza seria uma infraestrutura essencial num mundo pós-lixo.[12]

Mesmo sem intervenção governamental, estilos de vida de desperdício zero podem se tornar mais populares na próxima década. Hoje, as mídias sociais já estão cheias de influenciadores vivendo com zero desperdício. Os influenciadores de desperdício zero mais seguidos aprenderam a reduzir o seu lixo pessoal para apenas um saco ou menos por ano, apesar de viverem em países ricos em lixo, como os Estados Unidos ou o Reino Unido. Eles postam fotos do seu impressionante lixo produzido anualmente, em geral enfiado num pote de conserva para inspirar outras pessoas. E compartilham dicas práticas para cozinhar, limpar, viajar, cuidar dos filhos, se maquiar e se vestir com desperdício zero em sites como Going Zero Waste, Zero Waste Family e Trash Is for Tossers. (Se estiver em busca de ideias para inspirar os seus textos no diário do futuro sobre como pode se adaptar ao cenário de 2033, estes sites são um bom lugar para estimular a sua imaginação.)[13]

É necessário certo privilégio para levar um estilo de vida de desperdício zero hoje em dia. Você precisa ter muito tempo livre para fazer coisas de uma maneira menos conveniente, menos pré-embalada. No futuro, porém, esse estilo de vida pode se tornar mais acessível, sobretudo se a infraestrutura de desperdício zero se tornar mais comum — por exemplo, se um novo tipo de mercado surgir para vender apenas comidas não embaladas. Não é impossível de imaginar; na verdade, em Hong Kong, um mercado chamado Live Zero já vende apenas comida e produtos de limpeza por atacado sem embalagens, e lojas semelhantes existem no Brooklyn, na Sicília, na Malásia e na África do Sul.[14] Essas lojas são experimentos pequenos hoje. Mas consegue imaginar como pode ser a primeira rede de mercados bem-sucedida de desperdício zero daqui a uma década?

Se os Whole Foods ou Walmarts do futuro venderem apenas produtos sem embalagem, então limites duros de lixo comercial e residencial se tornam muito mais fáceis de seguir, e as políticas, mais igualitárias. E um novo tipo de lei popular pode tornar as compras de produtos sem embalagens ainda mais comuns. Em 2021, o Maine e o Oregon se tornaram os primeiros estados americanos a aprovar uma lei obrigando os fabricantes a cobrirem os custos de reciclagem de qualquer embalagem que produzam ao pagar uma taxa a uma "organização de produção responsável" não lucrativa com contratos com governos locais.[15] A taxa é determinada pelas toneladas que a empresa coloca no mercado. Não é a mesma coisa que cobrar indivíduos pelo seu lixo, mas é comparável: *Você produz o lixo, você paga por ele.* Leis assim já são populares na União Europeia, no Japão, na Coreia do Sul e em partes do Canadá, países que tornaram os seus programas de reciclagem mais resilientes após a China e outros países pararam de importar os restos do mundo. As empresas podem decidir que vão simplesmente produzir menos embalagens, já que teriam que pagar por elas.

Outros tipos de negócios já estão fazendo experimentos com modelos de desperdício zero hoje em dia, de formas grandes e pequenas, que podem contribuir para uma grande transformação até o ano 2033. Considere as seguintes sinalizações de mudança.

- Em 2020, a Starbucks, o McDonald's e o Burger King começaram a testar copos de café e pacotes de hambúrguer reutilizáveis. Os clientes que fizeram os testes tinham cinco dias para devolver as embalagens reutilizáveis, cada uma com um QR code único. Os clientes que não devolveram as embalagens após cinco dias foram automaticamente cobrados 15 dólares e puderam ficar com as embalagens. Testes desse tipo mostram uma taxa de retorno de 90 a 95 por cento até então.[16]
- A loja de roupas Eileen Fisher vai agora comprar de volta qualquer item usado da linha, em qualquer condição, por 5 dólares, para revender, reposicionar como material de arte ou doar para mulheres necessitadas.[17] Enquanto isso, a IKEA recentemente abriu

a sua primeira loja de segunda mão, em Estocolmo, onde clientes podem comprar mobília da IKEA usada.[18] É bem provável que a maioria das marcas e dos vendedores farão experimentos para aumentar o ciclo de vida dos seus produtos. Você consegue se imaginar comprando na loja oficial de segunda mão da sua marca favorita no futuro?

- Cada vez mais os eletrônicos recebem uma segunda chance também. A companhia dos Estados Unidos HYLA Mobile faz parcerias com empresas de telecomunicação para coletar mais de 20 mil celulares trocados, velhos e quebrados todo dia, mais de 100 milhões ao total até agora, que, de outra forma, teriam acabado num lixão. A HYLA Mobile faz reparos e os redistribui em mercados emergentes e em desenvolvimento, onde indivíduos talvez não possam ser capazes de arcar com um telefone celular.[19]
- A empresa australiana Close the Loop recicla antigos cartuchos de impressora ao combiná-los com asfalto tradicional para criar uma superfície para estradas mais durável. Cada 1,5 quilômetro de uma estrada recentemente pavimentada contém 20 mil cartuchos de impressora reciclados.[20]
- Em 2022, a companhia de calçados suíça On Running planeja lançar o primeiro tênis completamente reciclável, feito de mamona. Você não pode comprar o sapato — pode apenas *assiná-lo*. Quando ele estiver gasto, você manda o calçado de volta para a empresa para reciclagem, e eles enviam um novo par.[21] Talvez você nunca seja dono ou jogue um par de tênis fora de novo.

Guiando muitas dessas inovações está o conceito da *economia circular*. Numa economia circular, todos os recursos, produtos e materiais são mantidos em uso pelo máximo de tempo possível e nunca são simplesmente descartados. A maior parte das grandes empresas já está trabalhando em soluções de economia circular, com a expectativa de que, dentro de uma ou duas décadas, ela será a norma. Então, se acordar um dia num mundo como o de "A estrada para zeroforia", a boa notícia é que não vai ter que entender como se adaptar sozinho. Muitas empresas terão estratégias para possibilitar que todos nós vivamos uma vida sem lixo.

E aquele pagamento de 10 mil dólares para todos os cidadãos se a redução mais ambiciosa de lixo fosse alcançada após o primeiro ano do programa? Nem isso está tão distante quanto pode parecer. Um pagamento de 10 mil dólares é o equivalente ao que seria pago anualmente através de um programa de renda básica universal, uma ideia que está ganhando apoio popular e ímpeto político em muitas partes do mundo. No futuro, governos podem tornar a adoção de tal programa dependente de progresso social em outras medidas — como redução das emissões de carbono, vacinação universal ou o fim do lixo como o conhecemos. Consegue imaginar governos aumentando cada vez mais a oferta de pagamentos e outros prêmios para motivar comportamentos saudáveis e sustentáveis? Eu consigo.

Continue buscando pistas para esse futuro. Fique um passo à frente desse cenário. Você pode encontrar especialistas para seguir nas mídias sociais e descobrir novas sinalizações de mudança ao investigar esses termos:

- "economia circular"
- "programas em que você paga para jogar o lixo fora"
- "a crise global do lixo"
- "movimento de desperdício zero"

SIMULAÇÃO FUTURA Nº 2

Festa de Boas-vindas

Podemos continuar pensando na [migração climática] como uma catástrofe. Ou podemos recuperar a nossa história de migração e o nosso lugar na natureza como migrantes, feito as borboletas e os pássaros.

— Sonia Shah, jornalista científica

Hoje, encaramos uma crescente crise de migração climática. Mas e se a invertêssemos? Vamos imaginar outra ideia a princípio ridícula: um mundo no qual a migração climática não é mais vista como uma grande crise, mas como uma solução urgente.

Nesse futuro, não faz mais sentido para a maioria das pessoas viver num só país a vida inteira só porque nasceram lá. A liberdade de se mudar é reconhecida como um direito humano fundamental, e manter as pessoas presas por fronteiras é considerada uma prática antiquada e bárbara. Ajuda financeira está disponível para qualquer um que precise se realocar devido à mudança climática.

Não é só uma questão do que é justo. Também é sobre fomentar o crescimento econômico e a inovação. Mais migração faz com que mais gente chegue a lugares em que podem maximizar o seu potencial e fazer as suas maiores contribuições para a sociedade. E a maioria dos países precisa de mais trabalhadores, não menos. Nesse mundo, os governos não se perguntam mais como limitar a migração; se perguntam como maximizar os seus benefícios.

Algumas das pessoas mais inteligentes e criativas do planeta estão se esforçando ao máximo para compreender a logística de migrações em massa: como podemos ajudar centenas de milhões de pessoas a se mudarem depressa para algum lugar onde possam ser mais felizes e saudáveis? Quais lugares terão os climas mais seguros? Como podemos abrir espaço nesses locais para todos nós?

Nem todos estão de mudança nesse futuro. O restante da humanidade está aprendendo a fazer com que os outros se sintam bem-vindos e em casa num lugar novo. Na verdade, a arte das boas-vindas agora é classificada por alunos on-line como a habilidade prática mais útil a ser dominada, à frente de programação, ciência de dados e até saúde. Pelo visto, uma "soft skill" pode ser a mais essencial para o futuro da humanidade.

A migração nesse futuro não é mais um fardo individual ou uma jornada perigosa e ilegal. É coordenada, proposital e estratégica — o mundo inteiro trabalhando junto para construir sociedades prósperas e vibrantes. A jornada climática que *você* escolher fazer, se for mesmo se mudar, vai corajosamente formar a nova história da sua família por gerações.

Como podemos acabar num mundo assim, em que uma crise se torna uma solução? Que novos tipos de ações políticas e movimentos sociais poderiam nos levar até lá? Como seria viver durante as primeiras ondas de migrações em massa intencionais e coordenadas? Quais seriam as nossas maiores fontes de felicidade, conforto e resiliência, se decidíssemos fazer o trabalho árduo necessário para tornar a vida de todos mais segura do ponto de vista climático?

É isso que vamos tentar descobrir na nossa simulação nº 2: "Festa de Boas-vindas".

Vamos jogar.

AGORA MESMO, PELA PRIMEIRA vez na história, mais de 4 bilhões de telefones vibraram ao mesmo tempo. E, em 12 horas, assim que o outro lado do mundo acordar, mais 4 bilhões vão vibrar. Oito bilhões de telefones. Não são todos os celulares da Terra. Mas é a maioria.

Você olha para o seu telefone. É uma notificação de emergência. Você não entra em pânico, porque estava esperando por isso e sabe que não é uma emergência de verdade — pelo menos, não no sentido tradicional. Não há perigo imediato. É um alerta de emergência sobre algo que, espera-se, vai acontecer *daqui a dez anos*. Sim, muita gente argumentou que um aviso com dez anos de antecedência não é a forma apropriada de usar o sistema de alerta de emergência global. E elas têm certa razão. Mas, depois de décadas falando sobre crises climáticas, talvez não seja má ideia tratar isso como uma crise.

O alerta vem da Festa de Boas-vindas. O assunto: "Hora da festa!" Não parece muito sinistro. Mas você sabe, por toda a cobertura da mídia, que é algo importante. "Hora da festa!" foi o slogan que milhares de candidatos políticos usaram no mundo inteiro, como parte da nova plataforma de coalizão Festa de Boas-vindas. E eles alcançaram o seu objetivo: uniram bastante poder para criação de leis a fim de lançar uma resposta humanitária abrangente à demanda crescente para realocação climática. Conseguiram isso, em grande parte, graças aos três anos de incansáveis protestos sociais e greves gerais do movimento Somos Todos Imigrantes do Futuro Agora.

A forma como você escolher responder a esse alerta de emergência vai ajudar a determinar o destino de 1 bilhão de pessoas. E, considerando o que tem acontecido na área em que você mora — ondas de calor cada vez mais longas e extremas, cortes de energia e água cada vez mais extremos —, pode decidir o seu destino também.

ALERTA DE EMERGÊNCIA — HORA DA FESTA!

PARABÉNS! Você foi selecionado para participar do Primeiro Censo Global de Tolerância de Risco Climático e Intenção Migratória.

Daqui a dez anos, o mundo vai começar a maior migração humana já feita. Estima-se que até 1 bilhão de pessoas vão solicitar transferência de regiões severamente afetadas pela mudança climática.

A Festa de Boas-vindas, uma coalizão de trinta e três países, está preparando modelos e previsões para ajudar a planejar rotas de migração e preparar cidades resilientes ao clima como destinos de um influxo populacional rápido.

Suas respostas para as próximas dez perguntas serão inseridas nos nossos bancos de dados, para que possamos prever de forma precisa as localizações e o tempo dos pedidos de realocação climática.

Você tem dez dias para mandar as suas respostas. Talvez queira consultar a família, amigos e vizinhos sobre as suas respostas. Dependendo delas, pode receber oportunidades de migração adiantada e apoio financeiro.

Os dados que coletarmos vão ajudar a prontidão dos Estados Unidos, do Canadá, da China, do Japão, da Rússia, da Austrália, da Nova Zelândia, do Reino Unido e de todos os trinta e três países do Espaço Econômico Europeu (EEA) para dar as boas-vindas a novos residentes às áreas mais climaticamente seguras do planeta.

Clique no link agora para abrir o questionário.

Você clica no link para dar uma olhada rápida nas perguntas e ter uma ideia melhor das informações que quer saber. Não é de surpreender que você tenha dez dias para pensar nisso. Não faz ideia de como responder a algumas daquelas perguntas. Então, começa a analisar as suas opções...

Primeiro Censo Global de Tolerância de Risco Climático e Intenção Migratória

1. Numa escala de 1 a 10, quão livre você se sente para se mudar para uma área climaticamente segura se for preciso?

   (Nem um pouco livre) 1 2 3 4 5 6 7 8 9 10 (Completamente livre)

2. O que poderia fazê-lo FICAR na sua residência atual, mesmo com o clima se tornando extremamente inseguro? Selecione todas as opções válidas.

   Não tenho os recursos para me mudar.
   Não sei para onde iria.

Se a minha família não quiser ir, não vou a lugar algum sem eles.
Tenho raízes profundas na minha comunidade, não posso abandoná-la.
Eu me preocupo com violência e discriminação contra imigrantes.
Acredito que deve haver alguma maneira, através da tecnologia, para tornar qualquer lugar habitável.
Não consigo me imaginar vivendo em outro lugar.
Outro ____________________

3. Se você fosse forçado a abandonar a casa em que vive agora devido ao clima, tem um destino seguro de preferência? Para onde gostaria de se mudar? Pode ser um país diferente, ou uma nova região no seu país natal, ou uma cidade específica em algum outro lugar da Terra. Por favor, dê ao menos três opções.

   Primeira opção ________________
   Segunda opção ________________
   Terceira opção ________________

4. Você preferiria a *migração sazonal* ou uma *realocação permanente*? Migração sazonal significa que você vai evacuar a área por um período de alguns meses todo ano durante a "temporada de evacuação" anual, a fim de evitar o calor extremo, tempestades, enchentes etc. A realocação permanente significa que vai tornar algum lugar novo seu lar por tempo integral.

5. Quantos dia de calor extremo (43ºC ou mais) você toleraria anualmente antes de se mudar para um destino climaticamente seguro?

6. Quantos dias de poluição atmosférica severa (Índice de qualidade de ar 200 ou mais, no qual não é seguro respirar ar livre ou ar não filtrado por mais de cinco minutos) você toleraria por ano antes de se mudar para um destino climaticamente seguro?

7. Quantos dias sem água corrente ou com porções extremamente racionadas de água (vinte e cinco litros por pessoa por dia) você toleraria por ano antes de se mudar para um destino climaticamente seguro?

8. Quantos dias sem eletricidade e internet você toleraria, devido à instabilidade da rede durante eventos climáticos extremos, antes de se mudar para um destino climaticamente seguro?

9. Numa escala de 1 a 10, quão preocupado você está com o colapso da infraestrutura (prédios, estradas, pontos) na sua região devido ao aumento do nível do mar, enchentes e clima extremo? Em quanto perigo iminente você sente que está?

   (Perigo nenhum) 1 2 3 4 5 6 7 8 9 10 (Perigo extremo)

10. Numa escala de 1 a 10, quão receptivo você seria a recém-chegados se a sua área atual se mantiver resiliente ao clima?

   (Nem um pouco receptivo) 1 2 3 4 5 6 7 8 9 10 (Extremamente receptivo)

O manifesto da Festa de Boas-vindas

Humanos são uma espécie migratória. Começamos na África. Agora cobrimos o planeta inteiro. Ninguém nos impediu então. Não devemos impedir uns aos outros agora.

Milhares de anos de história mostram que o movimento humano pela Terra é natural e beneficial para a nossa sobrevivência. Hoje, voltamos a nos movimentar, deixando para trás o clima extremo, a seca, tempestades implacáveis, o nível do mar aumentando e as enchentes. E não estamos sozinhos. Aves, sapos, borboletas, alces, ursos, tubarões, fungos e árvores — cientistas descobriram que mais de 50 por cento da vida na Terra está seguindo mudanças no clima, buscando casas mais seguras e vivendo onde nunca viveram antes.

O movimento humano para a segurança climática não pode ser prevenido e não é nada a se temer.

Acreditamos que chegou a hora da "ferrovia subterrânea do clima" se tornar mais aparente.

Como membros da coalizão da Festa de Boas-vindas:

Juramos promover e proteger o direito humano fundamental de fugir de perigos mortais e de buscar ambientes compatíveis com a vida.

Reconhecemos que algumas nações contribuíram, ao longo da história, com mais emissões de carbono do que outras e, assim, são mais responsáveis pelas mudanças climáticas. Essas nações têm a responsabilidade moral de receber a vasta maioria dos migrantes climáticos como forma de reparação climática. Os Estados Unidos, que contribuíram com 25 por cento de todas as emissões de carbono dos últimos trezentos anos, serão encorajados a receber 250 milhões de migrantes climáticos; a China (15 por cento), 150 milhões de migrantes; o Japão (4 por cento), 40 milhões de migrantes, e assim por diante, para todas as 33 nações-membros.

Teremos uma década inteira para construir a infraestrutura das cidades climaticamente resilientes de destino. Com planejamento e preparação, o choque social será menor e o crescimento econômico, maior, quando a nossa realocação em massa acontecer.

Hoje, encorajamos todas as pessoas de todos os lugares:

Esteja pronto para se mudar. Lugares que parecem climaticamente seguros hoje podem mudar drasticamente na próxima década. Temos todos que nos preparar, preparar as nossas famílias, preparar as nossas comunidades, prática e mentalmente, para nos mudarmos se e quando isso se tornar necessário.

Esteja pronto para dar as boas-vindas. A forma como tratamos uns aos outros durante as nossas jornadas vão determinar se viveremos o próximo século em paz ou em sofrimento desnecessário. Vamos nos preparar agora: para compartilhar o nosso conhecimento local, para oferecer ajuda da forma que pudermos e para receber calidamente os recém-chegados. Qualquer um de nós pode se tornar um migrante climático no futuro.

Separe alguns minutos para capturar as suas primeiras reações ao cenário no seu diário ou conversando com um amigo:

- Numa só palavra, que emoção sentiu quando recebeu o questionário?
- Que pensamentos passaram pela sua mente quando o leu?
- Quão preparado se sente para responder às questões?
- Como acha que outras pessoas vão reagir ao receber o questionário?

- Há algo que o anima em relação a esse momento futuro?
- O que mais o preocupa em relação a esse momento futuro?
- Que perguntas você tem sobre os planos e a logística da Festa de Boas-vindas ao ajudar 1 bilhão de pessoas a migrar?

MOMENTO DE ESCOLHA: Se isso realmente acontecesse, com quem ia querer conversar mais sobre o questionário antes de entregar a sua resposta — para ouvir sua perspectiva e seus conselhos, para comparar respostas ou para fazer planos juntos? Por quê? Anote a sua resposta e as suas reações gerais a esse cenário no seu diário do futuro.

Ideias para o diário

A seguir você encontra algumas ideias sobre o que pode escrever no seu diário conforme passa dez dias no mundo de "Festa de Boas-vindas". Escolha as que mais lhe agradarem (ou invente as próprias ideias, guiado pela sua curiosidade e criatividade):

1. Passe algum tempo conversando sobre o Primeiro Censo Global de Tolerância de Risco Climático e Intenção Migratória da Festa de Boas-vindas. Responda a apenas uma pergunta por dia. Lembre-se de que você está respondendo o questionário como o seu eu do futuro. Mantenha em mente onde pode estar vivendo no ano 2033 — talvez seja no mesmo lugar que hoje ou talvez seja bem diferente. Faça algumas anotações no seu diário sobre qualquer informação que procurou ou conversas que teve para ajudar a responder cada pergunta. Compartilhe alguns pensamentos rápidos sobre por que escolheu essas respostas.

2. Escolha um destino. Imagine alguns poucos detalhes sobre como a sua vida pode ser se você de fato se mudasse para a sua principal escolha de destino para escapar da mudança climática perigosa. Pode achar útil consultar previsões reais de quais países e cidades estarão sob maior risco com a mudança climática, e quais serão os mais resilientes. O Notre Dame

Global Adaptation Initiative Country Index sintetiza a vulnerabilidade de cada país à mudança climática em combinação com a sua prontidão de melhorar a resiliência. Os dez principais países de 2021 eram a Noruega, a Nova Zelândia, a Finlândia, a Suíça, a Suécia, a Áustria, a Dinamarca, a Islândia, a Singapura e a Alemanha. Você pode consultar as classificações atuais em https://gain.nd.edu/our-work/country-index/rankings/. A Cities at Risk classifica os maiores 576 centros urbanos em relação à sua futura exposição a uma variedade de ameaças ambientais e climáticas. As cidades com menores riscos, as melhores apostas para realocação de 2021, eram Krasnoyarsk, na Sibéria; Glasgow, na Escócia e Ottawa, no Canadá. Outras cidades bastante resilientes são Memphis, Montevidéu e Cairo. As cidades com menores riscos da Ásia são Ulaanbaatar, na Mongólia; e Shizuoka, no Japão. Você pode ver outras classificações ao buscar on-line pelos relatórios "Verisk Maplecroft Environmental Risk Outlook".

3. Defina "lar" para si mesmo. Quais são as paisagens, os sons, os cheiros, os sabores, as experiências, as tradições, o povo e os lugares que definem "lar" para você hoje? Como poderia levá-los consigo se tivesse que se mudar por causa da mudança climática? Faça o brainstorm de algumas ideias para levar seu lar consigo quando se mudar no futuro. (Se estiver se sentindo inspirado, crie algo real hoje para ter uma sensação de lar consigo para onde quer que vá.)

4. Pratique a adaptação numa nova cultura. Imagine o que você faria para se sentir em casa num lugar novo. Você pode aprender um idioma, fazer uma nova receita, mudar o seu nome, se tornar fã de um novo esporte ou se juntar a um grupo de arte ou exercícios local em que não precisa falar a mesma língua para participar. Conte uma história sobre o que você pode fazer. (Se estiver se sentindo inspirado, faça isso de verdade e escreva sobre a sua experiência!)

5. Dê as boas-vindas a alguém. O que você poderia fazer para deixar os migrantes climáticos se sentindo bem-vindos — na sua vizinhança, na sua escola, no seu local de trabalho ou na sua casa? O que foi feito para *você* se sentir bem-vindo em algum lugar novo no passado? Poderia fazer algo semelhante para os migrantes climáticos? Faça um brainstorm de ideias e conte uma história sobre uma providência que pode tomar. (Se estiver se sentindo inspirado, teste as suas habilidades de boas-vindas no presente e escreva sobre a experiência!)

6. Faça um artefato do futuro. Que objeto diário poderia existir nesse cenário que não existe hoje? Talvez uma folha ou uma planilha feita à mão na sua porta ou na sua geladeira, mantendo o registro do número de dias climaticamente inseguros até então no ano 2033. Quantas marcações deve haver para dias de poluição atmosférica inseguros? Dias de temperaturas inseguras? Dias sem energia? Ou talvez seja um sinal ou símbolo visual que os residentes locais e negócios poderiam colocar na sua janela ou vitrine para dar as boas-vindas aos migrantes climáticos. Talvez seja uma camiseta encorajando as pessoas a se juntarem à Festa de Boas-vindas: "É hora da festa!" Talvez seja um pôster de protesto do Somos Todos Imigrantes do Futuro Agora. Talvez seja um cartão assinado por todos os seus vizinhos, lhe dando as boas-vindas à sua nova cidade climaticamente resiliente. O que quer que imagine existindo no mundo de "Festa de Boas-vindas", tente torná-lo real. Então coloque esse objeto num lugar que você vai vê-lo bastante, para manter o estímulo da sua imaginação.

7. Conte uma história sobre a migração sazonal. Imagine que a "temporada de evacuação" seja o novo normal em muitas partes do mundo, incluindo onde você mora. Por diversos meses todo ano, praticamente todo mundo que pode se realoca para uma região mais climaticamente segura a fim de evitar o sofrimento causado pela estação anual de calor extremo, tempestades, enchentes, fumaça de incêndios, restrições de uso de água ou falhas na energia. Durante as outras três estações do ano, quando as coisas estão mais estáveis e temperadas, todo mundo volta e vive normalmente. Nem todos são capazes de se realocar, mas a grande maioria faz isso. Como poderia se preparar para fazer as malas e se mudar durante a temporada de evacuação? Para onde iria? Com quem ficaria? Como pagaria por isso? Conseguiria trabalhar ou estudar remotamente, ou precisaria encontrar um trabalho temporário longe de casa? Voltaria para o mesmo lugar em toda temporada de evacuação ou iria para locais diferentes? Que serviços ou sistemas de apoio poderiam existir nesse mundo para ajudar pessoas que, de outra forma, não poderiam se realocar, para que elas pudessem chegar seguras ao fim de cada temporada de evacuação? Você pode buscar na internet o mapa interativo "Every Country Has Its Own Climate Risks. What's Yours?", criado pelo *New York Times*, que mapeia os riscos de inundação, calor, seca, incêndios, furacões e aumento do nível do mar, para ter uma ideia melhor do que pode estar deixando para trás.[1]

8. Vá tão longe nesse futuro quanto quiser. O que você *gostaria* de ver acontecendo como resultado de bilhões de pessoas respondendo ao Primeiro Censo Global de Tolerância de Risco Climático e Intenção Migratória? Qual é o melhor resultado possível que consegue imaginar? Qual é a manchete do melhor caso possível do ano 2043, quando a migração planejada de 1 bilhão de pessoas e a "festa de boas-vindas" global enfim se tornarem realidade? Ou o que pode acontecer que torne uma migração climática em massa desnecessária, afinal? Como uma das suas cidades favoritas ou a sua cidade natal pode se tornar mais resiliente climaticamente entre hoje e o futuro? Conte uma história de migração climática ou resiliência climática que descreva o mundo em que você *quer* acordar.

Esse futuro poderia realmente acontecer? Vamos dar uma olhada nas sinalizações de mudança e forças futuras por trás de "Festa de Boas-vindas".

A migração climática é uma das maiores forças futuras do século. Especialistas estimam que a mudança climática vai forçar de 200 milhões a 1,5 bilhão de pessoas de todos os lugares do mundo a se mudarem entre ou além das fronteiras até o ano 2100.[2] A maior parte da migração será causada pelo calor extremo, pela seca e pelos seus impactos na rede elétrica, no suprimento de água e na infraestrutura. Um dos maiores estudos publicados no *Proceedings of the National Academy of Sciences* previu que, até o ano 2070, ao menos 3 bilhões de pessoas estarão vivendo em "condições insustentáveis para a vida humana".[3] Não é impensável, com esses números, que os líderes mundiais comecem a planejar proativamente a mudança de *ao menos* 1 bilhão de pessoas para regiões mais climaticamente resilientes.

Essa migração planejada pode tomar duas formas. A solução mais provável é uma recentemente recomendada por especialistas da Harvard Law School, Yale Law School, and the University Network for Human Rights: parlamentares poderiam criar um visto temporário para pessoas deslocadas pela mudança climática que seria o primeiro para um green card ou cidadania.[4] Um programa assim, se implementado por dezenas de países, poderia criar um período limitado de dez anos de oportunidades para um número sem precedente de indivíduos das regiões que serão mais afetadas — Sudoeste da Ásia, América do Sul e Central e África subsaariana — para se mudarem além das suas fronteiras e mudarem a cidadania.

Em documentos políticos sobre esse tipo de migração de larga escala planejada, o termo "reparação climática" começou a aparecer com mais frequência. É a ideia de que países que historicamente contribuíram com mais emissões de carbono devem agora receber um número proporcional de migrantes climáticos. Os países que estivessem fazendo as reparações também pagariam por muito dos custos da mudança. Essa ideia pode parecer politicamente inviável hoje, com tanto foco em fortalecer o controle das fronteiras e o aumento do sentimento anti-imigração pela direita. Mas é provável que haja uma mudança geracional sobre o assunto, pois quase metade das pessoas nos Estados Unidos com menos de trinta e cinco anos é a favor da ideia de o governo oferecer reparações para injustiças passadas, sejam da escravidão, da exploração econômica e da colonização ou do dano climático.[5]

Conforme testemunhamos mais crises humanitárias drásticas e os seus efeitos dominó na estabilidade geopolítica e na economia global, as reparações climáticas podem se tornar uma responsabilidade moral com que mais pessoas concordem, independentemente do partido político. Leve em consideração que em 2020 houve mais de 5 milhões de mortes atribuídas a temperaturas extremas causadas pela mudança climática; a covid-19, em comparação, causou uma estimativa de 3,5 milhões de mortes no mesmo ano.[6] É razoável esperar que, conforme a mudança climática se torna uma ameaça ainda maior à saúde global, o mundo vai se prontificar a não deixar pessoas presas por fronteiras.

Ou a solução pode ser ainda mais radical do que as reparações climáticas. Há um movimento político crescente que apoia a abertura de fronteiras no mundo inteiro, em reconhecimento do direito humano fundamental de ir e vir e buscar ambientes seguros. Defensores das fronteiras abertas propõem um sistema no qual indivíduos que passam por uma checagem de antecedentes criminais possam se mudar livremente de um país para o outro, assim como as pessoas nos Estados Unidos podem se mudar de um estado para o outro hoje em dia. Indivíduos poderiam trabalhar e receber serviços sociais, como educação e sistema de saúde, em qualquer lugar, independente da cidadania, embora alguns direitos e serviços — como votar e renda básica universal — estariam limitados a cidadãos. Alguns economistas argumentam que a política de fronteiras abertas não é apenas uma questão de direitos humanos e igualdade; ela também leva a um grande aumento na produtividade e riqueza global ao mudar as pessoas para onde elas possam prosperar e fazer as suas melhores contribuições à sociedade.

Vistos temporários para bilhões ou fronteiras totalmente abertas — as duas opções já existem hoje.[7] Qualquer que seja a política, a migração humana quase com certeza vai ser considerada mais uma solução do que temida como "crise". Muitos países com populações em envelhecimento e mais mortes do que nascimentos — os Estados Unidos, o Japão, a China, a Rússia e o Reino Unido, para citar alguns — vão se ver competindo por imigrantes, e não apenas os com "habilidades". Esses países ficarão felizes em dar educação e treinamento para jovens — e talvez moradias gratuitas também —, porque, sem um número cada vez maior de jovens migrantes para entrar na força de trabalho e cuidar dos idosos, esses países não serão capazes de sustentar o seu nível de vida atual.[8]

Para esse fim, alguns líderes estão pedindo por objetivos imigratórios extremamente ambiciosos. A Century Initiative, uma rede diversa e não partidária de canadenses das áreas de negócios, acadêmica e de caridade, pede que o Canadá triplique a sua população de 38 milhões para cem milhões até o ano 2100, a fim de aumentar a inovação canadense, a estabilidade econômica e a influência do país no palco mundial.[9] Livros best-sellers também defendem essa mudança no pensamento, como *One Billion Americans: The Case for Thinking Bigger*, de Matthew Yglesias, que propõe que os Estados Unidos abram as suas portas para dar as boas-vindas a quase 700 milhões de novos imigrantes para aumentar a competitividade global, e *The Next Great Migration*, de Sonia Shah, que argumenta que todos os organismos vivos migram em resposta à pressão ambiental e que humanos deveriam adotar abertamente essa adaptabilidade evolucionária ao enfrentar a mudança climática.[10] Essas novas formas de pensar sobre os benefícios da migração em massa são refletidas na plataforma imaginada da Festa de Boas-vindas, e é provável que se tornem mais gerais.

O Primeiro Censo Global de Tolerância de Risco Climático e Intenção Migratória desse cenário é inspirado por um fenômeno recente do mundo real. Muitas pessoas que nunca pensaram que seriam afetadas pelo clima sem condições de vida começaram a perceber que estão sob risco. Depois de o histórico e mortal "domo do calor" no verão de 2021 deixar dolorosamente claro para os residentes do noroeste do Pacífico que temperaturas antes inimagináveis para aquela região — vários dias seguidos com mais de 48ºC em algumas partes — não eram apenas possíveis como prováveis de acontecer de novo no futuro. Uma amiga minha que saiu de Portland, Oregon, por um tempo com a família dela me mandou uma mensagem: "É assim que as nossas vidas vão ser de agora em diante? Sempre prontos para deixar o local em que vivemos?" E como disse um residente do centro da Califórnia numa entrevista ao *Guardian* sobre o número cada vez maior de dias extremamente quentes no estado: "Tudo fica molhado de suor. Às vezes, minha cabeça começa a doer, e fico tonto. É nesse momento que começo a ter dúvidas, tantas dúvidas: por que estamos aqui?"[11] A realidade é que, na próxima década, muitas centenas de milhões de pessoas do mundo inteiro avaliarão o quanto conseguem aguentar. Nos Estados Unidos, é previsto que 93 milhões de pessoas vão encarar danos climáticos severos e potencialmente incapazes de suportar vida.[12] E todas terão que fazer cálculos estratégicos sobre realocação.

Por outro lado, o futurista climático Alex Steffen argumentou que "numa crise planetária, realocação não é refúgio" — e ele tem razão.[13] Tentar prever quais regiões serão climaticamente mais seguras pode ser tolice, pois lugares uma vez considerados seguros podem estar sob novos riscos e efeitos dominó de uma crise local se espalham pelo planeta inteiro. Pense em como a fumaça tóxica de incêndios de Oregon poluiu os céus supostamente mais seguros do Meio-Oeste e do Nordeste a milhares de quilômetros de distância durante o verão de 2021, criando o ar mais poluído do mundo em cidades com zero risco de incêndios florestais. Mesmo assim, pessoas com os recursos econômicos e a liberdade com certeza *tentarão* se adiantar a esses riscos.

A migração em massa pode não funcionar como uma estratégia de longo prazo para escapar da mudança climática, sobretudo na ausência de medidas radicais de sustentabilidade globais. Mas decerto vai acontecer.

Para aqueles que já decidiram que não têm opção a não ser sair de onde estão, mesmo sem os recursos ou as opções legais, a "ferrovia subterrânea do clima" existe mesmo hoje em dia. É uma espécie de associação de ativistas humanitários feita para facilitar o movimento de pessoas por fronteiras, e para apoiar e esconder aqueles ameaçados pela deportação ou violência anti-imigrantes. O nome, usado por ativistas para descrever o próprio trabalho, faz referência à ferrovia subterrânea do século XIX dos Estados Unidos, uma rede de rotas secretas e abrigos que ajudavam afro-americanos escravizados a escaparem para os estados do Norte ou para o Canadá.

Conforme o especialista em migração Maurice Stierl escreveu:

> Migrações em massa crescentes causadas por conflitos, perseguições, pobreza e destruição ambiental coincidiram com regimes de endurecimento de vistos e maior controle das fronteiras. Em resposta, formas de apoio e santuário para aqueles de mudança se espalharam. (...)
>
> Hoje, o espírito da [ferrovia subterrânea original] vive de inúmeras formas, de intervenções diretas em fronteiras mortais, como o mar Mediterrâneo, o deserto de Sonora na fronteira dos Estados Unidos e o deserto do Saara na África para fornecer direção para aqueles que ainda estão de mudança. Ela também vive nas campanhas de antideportação e antidetenção, e em redes que criam espaços seguros e cidades após a chegada.[14]

Se os governos não aumentarem a imigração em massa para ajudar aqueles que sofrem em condições inadequadas para a vida humana, a ferrovia subterrânea do clima pode crescer até se tornar um movimento social formidável, do tamanho do Vidas Negras Importam.

Como esse movimento social pode parecer? Um exemplo de uma grande ferrovia subterrânea é o grupo voluntário All Hands AZ em Phoenix, Arizona, que coordena abrigo, comida, roupas e organização de viagens para famílias migrantes que foram presas ou detidas pela Imigração e Alfândega dos Estados Unidos e liberadas até o julgamento. Numa entrevista para jornal, a diretora do grupo voluntário pediu para ser identificada apenas pelo primeiro nome, Jen, por causa das ameaças de morte e mensagens de ódio que tinha recebido. Eles mantiveram os locais onde abrigam as famílias em segredo, para evitar protestos, e têm uma senha que muda todo dia. Há mais de quinhentos voluntários no All Hands AZ, sendo que muitos deles deram as boas-vindas a literalmente centenas de famílias de imigrantes nas suas próprias casas, para ficar uma ou duas noites enquanto pensavam no que fazer a seguir.[15] Consegue imaginar se esse tipo de ativismo voluntário, ou festa de boas-vindas, aumentasse no futuro e deixasse de ser "subterrânea" para que cada família de migrante fosse recebida por uma família hospedeira pronta para dar conselhos, recursos e boas-vindas?

O movimento social e global We Are All Immigrants to the Future imaginado no mundo de 2033 ainda não existe. Mas é inspirado por um artigo escrito pela diretora-executiva do Institute for the Future, Marina Gorbins, ela própria uma imigrante dos Estados Unidos, vinda da antiga União Soviética. Ela escreve:

> Somos todos imigrantes do futuro; nenhum de nós é nativo daquela terra. (...) Os próprios fundamentos da nossa sociedade e instituições — de como trabalhamos a como criamos valor, governamos, fazemos negócios, aprendemos e inovamos — estão sendo profundamente retransformados. (...) De fato, estamos todo migrando para uma nova terra e deveríamos encarar a nova paisagem que surge diante de nós como imigrantes: prontos para aprender uma nova língua, uma nova maneira de fazer as coisas, antecipando novos começos com uma sensação de animação e também com um toque de compreensível receio.[16]

Não há fatos sobre o futuro, mas isso é o mais perto de um fato que conseguimos chegar: vamos todos acordar um dia num mundo que parecerá estranho e desconhecido para nós, porque é assim que o futuro funciona. Mesmo que nós mesmos não nos tornamos migrantes climáticos, vamos todos precisar aprender, nos adaptar, pedir ajuda e auxiliar uns aos outros por qualquer choque que o mundo nos apresente. "Festa de Boas-vindas" imagina um mundo no qual a maioria das pessoas tem a humildade de reconhecer que pode ser a vez delas de pedir por ajuda. *Você* consegue se imaginar acordando nesse futuro?

Continue buscando pistas. Fique um passo à frente desse cenário. Você pode encontrar especialistas para seguir nas mídias sociais e descobrir novas sinalizações de mudança ao investigar esses termos:

- "migração climática"
- "reparações climáticas"
- "ferrovia subterrânea do clima"
- "cidades climaticamente resilientes"

SIMULAÇÃO FUTURA Nº 3

O inverno de dez anos

Enquanto a humanidade está atualmente numa trajetória para uma mudança climática severa, o desastre pode ser evitado se pesquisadores aspirarem a objetivos que pareçam quase impossíveis. Estamos esperançosos, porque, às vezes, engenheiros e cientistas alcançam mesmo o impossível.

— David Fork e Roo Koningstein, engenheiros de pesquisa

HOJE EM DIA, O AQUECIMENTO GLOBAL É O MAIOR DESAFIO CLIMÁTICO QUE encaramos. Mas e se acordássemos num futuro invertido em que enfrentaríamos um *esfriamento global*?

Imagine: nesse futuro, o mundo tem acesso a uma tecnologia de geoengenharia inovadora que pode bloquear em parte os raios do sol e esfriar o planeta. Isso tem o potencial de reverter décadas de aquecimento global. Poderia dar ao mundo tempo de alcançar uma transição completa de energia renovável. Mas será necessário viver por anos com menos luz do sol, e mais chuvas, provavelmente até enchentes. A tecnologia nunca foi usada antes em escala global. Ninguém sabe ao certo o quanto a Terra poderia ficar mais fria ou úmida — ou que complicações podem surgir quando chegar a hora de desligar a tecnologia e deixar o sol voltar.

Os cientistas estão otimistas. Estão insistindo para que governos e as Nações Unidas aprovem um esforço total do esfriamento global. Pode ser mesmo o fim do nosso pesadelo climático e o começo da cura. Mas quem deve ter a autoridade legal e moral para tomar decisões extremas de geoengenharia como essa? Que tipo de voz as pessoas comuns devem ter no processo? Como a lógica científica pode ser comunicada ao público — e será que será recebida com confiança? A maioria das pessoas vai concordar em correr o risco ou será contra? E como seria viver por ao menos uma década de inverno global?

É o que vamos tentar descobrir na simulação nº 3: "O inverno de dez anos".

Vamos jogar.

Você passou a noite toda encarando a tela. Você a atualizou mais de cem vezes. Ela ainda diz a mesma coisa:

"Aguardando resultados."

Atualização. As mesmas duas palavras.

Atualização. Ainda sem notícias.

Atualização. Você precisa se lembrar de respirar.

Atualização.

Lá está:

"SIM."

Então é isso. Vamos mesmo fazer isso.

O mundo votou sim. Sim para diminuir a potência do sol. Sim para encontrar uma saída da crise climática através da geoengenharia.

Em 2016, houve o Brexit. Em 2029, houve o Calexit. E agora, e agora, em 2033, o Solexit.

Precisava ser uma vitória de lavada, mais de 60 por cento, porque não se faz algo tão drástico quanto injetar partículas de sulfato na estratosfera sem o consentimento do povo. E foi uma votação acirrada: de acordo com a página de resultados, dos 7,1 bilhões de pessoas que votaram, 62 por cento escolheram o sim e 38, o não.

Demorou quase um ano para contar todos os votos. Isso, por si só, foi um feito histórico: uma eleição segura, em quase duzentos países, incluindo lugares sem histórico de democracia, com crianças com direito de voto também, porque elas pagariam o preço mais do que qualquer um.

Agora, há um relógio na tela. O inverno de dez anos começa em dez dias.

Com certeza haverá protestos. Hackers vão tentar derrubar o sistema de gerenciamento de radiação solar. Mas, pelo que você compreende, a votação é final. Uma coalizão global de cientistas e engenheiros do clima vai colocar o plano em ação, plano este que está sendo simulado e controlado para diminuir os riscos desde que a Assembleia Geral da ONU autorizou os primeiros experimentos locais com a diminuição da potência de sol em 2027.

Eis o que disseram que você pode esperar: as partículas de sulfato vão imitar o efeito de uma erupção vulcânica e refletir a luz do sol de volta ao espaço. "É um processo natural, que está sendo assistido pela tecnologia", a campanha do SIM explicou. "Todos os benefícios de resfriamento sem as cinzas danosas que deixam as pessoas doentes." Mas se você gosta do céu azul e de sentir o sol na sua pele, então não vai gostar da próxima década. Os céus vão ficar nublados. Vai chover com mais frequência, e as chuvas vão durar bem mais. As temperaturas vão cair significativamente. Em muitos lugares, a nova temperatura *máxima* será a antiga temperatura *mínima*. Isso é uma mudança de possíveis vinte graus. É uma intervenção bem mais drástica do que os geoengenheiros estavam falando no início do século XXI, quando essa área de conhecimento estava começando a ser desenvolvida. Mas, por fim, isso foi o que os supercomputadores climáticos mais poderosos acabaram prevendo que seria necessário para manter a maior parte do planeta habitável — do NASA Center for Climate Simulation ao Earth Prediction Innovation Center e o Department of Energy's Energy Exascale Earth System Model.

Ainda bem que não será um inverno permanente. Ele vai acabar, assim espera-se, em algum momento de 2043. Os geoengenheiros vão parar de alimentar as nuvens com sulfato assim que o planeta se recuperar da megasseca, do calor extremo e dos incêndios florestais sem fim — que pioraram e muito no início de 2030, mais do que imaginava a mais pessimista das previsões do clima. Se tivesse sido um pouco menos severo, talvez a geoengenharia ainda não estaria nem sendo considerada. Mas "é isso ou Marte", ou assim diz a piada popular que levou à votação do Solexit. De maneira realista, apenas uma entre 10 mil pessoas tem esperança de se juntar a uma colônia em Marte durante a vida. De qualquer forma, para a maioria dos indivíduos, um inverno de dez anos na Terra soa bem melhor do que tentar se estabelecer num novo planeta a 376 milhões de quilômetros de distância.

Enquanto isso, os humanos ainda precisam melhorar a sua sustentabilidade. Como você ouviu milhões de vezes antes: "A geoengenharia não é uma alternativa para o corte das emissões de carbono. É uma maneira de ganhar um tempo precioso." E a campanha do SIM prometeu usar sabiamente esse presente. "Um inverno de dez anos vai dar ao mundo tempo suficiente para finalizar a nossa transição total para energia limpa, e, de uma vez por todas, acabar com todas as emissões de carbono feitas pelo homem na Terra." Quando o sol voltar a ter toda a sua potência, cada país deve ter 90 por cento de energia renovável. Adeus, combustíveis fósseis; olá, usinas solares e turbinas de vento. Conversores de energia de ondas vão capturar a energia do movimento do oceano. O calor de vulcões, gêiseres e fontes de água quente será extraído e usado para aquecimento. A indústria da aviação se comprometeu a usar 70 por cento de restos de comida, ou ácidos graxos voláteis, como combustível de avião.[1] Sanções comerciais provavelmente serão aplicadas a países que não conseguirem diminuir o seu consumo de carne e derivados do leite pela metade. Os últimos países resistentes à mudança serão pressionados a proibir novas construções e vendas de veículos que não sejam completamente alimentados por energias renováveis. Afinal, qual é o sentido de conseguir mais alguns anos com o sol mais fraco se a humanidade voltar a aquecer a Terra?

Vai funcionar? É seguro? No passado, erupções vulcânicas verdadeiras esfriaram a Terra inteira até no máximo 1°C ou 2°C, por um ou dois anos. Em 1815, a erupção do monte Tambora, na Indonésia, levou ao "ano sem verão".[2] Pessoas passaram fome por causa da perda de plantações, crises sanitárias aconteceram devido às enchentes ao redor do mundo e laudos de crises de saúde mental aumentaram por causa da melancolia incessante. "Mas o transporte, a comida e a infraestrutura humanitária são bem melhores agora do que no início dos anos 1800", prometeu a campanha do SIM. Planos foram feitos para reinventar a agricultura e as redes de distribuição de comida, para proteger regiões de alto risco de enchentes, para providenciar suplementos de vitamina D para todos e para fazer uma rede global de "centros de sol" oferecendo terapia de luz artificial. Todos precisarão se ajudar na adaptação. Suportar dez anos num mundo sem verão vai requerer muito sacrifício e resiliência.

Tantas emoções já estão rondando as redes sociais agora que o resultado da eleição saiu. Raiva das pessoas que votaram não. Gratidão das pessoas que votaram sim, que acreditam que a humanidade fez a escolha certa e agiu para não deixar o planeta arder. Pânico de que o planeta não vai conseguir alimentar a si próprio quando o esfriamento começar. Preocupação de que haverá efeitos colaterais na saúde devido às partículas de sulfato. Luto pelas crianças que vão encarar uma década sem estações naturais. Uma energia criativa quase maníaca para começar a reconstruir as comunidades que vão nos ajudar a sobreviver à próxima década. E esperança de que, se o mundo conseguir passar pelo inverno de dez anos, o planeta será curado.

Não há mais debate. Não há mais campanha. O Solexit está decidido. Você tem dez dias antes que a alimentação da atmosfera comece. Dez dias para fazer planos, comprar suprimentos, começar a entender como ajudar os outros e aproveitar o sol enquanto ainda pode.

Anote as primeiras reações a esse cenário ou converse com um amigo. Eis aqui algumas perguntas que talvez queira responder no seu primeiro texto do diário ou em conversas sobre esse futuro.

- Como você teria votado na eleição do Solexit?
- Numa só palavra, que emoção sentiu quando o resultado da eleição foi liberado?
- Que pensamentos passaram pela sua cabeça?
- Que dúvidas tem sobre o que vai acontecer a seguir?
- Como acha que os outros vão reagir? Sua família? Seus amigos?
- O que vai fazer imediatamente após saber do resultado?

MOMENTO DE ESCOLHA: Conte uma história sobre seu voto na eleição do Solexit e a sua reação ao ficar sabendo do resultado. Anote as respostas no seu diário do futuro.

Ideias para o diário

A seguir algumas ideias que você pode escrever no seu jornal enquanto passa dez dias no mundo de "O inverno de dez anos". Escolha as que gostar mais (ou invente as próprias, guiado pela sua própria curiosidade e criatividade):

1. Imagine o que está acontecendo nas mídias sociais imediatamente após o resultado do Solexit ser anunciado: Como as pessoas estão reagindo? Quais são os trending topics e hashtags? Quais informações as pessoas estão pedindo? O que *você* posta? Crie os seus próprios posts de mídia social, como se estivesse compartilhando os seus pensamentos, os seus sentimentos e as notícias com amigos, família e seguidores em 2033.

2. Conte uma história sobre seus preparativos para o inverno: O que você faz no período de dez dias após o anúncio do resultado da eleição do Solexit que leva até o primeiro dia do sol perdendo intensidade? Com quem conversa sobre o que vai acontecer? O que tenta fazer enquanto ainda pode? Tente prever as coisas práticas que *você* faria, agora mesmo, para se preparar, preparar a sua família ou a sua comunidade para o inverno de dez anos. Anote os detalhes imaginado no seu diário: "Hoje, eu..."

3. Descreva o seu novo clima local: Para ter uma ideia melhor de como esse cenário vai acontecer para você, observe as temperaturas máximas e mínimas das estações no lugar onde vive. A nova temperatura *máxima* durante o inverno de dez anos será qualquer que seja a temperatura *mínima* hoje. (Na parte em que moro da Califórnia, a nova temperatura máxima nesse cenário seria de 6ºC em janeiro e de 11ºC em agosto.) Adicione ao seu diário qualquer informação que encontrar e qualquer pensamento sobre essa nova realidade climática. Como é olhar adiante para uma década inteira desse tempo mais frio, mais úmido, mais nublado? Do que vai sentir falta? O que vai fazer mais? Como acha que vai lidar com isso?

4. Faça um artefato do futuro: Que objeto do dia a dia pode existir nesse cenário que não existe hoje? Talvez um panfleto informativo sobre como a geoengenharia funciona (você consegue baixar e imprimir um facilmente hoje), com uma mensagem escrita à mão no topo: "A ciência é real! Vote SIM no Solexit." Talvez seja um adesivo num frasco de comprimidos de vitamina D dizendo: "Cortesia da Força-tarefa Global de Gerenciamento de Radiação Solar. Tome um comprimido por dia até 2043." Talvez seja um pôster anunciando que a biblioteca pública tem doze lâmpadas de terapia de luz que podem ser usadas gratuitamente por quinze minutos. Talvez seja uma camiseta irônica: "O sol sempre nascerá daqui a dez anos." Talvez sejam cartazes que sobraram da eleição da Saída do Sol: "VOTE NÃO NO SOLEXIT" e "Por favor, não leve o meu pôr do sol embora". O que quer que imagine que possa existir no mundo de "O inverno de dez anos", tente tornar isso real. Então coloque esse objeto num lugar que vai ver com frequência, para continuar estimulando a sua imaginação. Descreva o que você fez e onde colocou no texto do diário de hoje.

5. Seja um jornalista e faça uma reportagem do que está acontecendo no ano de 2033: Imagine como o inverno de dez anos pode afetar o que as pessoas estejam fazendo num local específico. Escolha um local onde passa muito tempo no presente: um parque, uma escola, um local de trabalho, um local de adoração, o transporte público, um mercado ou uma loja, uma academia, um restaurante ou cafeteria, um lugar em que você é voluntário. Como é o cenário nesse lugar? O que vê, escuta, sente, encontra ou experimenta lá no ano de 2033 que é diferente de hoje? Você pode achar mais fácil imaginar isso se estiver fisicamente no local em que está pensando.

6. Faça uma lista do que as pessoas vão precisar e desejar durante o inverno de dez anos. Conforme a sociedade se ajusta a essa nova realidade, e os efeitos da geoengenharia são sentidos no mundo inteiro...

- Quais novos problemas serão comuns?
- Que tipo de ajuda e apoio as pessoas vão pedir?
- Que desafios de saúde mental as pessoas enfrentarão?
- Que tipo de informação as pessoas vão procurar?
- Quais serão os suprimentos essenciais neste cenário?
- O que talvez fique em falta de repente no mundo?

- Quem terá dificuldades de se adaptar ou quem vai sofrer mais durante o inverno de dez anos?
- Que comunidade ou grupo de pessoas pode precisar de uma ajuda extra?

Adicione essa lista de novas necessidades e desejos ao seu diário. Sinta-se livre para fazer um brainstorm sobre qualquer ação ou políticas que podem ajudar. E, se estiver se sentindo inspirado, conte uma história rápida sobre um novo problema ou necessidade que você ou sua família possam ter durante o inverno de dez anos.

7. Use as suas habilidades únicas, o seu conhecimento e as suas paixões. Agora que passou mais tempo nesse mundo, qual sente que é o seu chamado nesse futuro? O que pode fazer ou criar? Que negócios ou serviços pode iniciar? Como mobilizaria a sua comunidade? O que poderia ensinar os outros a fazer? Que ideias tem para tornar esse futuro melhor?

8. Escreva uma carta do presente para o meio do inverno de dez anos, o ano 2038. Imagine que você sobreviveu à primeira metade do esfriamento global. (Parabéns!) Como está se saindo? Como o restante do mundo está se saindo? O que sente quando olha para os próximos cinco anos? Escreva uma carta para o seu eu do presente, um membro da família ou ente querido, a sua cidade ou para o mundo inteiro. O que quer que eles saibam sobre a vida num planeta modificado pela geoengenharia? Como os encorajaria para se preparar para um futuro assim? Que palavras de sabedoria ou conselhos compartilharia com eles do ano 2038?

9. Vá tão longe nesse futuro quanto quiser. Qual é o melhor resultado do esfriamento global que consegue imaginar? Que progressos foram alcançados durante esses dez anos para tornar o mundo mais sustentável e climaticamente resiliente? Quais são as boas notícias do futuro? Como celebra quando a tecnologia é desligada e a luz solar é completamente restaurada? E quais são as suas maiores esperanças para o futuro agora?

* * *

Um futuro como esse poderia realmente acontecer? Vamos dar uma olhada nas sinalizações de mudança e forças futuras por trás de "O inverno de dez anos".

A geoengenharia, outrora considerada uma ideia não convencional, está se tornando uma disciplina científica séria. O Programa de Geoengenharia de Oxford a define como "a intervenção deliberada em larga escala nos sistemas naturais da Terra para combater a mudança climática".[3] Nos últimos cinco anos, mais de 13.500 artigos científicos sobre o assunto foram publicados.[4] Propostas incluem colocar um gigantesco espelho em órbita para refletir a luz do sol; usar bactérias *E. coli* geneticamente modificadas para produzir enzimas que convertam dióxido de carbono em substâncias menos danosas; e lançar um spray de água salgada nas nuvens acima do mar para que elas fiquem um pouco maiores e mais claras, o suficiente para esfriar áreas específicas do planeta sem alterar o restante.[5]

A ideia de geoengenharia que vai mais longe, com o maior impacto em potencial, é o gerenciamento da radiação solar (SMR, na sigla em inglês), no qual partículas de sulfato são injetadas na atmosfera — exatamente como descrito em "O inverno de dez anos". Também é chamada de "escurecimento do sol" e está ganhando apoio entre os setores científicos de governos. Em março de 2021, a Academia Nacional de Ciências, Engenharia e Medicina dos Estados Unidos recomendou que o governo americano estabelecesse um programa de pesquisa federal de 200 milhões de dólares para investigar a geoengenharia solar.[6]

A Solar Radiation Management Governance Initiative é outra sinalização: a organização promove e financia pesquisa de geoengenharia nos países mais climaticamente vulneráveis do hemisfério Sul. Desde 2018, já financiou meio milhão de dólares em pesquisas SMR em oito países: Argentina, Bangladesh, Benin, Indonésia, Irã, Costa do Marfim, Jamaica e África do Sul.[7] Enquanto isso, o Y Combinator, a maior aceleradora do Vale do Silício, está recebendo propostas de startups focadas em geoengenharia.[8] E no verão de 2021, a *IEEE Spectrum*, a principal revista e website do IEEE, a maior organização do mundo dedicada à engenharia e ciências aplicadas publicou um artigo com a manchete: "Engenheiros: vocês podem acabar com a mudança climática; descarbonização, captura de carbono e gerenciamento de radiação solar vão proporcionar trabalho nas próximas décadas."

É outra sinalização clara de que a SMR não é mais uma ideia radical, mas, sim, uma bastante respeitável, com potencial de carreira.[9]

Dito isso, os governos mal começaram a tentar entender como regular e coordenar os esforços de geoengenharia. Em 2015, a Convenção da ONU de Diversidade Biológica estabeleceu uma moratória em atividades de geoengenharia, com a assinatura de 196 países, citando o perigo moral de um país agir unilateralmente para mudar o clima do planeta, assim como os possíveis riscos e impactos não intencionais na saúde e no ambiente. De fato, a SRM não é o tipo de ação que é possível "desfazer" se não gostar dos resultados. Mas a moratória abriu uma exceção para "estudos de pesquisa científica em menor escala que (...) são justificados pela necessidade de juntar dados científicos específicos, sujeitos à prévia avaliação minuciosa de possíveis impactos ao ambiente."[10] O primeiro estudo do tipo quase foi feito em 2020, quando cientistas da Universidade de Harvard trabalhando no Stratospheric Controlled Perturbation Experiment [Experimento de Perturbação Controlada na Estratosfera, em tradução livre] planejavam lançar um balão de teste sobre a parte mais ao norte de uma cidade na Suécia — o tipo de balão necessário para injetar partículas na atmosfera. O propósito do experimento era descobrir como o balão se sairia na atmosfera rarefeita enquanto carregava um fardo pesado. Se funcionasse, o balão de teste seria usado então para espalhar poeira mineral na atmosfera e criar a primeira nuvem de esfriamento solar SRM, com um quilômetro de comprimento e cem metros de diâmetro. Mas ambientalistas se opuseram ao teste, que foi suspenso até que mais pesquisas pudessem ser feitas sobre os possíveis riscos.[11]

A Carnegie Climate Governance Initiative (C2G), um grupo de defesa com base em Nova York, está trabalhando para ter uma discussão sobre geoengenharia solar novamente na Assembleia Geral da ONU em 2023. Seu objetivo é avançar um marco para aprovação e mitigar os riscos de experimentos estratégicos e maiores. Num comunicado sobre injeção estratosférica, a C2G propõe: "Pode ser algo relativamente barato de implementar e rápido ao agir. Mas também traz grandes riscos. E não há sistemas globais eficazes para administrar isso. Não temos tempo a perder. O período para fazer uma gestão eficiente que observa todas as ferramentas disponíveis pode estar acabando. (...) Precisamos aprender mais e criar governança antes de os eventos nos dominarem."[12]

Devo sublinhar um fato importante: o plano de esfriamento solar que descrevo em "O inverno de dez anos" é bem mais extremo do que qualquer pesquisador de SRM propõe hoje. Quando conversei com especialistas na área, eles descreveram um impacto diário bem mais modesto e menos perceptível na qualidade da luz e do clima. A mudança de temperatura de uma SRM bem controlada seria, de maneira ideal, mais próxima a um ou dois graus, não vinte. Nesse âmbito, o cenário de 2033 é um afastamento significativo e fantástico do que os geoengenheiros pensam que poderia de fato acontecer se pudessem pôr os seus planos em prática. Na melhor das hipóteses, a SRM não esfriaria dramaticamente o planeta. Ela simplesmente impediria o avanço do aquecimento global por um tempo, enquanto outras medidas de sustentabilidade a longo prazo seriam implementadas. Então, quando você pensa sobre se preparar para esse futuro, pode diminuir um pouco o drama do cenário e imaginar um efeito de inverno duradouro muito mais gentil. Esse é o futuro mais provável, contanto que os geoengenheiros continuem a pedir por uma intervenção climática conservadora.

Mas é certamente possível que as recomendações de SRM evoluam. Em 2021, as enchentes sem precedentes e destruidoras na Alemanha e o calor recorde no noroeste do Pacífico dos Estados Unidos motivaram alguns cientistas climáticos a sugerir que o campo deveria ser menos conservador nas suas previsões e recomendações. Michael Wehner, que estuda clima extremo no Lawrence Berkeley National Laboratory, disse à publicação on-line *Axios* que os cientistas climáticos tendem a errar no tocante a serem cautelosos em "projeções e declarações de atribuição", para que não sejam vistos como alarmistas. Porém, conforme a crise climática se aprofunda, disse ele, eles podem se tornar menos conservadores.[13]

Claro, mesmo que *pensássemos* que uma década inteira de esfriamento do sol fosse necessária para salvar o planeta, provavelmente levaria mais décadas de sofrimento climático antes de a humanidade concordar com esse teste. No final, 2033 provavelmente é cedo demais para esse cenário ser plausível. Mas 2043? Ou 2053? Esta é uma ideia a princípio menos ridícula. Se conseguir esticar a sua imaginação até esse ponto distante, é válido brincar com as possibilidades.

Como os cientistas saberiam que enfim chegou a hora de tomar uma providência drástica de geoengenharia como a descrita em "O inverno de dez anos"? Os supercomputadores climáticos mencionados nesse cenário são reais, e muitos outros semelhantes estão sendo desenvolvidos. Eles podem fazer bilhões de cálculos por segundo, computando em algumas horas o que demoraria 150 anos para um computador médio. A mudança climática do planeta pode ser simulada num nível incrível de detalhes: cada seção de 25 quilômetros dos oceanos, da atmosfera e das terras do planeta pode ser representada por diferentes conjuntos de dados do mundo real. Supercomputadores analisam todas as interações entre esses dados simultaneamente, por todo o planeta, combinando-os a modelos sofisticados de mudança de temperatura, gases atmosféricos, luz solar e movimento das ondas, entre milhares de fatores dinâmicos e variáveis.[14]

Essas simulações impulsionadas por IA em geral resultam em predições surpreendentes sobre as interações nos sistemas complexos da Terra a longo prazo, possivelmente de formas catastróficas. Na próxima década, será necessário que o público entenda e confie cada vez mais nas previsões desenvolvidas por esses sistemas de supercomputadores. Quão confortável a maioria das pessoas vai estar ao agir baseada em modelos de dados difíceis de explicar? Veremos. Hoje em dia, há uma resistência crescente ao consenso científico de todas as formas, alimentado pela mídia partidária e pos teorias de conspiração das redes sociais. No futuro, supercomputadores e suas superprevisões provavelmente serão um novo domínio para a desinformação e a divisão política. *Você confia mesmo no supercomputador? Vai agir conforme as recomendações dele, mesmo que elas contradigam a sua própria intuição?* Você pode esperar que esse tipo de debate, ao lado de esforços coordenados de pesquisadores e governos para aumentar a confiança no supercomputador, seja comum na próxima década.

A geoengenharia seria colocada a voto popular, como no cenário "O inverno de dez anos"? Ainda não conheço nenhum mecanismo para um voto democrático sobre problemas planetários urgentes. Mas conheço cada vez mais especialistas que querem criar novas maneiras de ganhar o consentimento do público para ações científicas extraordinárias que podem afetar a humanidade a longo prazo. Por exemplo, a pesquisa viral de "ganho de função", que alguns acreditam ser a fonte do surto original da covid-19, levantou questões éticas complicadas. Esse tipo de pesquisa altera geneticamente vírus que naturalmente contaminam animais para serem mais transmissíveis ou mais patogênicos, a fim de descobrir o que causa novas doenças em humanos. Em teoria, esses estudos servem para prevenir pandemias futuras, mas, ironicamente, podem causar uma. Esse risco científico é de fato necessário? E, dadas as possíveis consequências globais de um acidente de laboratório levar a um novo surto viral, não deveria haver uma maneira para o restante do mundo ponderar se os benefícios em potencial dessas pesquisas superam os possíveis riscos?[15]

Da mesma forma, tecnologias de modificação genética CRISPR podem mudar o que significa ser humano. Não deveria haver mais gente, além de alguns grupos de cientistas ou oficiais do governo, refletindo sobre que tipos de experimentos e modificações nos sentimos confortáveis em fazer e quais vão muito além dos nossos limites morais?[16]

Ou considere o trabalho do Search for Extraterrestrial Intelligence (SETI) e a sua ramificação, o Messaging Extraterrestrial Intelligence. O METI, uma coalizão muito pequena de cientistas, já começou a mandar mensagem para o espaço sideral na esperança de alertar outras formas de vida do universo sobre a nossa existência. Mas um número cada vez maior de astrofísicos e especialistas em ética estão pedindo a proibição de tais mensagens para o espaço — ao menos até que humanos possam concordar com elas coletivamente. Eles argumentam que, antes de darmos olá para alienígenas, precisamos responder a questões como: deveríamos procurar sociedades alienígenas que podem ser bem mais avançadas do que nós e talvez não sejam benevolentes? Nesse caso, quem fala em nome da nossa espécie? E quem vai decidir o que dizer em resposta a qualquer mensagem extraterreste que recebermos?[17]

Esses debates são parte do interesse cada vez maior em novas abordagens a um governo global para desafios globais. Hoje, temos as Nações Unidas, o Tribunal Internacional de Crimes de Guerra, a Organização Mundial de Comércio, a Organização Mundial de Saúde, o Banco Mundial. Porém, conforme os problemas e suas possíveis soluções se tornam mais planetárias em escala, vamos ter que criar sistemas novos e mais inclusivos para tomar decisões difíceis e dar ao público uma chance de se manifestar. Que outras estruturas para cooperação política, econômica, social e ambiental você consegue imaginar sendo criadas nas próximas décadas? Para esclarecer, não estamos falando do desenvolvimento do "governo mundial" que é tão mencionado em teorias da conspiração sem fundamentos. Mas com certeza no futuro haverá oportunidades para o voto democrático além das fronteiras nacionais — sobretudo quando ações locais tiverem consequências globais.

Em 2016, um projeto on-line chamado Global Vote testou essa ideia ao convidar cidadãos de qualquer país a contribuir com o seu voto hipotético tanto no Referendo sobre a permanência do Reino Unido na União Europeia (o Brexit) e a eleição presidencial entre Hillary Clinton e Donald Trump. Mais de cem mil pessoas de 149 países votaram na internet nas semanas que antecederam as eleições reais. Na realidade alternativa do Global Vote, o Reino Unido permaneceu na União Europeia, e Clinton se tornou a presidente.[18]

"O inverno de dez anos" é talvez mais plausível no sentido de que todos nós estaremos vivendo num planeta fundamentalmente diferente em dez anos e vivendo vidas completamente mudadas como resultado. Conforme o futurista Alex Steffen escreveu na sua newsletter *The Snap Forward*: "Quando vemos pela primeira vez que a mudança climática não é um problema, mas uma época, podemos ficar tontos de vertigem. Afinal, afirmar que não vivemos no planeta que conhecemos um dia também significa que não temos mais a vida que já tivemos."[19] O que quer que esteja no nosso futuro climático, quer façamos a geoengenharia dele ou não, é essencial que pratiquemos essa sensação de vertigem agora. Imaginar a si mesmo vivendo em um cenário dramático como "O inverno de dez anos" é uma maneira de aprender como agir de forma mais confiante em um movimento para a frente, na direção de um mundo que nenhum humano jamais explorou.

Continue procurando pistas para esse futuro. Mantenha-se um passo à frente desse cenário. Você pode encontrar especialistas para seguir nas mídias sociais e descobrir novas sinalizações de mudança ao buscar pelos seguintes termos:

- "gerenciamento de radiação solar"
- "supercomputadores climáticos"
- "governo global"
- "ética na geoengenharia"

* * *

Acabamos de explorar três possíveis versões do ano 2033. O lixo se torna ilegal praticamente da noite para o dia — e a coleta de lixo como conhecemos oficialmente acabou. Os países mais ricos da Terra embarcam num projeto de dez anos para transferir cuidadosa e igualitariamente 1 bilhão de pessoas para regiões climaticamente seguras além das suas fronteiras. A aprovação por votação popular global de um esforço da geoengenharia sem precedentes e o mundo inteiro entra voluntariamente num inverno de uma década.

Nenhum futurista preveria de forma séria nenhuma dessas coisas — se entendermos que "prever" seja declarar com confiança que isso é provável de acontecer.

Mesmo que esses futuros não sejam "previsíveis", não deveríamos deixar de imaginá-los.

Simular o ano 2033 não significa se preparar para uma crise específica. Significa aumentar a resiliência mental, a flexibilidade psicológica e o amparo aprendido das pessoas para *qualquer* evento impensável que possa acontecer. O neurocientista Erik Hoel escreve, em "The Overfitted Brain", sua explicação inspirada em IA sobre os motivos pelos quais seres humanos sonham com coisas tão estranhas e alucinatórias: "Pode parecer paradoxal, mas o sonho de voar pode ajudar você a manter o seu equilíbrio correndo."[20] Da mesma forma, estímulos mentais de futuros impossíveis podem ajudar você a se manter calmo, firme e urgentemente otimista diante de choques futuros reais.

Você pode experimentar uma estranha sensação de *déjà vu* quando chegar ao ano real de 2033 após ter jogado "A estrada para zeroforia", "Festa de Boas-vindas" e "O inverno de dez anos". Não porque esses cenários vão acontecer, mas porque os sentimentos desse futuro serão reconhecíveis para você: a guinada repentina da sociedade ao tomar uma medida extrema porque não há outra escolha. A esperança de que uma solução está próxima, misturada à incerteza de não saber se vai funcionar ou não. O reconhecimento claro de que decisões momentâneas que afetam todos os seres humanos não devem ser feitas pelo capricho de alguns cientistas e oficiais eleitos de um ou dois países, mas, sim, devem ser alvo de discussão e voto do público global. O fardo pesado de um sacrifício grande e coletivo. A paz e a clareza que vêm com fazer a coisa certa, mesmo quando é difícil.

Um pouco de *déjà vu* quando você enfrenta um novo desafio é uma coisa boa. Essa experiência de premonição lhe dá um impulso de confiança. *Eu previ isso. Senti esse acontecimento se aproximando.* É provável que estará mais preparado e mais à altura do seu chamado à aventura, pronto para ajudar a si mesmo e a outros.

Eu imaginei um momento tão estranho quanto esse.

Treinei para um mundo tão impensável quanto esse.

O futuro, qualquer que seja ele, será diferente de tudo que você já viveu antes. Isso é inevitável. Mas, ao jogar esses três cenários finais, assim como os outros deste livro, você terá imaginado estranhos mundos novos de todos os tipos, de forma séria e vívida. Terá sonhado com eles junto a outras pessoas. Terá adaptado o seu cérebro para as mais loucas configurações possíveis.

Então permita-se o dom de simular o futuro. Qualquer que seja o mundo em que você acordar, não vai mais ficar preso às formas antigas de fazer as coisas. Vai estar pronto para algo diferente.

CONCLUSÃO

Eu tenho que pesar as possibilidades do Futuro! Adeus!

— Henrik Ibsen, dramaturgo

Todas as viagens no tempo mentais que você fez, todos os cenários que jogou, todas as ideias a princípio ridículas que teve, todas as sinalizações de mudança que coletou, todas as forças futuras que seguiu, todas as habilidades de simulação social que praticou — esses hábitos e exercícios são os alicerces do otimismo urgente.

Então, separe um instante par sentir esse otimismo urgente, para alimentá-lo.

Sim, há grandes riscos e desafios na próxima década à frente. Mas você tem um papel importante para contribuir à forma como vamos lidar com eles. Você está pronto para ajudar os outros a passar por quaisquer eventos impensáveis que acontecerem. Você tem agência e habilidade, usando os seus talentos, habilidades e experiências de vida únicos para criar o mundo no qual quer viver.

No início deste livro, você respondeu a três perguntas sobre a sua mentalidade futura. Chegou a hora de responder a essas três perguntas de novo, agora com o benefício de ter treinado a sua imaginação.

Quando pensa sobre os próximos dez anos, acha que as coisas, no geral, vão permanecer *as mesmas e continuar normalmente*? Ou espera que a maioria de nós *repense e reinvente drasticamente a maneira como fazemos as coisas*? Avalie o seu prognóstico numa escala de 1 a 10, sendo 1 quase tudo vai permanecer igual, e 10 quase tudo vai ser muito diferente.

Quando pensa nas mudanças pelas quais o mundo e a sua vida vão passar nos próximos dez anos, fica *mais preocupado ou mais otimista*? Avalie seu prognóstico numa escala de 1 a 10, sendo 1 extremamente preocupado, e 10 extremamente otimista.

Quanto controle ou influência você sente ter pessoalmente nas mudanças pelas quais o mundo e a sua vida vão passar nos próximos dez anos? Avalie o seu prognóstico numa escala de 1 a 10, sendo 1 quase nenhum controle ou influência, e 10 controle ou influência praticamente totais.

Agora, compare as suas respostas às respostas originais, se você as anotou.

Algum desses números aumentou? Consegue encontrar aquele "+1" de otimismo urgente que prometi a você?

Talvez você esteja esperando ao menos +1 de mais mudança drástica.

Talvez esteja ao menos +1 otimista sobre o desenrolar da próxima década.

Talvez se sinta ao menos +1 em controle sobre o que vai acontecer.

Ou talvez, eu apostaria, está ao menos +1 em todas as três contagens.

Tomara que sim. *Espero* que sim. Porque você fez mais do que apenas imaginar o futuro. Você aprendeu a ver no escuro.

Com frequência dizemos que o futuro é brilhante, cheio de razões para ser otimista. Mas o futuro também é sombrio, pois é imprevisível, desconhecido. E isso é uma coisa maravilhosa, porque se não soubermos exatamente como o futuro será, então ele pode ser qualquer coisa. Ainda podemos mudá-lo, podemos dar forma a ele, podemos torná-lo o que quer que exista na nossa imaginação.

Tentar prever o futuro é um desperdício das potencialidades dele. O presente do futuro é a criatividade.

E, conforme tentamos combater os maiores desafios que encontramos, pessoal e coletivamente, não queremos ficar limitados pelo que parece normal e razoável hoje. É por isso que fazemos viagens no tempo mentais e simulações sociais do futuro. Para criar algo novo ou fazer uma mudança, primeiro temos que ser capazes de imaginar como as coisas podem ser diferentes.

* * *

Vamos fazer mais uma viagem rápida juntos, para daqui a dez anos.

Imagine que é quinta-feira, 29 de setembro de 2033. Você está entrando numa reunião virtual de um clube do livro. Só que não é qualquer clube do livro: é o clube do livro oficial do *Imaginável*, e eu sou a anfitriã.

No dia 29 de setembro de 2033, nós vamos nos reencontrar e dizer: "Muito bem. Passamos por uma década de mudanças impensáveis. E a mudança não aconteceu somente conosco. Nós estávamos antecipando-a, moldando-a, influenciando-a a cada passo do caminho."

Visualize a nossa reunião do clube do livro da maneira mais vívida possível. Onde, exatamente, você está quando entra na reunião? Que tipo de cômodo ou espaço ao ar livre? Que tecnologia está usando? Quem pode estar com você? Como está o tempo? O que estava fazendo hoje, antes do clube do livro? E, numa só palavra, como se sente ao entrar na reunião?

O que quer que tenha acabado de imaginar, guarde como uma memória do futuro — para vermos como ela se compara ao ano real de 2033. Porque haverá um clube do livro oficial do *Imaginável* no dia 29 de setembro de 2033, em que eu serei a anfitriã, e você está mesmo na lista de convidados. Na verdade, você pode entrar agora em iftf.org/imaginable e confirmar a sua presença. Criei um evento no calendário para o clube do livro oficial do *Imaginável* e você pode acrescentá-lo nos calendários do Google, da Apple ou do Outlook. Sim, é preciso um toque de otimismo urgente para fazer planos para dez anos no futuro. Mas não é apenas uma ideia divertida; há um propósito por trás dela. Ter um evento real e concreto agendado para o futuro distante ajuda você a se sentir mais conectado ao seu eu do futuro — que, espero, nunca mais vai lhe parecer um estranho.

Quando nos encontrarmos de novo para o clube do livro em 2033, vou fazer duas perguntas para você. Talvez queira começar a pensar nas respostas agora.

Qual foi uma coisa "surpreendente" que você previu e se sentiu preparado para ela?

Qual foi uma mudança importante que você fez ou ajudou a ser feita — na sua vida, na sua comunidade, no seu mundo?

Mal posso esperar para ouvir as suas histórias.

Vou me esforçar muito para ter algumas histórias boas para contar também.

E, se também quiser fazer a diferença no mundo e na vida de outras pessoas daqui até o futuro, continue jogando os cenários. Continue fazendo as viagens no tempo mentais. Lembre-se de que a frase "fazer a diferença" literalmente significa *fazer algo diferente*. E, como provou através da sua própria imaginação, o futuro é um lugar em que qualquer coisa, ou cem coisas diferentes, ou *tudo* pode ser diferente — mesmo coisas que pareçam impossíveis de mudar hoje.

AGRADECIMENTOS

Foi uma honra, um privilégio e uma experiência de aprendizado maravilhosa trabalhar com Celina Spiegel e Julie Grau neste livro. Muito obrigada pela sua visão, sua edição brilhante e confiança de que eu poderia fazer este livro mais rápido do que o futuro chegaria. Encontrar uma casa para este livro na recém-fundada Spiegel & Grau é o melhor resultado que eu poderia ter imaginado. Vocês alimentam o meu otimismo urgente pelo futuro dos livros e do storytelling!

Sou tão grata a todos os futuristas com quem aprendi, sobretudo aos meus colegas do Institute for the Future, e a todos que colaboraram com os jogos e as simulações descritos neste livro. Agradeço especialmente a Kathi Vian e Jamais Cascio, que cocriaram a Superstruct, e Robert Hawkins e Kiyash Monsef, que cocriaram o EVOKE.

Agradeço também a todos do programa de educação continuada da Universidade de Stanford e do Coursera pela oportunidade de ensinar; e a todos os alunos do "Como pensar como um futurista" e todos os jogadores da Superstruct, do EVOKE e outros jogos e simulações do Institute for the Future. Obrigada por compartilharem as suas esperanças e os seus medos futuros comigo.

Tenho tanta sorte por ser guiada pelo meu agente, Chris Parris-Lamb, que é o melhor aliado que qualquer escritor poderia ter. Agradeço por todo o apoio de todo mundo da Gernert Company, especialmente Rebecca Gardner e Will Roberts, que foram muito bem-sucedidos trazendo este livro ao mundo. Agradeço também a Susanna Wadeson, Stephanie Duncan e

Andrea Henry da Transworld do Reino Unido, e Caspian Dennis, da Abner Stein Ltd.; Jens Dehning e Karen Guddas da DVA Verlag da Alemanha, e Christian Dittus da Paul & Peter Fritz Agency; Yan HAN da Cheers Publishing Company da China, e Yu-shiuan Chen e Chang-Chih Tsai da Bardon-Chinese Media Agency; Random House da Coreia, e Jackie Yang.

Quero cantar louvores a Anne Horowitz, que fez um trabalho incomparável de copidesque e checagem de fatos para este livro. Anne, você tornou a prosa mais forte, as ideias mais claras e os detalhes mais corretos. Obrigada!

Agradeço a Kelly por me incentivar a escrever este livro. Agradeço a Sibley e Tilden — que me ajudaram muito e estavam aprendendo a ler e escrever nesse ano do Jardim Secreto! Vocês têm ótimas ideias de como se preparar para o futuro! Agradeço à minha mãe e ao meu pai pelo amor e apoio e pelo Jardim Secreto; agradeço a Bibi Paula e Papa Mike; e Kiyash, este livro não existiria sem o seu apoio e suporte, sobretudo com a sua ideia incrível de fazer o EVOKE se passar dez anos no futuro num mundo invertido onde ideias a princípio ridículas são verdadeiras e qualquer pessoa pode ajudar a resolver desafios globais.

NOTAS

Introdução

1. Baseado em buscas no Google News acompanhando histórias contendo as palavras "impensável" e "inimaginável" entre março de 2020 e setembro de 2021.
2. Joni Sweet, "Why Weddings Are Becoming Superspreader Events", Healthline, 25 de novembro de 2020, https://www.healthline.com/health-news/why-weddings--are-becoming-superspreader-events; Cleveland Clinic, "What Are 'Superspreader' Events and Why Should You Avoid Them?", Health Essentials, 17 de novembro de 2020, https://health.clevelandclinic.org/coronavirus-covid-19-superspreaders--pandemic/; "How to Recognize Superspreader Events", Nebraska Medicine, 9 de novembro de 2020, https://www.nebraskamed.com/COVID/what-do-covid-19--super-spreader-events-ave-in-common.
3. Megan Cerullo, "Nearly Three Million U.S. Women Have Dropped Out of the Labor Force in the Past Year", CBS News, 5 de fevereiro de 2021, https://www.cbsnews.com/news/covid-crisis-3-million-women-labor-force/.
4. Rabail Chaudhry et al., "A Country Level Analysis Measuring the Impact of Government Actions, Country Preparedness and Socioeconomic Factors on COVID-19 Mortality and Related Health Outcomes", *EClinicalMedicine* 25 (1 de agosto de 2020): 100464, https://doi.org/10.1016/j.eclinm.2020.100464.
5. Bryan Walsh, "SARS Made Hong Kong and Singapore Ready for Coronavirus", Axios, 25 de março de 2020, https://www.axios.com/sars-hong-kong-and-singapore--ready-for-covid-19-46444868-2550-4d90-ab92-a3cc90635cb4.html.
6. Karen Attiah, "Africa Has Defied the Covid-19 Nightmare Scenarios. We Shouldn't Be Surprised", *Washington Post*, 22 de setembro de 2020, https://www.washingtonpost.com/opinions/2020/09/22/africa-has-defied-covid-19-nightmare-scenarios--we-shouldnt-be-surprised/.
7. Alvin Toffler, *O choque do futuro* (Rio de Janeiro: Record, 1998).

8. Arundhati Roy, "The Pandemic Is a Portal", *Financial Times*, 3 de abril de 2020, https://www.ft.com/content/10d8f5e8-74eb-11ea-95fe-fcd274e920ca.
9. Barbara Freeman e Robert Hawkins, "Evoke—Developing Skills in Youth to Solve the World's Most Complex Problems: Randomized Impact Evaluation Findings", World Bank Education, Technology and Innovation: SABER-ICT Technical Paper Series nº 19 (Washington, DC: World Bank, 2017), https://openknowledge.worldbank.org/handle/10986/29167.

Capítulo Um

1. Elaine Wethington, "Turning Points as Opportunities for Psychological Growth", em *Flourishing: Positive Psychology and the Life Well-Lived*, eds. Corey L. M. Keyes e Jonathan Haidt (Washington, DC: American Psychological Association, 2003), 37–53; Anat Bardi et al., "Value Stability and Change During Self-Chosen Life Transitions: Self-Selection versus Socialization Effects", *Journal of Personality and Social Psychology* 106, nº 1 (janeiro de 2014): 131–47, https://doi.org/10.1037/a0034818; Claudia Manzi, Vivian L. Vignoles e Camillo Regalia, "Accommodating a New Identity: Possible Selves, Identity Change and Well-Being across Two Life-Transitions", *European Journal of Social Psychology 40*, nº 6 (outubro de 2010): 970–84, https://doi.org/10.1002/ejsp.669; Sharan B. Merriam, "How Adult Life Transitions Foster Learning and Development", *New Directions for Adult and Continuing Education* 2005, nº 108 (novembro de 2005): 3–13, https://doi.org/10.1002/ace.193.
2. Hal E. Hershfield e Daniel M. Bartels, "The Future Self", em *The Psychology of Thinking about the Future*, eds. Gabriele Oettingen, A. Timur Sevincer e Peter M. Gollwitzer (Nova York: Guilford Press, 2018), 89–109.
3. Joan Meyers-Levy e Rui Zhu, "The Influence of Ceiling Height: The Effect of Priming on the Type of Processing That People Use", *Journal of Consumer Research* 34, nº 2 (agosto de 2007): 174–86, https://doi.org/10.1086/519146; Trine Plambech e Cecil C. Konijnendijk Van Den Bosch, "The Impact of Nature on Creativity: A Study among Danish Creative Professionals", *Urban Forestry & Urban Greening* 14, nº 2 (2015): 255–63, https://doi.org/10.1016/j.ufug.2015.02.006.
4. Ginger L. Pennington e Neal J. Roese, "Regulatory Focus and Temporal Distance", *Journal of Experimental Social Psychology* 39, nº 6 (novembro de 2003): 563–76, https://doi.org/10.1016/S0022-1031(03)00058-1.
5. Carol Kaufman-Scarborough e Jay D. Lindquist, "Understanding the Experience of Time Scarcity", *Time and Society* 12, nº 2–3 (março de 2003): 349–70, https://doi.org/10.1177/0961463X030122011; John De Graaf, ed., *Take Back Your Time: Fighting Overwork and Time Poverty in America* (San Francisco, CA: Berrett-Koehler, 2003).
6. Jane McGonigal, *The American Future Gap* (Institute for the Future: Palo Alto, CA, 13 de abril de 2017), https://www.iftf.org/americanfuturegap.

7. C. Neil Macrae et al., "Turning I into Me: Imagining Your Future Self", *Consciousness and Cognition* 37 (dezembro de 2015): 207–13, https://doi.org/10.1016/j.concog.2015.09.009.
8. Ethan Kross, "When the Self Becomes Other", *Annals of the New York Academy of Sciences* 1167, no. 1 (junho de 2009): 35–40, https://doi.org/10.1111/j.1749-6632.2009.04545.x; Yaacov Trope e Nira Liberman, "Construal-Level Theory of a Psychological Distance", *Psychological Review* 117, no. 2 (abril de 2010): 440–63, https://doi.org/10.1037/a0018963; Valeria I. Petkova, Mehmoush Khoshnevis e H. Henrik Ehrsson, "The Perspective Matters! Multisensory Integration in Ego-Centric Reference Frames Determines Full-Body Ownership", *Frontiers in Psychology* 2, no. 35 (março de 2011), https://doi.org/10.3389/fpsyg.2011.00035; Emily Pronin e Lee Ross, "Temporal Differences in Trait Self-Ascription: When the Self Is Seen as an Other", *Journal of Personality and Social Psychology* 90, no. 2 (fevereiro de 2006): 197–209, https://doi.org/10.1037/0022-3514.90.2.197; Cheryl J. Wakslak et al., "Representations of the Self in the Near and Distant Future", *Journal of Personality and Social Psychology* 95, no. 4 (outubro de 2008): 757–73, https://doi.org/10.1037/a0012939; Michael Ross e Fiore Sicoly, "Egocentric Biases in Availability and Attribution", *Journal of Personality and Social Psychology* 37, no. 3 (1979): 322–36, https://doi.org/10.1037/0022-3514.37.3.322.
9. Scott F. Madey e Thomas Gilovich, "Effect of Temporal Focus on the Recall of Expectancy-Consistent and Expectancy-Inconsistent Information", *Journal of Personality and Social Psychology* 65, no. 3 (outubro de 1993): 458–68, https://doi.org/10.1037/0022-3514.65.3.458.
10. Yosef Sokol e Mark Serper, "Temporal Self Appraisal and Continuous Identity: Associations with Depression and Hopelessness", *Journal of Affective Disorders* 208 (janeiro de 2017): 503–11, https://doi.org/10.1016/j.jad.2016.10.033.
11. Brandon Schoettle e Michael Sivak, "The Reasons for the Recent Decline in Young Driver Licensing in the United States", *Traffic Inj Prev.* 15, no. 1 (2014): 6–9. doi: 10.1080/15389588.2013.839993. PMID: 24279960.
12. Edie Meade, "American Teens Are Driving Less, and the Reasons Are More Than Economic", 13 de janeiro de 2020, https://medium.com/swlh/american-teens--are-driving-less-and-the-reasons-are-more-than-economic-4cf6217375a1.

Capítulo Dois

1. Howard Ehrlichman e Dragana Micic, "Why Do People Move Their Eyes When They Think?", Current Directions in Psychological Science 21, no. 2 (março de 2012): 96–100, https://doi.org/10.1177/0963721412436810; Joshua M. Ackerman, Christopher C. Nocera e John A. Bargh, "Incidental Haptic Sensations Influence Social Judgments and Decisions", Science 328, no. 5986 (junho de 2010): 1712–15, https://doi.org/10.1126/science.1189993.

2. David Stawarczyk e Arnaud D'Argembeau, "Neural Correlates of Personal Goal Processing during Episodic Future Thinking and Mind-Wandering: An ALE Meta--Analysis", Human Brain Mapping 36, no. 8 (agosto de 2015): 2928–47, https://doi.org/10.1002/hbm.22818.
3. Brittany M. Christian et al., "The Shape of Things to Come: Exploring Goal--Directed Prospection", *Consciousness and Cognition* 22, no. 2 (março de 2013): 471–78, https://doi.org/10.1016/j.concog.2013.02.002; Pennington and Roese, "Regulatory Focus and Temporal Distance", 563–76.
4. Emily A. Holmes e Andrew Mathews, "Mental Imagery in Emotion and Emotional Disorders", *Clinical Psychology Review* 30, no. 3 (abril de 2010): 349– 62, https://doi.org/10.1016/j.cpr.2010.01.001; Janie Busby Grant e Neil Wilson, "Manipulating the Valence of Future Thought: The Effect on Affect", *Psychological Reports* 124, no. 1 (fevereiro de 2020): 227–39, https://doi.org/10.1177/0033294119900346; Torben Schubert et al., "How Imagining Personal Future Scenarios Influences Affect: Systematic Review and Meta-Analysis", *Clinical Psychology Review* 75 (fevereiro de 2020): 101811, https://doi.org/10.1016/j.cpr.2019.101811.
5. De acordo com uma pesquisa no Google Scholar por documentos científicos com os termos "pensamento de futuros episódico" (4.310) e "previsão episódica" (831), no período 2000–21.
6. Andrew K. MacLeod, "Prospection, Well-Being and Memory", *Memory Studies* 9, no. 3 (junho de 2016): 266–74, https://doi.org/10.1177/1750698016645233; Beyon Miloyan, Nancy A. Pachana e Thomas Suddendorf, "The Future Is Here: A Review of Foresight Systems in Anxiety and Depression", *Cognition and Emotion* 28, no. 5 (2014): 795–810, https://doi.org/10.1080/02699931.2013.863179; Anne Marie Roepke e Martin E. P. Seligman, "Depression and Prospection", *British Journal of Clinical Psychology* 55, no. 1 (março de 2016): 23–48, https://doi.org/10.1111/bjc.12087.
7. Cristina M. Atance e Daniela K. O'Neill, "Episodic Future Thinking", *Trends in Cognitive Sciences* 5, no. 12 (dezembro de 2001): 533–39, https://doi.org/10.1016/S1364-6613(00)01804-0; David J. Hallford et al., "Psychopathology and Episodic Future Thinking: A Systematic Review and Meta-Analysis of Specificity and Episodic Detail", *Behaviour Research and Therapy* 102 (março de 2018): 42–51, https://doi.org/10.1016/j.brat.2018.01.003; Jordi Quoidbach, Alex M. Wood e Michel Hansenne, "Back to the Future: The Effect of Daily Practice of Mental Time Travel into the Future on Happiness and Anxiety", *Journal of Positive Psychology* 4, no.5 (setembro de 2009): 349–55, https://doi.org/10.1080/17439760902992365; David J. Hallford et al., "Impairments in Episodic Future Thinking for Positive Events and Anticipatory Pleasure in Major Depression", *Journal of Affective Disorders* 260 (janeiro de 2020): 536–43, https://doi.org/10.1016/j.jad.2019.09.039; David J. Hallford, Manoj Kumar Sharma e David W. Austin, "Increasing Anticipatory Pleasure in Major Depression through Enhancing Episodic Future Thinking: A Randomized

Single-Case Series Trial", *Journal of Psychopathology and Behavioral Assessment* 42, no. 4 (janeiro de 2020): 751–64, https://doi.org/10.31234/osf.io/9uy42.

8. Jan Peters e Christian Büchel, "Episodic Future Thinking Reduces Reward Delay Discounting through an Enhancement of Prefrontal-Mediotemporal Interactions", *Neuron* 66, no. 1 (abril de 2010): 138–48, https://doi.org/10.1016/j.neuron.2010.03.026; Sara O'Donnell, Tinuke Oluyomi Daniel e Leonard H. Epstein, "Does Goal Relevant Episodic Future Thinking Amplify the Effect on Delay Discounting?", *Consciousness and Cognition* 51 (maio de 2017): 10–16, https://doi.org/10.1016/j.concog.2017.02.014; Lars M. Göllner et al., "Delay of Gratification, Delay Discounting and Their Associations with Age, Episodic Future Thinking, and Future Time Perspective", *Frontiers in Psychology* 8 (janeiro de 2018): 2304, https://doi.org/10.3389/fpsyg.2017.02304; Fania C. M. Dassen et al., "Focus on the Future: Episodic Future Thinking Reduces Discount Rate and Snacking", *Appetite* 96 (janeiro de 2016): 327–32, https://doi.org/10.1016/j.appet.2015.09.032; Jillian M. Rung e Gregory J. Madden, "Experimental Reductions of Delay Discounting and Impulsive Choice: A Systematic Review and Meta-Analysis", *Journal of Experimental Psychology*: General 147, no. 9 (setembro de 2018): 1349–81, https://doi.org/10.1037/xge0000462; Pei-Shan Lee et al., "Using Episodic Future Thinking to Pre-experience Climate Change Increases Pro-environmental Behavior", *Environment and Behavior* 52, no. 1 (janeiro de 2020): 60–81, https://doi.org/10.1177/0013916518790590; Hal E. Hershfield, "Future Self-Continuity: How Conceptions of the Future Self Transform Intertemporal Choice", *Annals of the New York Academy of Sciences* 1235, no. 1 (outubro de 2011): 30–43, https://doi.org/10.1111/j.1749-6632.2011.06201.x; Brent A. Kaplan, Derek D. Reed e David P. Jarmolowicz, "Effects of Episodic Future Thinking on Discounting: Personalized Age-Progressed Pictures Improve Risky Long-Term Health Decisions", *Journal of Applied Behavior Analysis* 49, no. 1 (março de 2016): 148–69, https://doi.org/10.1002/jaba.277; Jessica O'Neill, Tinuke Oluyomi Daniel e Leonard H. Epstein, "Episodic Future Thinking Reduces Eating in a Food Court", *Eating Behaviors* 20 (janeiro de 2016): 9–13, https://doi.org/10.1016/j.eatbeh.2015.10.002.

9. Reece P. Roberts e Donna Rose Addis, "A Common Mode of Processing Governing Divergent Thinking and Future Imagination", in *The Cambridge Handbook of the Neuroscience of Creativity*, eds. Rex E. Jung and Oshin Vartanian (Nova York: Cambridge University Press, 2018), 211–30, https://doi.org/10.1017/9781316556238.013; Daniel L. Schacter, Roland G. Benoit e Karl K. Szpunar, "Episodic Future Thinking: Mechanisms and Functions", *Current Opinion in Behavioral Sciences* 17 (outubro de 2017): 41–50, https://doi.org/10.1016/j.cobeha.2017.06.002; Jens Förster, Ronald S. Friedman e Nira Liberman, "Temporal Construal Effects on Abstract and Concrete Thinking: Consequences for Insight and Creative Cognition", *Journal of Personality and Social Psychology* 87, no. 2 (agosto de 2004): 177–89, https://doi.org/10.1037/0022-3514.87.2.177; Fa-Chung Chiu, "Fit between Future Thinking

and Future Orientation on Creative Imagination", *Thinking Skills and Creativity* 7, no. 3 (dezembro de 2012): 234–44, https://doi.org/10.1016/j.tsc.2012.05.002.

10. Thomas Suddendorf e Jonathan Redshaw, "The Development of Mental Scenario Building and Episodic Foresight", *Annals of the New York Academy of Sciences* 1296, no. 1 (agosto de 2013): 135–53, https://doi.org/10.1111/nyas.12189.
11. Janani Prabhakar e Judith A. Hudson, "The Development of Future Thinking: Young Children's Ability to Construct Event Sequences to Achieve Future Goals", *Journal of Experimental Child Psychology* 127 (novembro de 2014): 95–109, https://doi.org/10.1016/j.jecp.2014.02.004; Cristina M. Atance, "Future Thinking in Young Children", *Current Directions in Psychological Science* 17, no. 4 (agosto de 2008): 295–98, https://doi.org/10.1111/j.1467-8721.2008.00593.x; Tessa R. Mazachowsky e Caitlin E. V. Mahy, "Constructing the Children's Future Thinking Questionnaire: A Reliable and Valid Measure of Children's Future-Oriented Cognition", *Developmental Psychology* 56, (2020): 756–72, http://www.brockdmclab.com/uploads/3/7/8/2/37821089/mazachowsky_mahy_cftq_final.pdf.
12. Beyon Miloyan e Kimberley A. McFarlane, "The Measurement of Episodic Foresight: A Systematic Review of Assessment Instruments", *Cortex* 117 (agosto de 2019): 351–70, https://doi.org/10.1016/j.cortex.2018.08.018.

Capítulo Três

1. Michael Dimock e Richard Wike, "America Is Exceptional in the Nature of Its Political Divide", Pew Research Center, 13 de novembro de 2020, https://www.pewresearch.org/fact-tank/2020/11/13/america-is-exceptional-in-the-nature-of-its-political-divide/.
2. John R. Allen, "Reconciling and Healing America", Brookings Institute, 8 de fevereiro de 2021, https://www.brookings.edu/president/reconciling-and-healing-america/; Rachel Kleinfeld e Aaron Sobel, "7 Ideas to Reduce Political Polarization. And Save America from Itself", *Carnegie Endowment for International Peace*, 23 de julho de 2020, https://carnegieendowment.org/2020/07/23/7-ideas-to-reduce-political-polarization.-and-save-america-from-itself-pub-82365; Lee De-Wit, Sander Van Der Linden e Cameron Brick, "What Are the Solutions to Political Polarization?" *Greater Good Magazine*, 2 de julho de 2019, https://greatergood.berkeley.edu/article/item/what_are_the_solutions_to_political_polarization.
3. Kristina Cooke, David Rhode e Ryan McNeil, "The Undeserving Poor", *Atlantic*, 20 de dezembro de 2012, https://www.theatlantic.com/business/archive/2012/12/the-undeserving-poor/266507/.
4. NASA Jet Propulsion Laboratory, "Sentry: Earth Impact Monitoring", Center for Near Earth Object Studies, https://cneos.jpl.nasa.gov/sentry/.
5. Francesco Bassetti, "Environmental Migrants: Up to 1 Billion by 2050", Foresight: The CMCC Observatory on Climate Policies and Futures, 22 de maio de 2019,

https://www.climateforesight.eu/migrations-inequalities/environmental-migrants--up-to-1-billion-by-2050/; John Englander, *Moving to Higher Ground: Rising Sea Level and the Path Forward* (Boca Raton, Florida: Science Bookshelf, 2021); Chi Xu et al., "Future of the Human Climate Niche", *Proceedings of the National Academy of Sciences* 117, no. 21 (maio de 2020): 11350–355, https://doi.org/10.1073/pnas.1910114117.

6. Clara Chaisson, "Fossil Fuel Air Pollution Kills One in Five People", Natural Resources Defense Council, 19 de fevereiro de 2021, https://www.nrdc.org/stories/fossil-fuel-air-pollution-kills-one-five-people; Nita Bhalla, "U.N. Warns of Millions of Premature Deaths by 2050 Due to Environmental Damage", Reuters, 13 de março de 2019, https://www.reuters.com/article/us-global-environment-pollution/u-n--warns-of-millions-of-premature-deaths-by-2050-due-to-environmental-damage--idUSKCN1QU2WD.
7. United Nations, "Global Issues: Water", https://www.un.org/en/global-issues/water; World Health Organization, "Fact Sheets: Road Traffic Injuries", https://www.who.int/news-room/fact-sheets/detail/road-traffic-injuries.
8. World Health Organization, "WHO releases country estimates on air pollution exposure and health impact." 27 de setembro de 2016, https://www.who.int/news/item/27-09-2016-who-releases-country-estimates-on-air-pollution-exposure--and-health-impact.

Capítulo Quatro

1. Jessica Hamzelou, "Exclusive: World's First Baby Born with New '3 Parent' Technique", *New Scientist*, 27 de setembro de 2016, https://www.newscientist.com/article/2107219-exclusive-worlds-first-baby-born-with-new-3-parent-technique/nº ixzz6rkYu5Kjl.
2. Shami Sivasubramanian, "Children with Two Genetic Fathers? It's Possible", SBS, 14 de julho de 2016, https://www.sbs.com.au/topics/science/humans/article/2016/07/13/children-two-genetic-fathers-its-possible.
3. Maya Wei-Haas, "Same-Sex Mouse Parents Give Birth via Gene Editing", *National Geographic*, 11 de outubro de 2018, https://www.nationalgeographic.com/science/article/news-gene-editing-crispr-mice-stem-cells.
4. Elie Dolgin, "Making Babies: How to Create Human Embryos with No Egg or Sperm", *New Scientist*, 11 de abril de 2018, https://www.newscientist.com/article/mg23831730-300-making-babies-how-to-create-human-embryos-with-no-egg-or--sperm/nº ixzz6rkam5LuX.
5. Gina Kolata, "Scientists Grow Mouse Embryos in a Mechanical Womb", *New York Times*, 17 de março de 2021, https://www.nytimes.com/2021/03/17/health/mice-artificial-uterus.html.
6. Elizabeth Chloe Romanis, "Artificial Womb Technology and the Frontiers of Human Reproduction: Conceptual Differences and Potential Implications", *Journal of*

Medical Ethics 44, no. 11 (novembro de 2018): 751–75, http://dx.doi.org/10.1136/medethics-2018-104910.

7. Shanna H. Swan e Stacey Colino, *Count Down: How Our Modern World Is Threatening Sperm Counts, Altering Male and Female Reproductive Development, and Imperiling the Future of the Human Race* (Nova York: Simon & Schuster, 2021).
8. Lixiao Zhou et al., "PM2.5 Exposure Impairs Sperm Quality through Testicular Damage Dependent on NALP3 Inflammasome and miR-183/96/182 cluster Targeting FOXO1 in Mouse", *Ecotoxicology and Environmental Safety* 169 (março de 2019): 551–63, https://doi.org/10.1016/j.ecoenv.2018.10.108.
9. NASA, "NASA Announces US Industry Partnerships to Advance Moon, Mars Technology", press release no. 19-063, 30 de julho de 2019, https://www.nasa.gov/press-release/nasa-announces-us-industry-partnerships-to-advance-moon-mars-technology.
10. Elon Musk, 25 de março de 2019, no Twitter como @elonmusk. https://twitter.com/elonmusk/status/1110329210332053504
11. Justin Bachman, "New Space Race Shoots for Moon and Mars on a Budget: QuickTake", *Washington Post*, 21 de fevereiro de 2021, https://www.washingtonpost.com/business/new-space-race-shoots-for-moon-and-mars-on-a-budget-quicktake/2021/02/18/661c1c0a-7243-11eb-8651-6d3091eac63f_story.html; Dave Mosher, "Elon Musk Says SpaceX Is on Track to Launch People to Mars within 6 Years—Here's the Full Timeline of His Plans to Populate the Red Planet", *Business Insider*, 2 de novembro de 2018, https://www.businessinsider.com/elon-musk-spacex-mars-plan-timeline-2018-10; "UAE Aims to Establish Human Settlement on Mars by 2117", SpaceWatch.Global, fevereiro de 2017, https://spacewatch.global/2017/02/uae-aims-establish-human-settlement-mars-2117/.
12. "Governance Futures Lab—Reinventing Civic Society", Institute for the Future, acessado em 27 de agosto de 2021, https://www.iftf.org/govfutures/.
13. Alan Taylor, "Mars in the Gobi Desert", Atlantic, 17 de abril de 2019, https://www.theatlantic.com/photo/2019/04/photos-mars-gobi-desert/587353/.
14. Jason Pontin, "The Genetics (and Ethics) of Making Humans Fit for Mars", *Wired*, 7 de agosto de 2018, https://www.wired.com/story/ideas-jason-pontin-genetic-engineering-for-mars/.
15. Swan, *Count Down*, 2–3.
16. Nathaniel Scharping, "Sperm Counts Are on the Decline. Is the Human Race in Danger?", *Discover*, 1 de maio de 2012, https://www.discovermagazine.com/health/sperm-counts-are-on-the-decline-is-the-human-race-in-danger.
17. Marion Boulicault et al., "The Future of Sperm: A Biovariability Framework for Understanding Global Sperm Count Trends", *Human Fertility* (2021): 1–15, https://doi.org/10.1080/14647273.2021.1917778.

18. "High-Impact-Low-Probability (HILP)", Asset Insights, 2013, https://www.assetinsights.net/Glossary/G_High_Impact_Low_Probability_HILP.html
19. "Our Vision, Mission Statement and Key Aims", Frozen Ark, acessado em 27 de agosto de 2021, https://www.frozenark.org/vision-and-mission-statement.
20. "Millennium Seed Bank", Royal Botanic Gardens Kew, acessado em 27 de agosto de 2021, https://www.kew.org/wakehurst/whats-at-wakehurst/millennium-seed-bank; Karin Kloosterman, "The Blueprint for Noah's Coral Ark", Green Prophet, 17 de novembro de 2020, https://www.greenprophet.com/2020/11/living-coral-biobank/.
21. Angus Fletcher, *Wonderworks: The 25 Most Powerful Inventions in the History of Literature* (Nova York: Simon & Schuster, 2021), 22–24.

Capítulo Cinco

1. Sam Byford, "Fitbit Will Supply 'Free' Trackers to Singapore's Public Health Program", *Verge*, 22 de agosto de 2019, https://www.theverge.com/2019/8/22/20827860/fitbit-singapore-healthcare-free-fitness-tracker-deal.
2. Heidi Shierholz, "Low Wages and Few Benefits Mean Many Restaurant Workers Can't Make Ends Meet", 21 de agosto de 2014, *Economic Policy Institute*, https://www.epi.org/publication/restaurant-workers/.
3. One Fair Wage and Raise, *Roadmap to Reimagine Restaurants: A New Path Forward after COVID-19*, maio de 2020, http://www.highroadrestaurants.org/wp-content/uploads/2020/06/RoadmapToReimagineRestaurants.pdf.
4. Emma Belcher, "Transforming Our Nuclear Future with Ridiculous Ideas", *Bulletin of the Atomic Scientists 76*, no. 6 (2020): 325–30, https://doi.org/10.1080/00963402.2020.1846420.
5. Jamais Cascio e N Square, "Crossroads: Five Scenarios for the End of Nuclear Weapons" *Journal of Nuclear Security Innovation* (20 de março de 2015): 1–21, https://issuu.com/nsquarecollab/docs/nsquare_crossroads.
6. Elisabeth Eaves, "Why Is America Getting a New $100 Billion Nuclear Weapon?", *Bulletin of the Atomic Scientists*, 8 de fevereiro de 2021, https://thebulletin.org/2021/02/why-is-america-getting-a-new-100-billion-nuclear-weapon/; Kingston Reif, "CBO: Nuclear Arsenal to Cost $1.2 Trillion", Arms Control Association, dezembro de 2017, https://www.armscontrol.org/act/2017-12/news/cbo-nuclear-arsenal-cost-12-trillion.
7. Terence Babwah et al., "Exercise Prescriptions Given by GPs to Sedentary Patients Attending Chronic Disease Clinics in Health Centres—the Effect of a Very Brief Intervention to Change Exercise Behavior", *Journal of Family Medicine and Primary Care* 7, no. 6 (novembro de 2018): 1446–51, https://doi.org/10.4103/jfmpc.jfmpc_84_18; Falk Müller-Riemenschneider et al., "Long-Term Effectiveness of

Interventions Promoting Physical Activity: A Systematic Review", *Preventive Medicine* 47, no. 4 (outubro de 2008): 354–68, https://doi.org/10.1016/j.ypmed.2008.07.006.

8. Scott H. Kollins et al., "A Novel Digital Intervention for Actively Reducing Severity of Paediatric ADHD (STARS-ADHD): A Randomised Controlled Trial", *Lancet Digital Health* 2, no. 4 (abril de 2020): e168–78, https://doi.org/10.1016/S2589-7500(20)30017-0.
9. Sujata Gupta, "Microbiome: Puppy Power", *Nature* 543 (30 de março de 2017): S48–S49, https://doi.org/10.1038/543S48a.
10. Genevieve F. Dunton e Margaret Schneider, "Perceived Barriers to Walking for Physical Activity", *Preventing Chronic Disease* 3, no. 4 (outubro de 2006), https://www.ncbi.nlm.nih.gov/pmc/articles/PMC1779280/; Kristen A. Copeland et al., "Flip Flops, Dress Clothes, and No Coat: Clothing Barriers to Children's Physical Activity in Child-Care Centers Identified from a Qualitative Study", *International Journal of Behavioral Nutrition and Physical Activity* 6, no. 74 (2009), https://doi.org/10.1186/1479-5868-6-74.
11. Katie Garfield et al., *Mainstreaming Produce Prescriptions: A Policy Strategy Report* (Center for Health Law and Policy Innovation of Harvard Law School and the Rockefeller Foundation, março de 2021), 1, https://www.chlpi.org/wp-content/uploads/2013/12/Produce-RX-March-2021.pdf.
12. Yujin Lee et al., "Cost-Effectiveness of Financial Incentives for Improving Diet and Health through Medicare and Medicaid: A Microsimulation Study", *PLOS Medicine* 16, no. 3 (março de 2019): e1002761, https://doi.org/10.1371/journal.pmed.1002761.

Capítulo Seis

1. Tate e Lyle Sugars and the Future Laboratory, "Cakes of the Future: The Full Report", Tate e Lyle, acessado em 27 de agosto de 2021, https://www.wearetateandlylesugars.com/cakes-future-full-report.
2. Peter Holley, "Meet 'Mindar,' the Robotic Buddhist Priest", *Washington Post*, 22 de junho de 2019, https://www.washingtonpost.com/technology/2019/08/22/introducing-mindar-robotic-priest-that-some-are-calling-frankenstein-monster/.
3. Sam Keen, *Fire in the Belly: On Being a Man* (Nova York: Bantam Books, 1991), 132.
4. Alan Watts, *The Wisdom of Insecurity: A Message for an Age of Anxiety*, 2nd ed. (Nova York: Vintage, 2011), 43.
5. Beth DeCarbo, "Drones Are Poised to Reshape Home Design", *Wall Street Journal*, 5 de dezembro de 2020, https://www.wsj.com/articles/drones-are-poised-to-reshape-home-design-11607194801.
6. Ben Turner, "'Pizzly' Bear Hybrids Are Spreading across the Arctic Thanks to Climate Change", Live Science, 23 de abril de 2021, *https://www.livescience.com/*

pizzly-bear-hybrids-created-by-climate-crisis.html; Moises Velasquez-Manoff, "Should You Fear the Pizzly Bear?" *New York Times*, 14 de agosto de 2014, https://www.nytimes.com/2014/08/17/magazine/should-you-fear-the-pizzly-bear.html.

7. Chi Xu et al., "Future of the Human Climate Niche", *Proceedings of the National Academy of Sciences* 117, no. 21 (maio de 2020): 11350–355; https://doi.org/10.1073/pnas.1910114117.
8. Eric Kaufmann, " 'It's the Demography, Stupid': Ethnic Change and Opposition to Immigration", *Political Quarterly* 85, no. 3 (outubro de 2014): 267–76, https://doi.org/10.1111/1467-923X.12090; James Laurence, Katharina Schmid e Miles Hewstone, "Ethnic Diversity, Ethnic Threat, and Social Cohesion: (Re)-evaluating the Role of Perceived Out-Group Threat and Prejudice in the Relationship between Community Ethnic Diversity and Intra-community Cohesion", *Journal of Ethnic and Migration Studies* 45, no. 3 (2019): 395–418, https://doi.org/10.1080/1369183X.2018.1490638; Sjoerdje van Heerden e Didier Ruedin, "How Attitudes towards Immigrants Are Shaped by Residential Context: The Role of Ethnic Diversity Dynamics and Immigrant Visibility", *Urban Studies* 56, no. 2 (2019): 317–34, https://doi.org/10.1177/0042098017732692; Lindsay Pérez Huber, "'Make America Great Again!': Donald Trump, Racist Nativism and the Virulent Adherence to White Supremacy amid US Demographic Change", *Charleston Law Review* 10 (2016): 215–48; Brandon Hunter-Pazzara, "The Possessive Investment in Guns: Towards a Material, Social, and Racial Analysis of Guns", *Palgrave Communications* 6, no. 79 (2020), https://doi.org/10.1057/s41599-020-0464-x.
9. "World Radio Day 2013: Statistics on Youth", UNESCO, acessado em 27 de agosto de 2021, http://www.unesco.org/new/en/unesco/events/prizes-and-celebrations/celebrations/international-days/world-radio-day-2013/statistics-on-youth/; "United States Demographic Statistics", Infoplease, acessado em 27 de agosto de 2021, https://www.infoplease.com/us/census/demographic-statistics.
10. Oxfam International, "Climate Fuelled Disasters Number One Driver of Internal Displacement Globally Forcing More Than 20 Million People a Year from Their Homes", 2 de dezembro de 2019, https://www.oxfam.org/en/press-releases/forced-from-home-eng.
11. Alex Wigglesworth, "A Generation of Seabirds Was Wiped Out by a Drone in O.C. Scientists Fear for Their Future", *Los Angeles Times*, 7 de junho de 2021, https://www.latimes.com/california/story/2021-06-07/thousands-of-eggs-abandoned-after-drone-crash-at-orange-county-nature-reserve.
12. Zach Urness, "Drones Are Harassing Nesting Birds on the Oregon Coast. There's a Plan to Stop Them", *Statesman Journal*, 30 de junho de 2021, https://www.statesmanjournal.com/story/news/2021/06/30/oregon-coast-drones-nesting-birds-endangered-oystercatcher/5351369001/.

Capítulo Sete

1. Joe Myers, "19 of the World's 20 Youngest Countries Are in Africa", World Economic Forum, 30 de agosto de 2019, https://www.weforum.org/agenda/2019/08/youngest-populations-africa/.
2. Jay L. Zagorsky, "Why Are Fewer People Getting Married?" *Conversation*, 1 de junho de 2016, https://theconversation.com/why-are-fewer-people-getting-married-60301.
3. Dane Rivera, "All the Fast Food Chains and Grocers Serving Plant-Based Meat in 2021", Uproxx, 14 de fevereiro de 2021, https://uproxx.com/life/fast-food-chains-serving-plant-based-meat-2021/.
4. "Pandemials: Youth in an Age of Lost Opportunity", Fórum Econômico Mundial, acessado em 27 de agosto de 2021, https://reports.weforum.org/global-risks-report-2021/pandemials-youth-in-an-age-of-lost-opportunity/; *The Global Risks Report 2021*, 16th ed. (Geneva, Suíça: Fórum Econômico Mundial, 2021), 88, http://www3.weforum.org/docs/WEF_The_Global_Risks_Report_2021.pdf.
5. Jamie Ducharme, "COVID-19 Is Making America's Loneliness Epidemic Even Worse", *Time*, 8 de maio de 2020, https://time.com/5833681/loneliness-COVID-19/; Philip Jefferies e Michael Ungar, "Social Anxiety in Young People: A Prevalence Study in Seven Countries", *PLOS One* 15, no. 9 (2020): e0239133, https://doi.org/10.1371/journal.pone.0239133; "The Impact of Covid-19 on Young People with Mental Health Needs", Summer 2020 Survey, Young Minds, acessado em 27 de agosto de 2021, https://youngminds.org.uk/about-us/reports/coronavirus-impact-on-young-people-with-mental-health-needs/.
6. Haim Omer e Nahman Alon, "The Continuity Principle: A Unified Approach to Disaster and Trauma", *American Journal of Community Psychology* 22, no. 2 (abril de 1994): 273–87, https://doi.org/10.1007/BF02506866.
7. Mark Murphy, "Leadership IQ Study: Mismanagement, Inaction Among the Real Reasons Why CEOs Get Fired", Cision, 21 de junho de 2005, http://www.prweb.com/releases/2005/06/prweb253465.htm.
8. Ann Garrison, "Should California Secede? An Interview with David Swanson", *Free Press*, 12 de fevereiro de 2017, https://freepress.org/article/should-california-secede-interview-david-swanson.
9. John S. Carroll, "The Effect of Imagining an Event on Expectations for the Event: An Interpretation in Terms of the Availability Heuristic", *Journal of Experimental Social Psychology* 14, no. 1 (janeiro de 1978): 88–96, https://doi.org/10.1016/0022-1031(78)90062-8.
10. Steven J. Sherman et al., "Imagining Can Heighten or Lower the Perceived Likelihood of Contracting a Disease: The Mediating Effect of Ease of Imagery", *Personality and Social Psychology Bulletin* 11, no. 1 (1985): 118–127, https://doi.org/10.1177/0146167285111011.

11. Outros estudos bastante citados nessa área de pesquisa incluem: Richard J. Crisp e Rhiannon N. Turner, "Can Imagined Interactions Produce Positive Perceptions?: Reducing Prejudice through Simulated Social Contact", *American Psychologist* 64, no. 4 (maio de 2009): 231–40, https://doi.org/10.1037/a0014718; Maryanne Garry et al., "Imagination Inflation: Imagining a Childhood Event Inflates Confidence That It Occurred", *Psychonomic Bulletin and Review* 3, no. 2 (1996): 208–14, https://doi.org/10.3758/BF03212420; Scott Eidelman, Christian S. Crandall e Jennifer Pattershall, "The Existence Bias", *Journal of Personality and Social Psychology* 97, no. 5 (novembro de 2009): 765–75, https://doi.org/10.1037/a0017058; Hazel Markus e Paula Nurius, "Possible Selves", *American Psychologist* 41, no. 9 (setembro de 1986): 954–69, https://doi.org/10.1037/0003-066X.41.9.954; Shelley E. Taylor et al., "Harnessing the Imagination: Mental Simulation, Self-Regulation, and Coping", *American Psychologist* 53, no. 4 (1998): 429–39, https://doi.org/10.1037/0003-066X.53.4.429; Gillian Butler e Andrew Mathews, "Cognitive Processes in Anxiety", *Advances in Behaviour Research and Therapy* 5, no. 1 (1983): 51–62, https://doi.org/10.1016/0146-6402(83)90015-2.
12. Lisa Bulganin e Bianca C. Wittmann, "Reward and Novelty Enhance Imagination of Future Events in a Motivational-Episodic Network", *PLoS ONE* 10, no. 11 (novembro de 2015): e0143477, https://doi.org/10.1371/journal.pone.0143477.
13. Pema Chödrön, "Smile at Fear", *The Best Buddhist Writing 2012* (Boulder, Colorado: Shambhala, 2012).
14. Ibid.
15. National Intelligence Council, *Global Trends 2040: A More Contested World*, março de 2021, https://www.dni.gov/files/ODNI/documents/assessments/GlobalTrends_2040.pdf.
16. Recomendações para saber mais sobre essas forças futuras: Antonio Regalado, "The Next Act for Messenger RNA Could Be Bigger Than COVID Vaccines", *MIT Technology Review*, 5 de fevereiro de 2021, https://www.technologyreview.com/2021/02/05/1017366/messenger-rna-vaccines-COVID-hiv/; Bill McKibben, "Renewable Energy Is Suddenly Startlingly Cheap", *New Yorker*, 28 de abril de 2021, https://www.newyorker.com/news/annals-of-a-warming-planet/renewable-energy-is-suddenly-startlingly-cheap; Kaitlin Love, "Majority Favors Social Progress over Economic Growth in the Wake of the Coronavirus Pandemic", Ipsos, 10 de setembro de 2020, https://www.ipsos.com/en-us/news-polls/Majority-Favors-Social-Progress-over-Economic-Growth-in-the-Wake-of-the-Coronavirus-Pandemic; Matthew Shaer, "Soon, Your Doctor Could Print a Human Organ on Demand", *Smithsonian Magazine*, maio de 2015, https://www.smithsonianmag.com/innovation/soon-doctor-print-human-organ-on-demand-180954951/; Amos Zeeberg, "Bricks Alive! Scientists Create Living Concrete", *New York Times*, 15 de janeiro de 2020, https://www.nytimes.com/2020/01/15/science/construction-concrete-bacteria-photosynthesis.html; Ron Lieber, "How to Get Your Money to Those Who Need

It More Than You", *New York Times*, 30 de maio de 2020, https://www.nytimes.com/2020/05/30/your-money/philanthropy-charity-giving-coronavirus.html; Azeem Azhar, "The Future of Meat", 21 de abril de 2021, em *Exponential View*, temporada 5, episódio 26, 37:56, *Harvard Business Review Podcasts*, https://hbr.org/podcast/2021/04/the-future-of-meat; Gov.UK, "PM Launches Government's First Loneliness Strategy", release de imprensa, Prime Minister's Office, 15 de outubro de 2018, https://www.gov.uk/government/news/pm-launches-governments-first-loneliness-strategy; Katie Warren, "Japan Has Appointed a 'Minister of Loneliness' after Seeing Suicide Rates in the Country Increase for the First Time in 11 Years", Insider, 22 de fevereiro de 2021, https://www.insider.com/japan-minister-of-loneliness-suicides-rise-pandemic-2021-2; Udacity Team, "The Future of the Workforce: Hiring Will Be Based on Skills Rather Than Degrees", Udacity, 20 de outubro de 2020, https://www.udacity.com/blog/2020/10/the-future-of-the-workforce-hiring-will-be-based-on-skills-rather-than-degrees.html; Sean Gallagher, "It's Time to Digitally Transform Community College", EdSurge, 12 de agosto de 2020, https://www.edsurge.com/news/2020-08-12-it-s-time-to-digitally-transform-community-college; Nicholas St. Fleur, Chloe Williams e Charlie Wood, "Can We Live to 200?", *New York Times*, 27 de abril de 2021, https://www.nytimes.com/interactive/2021/04/27/magazine/longevity-timeline.html.

17. William Crumpler, "How Accurate Are Facial Recognition Systems—and Why Does It Matter?", Center for Strategic and International Studies, 14 de abril de 2020, https://www.csis.org/blogs/technology-policy-blog/how-accurate-are-facial-recognition-systems-—and-why-does-it-matter.
18. James Clayton, "Facial Recognition Beats the COVID-Mask Challenge", BBC News, 25 de março de 2021, https://www.bbc.com/news/technology-56517033.
19. "Facial Recognition Fails on Race, Government Study Says", BBC News, 20 de dezembro de 2019, https://www.bbc.com/news/technology-50865437; Alex Najibi, "Racial Discrimination in Face Recognition Technology", *Special Edition: Science Policy and Social Justice* (blog), Harvard University, 24 de outubro de 2020, https://sitn.hms.harvard.edu/flash/2020/racial-discrimination-in-face-recognition-technology/.
20. Will Knight, "Europe's Proposed Limits on AI Would Have Global Consequences", *Wired*, 20 de abril de 2021, https://www.wired.com/story/europes-proposed-limits-ai-global-consequences/.
21. PimEyes, acessado em 27 de agosto de 2021, https://pimeyes.com/en.
22. XPRIZE, acessado em 27 de agosto de 2021, https://www.xprize.org/.
23. African Leadership University. https://www.alueducation.com/
24. Jane McGonigal, *A realidade em jogo: Por que os games nos tornam melhor e como eles podem mudar o mundo* (Rio de Janeiro: Editora Best*Seller*, 2012).

Capítulo Oito

1. Hal E. Hershfield, "Future Self-Continuity: How Conceptions of the Future Self Transform Intertemporal Choice", *Annals of the New York Academy of Sciences* 1235, no. 1 (outubro de 2011): 30–43, https://doi.org/10.1111/j.1749-6632.2011.06201.x.
2. Pengmin Qin e Georg Northoff, "How Is Our Self Related to Midline Regions and the Default-Mode Network?", *Neuroimage* 57, no. 3 (agosto de 2011): 1221–33, https://doi.org/10.1016/j.neuroimage.2011.05.028.
3. Ed Yong, "Self-Control Is Just Empathy with Your Future Self", *Atlantic*, 6 de dezembro de 2016, https://www.theatlantic.com/science/archive/2016/12/self--control-is-just-empathy-with-a-future-you/509726/; Cynthia Lee, "The Stranger Within: Connecting with Our Future Selves", UCLA Newsroom, 9 de abril de 2015, https://newsroom.ucla.edu/stories/the-stranger-within-connecting-with--our-future-selves.
4. Yosef Sokol e Mark Serper, "Development and Validation of a Future Self-Continuity Questionnaire: A Preliminary Report", *Journal of Personality Assessment* 102, no. 5 (maio de 2019): 677–88, https://doi.org/10.1080/00223891.2019.1611588.
5. Adam Smith, "Cognitive Empathy and Emotional Empathy in Human Behavior and Evolution", *Psychological Record* 56, no. 1 (2006): 3–21, https:// doi.org/10.1007/BF03395534; Simone G. Shamay-Tsoory, Judith Aharon-Peretz e Daniella Perry, "Two Systems for Empathy: A Double Dissociation between Emotional and Cognitive Empathy in Inferior Frontal Gyrus versus Ventromedial Prefrontal Lesions", *Brain* 132, no. 3 (março de 2009): 617–27, https://doi.org/10.1093/brain/awn279.
6. Andrew Reiljan, " 'Fear and Loathing across Party Lines' (Also) in Europe: Affective Polarisation in European Party Systems", *European Journal of Political Research* 59, no. 2 (maio de 2020): 376–96, https://doi.org/10.1111/1475-6765.12351; Shanto Iyengar et al., "The Origins and Consequences of Affective Polarization in the United States", *Annual Review of Political Science* 22 (2019): 129–46, https://doi.org/10.1146/annurev-polisci-051117-073034; Shanto Iyengar, Gaurav Sood e Yphtach Lelkes, "Affect, Not Ideology: A Social Identity Perspective on Polarization", *Public Opinion Quarterly* 76, no. 3 (setembro de 2012): 405–31, https://doi.org/10.1093/poq/nfs038.
7. Levi Boxell et al., "Affective Polarization Did Not Increase during the Coronavirus Pandemic", working paper no. 28036 (outubro de 2020), National Bureau of Economic Research, https://doi.org/10.3386/w28036.
8. Sebastian Jungkunz, "Political Polarization During the COVID-19 Pandemic", *Frontiers in Political Science* 3 (março de 2021): 622512, https://doi.org/10.3389/fpos.2021.622512; Hunt Allcott et al., "Polarization and Public Health: Partisan Differences in Social Distancing During the Coronavirus Pandemic", *Journal of Public Economics* 191 (novembro de 2020): 104254, https://doi.org/10.1016/j.jpubeco.2020.104254; Christos Makridis and Jonathan T. Rothwell, "The Real

Cost of Political Polarization: Evidence from the COVID-19 Pandemic", 29 de junho de 2020, disponível em SSRN: http://dx.doi.org/10.2139/ssrn.3638373; Ariel Fridman, Rachel Gershon e Ayelet Gneezy, "COVID-19 and Vaccine Hesitancy: A Longitudinal Study", *PloS One* 16, no. 4 (abril de 2021): e0250123, https://doi.org/10.1371/journal.pone.0250123; Wändi Bruine de Bruin, Htay-Wah Saw e Dana P. Goldman, "Political Polarization in US Residents' COVID-19 Risk Perceptions, Policy Preferences, and Protective Behaviors", *Journal of Risk and Uncertainty* 61 (novembro de 2020): 177–94, https://doi.org/10.1007/s11166-020-09336-3.

9. Mark H. Davis, "Empathy, Compassion, and Social Relationships", em *The Oxford Handbook of Compassion Science*, eds. Emma M. Seppälä et al. (Nova York: Oxford University Press, 2017), 299–316; Deborah R. Richardson et al., "Empathy as a Cognitive Inhibitor of Interpersonal Aggression", *Aggressive Behavior* 20, no. 4 (1994): 275–89, https://doi.org/10.1002/1098-2337(1994)20:4<275::AID-AB2480200402>3.0.CO;2-4; Minet De Wied, Susan J. T. Branje e Wim H. J. Meeus, "Empathy and Conflict Resolution in Friendship Relations among Adolescents", *Aggressive Behavior* 33, no. 1 (janeiro de 2007): 48–55, https://doi.org/10.1002/ab.20166.
10. William J. Chopik, Ed O'Brien e Sara H. Konrath, "Differences in Empathic Concern and Perspective Taking across 63 Countries", *Journal of Cross-Cultural Psychology* 48, no. 1 (janeiro de 2017): 23–38, https://doi.org/10.1177/0022022116673910.
11. Ellen Barry, "Young Rural Women in India Chase Big-City Dreams", *New York Times*, 24 de setembro de 2016, https://www.nytimes.com/2016/09/25/world/asia/bangalore-india-women-factories.html.
12. Nicholas Epley, "Be Mindwise: Perspective Taking vs. Perspective Getting", *Behavioral Scientist*, 16 de abril de 2014, https://behavioralscientist.org/be-mindwise-perspective-taking-vs-perspective-getting/; Tal Eyal, Mary Steffel e Nicholas Epley, "Perspective Mistaking: Accurately Understanding the Mind of Another Requires Getting Perspective, Not Taking Perspective", *Journal of Personality and Social Psychology* 114, no. 4 (abril de 2018): 547–71, https://doi.org/10.1037/pspa0000115.
13. C. Daniel Batson, Shannon Early e Giovanni Salvarani, "Perspective Taking: Imagining How Another Feels versus Imagining How You Would Feel", *Personality and Social Psychology Bulletin* 23, no. 7 (julho de 1997): 751–58, https://doi.org/10.1177/0146167297237008.
14. Zaheer Cassim, "Cape Town Could Be the First Major City in the World to Run Out of Water", *USA Today*, 19 de janeiro de 2018, https://www.usatoday.com/story/news/world/2018/01/19/cape-town-could-first-major-city-run-out-water/1047237001/; Richard Poplak, "What's Actually Behind Cape Town's Water Crisis", *Atlantic*, 15 de fevereiro de 2018, https://www.theatlantic.com/international/archive/2018/02/cape-town-water-crisis/553076/; Geoffrey York, "Cape Town Residents Become 'Guinea Pigs for the World' with Water-Conservation Campaign", *Globe and Mail*, 8 de março de 2018, https://www.

theglobeandmail.com/news/world/cape-town-residents-become-guinea-pigs-for--the-world-with-water-conservationcampaign/article38257004/; Patricia de Lille, "Day Zero: When Is It, What Is It, and How Can We Avoid It?", City of Cape Town, 15 de novembro de 2017, https://www.capetown.gov.za/Media-and-news/Day%20Zero%20when%20is%20it,%20what%20is%20it,%20and%20how%20can%20we%20avoid%20it

15. Christian Alexander, "Cape Town's 'Day Zero' Water Crisis, One Year Later", Bloomberg CityLab, 12 de abril de 2019, https://www.bloomberg.com/news/articles/2019-04-12/looking-back-on-cape-town-s-drought-and-day-zero.
16. Estatísticas globais reunidas e divulgadas pelo Access Now, como parte da sua campanha #KeepItOn para aumentar a consciência e agir contra desligamento de comunicações por parte do governo. AccessNow.org, 21 de março de 2021.
17. Tom Wheeler, "Could Donald Trump Claim a National Security Threat to Shut Down the Internet?", Brookings TechTank, 25 de junho de 2020, https://www.brookings.edu/blog/techtank/2020/06/25/could-donald-trump-claim-a-national--security-threat-to-shut-down-the-internet/.
18. Berhan Taye, *Shattered Dreams and Lost Opportunities: A Year in the Fight to nº KeepItOn* (New York: Access Now, março de 2021), 28, https://www.accessnow.org/cms/assets/uploads/2021/03/KeepItOn-report-on-the-2020-data_Mar-2021_3.pdf.
19. "S. 4646 (116th): Unplug the Internet Kill Switch Act of 2020", GovTrack, atualizado em 27 de novembro de 2020, https://www.govtrack.us/congress/bills/116/s4646/summary.
20. David E. Sanger, Clifford Krauss e Nicole Perlroth, "Cyberattack Forces a Shutdown of a Top U.S. Pipeline", *New York Times*, 8 de maio de 2021, https://www.nytimes.com/2021/05/08/us/cyberattack-colonial-pipeline.html; Frances Robles e Nicole Perlroth, " 'Dangerous Stuff': Hackers Tried to Poison Water Supply of Florida Town", *New York Times*, 8 de fevereiro de 2021, https://www.nytimes.com/2021/02/08/us/oldsmar-florida-water-supply-hack.html; Laura Dyrda, "The 5 Most Significant Cyberattacks in Healthcare for 2020", Becker's Health IT, 14 de dezembro de 2020, https://www.beckershospitalreview.com/cybersecurity/the-5-most-significant-cyberattacks-in-healthcare-for-2020.html.
21. Scott Ikeda, "Amazon Sidewalk's 'Smart Neighborhood' Vision Raises Serious Privacy Concerns", CPO Magazine, 29 de junho de 2021, https://www.cpomagazine.com/data-privacy/amazon-sidewalks-smart-neighborhood-vision-raises-serious--privacy-concerns/.
22. Linda Howard, "Amazon Alexa Features You Should Turn Off Right Now to Protect Your Privacy", *UK Daily Record*, 12 de julho de 2021, https://www.dailyrecord.co.uk/lifestyle/money/amazon-alexa-features-to-disable-24516564.

23. Christina Tobacco, "Consumer Lawsuit Filed against Amazon over New 'Sidewalk' Network", Law Street, 9 de julho de 2021, https://lawstreetmedia.com/tech/consumer-lawsuit-filed-against-amazon-over-new-sidewalk-network/.
24. "The Digital Currencies That Matter", *Economist*, 8 de maio de 2021, https://www.economist.com/leaders/2021/05/08/the-digital-currencies-that-matter.
25. Cory Doctorow (@doctorow), "A key idea from sf is 'all laws are local, and no law knows how local it is,'" Twitter, 16 de maio de 2021, 12:03, https://twitter.com/doctorow/status/1393960274256822273.

Capítulo Nove

1. Christine Caine (@ChristineCaine), "Sometimes when you're in a dark place you think you've been buried when you've actually been planted. You will bring forth life!!", Twitter, 28 de fevereiro de 2015, 18:27, https://twitter.com/ChristineCaine/status/571814033780682752?s=20.
2. Lawrence G. Calhoun e Richard G. Tedeschi, eds., *Handbook of Posttraumatic Growth: Research and Practice* (Nova York: Routledge, 2014).
3. Kai Yuan et al., "Prevalence of Posttraumatic Stress Disorder after Infectious Disease Pandemics in the Twenty-First Century, Including COVID-19: A Meta-Analysis and Systematic Review", *Molecular Psychiatry* (fevereiro de 2021): https://doi.org/10.1038/s41380-021-01036-x.
4. Ibid.
5. Robert H. Pietrzak, Jack Tsai, Steven M. Southwick, "Association of Symptoms of Posttraumatic Stress Disorder with Posttraumatic Psychological Growth among US Veterans During the COVID-19 Pandemic", *JAMA Network Open* 4, no. 4 (abril de 2021): e214972, https://doi.org/10.1001/jamanetworkopen.2021.4972.
6. Leah Zaidi, "Building Brave New Worlds: Science Fiction and Transition Design" (tese de mestrado, Ontario College of Art and Design, 2017), 2, https://www.researchgate.net/publication/321886159_Building_Brave_New_Worlds_Science_Fiction_and_Transition_Design.
7. Zora Neale Hurston, *Moses, Man of the Mountain* (1939; repr., Nova York: Harper Perennial, 1991), 194.
8. Marina Gorbis e Kathi Vian, "Post-COVID-19 Futures: What Can We Build after the Global Pandemic?", Urgent Futures, Institute for the Future, 6 de maio de 2020, https://medium.com/institute-for-the-future/post-COVID-19-futures-what-can-we-build-after-the-global-pandemic-3cac9515ef20.
9. "After the Pandemic: A Deeper Disease", Institute for the Future, 15 de setembro de 2020, https://www.iftf.org/whathappensnext/.
10. Molly Kinder e Martha Ross, "Reopening America: Low-Wage Workers Have Suffered Badly from COVID-19 so Policymakers Should Focus on Equity", Brookings Institute, 23 de junho de 2020, https://www.brookings.edu/research/

reopening-america-low-wage-workers-have-suffered-badly-from-COVID-19-so--policymakers-should-focus-on-equity/; Alyssa Fowers, "Concerns about Missing Work May Be a Barrier to Coronavirus Vaccination", *Washington Post*, 27 de maio de 2021, https://www.washingtonpost.com/business/2021/05/27/time-off--vaccine-workers/.

11. Oxfam International, *The Inequality Virus: Bringing Together a World Torn Apart by Coronavirus through a Fair, Just and Sustainable Economy* (Cowley, Oxford: Oxfam GB, janeiro de 2021), https://oxfamilibrary.openrepository.com/bitstream/handle/10546/621149/bp-the-inequality-virus-250121-en.pdf.
12. Organização Internacional do Trabalho, *ILO Monitor: COVID-19 and the World of Work*, 5 ed., 30 de junho 2020, https://www.ilo.org/wcmsp5/groups/public/---dgreports/---dcomm/documents/briefingnote/wcms_749399.pdf; Courtney Connley, "Women's Labor Force Participation Rate Hit a 33-Year Low in January, According to New Analysis", CNBC Make It, 8 de fevereiro de 2021, https://www.cnbc.com/2021/02/08/womens-labor-force-participation-rate-hit-33-year-low-in--january-2021.html; Catarina Saraiva, "Women Leaving Workforce Again Shows Uneven U.S. Jobs Recovery", Bloomberg News, 7 de maio de 2021, https://www.bloomberg.com/news/articles/2021-05-07/women-leaving-workforce-again-shows--uneven-u-s-jobs-recovery.
13. Till von Wachter, "Lost Generations: Long-Term Effects of the COVID-19 Crisis on Job Losers and Labour Market Entrants, and Options for Policy", *Fiscal Studies* 41, no. 3 (setembro de 2020): 549–90, https://doi.org/10.1111/1475-5890.12247; Kenneth Burdett, Carlos Carrillo-Tudela e Melvyn Coles, "The Cost of Job Loss", *Review of Economic Studies* 87, no. 4 (julho de 2020): 1757–98, https://doi.org/10.1093/restud/rdaa014.
14. "The Impact of COVID-19 on Student Equity and Inclusion: Supporting Vulnerable Students during School Closures and School Re-openings", OECD, 19 de novembro de 2020, https://www.oecd.org/coronavirus/policy-responses/the-impact-of-COVID-19-on-student-equity-and-inclusion-supporting-vulnerable--students-during-school-closures-and-school-re-openings-d593b5c8/.
15. "UN Report Finds COVID-19 Is Reversing Decades of Progress on Poverty, Healthcare and Education", United Nations Department of Economic and Social Affairs, 7 de julho de 2020, https://www.un.org/development/desa/en/news/sustainable/sustainable-development-goals-report-2020.html; "America's Huge Stimulus Is Having Surprising Effects on the Poor", *Economist*, 6 de julho de 2020, https://www.economist.com/united-states/2020/07/06/americas-huge-stimulus-is--having-surprising-effects-on-the-poor; Ian Goldin e Robert Muggah, "COVID-19 Is Increasing Multiple Kinds of Inequality. Here's What We Can Do about It", Fórum Econômico Mundial, 9 de outubro de 2020, https://www.weforum.org/agenda/2020/10/covid-19-is-increasing-multiple-kinds-of-inequality-here-s-what--we-can-do-about-it/.

16. Davide Furceri et al., "COVID-19 Will Raise Inequality If Past Pandemics Are a Guide", VoxEu, Centre for Economic Policy Research, 8 de maio de 2020, https://voxeu.org/article/COVID-19-will-raise-inequality-if-past-pandemics-are-guide.
17. Goldin e Muggah, "COVID-19 Is Increasing Multiple Kinds of Inequality", https://www.weforum.org/agenda/2020/10/covid-19-is-increasing-multiple--kinds-of-inequality-here-s-what-we-can-do-about-it/.
18. Jack P. Shonkoff, Natalie Slopen e David R. Williams, "Early Childhood Adversity, Toxic Stress, and the Impacts of Racism on the Foundations of Health", *Annual Review of Public Health* 42 (abril de 2021): 115–34, https://doi.org/10.1146/annurev-publhealth-090419-101940; David R. Williams, Jourdyn A. Lawrence, and Brigette A. Davis, "Racism and Health: Evidence and Needed Research", *Annual Review of Public Health* 40 (abril de 2019): 105–25, https://doi.org/10.1146/annurev-publhealth-040218-043750; Ralph Catalano, "The Health Effects of Economic Insecurity", *American Journal of Public Health* 81, no. 9 (setembro de 1991): 1148–52, https://doi.org/10.2105/AJPH.81.9.1148; Barry Watson e Lars Osberg, "Healing and/or Breaking? The Mental Health Implications of Repeated Economic Insecurity", *Social Science and Medicine* 188 (setembro de 2017): 119–27, https://doi.org/10.1016/j.socscimed.2017.06.042; Evelyn Kortum, Stavroula Leka, and Tom Cox, "Psychosocial Risks and Work-Related Stress in Developing Countries: Health Impact, Priorities, Barriers and Solutions", *International Journal of Occupational Medicine and Environmental Health* 23, no. 3 (2010): 225–38, https://doi.org/10.2478/v10001-010-0024-5.
19. Alice Walker, *Em busca dos jardins de nossas mães: Prosa mulherista* (Rio de Janeiro: Bazar do Tempo, 2021).
20. Organização Mundial da Saúde, *Everybody's Business: Strengthening Health Systems to Improve Health Outcomes* (Genebra, Suíça: WHO Press, 2007), 2, https://www.who.int/healthsystems/strategy/everybodys_business.pdf.
21. "Health Workforce", Organização Mundial da Saúde, acessado em 7 de julho de 2020, https://www.who.int/health-topics/health-workforcen° tab=tab_1; Jenny X. Liu et al., "Global Health Workforce Labor Market Projections for 2030", *Human Resources for Health* 15, no. 11 (fevereiro de 2017), https://doi.org/10.1186/s12960-017-0187-2.
22. "The Mental Health of Healthcare Workers in COVID-19", Mental Health America (MHA), acessado em 27 de agosto de 2021, https://mhanational.org/mental-health-healthcare-workers-COVID-19.
23. Ehui Adovor et al., "Medical Brain Drain: How Many, Where and Why?", *Journal of Health Economics* 76 (março de 2021): 102409, https://doi.org/10.1016/j.jhe-aleco.2020.102409; Natalie Sharples, "Brain Drain: Migrants Are the Lifeblood of the NHS, It's Time the UK Paid for Them", *Guardian*, 6 de janeiro de 2015, https://www.theguardian.com/global-development-professionals-network/2015/jan/06/migrants-nhs-compensation-global-health-brain-drain.

24. "Universal Health Coverage (UHC)", Organização Mundial da Saúde, 1 de abril de 2021, https://www.who.int/news-room/fact-sheets/detail/universal-health-coverage-(uhc); Megan Leonhardt, "Nearly 1 in 4 Americans Are Skipping Medical Care Because of the Cost", CNBC Make It, 12 de março de 2020, https://www.cnbc.com/2020/03/11/nearly-1-in-4-americans-are-skipping-medical-care-because-of-the-cost.html.

25. Emma Frage e Michael Shields, "World Has Entered Stage of 'Vaccine Apartheid'—WHO Head", Reuters, 17 de maio 2021, https://www.reuters.com/business/healthcare-pharmaceuticals/world-has-entered-stage-vaccine-apartheid-who-head-2021-05-17/; "Low-Income Countries Have Received Just 0.2 Per Cent of All COVID-19 Shots Given", Organização das Nações Unidas, 9 de abril de 2021, https://news.un.org/en/story/2021/04/1089392.

26. "The Lancet: Latest Global Disease Estimates Reveal Perfect Storm of Rising Chronic Diseases and Public Health Failures Fuelling COVID-19 Pandemic", Institute for Health Metrics and Evaluation, 15 de outubro de 2020, http://www.healthdata.org/news-release/lancet-latest-global-disease-estimates-reveal-perfect-storm-rising-chronic-diseases-and; George Luber e Michael McGeehin, "Climate Change and Extreme Heat Events", *American Journal of Preventive Medicine* 35, no. 5 (novembro de 2008): 429–35, https://doi.org/10.1016/j.amepre.2008.08.021.

27. Sriram Shamasunder et al., "COVID-19 Reveals Weak Health Systems by Design: Why We Must Re-make Global Health in This Historic Moment", Global Public Health 15, no. 7 (abril de 2020): 1083–89, https://doi.org/10.1080/17441692.2020.1760915; Lawrence O. Gostin, Suerie Moon, e Benjamin Mason Meier, "Reimagining Global Health Governance in the Age of COVID-19", *American Journal of Public Health* 110, no. 11 (novembro de 2020): 1615–19, https://doi.org/10.2105/AJPH.2020.305933; "COVID-19 Is Showing Us How to Improve Health Systems—Sometimes by Disrupting Them", Bill & Melinda Gates Foundation, https://www.gatesfoundation.org/ideas/articles/health-systems-coronavirus-workers-women; Stuart M. Butler, "After COVID-19: Thinking Differently about Running the Health Care System", *JAMA* 323, no. 24 (junho de 2020): 2451–51, https://doi.org/10.1001/jama.2020.8484; Axel Baur et al., "Healthcare Providers: Preparing for the Next Normal after COVID-19", McKinsey & Company, 8 de maio de 2020, https://www.mckinsey.com/industries/healthcare-systems-and-services/our-insights/healthcare-providers-preparing-for-the-next-normal-after-covid-19.

28. Jill Kimball, "U.S. Is Polarizing Faster Than Other Democracies, Study Finds", Brown University, 21 de janeiro de 2020, https://www.brown.edu/news/2020-01-21/polarization.

29. Leonardo Bursztyn et al., "Misinformation during a Pandemic" (working paper no. 2020-44, Becker Friedman Institute for Economics, University of Chicago, setembro de 2020), https://bfi.uchicago.edu/wp-content/uploads/BFI_WP_202044.pdf.

30. Danielle Ivory, Lauren Leatherby, and Robert Gebeloff, "Least Vaccinated U.S. Counties Have Something in Common: Trump Voters", *New York Times*, 17 de abril de 2021, https://www.nytimes.com/interactive/2021/04/17/us/vaccine--hesitancy-politics.html.
31. "Most Approve of National Response to COVID-19 in 14 Advanced Economies", Pew Research Report, 27 de agosto de 2020, https://www.pewresearch.org/global/wp-content/uploads/sites/2/2020/08/PG_2020.08.27_Global-Coronavirus_FINAL.pdf.
32. Simon Ostrovsky e Charles Lyons, "Inequities in Care, Misinformation Fuel COVID Deaths among Poor, Indigenous Brazilians", PBS News Hour, 25 de maio de 2021, https://www.pbs.org/newshour/show/inequities-in-care-misinformation--fuel-COVID-deaths-among-poor-indigenous-brazilians; Ruth Sherlock, "Migrants Are Among the Worst Hit by COVID-19 in Saudi Arabia and Gulf Countries", NPR, 5 de maio de 2020, https://www.npr.org/sections/coronavirus-live-updates/2020/05/05/850542938/migrants-are-among-the-worst-hit-by-COVID-19-in--saudi-arabia-and-gulf-countries; Pete Pattisson e Roshan Sedhai, "Qatar's Migrant Workers Beg for Food as COVID-19 Infections Rise", *Guardian*, 7 de maio de 2020, https://www.theguardian.com/global-development/2020/may/07/qatars-migrant--workers-beg-for-food-as-covid-19-infections-rise; Ian Austen, "The Coronavirus Is Raging in Manitoba, Hitting Indigenous People Especially Hard", *New York Times*, 26 de maio de 2021, https://www.nytimes.com/2021/05/26/world/the-coronavirus--is-raging-in-manitoba-hitting-indigenous-people-especially-hard.html.
33. Rashawn Ray, "Why Are Blacks Dying at Higher Rates from COVID-19?" Brookings Institute, 9 de abril de 2020, https://www.brookings.edu/blog/fixgov/2020/04/09/why-are-blacks-dying-at-higher-rates-from-COVID-19/; "Why Have Black and South Asian People Been Hit Hardest by COVID-19?", UK Office for National Statistics, 14 de dezembro de 2020, https://www.ons.gov.uk/peoplepopulationandcommunity/healthandsocialcare/conditionsanddiseases/articles/whyhaveblackandsouthasianpeoplebeenhithardestbyCOVID19/2020-12-14; Alissa Greenberg, "How the Stress of Racism Can Harm Your Health—and What That Has to Do with COVID-19", PBS, 14 de julho de 2020, https://www.pbs.org/wgbh/nova/article/racism-stress-covid-allostatic-load/.
34. William J. Hall et al., "Implicit Racial/Ethnic Bias Among Health Care Professionals and Its Influence on Health Care Outcomes: A Systematic Review", *American Journal of Public Health* 105, no. 12 (2015): e60–76.
35. Sonu Bhaskar et al., "At the Epicenter of COVID-19—the Tragic Failure of the Global Supply Chain for Medical Supplies", *Frontiers in Public Health* 24, no. 8 (novembro de 2020): 562882, https://doi.org/10.3389/fpubh.2020.562882.
36. Peter S. Goodman e Niraj Chokshi, "How the World Ran Out of Everything", *New York Times*, 1 de junho de 2021, https://www.nytimes.com/2021/06/01/business/coronavirus-global-shortages.html.

37. Diane Brady, "COVID-19 and Supply-Chain Recovery: Planning for the Future", 9 de outubro de 2020, in *The McKinsey Podcast*, 29:09, https://www.mckinsey.com/business-functions/operations/our-insights/COVID-19-and-supply-chain-recovery-planning-for-the-future.
38. Sarah Gibbens, "These 5 Foods Show How Coronavirus Has Disrupted Supply Chains", *National Geographic*, 19 de maio de 2020, https://www.nationalgeographic.com/science/article/covid-19-disrupts-complex-foodchains-beef-milk-eggs-produce; "Food Security and COVID-19", Banco Mundial, 17 de agosto de 2021, https://www.worldbank.org/en/topic/agriculture/brief/food-security-and-covid-19.
39. "Burn-Out an 'Occupational Phenomenon': International Classification of Diseases", Organização Mundial da Saúde, 28 de maio de 2019, https://www.who.int/news/item/28-05-2019-burn-out-an-occupational-phenomenon-international-classification-of-diseases.
40. Jennifer Moss, "Beyond Burned Out", *Harvard Business Review*, 10 de fevereiro de 2021, https://hbr.org/2021/02/beyond-burned-out; Anitra Lesser, "The Impacts of COVID on Rising Burnout Rates", Employers Council, 23 de outubro de 2020, https://blog.employerscouncil.org/2020/10/23/the-impacts-of-COVID-on-rising-burnout-rates/.
41. "Long Working Hours Increasing Deaths from Heart Disease and Stroke: WHO, ILO," Organização Mundial da Saúde, 17 de maio de 2021, https://www.who.int/news/item/17-05-2021-long-working-hours-increasing-deaths-from-heart-disease-and-stroke-who-ilo.
42. Maria Cristina Rulli et al., "Land-Use Change and the Livestock Revolution Increase the Risk of Zoonotic Coronavirus Transmission from Rhinolophid Bats", *Nature Food* 2 (junho de 2021): 409–16, https://doi.org/10.1038/s43016-021-00285-x; "Coronavirus, Climate Change, and the Environment: A Conversation on COVID-19 with Dr. Aaron Bernstein, Director of Harvard Chan C-CHANGE", Harvard T. H. Chan School of Public Health, acessado em 27 de agosto de 2021, https://www.hsph.harvard.edu/c-change/subtopics/coronavirus-and-climate-change/.
43. Institute of Medicine and National Research Council, *Potential Risks and Benefits of Gain-of-Function Research: Summary of a Workshop* (Washington, DC: National Academies Press, 2015), https://doi.org/10.17226/21666.
44. Andrea Pozzer et al., "Regional and Global Contributions of Air Pollution to Risk of Death from COVID-19", *Cardiovascular Research* 116, no. 14 (dezembro de 2020): 2247–53, https://doi.org/10.1093/cvr/cvaa288.
45. Dan Walton e Maarten van Aalst, *Climate-Related Extreme Weather Events and COVID-19: A First Look at the Number of People Affected by Intersecting Disasters* (Genebra, Suíça: International Federation of Red Cross and Red Crescent Societies, setembro de 2020), https://media.ifrc.org/ifrc/wp-content/uploads/2020/09/Extreme-weather-events-and-COVID-19-V4.pdf.

46. James M. Shultz, Craig Fugate e Sandro Galea, "Cascading Risks of COVID-19 Resurgence during an Active 2020 Atlantic Hurricane Season", *JAMA* 324, no. 10 (agosto de 2020): 935–36, https://doi.org/10.1001/jama.2020.15398.
47. Shanto Iyengar e Douglas S. Massey, "Scientific Communication in a Post-Truth Society", *Proceedings of the National Academy of Sciences* 116, no. 16 (2019): 7656-61, https://doi.org/10.1073/pnas.1805868115.
48. Kathi Vian, "The Deeper, Longer Disease", Institute for the Future, 10 de junho de 2020, https://medium.com/institute-for-the-future/the-deeper-longer-disease-13e859de2d16.
49. "Superstruct Superthreat: Quarantine", Institute for the Future, vídeo, 3:59, 21 de setembro de 2008, https://www.youtube.com/watch?v=r_HxFSY581U&t=2s.
50. Ed Yong, "Long-Haulers Are Redefining COVID-19", *Atlantic*, 19 de agosto de 2020, https://www.theatlantic.com/health/archive/2020/08/long-haulers-COVID-19-recognition-support-groups-symptoms/615382/; Shayna Skarf, "Denied Treatment, Some COVID Long-Haulers Could Become Lifelong-Haulers", STAT, 28 de janeiro de 2021, https://www.statnews.com/2021/01/28/stop-ignoring-undocumented-long-haulers/; Judy George, "Study Puts Numbers to 'Long COVID' Duration, Prevalence—High Frequency of Debility Lasting for Months", MedPage Today, 19 de fevereiro de 2021, https://www.medpagetoday.com/infectiousdisease/COVID19/91270; Alvin Powell, "A Pandemic That Endures for COVID Long-Haulers", *Harvard Gazette*, 13 de abril de 2021, https://news.harvard.edu/gazette/story/2021/04/harvard-medical-school-expert-explains-long-COVID/; "One in 20 People Likely to Suffer from 'Long COVID', but Who Are They?", Zoe COVID Study, 21 de outubro de 2020, https://covid.joinzoe.com/post/long-covid.
51. Allison DeLong, Mayla Hsu e Harriet Kotsoris, "Estimation of Cumulative Number of Post-Treatment Lyme Disease Cases in the US, 2016 and 2020", *BMC Public Health* 19, no. 352 (abril de 2019), https://doi.org/10.1186/s12889-019-6681-9.
52. Sarah Fraser, "The Toxic Power Dynamics of Gaslighting in Medicine", *Canadian Family Physician* 67, no. 5 (maio de 2021): 367–68, https://doi.org/10.46747/cfp.6705367; Maya Dusenbery, *Doing Harm: The Truth about How Bad Medicine and Lazy Science Leave Women Dismissed, Misdiagnosed, and Sick* (Nova York: HarperCollins, 2018); Rita RRBUn, "As Their Numbers Grow, COVID-19 'Long Haulers' Stump Experts", *JAMA* 324, no. 14 (setembro de 2020): 1381–83, https://doi.org/10.1001/jama.2020.17709; Monica Verduzco-Gutierrez et al., "In This for the Long Haul: Ethics, COVID-19, and Rehabilitation", *PM&R* 13, no. 3 (março de 2021): 325–32, https://doi.org/10.1002/pmrj.12554.
53. "How Many People Have ME/CFS?", American Myalgic Encephalomyelitis and Chronic Fatigue Syndrome Society, acessado em 27 de agosto de 2021, https://ammes.org/how-many-people-have-mecfs/; Chris Ponting, "Analysis of Data from

500,000 Individuals in UK Biobank Demonstrates an Inherited Component to ME/CFS", *ME/CFS Research* (blog), 11 de junho de 2018, https://mecfsresearchreview.me/2018/06/11/analysis-of-data-from-500000-individuals-in-uk-biobank-demonstrates--an-inherited-component-to-me-cfs.

54. "Building Imagination Infrastructure to Shape Better Futures", Skoll World Forum, vídeo, 49:56, 15 de abril de 2021, https://www.youtube.com/watch?v=gUQYwWwwUyw.
55. Definição adaptada do *Merriam-Webster*, acessado em 27 de agosto de 2021, http://www.merriam-webster.com/dictionary/howl.
56. Paulina Cachero, "When the Clock Strikes 8, Some Americans in Isolation Are Howling in the Night for Health Workers Battling the Coronavirus", Insider, 1 de abril de 2020, https://www.insider.com/americans-in-isolation-howl-8-night--health-workers-solidarity-2020-4.
57. Will Schmitt, "North Bay Residents Howl into the Night to Release Stress, Support First Responders during Coronavirus Shutdown", *Press Democrat*, 10 de abril de 2020, https://www.pressdemocrat.com/article/news/north-bay-residents-howl--into-the-night-to-release-stress-support-first-re/?sba=AAS.
58. Emiliana R. Simon-Thomas et al., "The Voice Conveys Specific Emotions: Evidence from Vocal Burst Displays", *Emotion* 9, no. 6 (dezembro de 2009): 838–46, https://doi.org/10.1037/a0017810; Marc D. Pell et al., "Preferential Decoding of Emotion from Human Non-linguistic Vocalizations versus Speech Prosody", *Biological Psychology* 111 (outubro de 2015): 14–25, https://doi.org/10.1016/j.biopsycho.2015.08.008; A. S. Cowen et al., "Mapping 24 Emotions Conveyed by Brief Human Vocalization", *American Psychologist* 74, no. 6 (setembro de 2019): 698–712, https://doi.org/10.1037/amp0000399; Disa A. Sauter et al., "Cross-Cultural Recognition of Basic Emotions through Nonverbal Emotional Vocalizations", *Proceedings of the National Academy of Sciences* 107, no. 6 (fevereiro de 2010): 2408–12, https://doi.org/10.1073/pnas.0908239106.
59. Ocean Vuong, "Ocean Vuong: A Life Worthy of Our Breath", entrevistado por Krista Tippett, *On Being*, 30 de abril de 2020, https://onbeing.org/programs/ocean-vuong-a-life-worthy-of-our-breath/#transcript.
60. Walidah Imarisha, "To Build a Future without Police and Prisons, We Have to Imagine It First", OneZero, 22 de outubro de 2020, https://onezero.medium.com/black-lives-matter-is-science-fiction-how-envisioning-a-better-future-makes--it-possible-5e14d35154e3.

Capítulo Dez

1. M. E. Seligman e S. F. Maier, "Failure to Escape Traumatic Shock", *Journal of Experimental Psychology* 74, no. 1 (maio de 1967): 1–9, https://doi.org/10.1037/h0024514.

2. William R. Miller, Robert A. Rosellini e Martin E. P. Seligman, "Depression: Learned Helplessness and Depression", in *Psychopathology: Experimental Models*, eds. J. D. Maser e M. E. P. Seligman (Nova York: W. H. Freeman, 1977), 104–30; Lauren B. Alloy e Lyn Y. Abramson, "Learned Helplessness, Depression, and the Illusion of Control", *Journal of Personality and Social Psychology* 42, no. 6 (1982): 1114–26, https://doi.org/10.1037/0022-3514.42.6.1114; Steven F. Maier, "Learned Helplessness and Animal Models of Depression", *Progress in Neuro--Psychopharmacology and Biological Psychiatry* 8, no. 3 (1984): 435–46, https://doi.org/10.1016/S0278-5846(84)80032-9.
3. Steven F. Maier e Martin E. P. Seligman, "Learned Helplessness at Fifty: Insights from Neuroscience", *Psychological Review* 123, no. 4 (julho de 2016): 349–67, https://doi.org/10.1037/rev0000033; Shelley E. Taylor et al., "Biobehavioral Responses to Stress in Females: Tend-and-Befriend, Not Fight-or-Flight", *Psychological Review* 107, no. 3 (julho de 2000): 411–29, https://doi.org/10.1037/0033-295X.107.3.411.
4. Para um estudo detalhado sobre os impactos psicológicos do hábito de jogar videogames na mentalidade, nos comportamentos diários, nas interações sociais e na resolução de problema de gamers frequentes, ver Jane McGonigal, *A realidade em jogo: Por que os games nos tornam melhor e como eles podem mudar o mundo* (Rio de Janeiro, Editora Best*Seller*, 2012) e Jane McGonigal, *SuperBetter: The Power of Living Gamefully* (Nova York: Penguin, 2015).
5. Jari Kätsyri et al., "Just Watching the Game Ain't Enough: Striatal fMRI Reward Responses to Successes and Failures in a Video Game during Active and Vicarious Playing", *Frontiers in Human Neuroscience* 7, no. 278 (junho de 2013), https://doi.org/10.3389/fnhum.2013.00278.
6. Joseph Campbell, *O herói de mil faces* (São Paulo: Pensamento, 1989).
7. "Italians Record Messages for 'Themself from 10 Days Ago' during Coronavirus Pandemic", A Thing By, vídeo, 3:30, 15 de março de 2020, https://www.youtube.com/watch?v=o_cImRzKXOs&feature=youtu.be&fbclid=IwAR1FCqCPhC0TvWY1KV--hl3uxKTLywTx8QDwQHRHPf5eR8wDsk-RpqWWBOk; Ignacio Escolar, "Opinion: I'm in Spain, but This Is a Message from the Future", *Washington Post*, 16 de março de 2020, https://www.washingtonpost.com/opinions/2020/03/16/im--spain-this-is-message-future/; Jane McGonigal, "During a Pandemic, We Urgently Need to Stretch Our Imagination", *Urgent Futures*, Institute for the Future, 18 de março de 2020, https://medium.com/institute-for-the-future/during-a-pandemic--we-all-need-to-stretch-our-imagination-a9295cfcd1f8.
8. Ida Garibaldi, "Hello from Italy. Your Future Is Grimmer Than You Think", *Washington Post*, 17 de março de 2020, https://www.washingtonpost.com/outlook/2020/03/17/hello-italy-your-future-is-grimmer-than-you-think/.
9. Tara Mohr, "You-Shaped Hole", Tara Mohr (website), acessado em 27 de agosto de 2021, https://www.taramohr.com/inspirational-poetry/you-shaped-hole-2/.

10. "Alpha-Gal Syndrome: The Epidemic You've Never Heard Of", AGI: Alpha-Gal Information, a Project of the Alpha-Gal Syndrome Awareness Campaign, acessado em 27 de agosto de 2021, https://alphagalinformation.org/.
11. Paul Hope, "Tickproof Your Yard without Spraying Pesticides", *Consumer Reports*, 5 de junho de 2021, https://www.consumerreports.org/pest-control/tickproof--your-yard-without-spraying/.
12. "Alpha-Gal Syndrome", Mayo Clinic, atualizado em 19 de novembro de 2020, https://www.mayoclinic.org/diseases-conditions/alpha-gal-syndrome/symptoms--causes/syc-20428608.
13. "An Emerging Epidemic", AGI: Alpha-Gal Information, acessado em 27 de agosto de 2021, https://alphagalinformation.org/what-is-ags/nº An%20Emerging%20 Epidemic.
14. W. Landon Jackson, "Mammalian Meat Allergy Following a Tick Bite: A Case Report", Oxford Medical Case Reports 2018, no. 2 (fevereiro de 2018): omx098, https://doi.org/10.1093/omcr/omx098; Scott P. Commins et al., "Delayed Anaphylaxis, Angioedema, or Urticaria after Consumption of Red Meat in Patients with IgE Antibodies Specific for Galactose-alpha-1,3-galactose", *Journal of Allergy and Clinical Immunology* 123, no. 2 (fevereiro de 2009): 426–33, https://doi.org/10.1016/j.jaci.2008.10.052.
15. J. S. Gray et al., "Effects of Climate Change on Ticks and Tick-Borne Diseases in Europe", *Interdisciplinary Perspectives on Infectious Diseases* 2009, no. 593232 (2009), https://doi.org/10.1155/2009/593232; Abdelghafar Alkishe, Ram K. Raghavan e Andrew T. Peterson, "Likely Geographic Distributional Shifts among Medically Important Tick Species and Tick-Associated Diseases under Climate Change in North America: A Review", *Insects* 12, no. 3 (março de 2021): 225, https://doi.org/10.3390 /insects12030225; "Ticks on Upsurge Again This Spring", *Detroit Free Press*, 31 de maio de 2021, https://www.freep.com/story/news/local/michigan/2021/05/27/tick-population-exploding-climate-change/7438784002/.
16. Katelyn Newman, "Ticks and Lyme Disease Are a Threat for Cities, Too", *U.S. News and World Report*, 15 de maio de 2019, https://www.usnews.com/news/healthiest-communities/articles/2019-05-15/lyme-disease-ticks-a-threat-for-cities--study-suggests.
17. "Every Year, 300,000 Tick Bites in Urban Areas", RIVM: National Institute for Public Health and the Environment, 19 de abril de 2017, https://www.rivm.nl/en/news/every-year-300000-tick-bites-in-urban-areas.
18. Susanne Rust, "Ticks on a 'Quest' for Blood at California's Beaches. Is Lyme Disease a Rising Risk?", *Los Angeles Times*, 6 de junho de 2021, https://www.latimes.com/california/story/2021-06-06/ticks-california-beaches-lyme-disease-unknown-carrier.
19. "Project Evaluation: EVOKE (Official Evaluation Commissioned by the World Bank, by Edmond Gaible and Amitabh Dabla)", Banco Mundial, https://www.worldbank.org/en/topic/edutech/brief/evoke-an-online-alternate-reality-game-

-supporting-social-innovation-among-young-people-around-the-world; Robert Hawkins, "EVOKE Reflections: Results from the World Bank's On-Line Educational Game (Part 2)", World Bank Blogs, 20 de agosto de 2010, https://blogs.worldbank.org/edutech/evoke-reflections-results-from-world-bank-educational-game-part-ii.

Capítulo Onze

1. Avery Hurt, "A Glimpse Inside the Mind of Dreaming Animals", *Discover*, 20 de janeiro de 2021, https://www.discovermagazine.com/mind/a-glimpse-inside-the-mind-of-dreaming-animals; Liz Langley, "Do Animals Dream?" *National Geographic*, 5 de setembro de 2015, https://www.nationalgeographic.com/culture/article/150905-animals-sleep-science-dreaming-cats-brains; Jason G. Goldman, "What Do Animals Dream About?", BBC News, 24 de abril de 2014, https://www.bbc.com/future/article/20140425-what-do-animals-dream-about.
2. Erik Hoel, "The Overfitted Brain: Dreams Evolved to Assist Generalization", *Patterns* 2, no. 5 (maio de 2021): 100244; https://doi.org/10.1016/j.patter.2021.100244.
3. Jim Dator, "Alternative Futures at the Manoa School", in *Jim Dator: A Noticer in Time* (Cham, Suíça: Springer, 2019), 37–54.

Simulação futura nº 1

1. Bill McKibben, "Do We Actually Need More Gas Stations?", *New Yorker*, 24 de março de 2021, https://www.newyorker.com/news/annals-of-a-warming-planet/do-we-actually-need-more-gas-stations.
2. Silpa Kaza et al., What a Waste 2.0: A Global Snapshot of Solid Waste Management to 2050 (Washington, DC: World Bank, 2018), https://datatopics.worldbank.org/what-a-waste/.
3. Hannah Ritchie e Max Roser, "CO^2 and Greenhouse Gas Emissions by Sector", Our World in Data, maio de 2017, rev. agosto de 2020, https://ourworldindata.org/co2-and-other-greenhouse-gas-emissions.
4. M. Vrijheid, "Health Effects of Residence Near Hazardous Waste Landfill Sites: A Review of Epidemiologic Literature", *Environmental Health Perspectives* 108, suppl. 1 (março de 2000): 101–12, https://doi.org/10.1289/ehp.00108s1101; Francis O. Adeola, "Endangered Community, Enduring People: Toxic Contamination, Health, and Adaptive Responses in a Local Context", *Environmental Behavior* 32, no. 2 (março de 2000): 209–49, https://doi.org/10.1177/00139160021972504; Olga Bridges, Jim W. Bridges, e John F. Potter, "A Generic Comparison of the Airborne Risks to Human Health from Landfill and Incinerator Disposal of Municipal Solid Waste", *Environmentalist* 20, no. 4 (dezembro de 2000): 325–34, https://doi.org/10.1023/A:1006725932558; Jean D. Brender, Juliana A. Maantay, Jayajit Chakraborty, "Residential Proximity to Environmental Hazards and Adverse

Health Outcomes", *American Journal of Public Health* 101, no. S1 (dezembro de 2011): S37–S52; https://doi.org/10.2105/AJPH.2011.300183.

5. "Facts and Figures on Marine Pollution", UNESCO, acessado em 27 de agosto de 2020, http://www.unesco.org/new/en/natural-sciences/ioc-oceans/focus-areas/rio-20-ocean/blueprint-for-the-future-we-want/marine-pollution/facts-and-figures-on-marine-pollution/.
6. Marie Donahue, *Waste Incineration: A Dirty Secret in How States Define Renewable Energy* (Institute for Local Self-Reliance, dezembro de 2018), https://ilsr.org/wp-content/uploads/2018/12/ILSRIncinerationFInalDraft-6.pdf.
7. Silpa Kaza et al., What a Waste 2.0, https://datatopics.worldbank.org/what-a-waste/.
8. "National Overview: Facts and Figures on Materials, Wastes and Recycling", United States Environmental Protection Agency, última atualização em 14 de julho de 2021, https://www.epa.gov/facts-and-figures-about-materials-waste-and-recycling/national-overview-facts-and-figures-materials.
9. Ann Koh and Anuradha Raghu, "The World's 2-Billion-Ton Trash Problem Just Got More Alarming", Bloomberg News, 11 de julho de 2019, https://www.bloomberg.com/news/features/2019-07-11/how-the-world-can-solve-its-2-billion-ton-trash-problem; Renee Cho, "Recycling in the U.S. Is Broken. How Do We Fix It?", Columbia Climate School, 13 de março de 2020, https://news.climate.columbia.edu/2020/03/13/fix-recycling-america/.
10. Douglas Broom, "South Korea Once Recycled 2% of Its Food Waste. Now It Recycles 95%", Fórum Econômico Mundial, 12 de abril de 2019, https://www.weforum.org/agenda/2019/04/south-korea-recycling-food-waste/; Hope Ngo, "How Getting Rid of Dustbins Helped Taiwan Clean Up Its Cities", BBC News, 27 de maio de 2020, https://www.bbc.com/future/article/20200526-how-taipei-became-an-unusually-clean-city; Kristin Hunt, "This American State Is Using a New Pay-as-You-Throw Programme to Have a Big Impact on Waste", Fórum Econômico Mundial, 19 de novembro de 2018, https://www.weforum.org/agenda/2018/11/new-hampshires-pay-as-you-throw-programs-are-reducing-waste-by-50-percent/; Germà Bel e Raymond Gradus, "Effects of Unit-Based Pricing on Household Waste Collection Demand: A Meta-Regression Analysis", *Resource and Energy Economics 44* (maio de 2016): 169–82, https://doi.org/10.1016/j.reseneeco.2016.03.003.
11. "The Kamikatsu Zero Waste Campaign: How a Little Town Achieved a Top Recycling Rate", Nippon.com, 13 de julho de 2018, https://www.nippon.com/en/guide-to-japan/gu900038/.
12. "Frequently Asked Questions", Buy Nothing, 13 de abril de 2021, https://buynothingproject.org/about/faqs/.
13. Stephen Leahy, "How People Make Only a Jar of Trash a Year", *National Geographic*, 18 de maio de 2018, https://www.nationalgeographic.com/science/article/zero-

-waste-families-plastic-culture; Peter O'Dowd, "This Jar Represents One Family's Waste for an Entire Year", WBUR, 20 de maio de 2019, https://www.wbur.org/hereandnow/2019/05/20/zero-waste-family.

14. Emily Matchar, "The Rise of 'Zero-Waste' Grocery Stores", *Smithsonian Magazine*, 15 de fevereiro de 2019, https://www.smithsonianmag.com/innovation/rise-zero-waste-grocery-stores-180971495/.
15. Winston Choi-Schagrin, "Maine Will Make Companies Pay for Recycling. Here's How It Works", *New York Times*, 22 de julho de 2021, https://www.nytimes.com/2021/07/21/climate/maine-recycling-law-EPR.html.
16. Mike Pomranz, "California Coffee Shops Test Reusable To-Go Cups Backed by Big Companies Like Starbucks", *Food and Wine*, 20 de fevereiro de 2020, https://www.foodandwine.com/news/reusable-cup-trials-starbucks-mcdonalds-california; Mike Pomranz, "Burger King Tests Eco-Friendly Packaging Options", Food and Wine, 4 de maio de 2021, https://www.foodandwine.com/news/burger-king-loop-new-sustainable-packaging.
17. "Renew", Eileen Fisher, acessado em 27 de agosto de 2021, https://www.eileenfisher.com/renew.
18. Anna Ringstrom, "IKEA Opens Pilot Second-Hand Store in Sweden", Fórum Econômico Mundial, 30 de outubro de 2020, https://www.weforum.org/agenda/2020/10/ikea-opens-pilot-second-hand-store-sweden-circular-economy/.
19. "Why Hyla?", Hyla Mobile, acessado em 27 de agosto de 2021, https://www.hylamobile.com/why-hyla/.
20. Alex Thornton, "These 11 Companies Are Leading the Way to a Circular Economy", Fórum Econômico Mundial, 26 de fevereiro de 2019, https://www.weforum.org/agenda/2019/02/companies-leading-way-to-circular-economy/.
21. "This Is Cyclon", On, acessado em 27 de agosto de 2021, https://www.on-running.com/en-us/cyclon.

Simulação futura nº 2

1. Yaryna Serkez, "Every Country Has Its Own Climate Risks. What's Yours?", *New York Times*, 28 de janeiro de 2021, https://www.nytimes.com/interactive/2021/01/28/opinion/climate-change-risks-by-country.html.
2. Cecilia Tacoli, "Crisis or Adaptation? Migration and Climate Change in a Context of High Mobility", *Environment and Urbanization* 21, no. 2 (outubro de 2009): 513–25, https://doi.org/10.1177/0956247809342182; Agence France-Presse, "Asia Is Home to 99 of World's 100 Most Vulnerable Cities", *Guardian*, 13 de maio de 2021, https://www.theguardian.com/cities/2021/may/13/asia-is-home-to-99-of-worlds-100-most-vulnerable-cities.
3. Chi Xu et al., "Future of the Human Climate Niche", *Proceedings of the National Academy of Sciences* 117, no. 21 (maio de 2020): 11350–355, https://doi.org/10.1073/pnas.1910114117.

4. Camila Bustos et al., *Shelter from the Storm: Policy Options to Address Climate Induced Displacement from the Northern Triangle* (University Network, Harvard Immigration and Refugee Clinic, Harvard Law School Immigration Project, Yale Immigrant Justice Project, and Yale Environmental Law Association, abril de 2021), https://www.humanrightsnetwork.org/s/Shelter_Final.pdf.
5. Katrina M. Wyman, "Ethical Duties to Climate Migrants", em *Research Handbook on Climate Change, Migration and the Law*, eds. Benoît Mayer e François Crépeau (Cheltenham, UK: Edward Elgar Publishing, 2017), 347–75; Joseph Nevins, "Migration as Reparations", em *Open Borders: In Defense of Free Movement*, ed. Reece Jones (Athens, Geórgia: University of Georgia Press, 2019), 129–40; Aaron Saad, "Toward a Justice Framework for Understanding and Responding to Climate Migration and Displacement", *Environmental Justice* 10, no. 4 (agosto de 2017): 98–101, https://doi.org/10.1089/env.2016.0033; Jesse J. Holland, "Poll: Millennials More Open to Idea of Slavery Reparations", AP News, 11 de maio de 2016, https://apnews.com/article/b183a022831d4748963fc8807c204b08; Alec Tyson, Brian Kennedy, e Cary Funk, "Gen Z, Millennials Stand Out for Climate Change Activism, Social Media Engagement with Issue", Pew Research Center, 26 de maio de 2021, https://www.pewresearch.org/science/2021/05/26/gen-z-millennials-stand-out-for-climate--change-activism-social-media-engagement-with-issue/.
6. Qi Zhao et al., "Global, Regional, and National Burden of Mortality Associated with Non-Optimal Ambient Temperatures from 2000 to 2019: A Three-Stage Modelling Study", *Lancet Planetary Health* 5, no. 7 (julho de 2021): e415–e425, https://doi.org/10.1016/S2542-5196(21)00081-4.
7. "Open Borders: The Case", Open Borders, acessado em 27 de agosto de 2021, https://openborders.info/; Zoey Poll, "The Case for Open Borders." *New Yorker*, 20 de fevereiro de 2020, https://www.newyorker.com/culture/annals-of-inquiry/the-case-for-open-borders; Ben Ehrenreich, "Open Borders Must Be Part of Any Response to the Climate Crisis", *Nation*, 6 de junho de 2019, https://www.thenation.com/article/archive/climate-change-refugees-open-borders/.
8. Adrian Raftery, "The Dip in the US Birthrate Isn't a Crisis, but the Fall in Immigration May Be", *Conversation*, 21 de junho de 2021, https://theconversation.com/the-dip-in-the-us-birthrate-isnt-a-crisis-but-the-fall-in-immigration-may--be-161169; Damien Cave, Emma Bubola e Choe Sang-Hun, "Long Slide Looms for World Population, with Sweeping Ramifications", *New York Times*, 22 de maio de 2021, https://www.nytimes.com/2021/05/22/world/global-population--shrinking.html.
9. "Why 100 Million?", Century Initiative, acessado em 27 de agosto de 2021, https://www.centuryinitiative.ca/why-100m.
10. Matthew Yglesias, *One Billion Americans: The Case for Thinking Bigger* (Nova York: Portfolio, 2020); Sonia Shah, *The Next Great Migration: The Beauty and Terror of Life on the Move* (Nova York: Bloomsbury, 2020).

11. Maanvi Singh, “In California’s Interior, There’s No Escape from the Desperate Heat: ‘Why Are We Even Here?’”, *Guardian*, 10 de julho de 2021, https://www.theguardian.com/us-news/2021/jul/10/california-central-valley-extreme-heat-race.
12. Abrahm Lustgarten, “Climate Change Will Force a New American Migration”, ProPublica, 15 de setembro de 2020, https://www.propublica.org/article/climate-change-will-force-a-new-american-migration.
13. Alex Steffen (@AlexSteffen), “Discontinuity breaks our mental models of how to act and what to expect. In the planetary crisis, relocation is not refuge and adaptation is not ruggedization. (More to say on this topic the newsletter after the next . . . part three in the WSGR series.)”, Twitter, 29 de junho de 2021, 18:32, https://twitter.com/AlexSteffen/status/1410003337978679299?s=20.
14. Maurice Stierl, “How Migrants and Their Supporters Are Reviving the Ethos of the 19th-Century Underground Railroad”, *Conversation*, 19 de dezembro de 2019, https://theconversation.com/how-migrants-and-their-supporters-are-reviving-the-ethos-of-the-19th-century-underground-railroad-128445.
15. Jude Joffe-Block, “Arizona Volunteers Form ‘Underground’ Network to House Migrants Released by ICE”, *World*, 26 de março de 2019, https://www.pri.org/stories/2019-03-26/arizona-volunteers-form-underground-railroad-house-migrants-dumped-ice.
16. Marina Gorbis, *The Nature of the Future: Dispatches from the Socialstructed World* (Nova York: Free Press, 2013), 17.

Simulação futura nº 3

1. “From Wet Waste to Flight: Scientists Announce Fast-Track Solution for Net-Zero-Carbon Sustainable Aviation Fuel”, National Renewable Energy Laboratory, 15 de março de 2021, https://www.nrel.gov/news/program/2021/from-wet-waste-to-flight-scientists-announce-fast-track-solution-for-net-zero-carbon-sustainable-aviation-fuel.html.
2. Jack Williams, “The Epic Volcano Eruption That Led to the ‘Year without a Summer’”, *Washington Post*, 10 de junho de 2016, https://www.washingtonpost.com/news/capital-weather-gang/wp/2015/04/24/the-epic-volcano-eruption-that-led-to-the-year-without-a-summer/.
3. “What Is Geoengineering?”, Oxford Geoengineering Programme, acessado em 27 de agosto de 2021, http://www.geoengineering.ox.ac.uk/www.geoengineering.ox.ac.uk/what-is-geoengineering/what-is-geoengineering/.
4. Baseado numa busca no Google Scholar por artigos científicos publicados entre 2016 e meados de 2021 com as palavras-chave “geoengenharia” e “mudança climática”.
5. Daisy Dunne, “Explainer: Six Ideas to Limit Global Warming with Solar Geoengineering”, Carbon Brief, 5 de setembro de 2018, https://www.carbonbrief.org/explainer-six-ideas-to-limit-global-warming-with-solar-geoengineering;

Aylin Woodward, "We're Altering the Climate So Severely That We'll Soon Face Apocalyptic Consequences. Here Are 11 Last-Ditch Ways We Could Hack the Planet to Reverse That Trend", Business Insider, 20 de abril de 2019, https://www.businessinsider.com/geoengineering-how-to-reverse-climate-change-2019-4.

6. Jeff Tollefson, "US Urged to Invest in Sun-Dimming Studies as Climate Warms", Nature, 29 de março de 2021, https://www.nature.com/articles/d41586-021-00822-5.
7. Solar Radiation Management Governance Initiative, acessado em 27 de agosto de 2021, https://www.srmgi.org/.
8. Dana Varinsky, "Silicon Valley's Largest Accelerator Is Looking for Carbon-Sucking Technologies—Including One That Could Become 'the Largest Infrastructure Project Ever,' " Business Insider, 27 de outubro de 2018, https://www.businessinsider.com/silicon-valley-accelerator-y-combinator-startups-remove-co2-2018-10.
9. David Fork e Ross Koningstein, "Engineers: You Can Disrupt Climate Change", IEEE Spectrum, 28 de junho de 2021, https://spectrum.ieee.org
10. "Climate-Related Geoengineering and Biodiversity: Technical and Regulatory Matters on Geoengineering in Relation to the CBD; COP Decisions", Convention on Biological Diversity, 23 de março de 2017, https://www.cbd.int/climate/geoengineering/.
11. Natalie L. Kahn e Simon J. Levien, "Indigenous Group Petitions Harvard to Shut Down Controversial Geoengineering Project to Block Sun", *Harvard Crimson*, 27 de junho de 2021, https://www.thecrimson.com/article/2021/6/27/saami-council-petition-shut-down-scopex/.
12. "What Is Stratospheric Aerosol injection and Why Do We Need to Govern It?", Carnegie Climate Governance Initiative, acessado em 27 de agosto de 2021, https://www.c2g2.net/wp-content/uploads/governing-sai.pdf.
13. Andrew Freedman, "In Summer of Apocalyptic Weather, Concerns Emerge over Climate Science Blind Spot", Axios, 19 de julho de 2021, https://www.axios.com/extreme-weather-heat-waves-floods-climate-science-dba85d8a-215b-49a1-8a80-a6b7532bee83.html.
14. John Paulsen, "Attack the Climate Crisis with Exascale Supercomputing", Seagate Blog, 19 de julho de 2020, https://blog.seagate.com/human/attack-the-climate-crisis-with-exascale-supercomputing/.
15. Zeynep Tufekci, "Where Did the Coronavirus Come From? What We Already Know Is Troubling", *New York Times*, 25 de junho de 2021, https://www.nytimes.com/2021/06/25/opinion/coronavirus-lab.html.
16. Michael Morrison e Stevienna de Saille, "CRISPR in Context: Towards a Socially Responsible Debate on Embryo Editing", *Palgrave Communications* 5, no. 110 (setembro de 2019), https://doi.org/10.1057/s41599-019-0319-5.
17. Mark Buchanan, "Contacting Aliens Could End All Life on Earth. Let's Stop Trying", *Washington Post*, 10 de junho de 2021, https://www.washingtonpost.com/outlook/

ufo-report-aliens-seti/2021/06/09/1402f6a8-c899-11eb-81b1-34796c7393af_story.html; Steven Johnson, "Greetings, E.T. (Please Don't Murder Us.)", *New York Times*, 28 de junho de 2017, https://www.nytimes.com/2017/06/28/magazine/greetings-et-please-dont-murder-us.html.

18. Simon Anholt, "If the Whole World Had Voted, Clinton Would Be President of the US", TED Ideas, 11 de maio de 2017, https://ideas.ted.com/if-the-whole-world-had-voted-clinton-would-be-president-of-the-us/.
19. Alex Steffen, "When **it Gets Real. Part One: This Is Your Brain on Discontinuity", *Snap Forward*, 28 de junho de 2021, https://alexsteffen.substack.com/p/when-it-gets-real.
20. Erik Hoel, "The Overfitted Brain: Dreams Evolved to Assist Generalization", *Patterns* 2, no. 5 (maio de 2021): 100244, https://doi.org/10.1016/j.patter.2021.100244.

Impressão e Acabamento:
BARTIRA GRÁFICA